新公司法释义与解读系列

XIN GONGSIFA JIANGYI

2023

新公司法讲义

赵旭东　主　编
刘　斌　副主编

法律出版社 | LAW PRESS
北京

图书在版编目(CIP)数据

新公司法讲义 / 赵旭东主编 ; 刘斌副主编. -- 北京 : 法律出版社, 2024(2024.8 重印)
(新公司法释义与解读系列)
ISBN 978-7-5197-8580-2

Ⅰ. ①新… Ⅱ. ①赵… ②刘… Ⅲ. ①公司法-基本知识-中国 Ⅳ. ①D922.291.91

中国国家版本馆 CIP 数据核字(2023)第 228469 号

新公司法讲义
XIN GONGSIFA JIANGYI

赵旭东 主 编
刘 斌 副主编

策划编辑 张 珺
责任编辑 张 珺 宋佳欣
装帧设计 汪奇峰

出版发行 法律出版社
编辑统筹 法商出版分社
责任校对 王晓萍 王语童 李慧艳
责任印制 胡晓雅
经 销 新华书店

开本 710 毫米×1000 毫米 1/16
印张 31.25 字数 471 千
版本 2024 年 1 月第 1 版
印次 2024 年 8 月第 5 次印刷
印刷 永清县金鑫印刷有限公司

地址:北京市丰台区莲花池西里 7 号(100073)
网址:www.lawpress.com.cn
投稿邮箱:info@lawpress.com.cn
举报盗版邮箱:jbwq@lawpress.com.cn

销售电话:010-83938349
客服电话:010-83938350
咨询电话:010-63939796

书号:ISBN 978-7-5197-8580-2
定价:118.00 元

凡购买本社图书,如有印装错误,我社负责退换。电话:010-83938349

新公司法讲义

主　　编　赵旭东

副 主 编　刘　斌

撰 稿 人　（以姓氏拼音为序）

陈　萱　甘培忠　黄维倩

刘　斌　刘智慧　梅向荣

辛海平　徐深澄　赵旭东

周　烁　邹学庚

主编助理　徐深澄

中国公司法三十年：照射进现实的理想主义

1993年12月29日，第八届全国人民代表大会常务委员会第五次会议审议通过了《中华人民共和国公司法》。时隔整整三十年后的同日，2023年12月29日，第十四届全国人民代表大会常务委员会第七次会议通过了第六次修改、第二次修订后的《中华人民共和国公司法》。修订后的新公司法删除了2018年公司法中16个条文，新增和修改了228个条文，其中实质性修改112个条文，是迄今为止规模最大的一次修改。时光移转，这部凝结了几代法律人心血的法律，转眼已然步入而立之年。在这三十年间，全国公司从寥寥无几发展至4800多万家，是中国经济快速发展的坚定支撑。正如立法机关在《公司法（修订草案）》审议说明中开门见山地指出，公司是最重要的市场主体。

1993年公司法制定之后，1999年、2004年对个别条款进行了修正，2005年进行了全面修订，2013年、2018年又对公司资本制度进行了两次重要修正。本轮公司法修改工作肇始于2018年。2018年9月7日，第十三届全国人大常委会公布了立法规划，公司法被作为第二类项目列入修改日程，属于"需要抓紧工作、条件成熟时提请审议的法律草案"，由委员长会议提请审议。2019年5月，全国人大常委会法制工作委员会组成了由各相关部门、部分专家学者参加的公司法修改起草组，并组成了工作专班，正式启动了第六次公司法修改工作。本轮公司法修改致力于实现公司法的结构性改革，是一项浩大的系统性工程。什么是公司法的结构性改革，如何实现公司法的结构性改革，都是非常宏大且充满挑战的问题。在立法任务繁重的背景之下，立法机关肩负着完善中国公司法的历史使命和责任，主动启动本轮公司法修订工作，致力于进行大刀阔斧的改革，凸显了这部市场经济基本法的重要价值与独特魅力。

“在几百年公司法的历史上，中国确是一个后来者。我们可能是世界上最年轻的公司法制定国，但在固守传统和崇信教条方面，我们又显得过于老成。我们本来没有传统的包袱和历史的积淀，但我们却无意地套上了传统和历史的枷锁，接受了过时的或不适于本土环境的法律规则。由此，更新观念，顺应时势，以现代理念和制度改革现行中国公司法制度已是大势所趋。”[①]这是一种照射进现实的理想主义，具有持续穿越时光的力量。三十年后的今天，第六次修改后的新公司法已经是一部中国特色现代企业制度的基本法，是一部被深度重构的现代化公司法。

理想的公司法是我们绘制新公司法画卷的原点。我们时常用“心中有山水，笔下存河川”来描述画家和画作之间的关系，画者心中山水不同，笔下河川各异。公司法亦然，“每个人眼中都有一部自己理想的公司法”。不同的前见很大程度上决定了大家对公司法修订的期待和愿景是迥异的。这里所说的“大家”，不仅仅包括立法者和公司法学者，更包括公司领域的从业者、司法者、执法者、监管者，等等。究竟什么样的公司法是理想的公司法，得到的答案不一而足。

自 2005 年公司法修订以来，我国公司法领域呈现出了丰富的商事实践创新。对赌协议对公司资本制度带来了体系性的挑战，出资加速到期纠纷对注册资本认缴制本身带来了巨大冲击，公司并购市场的风云变幻，资本市场中董事、监事、高级管理人员等的卸责与苛责同时存在，营商环境优化为公司法修订提出了新的要求等。自 2012 年启动商事制度改革以来，广泛触及了证照制度、简易注销、强制注销、企业名称登记管理等诸多领域；国有企业改革的进一步深化，对公司治理的整体架构、组织机构设置、权力分配、责任承担等均有映射，公司法规范供给已然不足；资本市场中，协议控制架构（VIE）、中国存托凭证（CDR）、特殊目的收购公司（SPAC）等方兴未艾，其中涉及大量的公司治理和资本规则，尚需公司法协同推进。面对不断发展的商事实践，司法实践中也不断形成新的公司诉讼裁判规则，持续型塑着公司法律制度体系。

面对前述实践需求，本轮公司法修订始终贯穿着三条鲜明的价值主线，这是我们理解新公司法的三把钥匙，分别是坚持效率优先与放松管制、尊重路径

---

① 赵旭东：《中国公司法的修订与改革》，载《法学论坛》2003 年第 2 期。

依赖与适度创新、立足本土语境与务实修法。

首先,新公司法坚持效率优先与放松管制。自 1993 年以来,公司治理中“三会一层”的超稳定结构,在本轮公司法修订中被突破。本轮公司法修订引入了选择制基础上的单层制方案,公司组织机构是公司治理现代化改革的“基础设施”。在此基础上,通过“突出董事会在公司治理中的地位”,以董事会为中心的公司权力配置模式意味着更为自治、高效的公司治理架构。易言之,董事会中心主义是现代公司法的标准配置,也为里程碑意义的授权资本制奠定了公司治理的基础。基于单层制改革和董事会中心,董事义务的具体化、董事责任的扩张、监督权力的重新配置、法定代表人制度改革等始得展开。新公司法第 1 条开宗明义地增加“弘扬企业家精神”,作为公司治理核心的董事会和董事,是企业家精神最重要的践行者。新公司法中引入电子通信方式的会议与表决,增加公司的法定信息公示事项,肯认电子营业执照的效力,新增类别股、无面额股等,增加简易减资、简易注销、简易合并等简化规则,进一步放松管制,提升公司运行效率。

其次,新公司法尊重路径依赖与适度创新。面对巨量的现存公司,新公司法选择在尊重制度稳定的基础上进行审慎创新,避免给公司造成过高的制度转换成本。比如,当前有限公司和股份公司二分的公司类型格局已显迟滞面,产生了公司类型的改革需求。对此,新公司法基于对存量公司的尊重,并未将公司类型破旧立新,而是在具体制度上对二者予以细化完善,包括法定资本制与授权资本制的分别适用、将股东压制的救济措施引入封闭型股份公司、允许小型股份公司简化治理结构等,实质上优化了两类公司的区分安排。再如,包括新增股东压制时的回购请求权、查阅会计账簿的权利、增加股东双重代表诉讼和查阅权穿越行使制度、降低股份公司提案权比例、新增同比例减资的原则规定等,都是对我国公司法实践经验的系统总结和立法回应。

最后,新公司法立足本土语境与务实修法。自 2014 年修改公司法实施注册资本认缴登记制,取消出资期限、最低注册资本和首期出资比例以来,方便了公司设立,激发了创业活力,公司数量增加迅速。但实践中也出现股东认缴期限过长,影响交易安全、损害债权人利益的情形。对此,新公司法改采限期认缴制,明确全体股东认缴的出资额应当按照公司章程的规定自公司成立之日起 5 年内缴足。这是对实践中认缴制本身所产生的客观现实问题的理性回应。比如,新公司法将国家出资公司设专章规定,但章名明确为“组织机构的特别规定”，彰显了国家出资公司与普通公司在其他公司法规则上的一体平等适用。面对法定代表人制度所产生的选任范围过窄、抑制董事会权力等问题，新公司法通过扩大选任范围、明确辞任和补任规则、明确变更文件和签署主体、修改章程记载事项等，予以针对性地解决。再如，股份公司改采实缴制、催缴失权、加速到期、简化有限责任公司股权转让模式、明确股东变动模式、明确股权转让后的义务承担等，都是对本土问题的务实回应。

新公司法颁行后，整个社会将出现新一轮学习、宣传和阐释、研究新公司法的热潮，全国各地、各部门、各系统，尤其是公司企业、律师事务所、国家机关、法律院校等都将面临重新学习和实施、适用新公司法的任务，现有的各种公司法的教材和读物也都需要根据新公司法进行全面的修订和更新。值此时机，我们以新公司法的内容和结构为基础，组织编写了这套“新公司法释义与解读系列”丛书，从不同角度系统解析新公司法的法理基础、制度内涵与适用要义。本丛书共5本，每本书根据不同领域、不同专业背景和不同业务的读者情况和需求，按不同内容、不同体例、不同深度和不同风格分别编写，包括《新公司法条文释解》、《新公司法重点热点问题解读：新旧公司法比较分析》、《新公司法讲义》、《新公司法适用与最高人民法院公布案例解读》和《新公司法诉讼实务指南》。

本丛书编写作者主要由中国政法大学公司法修改课题研究小组的老师和研究人员组成，同时为反映其突出的实务特色，特别邀请了全国人大常委会法工委、最高人民法院和地方高级人民法院、国家市场监督管理总局、中国证监会等相关国家机关及部分律师事务所的实务界专家参与本书编写。

经由本轮公司法修订，我国公司法已经开始从吸收和融合域外规则，走向基于本土资源的制度改革之路。本轮公司法的修订，不仅仅是对过去三十年中国公司法理论和经验的系统总结，更是奠定了未来十数年乃至数十年的司法适用和理论阐释的新起点。本丛书试图提供新公司法的解释体系，也是向中国公司法三十年的致敬与祝愿。

赵旭东　刘　斌

2024年1月10日

凡　例

文件名称	文号	发布/修订/修正日期	生效日期
《中华人民共和国民法典》(简称《民法典》)	中华人民共和国主席令第45号	2020年5月28日	2021年1月1日
《中华人民共和国公司法》(2023年修订)(简称新《公司法》)	中华人民共和国主席令第15号	2023年12月29日	2024年7月1日
《中华人民共和国公司法》(2018年修正)(简称原《公司法》或2018年《公司法》)	中华人民共和国主席令第15号	2018年10月26日	2018年10月26日
《中华人民共和国公司法》(2013年修正)(简称2013年《公司法》)	中华人民共和国主席令第8号	2013年12月28日	2014年3月1日
《中华人民共和国公司法》(2005年修订)(简称2005年《公司法》)	中华人民共和国主席令第42号	2005年10月27日	2006年1月1日
《中华人民共和国公司法》(简称1993年《公司法》)	中华人民共和国主席令第16号	1993年12月29日	1994年7月1日
《中华人民共和国民事诉讼法》(2023年修正)(简称《民事诉讼法》)	中华人民共和国主席令第11号	2023年9月1日	2024年1月1日
《中华人民共和国刑法》(2023年修正)(简称《刑法》)	中华人民共和国主席令第18号	2023年12月29日	2024年3月1日
《中华人民共和国反不正当竞争法》(2019年修正)(简称《反不正当竞争法》)	中华人民共和国主席令第29号	2019年4月23日	2019年4月23日
《中华人民共和国企业破产法》(简称《企业破产法》)	中华人民共和国主席令第54号	2006年8月27日	2007年6月1日

续表

文件名称	文号	发布/修订/修正日期	生效日期
《中华人民共和国证券法》(2019 年修订)(简称《证券法》)	中华人民共和国主席令第 37 号	2019 年 12 月 28 日	2020 年 3 月 1 日
《中华人民共和国保险法》(2015 年修正)(简称《保险法》)	中华人民共和国主席令第 26 号	2015 年 4 月 24 日	2015 年 4 月 24 日
《中华人民共和国会计法》(2017 年修正)(简称《会计法》)	中华人民共和国主席令第 81 号	2017 年 11 月 4 日	2017 年 11 月 5 日
《中华人民共和国企业国有资产法》(简称《国有资产法》)	中华人民共和国主席令第 5 号	2008 年 10 月 28 日	2009 年 5 月 1 日
《中华人民共和国招标投标法》(2017 年修正)(简称《招标投标法》)	中华人民共和国主席令第 86 号	2017 年 12 月 27 日	2017 年 12 月 28 日
《中华人民共和国拍卖法》(2015 年修正)(简称《拍卖法》)	中华人民共和国主席令第 24 号	2015 年 4 月 24 日	2015 年 4 月 24 日
最高人民法院《关于适用〈中华人民共和国公司法〉若干问题的规定(一)》(2014 年修正)[简称《公司法司法解释(一)》]	法释〔2014〕2 号	2014 年 2 月 20 日	2014 年 3 月 1 日
最高人民法院《关于适用〈中华人民共和国公司法〉若干问题的规定(二)》(2020 年修正)[简称《公司法司法解释(二)》]	法释〔2020〕18 号	2020 年 12 月 29 日	2021 年 1 月 1 日
最高人民法院《关于适用〈中华人民共和国公司法〉若干问题的规定(三)》(2020 年修正)[简称《公司法司法解释(三)》]	法释〔2020〕18 号	2020 年 12 月 29 日	2021 年 1 月 1 日
最高人民法院《关于适用〈中华人民共和国公司法〉若干问题的规定(四)》(2020 年修正)[简称《公司法司法解释(四)》]	法释〔2020〕18 号	2020 年 12 月 29 日	2021 年 1 月 1 日

续表

文件名称	文号	发布/修订/修正日期	生效日期
最高人民法院《关于适用〈中华人民共和国公司法〉若干问题的规定(五)》(2020年修正)[简称《公司法司法解释(五)》]	法释〔2020〕18号	2020年12月29日	2021年1月1日
最高人民法院《关于适用〈中华人民共和国公司法〉时间效力的若干规定》(简称《公司法时间效力司法解释》)	法释〔2024〕7号	2024年6月29日	2024年7月1日
最高人民法院《关于适用〈中华人民共和国民法典〉合同编通则若干问题的解释》(简称《民法典合同编通则解释》)	法释〔2023〕13号	2023年12月4日	2023年12月5日
最高人民法院《关于适用〈中华人民共和国民法典〉有关担保制度的解释》(简称《民法典担保制度解释》)	法释〔2020〕28号	2020年12月31日	2021年1月1日
最高人民法院《关于适用〈中华人民共和国企业破产法〉若干问题的规定(一)》[简称《企业破产法解释(一)》]	法释〔2011〕22号	2011年9月9日	2011年9月26日
最高人民法院《关于适用〈中华人民共和国民事诉讼法〉的解释》(2022年修正)(简称《民诉解释》)	法释〔2022〕11号	2022年4月1日	2022年4月10日
《最高人民法院关于人民法院民事执行中拍卖、变卖财产的规定》(2020年修正)(简称《执行拍卖变卖规定》)	法释〔2020〕21号	2020年12月29日	2021年1月1日
最高人民法院《关于印发〈全国法院民商事审判工作会议纪要〉的通知》(简称《九民纪要》)	法〔2019〕254号	2019年11月8日	2019年11月8日
《中华人民共和国市场主体登记管理条例》(简称《市场主体登记管理条例》)	中华人民共和国国务院令第746号	2021年7月27日	2022年3月1日
《中华人民共和国市场主体登记管理条例实施细则》(简称《市场主体登记管理条例实施细则》)	国家市场监督管理总局令第52号	2022年3月1日	2022年3月1日

续表

文件名称	文号	发布/修订/修正日期	生效日期
《公司债券发行与交易管理办法》	中国证券监督管理委员会令第222号	2023年10月20日	2023年10月20日
《上海证券交易所公司债券上市规则》(2023年修订)	上证发〔2023〕164号	2023年10月20日	2023年10月20日
《深圳证券交易所公司债券上市规则》(2023年修订)	深证上〔2023〕974号	2023年10月20日	2023年10月20日
《中华人民共和国公司法(修订草案)(一次审议稿)》[简称《公司法(修订草案一审稿)》]		2021年12月24日	
《中华人民共和国公司法(修订草案)(二次审议稿)》[简称《公司法(修订草案二审稿)》]		2022年12月30日	
《中华人民共和国公司法(修订草案)(三次审议稿)》[简称《公司法(修订草案三审稿)》]		2023年9月1日	

说明:正文中出现的法律文件简称规则同上或于文中第一次出现处标注。

目　　录

第一章　公司与公司法概述

第一节　公司概述 001

一、公司的概念 001

二、现代公司的特征 002

第二节　公司的类型 006

一、公司的法定分类 006

二、公司的学理分类 009

三、我国公司的法定类型 015

第三节　公司法概述 019

一、公司法的概念和性质 019

二、公司法的特征 020

三、我国公司法概况 023

第二章　公司登记

第一节　公司登记的概述 031

一、公司登记的概念 031

二、公司登记的特征 032
三、公司登记的原则 032
四、公司登记的法律规范 033
第二节　公司登记的性质与功能 034
一、公司登记的性质 034
二、公司登记的功能 038
第三节　公司登记的效力 041
一、公司登记效力的划分与构成 041
二、公司登记的生效效力 042
三、公司登记的公示效力 043
第四节　公司登记的种类和内容 046
一、名称登记 046
二、设立登记 048
三、变更登记 050
四、注销登记 052
五、撤销登记 055
第五节　公司登记的程序 057
一、申请 057
二、受理 059
三、审查 060
四、登记发照 063
五、公示 064
第六节　公司登记的电子化 066

第三章　公司设立制度

第一节　公司设立概述　071

一、公司设立的概念和法律特征　071

二、公司设立的基本原则　073

三、公司设立的方式　076

第二节　公司设立的条件　080

一、有限责任公司设立的条件　080

二、股份有限公司设立的条件　086

第三节　公司设立的程序　089

一、有限责任公司的设立程序　089

二、股份有限公司的设立程序　092

第四节　公司设立的效力　096

一、设立中公司的法律地位　096

二、公司设立完成　097

三、公司设立失败　101

四、公司设立瑕疵　103

第四章　公 司 章 程

第一节　公司章程概述　109

一、公司章程的概念和特征　109

二、公司章程的性质和作用 112

第二节　公司章程的制定和修改 115

一、公司章程的制定 115

二、公司章程的修改 119

第三节　公司章程的效力 119

一、公司章程的主体效力 120

二、公司章程的时间效力 121

第五章　公司人格制度

第一节　公司人格概述 124

一、公司人格的法律内涵 124

二、公司人格的法律特征 124

第二节　公司名称与住所 126

一、公司名称 126

二、公司住所 129

第三节　公司的权利能力与行为能力 131

一、公司的权利能力概述 131

二、公司的行为能力概述 133

三、公司担保 134

四、公司转投资 139

五、公司资金借贷 140

六、公司回购 141

七、关联交易 144

第四节　法定代表人制度 148

一、法定代表人制度概述 148

二、法定代表人的产生、变更与解任 152

三、法定代表人的行为与效果归属 155

第五节　人格否认制度 163

一、人格否认制度概述 163

二、人格否认制度的构成要件 165

三、人格否认的类型 167

第六章　公司资本制度

第一节　公司资本概述 175

一、公司资本的概念和特点 175

二、公司资本的不同含义和形式 177

三、公司资本与相关概念的比较 179

四、公司资本的法律意义 181

第二节　公司资本三原则 182

一、资本确定原则 182

二、资本维持原则 183

三、资本不变原则 184

第三节　公司资本形成制度 184

一、法定资本制 185

二、授权资本制 186

三、折中资本制 187

四、新《公司法》资本形成制度的界定 188
五、资本形成制度与我国资本缴纳制度的改革 189
第四节　股份发行 197
一、股份发行分类 197
二、股份发行原则 200
三、股份公开发行条件 202
四、股份公开发行程序 203
第五节　公司资本的变动 205
一、增加资本 205
二、减少资本 209

第七章　股东出资制度

第一节　股东出资概述 217
一、股东出资的含义 217
二、股东出资的意义 217
第二节　股东出资的形式 218
一、股东出资形式的法定性 218
二、公司法列举的股东出资形式 219
三、其他股东出资形式 222
第三节　股东出资的责任 224
一、股东的出资义务 224
二、股东出资责任 225
三、未出资股权转让后的出资责任 230

第八章 公司股东与股权

第一节 股东与股东资格 234
一、股东的概念与构成 234
二、股东资格的取得、限制与丧失 236
三、股东的法律地位 240
第二节 股东的权利与义务 242
一、股东的权利 242
二、股东的义务 253
三、股东代表诉讼 255
第三节 股权与股份 260
一、股权及其分类 260
二、股权的法律性质 262
三、股权法律关系 265
四、股权的委托行使 266
五、股权的救济 267
六、有限责任公司的股权 269
七、股份有限公司的股份 272
八、对赌协议 282
第四节 股权转让 290
一、股权转让及其分类 290
二、股权变动模式 294
三、有限责任公司股权转让 296
四、股份有限公司股份转让 300
五、股权继承 308

第九章　公司治理与公司组织机构

第一节　公司治理概述　311

一、公司治理的概念　311

二、公司治理的不同模式　312

第二节　公司组织机构概述　320

一、公司组织机构的含义及构成　320

二、公司组织机构的不同模式　321

第三节　股东会　324

一、股东会的概念、地位　324

二、股东会会议的种类　325

三、股东会的职权　326

四、股东会的召集　327

五、股东会的决议　328

第四节　董事会　331

一、董事会的内涵、特征与职权　331

二、董事　333

三、董事会会议　336

四、董事会审计委员会　338

五、独立董事　344

第五节　监事会　346

一、监事会的概念和特点　346

二、监事会的设置　347

三、监事会的组成　348

四、监事会的职权 349
五、审计委员会与监事会之间的选择 350
第六节　高级管理人员 351
一、经理 351
二、董事会秘书 354
三、其他高级管理人员 356
第七节　公司决议的效力体系 357
一、决议的无效 357
二、决议的可撤销 361
三、决议的不成立 363
第八节　董事、监事、高级管理人员的信义义务 365
一、一般规定 365
二、忠实义务 366
三、勤勉义务 368
第九节　董事、监事、高级管理人员的责任 370
一、董事、监事、高级管理人员的责任形式 370
二、董事、监事、高级管理人员的责任追究 374
三、董事责任保险 375
第十节　控股股东、实际控制人的义务与责任 377
一、控股股东、实际控制人的义务与责任概述 377
二、我国公司治理的主要矛盾：控股股东与中小股东之间的矛盾 379
三、新《公司法》对控股股东、实际控制人的规制 380

第十章　国家出资公司

第一节　国家出资公司概述　387
一、概念　387
二、类型　388
第二节　国家出资公司组织机构的一般规则　389
一、出资人职责的履行　389
二、党的领导　389
三、合规治理　391
第三节　国有独资公司的组织机构　392
一、履行出资人职责的机构　393
二、董事会　393
三、审计委员会　393
四、经理　394

第十一章　公　司　债

第一节　公司债的概述　396
一、公司债的概念及特征　396
二、公司债与股票的比较　398
三、公司债的分类　399

第二节　公司债的公开发行　401
一、公司债的公开发行主体　401
二、公司债公开发行的条件　401
三、公司债公开发行的程序　403
第三节　公司债的转让与转换　405
一、公司债的转让　405
二、公司债的转换　406
第四节　公司债券持有人整体利益保护制度　408
一、公司债券持有人会议模式　408
二、公司债券受托管理人模式　408
三、我国公司债券持有人会议制度　409
四、公司债券受托管理人　411

第十二章　公司财务会计制度

第一节　公司财务会计制度概述　414
一、公司财务会计制度的内涵　414
二、公司财务会计制度的作用　415
第二节　公司财务会计报告内容、编制与审计　416
一、公司财务会计报告内容　417
二、公司财务会计报告的编制　419
三、公司财务会计报告的审计　421
第三节　公积金制度　423
一、公积金的意义　423

二、公积金的种类及用途 424
第四节 公司的税后利润分配 426
一、税后利润的分配原则 426
二、税后利润分配形式 427
三、公司税后利润的分配顺序 429
四、违法分配利润的法律责任 429

第十三章 公司合并、分立和组织变更

第一节 公司合并 433
一、公司合并概述 433
二、公司合并的程序 435
三、简易合并 436
四、公司合并的法律效果 437
第二节 公司分立 438
一、公司分立概述 438
二、公司分立的程序 440
三、公司分立的法律效果 441
第三节 公司组织变更 441
一、公司组织变更的概念 441
二、公司组织变更的类型 442
三、公司组织变更的条件 443
四、公司组织变更的程序 443
五、公司组织变更的法律效果 444

第十四章　公司终止

第一节　公司的终止 446
一、公司终止的概念和特征 446
二、公司终止的原因 447
第二节　公司的破产 447
一、破产能力 447
二、破产原因 448
三、破产案件的管辖 448
四、破产案件的申请与受理 448
五、管理人 449
六、债务人财产 450
七、债权申报 451
八、债权人会议与债权人委员会 451
九、破产清算 452
第三节　公司的解散 454
一、公司解散的概念 454
二、公司解散的原因 455
第四节　公司的清算 459
一、公司清算的概念 459
二、公司清算的法律意义 459
三、公司清算的分类 460
四、清算义务人 462
五、清算组 465
六、清算程序 467

七、强制清算 469

第五节　公司的注销 472

一、普通注销 472

二、简易注销 472

三、强制注销 473

CHAPTER 01

第一章

公司与公司法概述

本章导读

本章主要介绍了公司和公司法的基础概念,主要涉及公司的概念、公司的法律特征、公司的类型、公司法的概念和性质、我国公司法的概况、我国公司法所确立的基本原则等问题。本章重点在于理解公司的概念、公司特征和公司的类型,掌握我国公司法所确立的基本原则。本章的学习难点在于对公司概念、公司的类型、公司法的特征等的理解。

第一节 公司概述

一、公司的概念

公司是当今商业社会最重要的商事主体,已成为人们所熟悉的事物。但是,在法律概念上,各国由于法律传统的差异,公司概念整体共通,但也略有差异。

(一)大陆法系的公司概念

大陆法系公司概念多采用概括规定的方式,以社团法人和营利性作为公司学理或法定概念的核心要素。《韩国商法典》第 169 条规定,公司是指以营利目的而设立的社团;第 171 条规定,公司是法人。韩国学者认为,营利性、社团性、法人性是公司与其他法律主体的差异性所在,公司是以营利为目的的社团法人。《日本公司法》中并不存在对公司的定义性规定,但长久以来,日本公司法学理上,用“营利目的和社团法人”来定义公司,以此区分公司与其他团体,即公司是以营利目的而设立的社团法人。[①]

（二）英美法系的公司概念

与大陆法系传统不同，英美法系没有对公司的概念作概括式的严格界定，其更关注公司在商事实践中所具有的优势特征。公司作为众多企业形式之一，其所具备的优势特征也是人们选择设立公司展开经营的原因所在。所以，公司概念的核心要素是公司所具备的优势特征。美国公司法学界认为，公司是具备6项优势特征的企业，包括具有法人格独立、营利性、所有权和控制权可以分离、股份可以自由转让、有限责任、可以永续存在。

（三）我国的公司概念

新《公司法》第2条规定："本法所称公司，是指依照本法在中华人民共和国境内设立的有限责任公司和股份有限公司。"第3条第1款规定："公司是企业法人，有独立的法人财产，享有法人财产权。公司以其全部财产对公司的债务承担责任。"第4条第1款规定："有限责任公司的股东以其认缴的出资额为限对公司承担责任；股份有限公司的股东以其认购的股份为限对公司承担责任。"根据上述规定，公司是指股东依照《公司法》设立并以其认缴的出资额或认购的股份为限对公司承担责任，公司以其全部独立法人财产对公司债务承担责任的企业法人。

二、现代公司的特征

公司这种组织形式自诞生以来，在全球范围内取得了史无前例的成功，尤其是在组织大规模的生产和运营方面。而现代公司的成功源于其法律特征，包括法定性、法人格独立、营利性、独立责任与有限责任、股权或股份的流动性。

（一）法定性

设立公司必须符合一定的法定设立条件并且按照法定设立程序。新《公司法》第31条规定："申请设立公司，符合本法规定的设立条件的，由公司登记机关分别登记为有限责任公司或者股份有限公司；不符合本法规定的设立条件的，不得登记为有限责任公司或者股份有限公司。"

---

① 参见[日]近藤光男：《最新日本法》（第7版），梁爽译，法律出版社2016年版，第4—5页。

公司的设立具有明确的法定性，受公司法的直接调整。在公司法中，不仅规定了公司的设立条件，同时也规定了公司的设立程序，包括发起人或发起人组织、设立活动的基本要求、股东认缴与缴纳出资、公司的组织机构、公司的设立登记等。公司的法定性意味着发起人或者认股人享有股东权利和使用公司的独特的融资和组织管理功能，必须以依法完成公司设立为前提。

（二）法人格独立

公司是一种具有独立法人格的企业组织。法人格独立意味着具有法人地位，具备民事权利能力和民事行为能力，依法独立享有民事权利、承担民事义务。因此，公司能够以自己的名义实施民事法律行为和参与诉讼等。公司的法人格独立还表现为：

1. 公司拥有独立的财产。公司独立财产既是公司开展经营活动的物质基础，也是独立承担责任的物质保障。根据新《公司法》第 3 条的规定，公司享有法人财产权。换言之，公司是其财产的所有人，享有法人财产权。尽管公司独立财产有一部分来自股东出资，但是，一旦股东将出资的财产转移给公司，物权发生变动，股东只享有股权，公司享有所有权。因而，股东在缴纳出资之后，再为其个人利益对出资的财产进行占有、使用和处分，就侵犯了公司的法人财产权。当然，股东也不能用公司财产清偿个人债务，但股东可将其股权或其股权的收益用以清偿个人债务。

2. 公司设有独立的组织机构。公司经营决策的形成与执行都需要依赖健全的组织机构，这是公司进行经营活动的法定组织条件，也是公司法人格独立的机制保障。公司法人格能独立于股东人格很大程度上依赖健全的组织机构，确保公司经营决策通过组织机构以会议决议方式作出，以集体表决方式凝聚团体意志，区别于股东的个体意志，保障公司经营决策的相对独立性，体现公司法人格的独立性。组织机构主要指股东会、董事会、监事会或审计委员会。

（三）营利性

营利是一切企业组织存在和活动的基本动机和目的，是经营活动的出发点和归属点。《民法典》第 76 条规定："以取得利润并分配给股东等出资人为目的成立的法人，为营利法人。营利法人包括有限责任公司、股份有限公司和其他企业法人等。"公司经营活动的开展需要资金的支持，股东的出资是公司资金最重要的来源之一,股东的投资目的当然是获得投资收益,公司只有实现这一目的,才能获得股东的投资,这必然要求公司最大限度地追求经营利润并分配给股东。

公司营利性的一层含义是指公司向股东分配赚取的利润,这是公司区别于非营利法人的核心特征。非营利法人也开展经营活动赚取利润,但这些利润并不是为了分配给法人成员,而是为了实现社会公益等特定的宗旨,如慈善基金会通过投资赚取的利润只能用于慈善事业,而不能分配给慈善基金会的成员。

公司营利性的另一层含义是必须以营业的方式赚取利润的含义。营业是以营利为目的而进行的确定的、连续的、稳定的经营活动。公司的营业必须具备以营利为目的、确定性和连续性。营业的确定性,是指公司的经营范围必须明确。尽管新《公司法》对公司经营范围不予限制,但是公司必须预先确定经营范围。公司可以根据产品、行业、经营方式等要素在设立公司时确定经营范围的内容,公司的经营范围一经确定后,不得随意变更,变更须按照特定的法律程序。营业的连续性或稳定性,是指公司在一定期间内必须连续不断开展经营活动。一次或者偶尔进行营利性活动,如偶尔买卖商品赚取利润,不构成营业。当然,公司连续不断经营的期限可以由章程作出规定,并非一定 5 年或 10 年以上。但是,章程未规定经营期限的,视为永续经营。此外,一些特殊行业一般不能以公司的组织形式开展营业,如基础教育行业、律师服务行业等。

(四)独立责任与有限责任

公司的独立责任是公司法人格独立的延伸,同时也是公司最重要特征之一,是指公司以其全部资产对自身的债务承担独立责任。公司的独立责任与股东的有限责任是一体两面的,公司的独立责任必然决定着股东的有限责任。股东的有限责任是指股东只以其认缴的出资额或认购的股份对公司债务承担责任。我国新《公司法》规定了有限责任公司和股份有限公司两种类型的公司。有限责任公司的股东以其认缴的出资额为限对公司债务承担责任,股份有限公司的股东以其认购的股份为限对公司债务承担责任。

有限责任对公司的发展具有划时代的意义,是奠定现代商业发展的制度基础。与投资者无限责任相比,有限责任具有以下制度优势:

1. 降低股东对其他股东和管理者的监督成本。在无限责任下,股东要对公司债务负无限连带责任。股东为了控制自身承担公司债务的风险,会严格地监督其他股东的个人财产情况和督促管理者勤勉履职。督促管理者勤勉履职可以降低公司的负债,而监督其他股东的个人财产可以提升公司的偿债能力,从而确保股东承担的公司债务在可控的范围内。但是,一旦股东需要付出监督成本过大,超过其投资的收益,股东会选择放弃投资。可见,无限责任会放大投资商业的风险,而且让投资者个体的监督成本过大,最终导致商业无法蓬勃发展。在有限责任下,股东的个人财产能够与公司财产区隔开,不用对公司债务承担连带责任。由此,确保了股东投资公司的损失上限。一旦股东的投资损失上限得到控制,会大大激励公众投资,促进商业整体的发展。

2. 奠定公开证券市场的基础。在无限责任下,股份的价值不仅取决于公司的商业价值,更取决于公司股东的财富,股东的富裕程度直接决定公司的偿债能力。股份在财富程度不同的股东之间交易将大大影响股份的价值,公司的股份将无法定价。证券市场也因股份无法定价而无法建立。但是,在有限责任下,股份的价值主要与公司的商业价值有关,股东个体财富将不再决定股份的价值,证券市场的价格机制能有效作用于股份,公开证券市场得以建立。

(五)股权或股份的流动性

股权或股份的流动性或者可自由转让性,是股东最重要的退出机制和实现收益的重要机制之一。股权或股份的流动性降低往往意味着股权或股份投资价值的降低。

尽管公司法对有限责任公司的股权对外转让作出一定的限制,尽可能通过制度的设计让股权在股东内部流转,限制转让到外部人手中,但是,假如外部人出价比其他股东高,公司法会确保股权转让的价值优先性。这种制度设计的原因在于有限责任公司的成功或者失败往往取决于股东之间人身信任关系,而股权自由转让会威胁这种人身信任关系的建立和维系。也就是说,公司法应对有限责任公司股权自由转让稍加限制,但这种限制一定不能对股权流动性造成过多的影响,否则会减弱有限责任公司的制度优势。

对于股份有限公司而言,股份自由转让是最重要的特征之一,可以自由地向任何人以任何价格转让股份。股份自由转让原则也是证券市场得以建立的基础性规则。股份可以自由交易、自由流通,证券市场才能形成有效的价格机制,资源才能更有效地配置,证券市场才能得以发展。

第二节 公司的类型

公司的发展经历了从无到有的过程,一直到现代,公司的多样性随着时间的推移日益增强。公司可通过多种标准进行分类,这些分类标准既包括法律上的,也包括理论上的。公司分类在不同国家、不同时期都有差异,这些不同的分类标准有助于我们深入了解公司法的立法精神,对公司投资经营、执法与司法实践以及解决公司法律纠纷都有重要意义。公司的不同分类揭示了公司与股东的法律关系及其法律地位,这是法律规范的要求,更重要的作用在于让经营者可以选择适合的公司形式开展经营活动。

公司分类中最常见的一种分类就是公司的法定分类和学理分类。公司的法定分类是指根据各国或者各地区的法律规定对公司进行分类。各个国家或地区因立法理念和法律传统的差异,在公司的法定分类上有所差别。而公司的学理分类是存在于公司法理论中的分类。

法定的公司分类可按法系划分,分为大陆法系的公司法定类型和英美法系的公司法定类型。大陆法系的公司法定类型主要包括无限公司、有限公司、股份有限公司和两合公司。英美法系的公司法定类型则有所不同,分为私人公司和公开公司、封闭公司和公众公司。

公司的学理分类不一定存在于各国的实在法中,但具有学理价值。根据公司的学理分类,公司可以被划分为人合公司、资合公司与人合兼资合公司;公营公司与民营公司;母公司与子公司;关联公司与公司集团;本公司与分公司;本国公司、外国公司与跨国公司。

一、公司的法定分类

(一)无限公司、有限公司、股份有限公司与两合公司

无限公司、有限公司、股份有限公司与两合公司这一分类方式是大陆法系常见的法定分类。这是以股东对公司债务承担责任的形式不同为标准所作的分类。

1. 无限公司

无限公司或称无限责任公司，由两个或更多股东组成，其中每位股东都对公司债务负有连带无限责任。该公司类型的主要特点包括：

(1)无限公司必须由至少两个自然人股东组成，且公司不能作为股东。如果公司股东减少至1人，公司需解散或转为独资企业。

(2)股东对公司的债务负有无限连带责任，即其责任不限于其投资额。在公司资产不足以清偿债务的情况下，债权人可以请求任一股东清偿公司的债务，股东向债权人承担的债务可以超出其按照出资比例所应承担的份额。

(3)无限公司的组织结构稳定，其基础建立在股东的个人信用上，股东可以以信用或劳务出资。法律严格限制无限公司的股东对外转让股权。

(4)虽然股东之间的债务责任具有合伙性，但无限公司作为一个独立的法人实体，与商事合伙有所不同。

无限公司通常是中小型企业，由于股东面临较大的风险，其规模往往受限。值得注意的是，在英美法系国家，虽然普通合伙企业在某些方面与大陆法系国家的无限公司具有相似性，但英美法系不以股东对公司的债务承担责任的形式为标准划分公司类型。

2. 有限公司

有限公司，也称作有限责任公司，是由两个或更多股东通过出资组成的公司形式。在这种公司中，每个股东对公司债务承担的责任范围仅限于其所认缴的出资额，公司以其全部资产对其债务承担责任。

3. 股份有限公司

股份有限公司，常被简称为股份公司。这种公司由多个股东组成，其资产被分割成等值的股份。每个股东根据其所认购的股份承担有限责任，而公司则用其全部资产对债务负责。

4. 两合公司

两合公司是由无限责任股东和有限责任股东共同组成的一种公司形式。在这种公司中，无限责任股东对公司的债务承担连带无限责任，而有限责任股东的责任则限于其所出资的金额。两合公司在大陆法系的公司法中有规定，而在英美法系，这种公司形式通常被视作有限合伙，并受有限合伙法的规范。

除了上述公司类型，还存在一种特殊形式的两合公司，即股份两合公司。

这种公司结合了无限公司自身的特点以及股份有限公司自身的特征。与普通的两合公司不同,股份两合公司的有限责任股东通过认购公司的股份即购买股票来出资,这使股份两合公司在吸引外部投资方面相较于普通两合公司更为便利。

然而,在经济活动日益复杂化的背景下,无限公司和两合公司(包括股份两合公司)的风险逐渐增加,使用这些公司形式的国家和地区在减少。特别是股份两合公司,由于有限责任股东不能参与公司的经营管理,股份两合公司相对于股份有限公司的吸引力逐渐下降,导致采用此种形式的国家更为稀少。一些国家,如日本,甚至已在立法中废除此种公司形式。目前,大多数国家和地区普遍采用的公司形态是有限公司和股份有限公司。

(二)私人公司与公开公司

这是以公司的股份是否公开发行为标准所作的分类,此种分类为英国公司法所采用的基础分类。

1. 私人公司

私人公司是指除了公开公司外的任何公司。私人公司不允许公开发行股份。在历史上,1908 年《英国公司法》规定,私人公司必须符合三大标准:(1)股东人数不超过 50 人;(2)严格限制股份转让;(3)不允许公开发行股份。但是,只有最后一个标准沿用至今。① 2006 年《英国公司法》第 4 条规定,在公司设立过程中,没有在公司章程中载明是公开公司的公司,视为设立私人公司。私人公司作为默认类型,占英国公司总量的 99% 以上。2006 年《英国公司法》的立法理念也转变为私人公司优先。

2. 公开公司

公开公司是指在公司章程中载明是公开公司,可以公开发行股份的公司。当公开公司满足上市的条件,可以在证券交易所通过发行股份,成为上市公司。公开公司,尤其是上市公司,股份流通性强,对社会影响性高。因此,公开公司会受到更多的规范和管制,对其信息透明度要求也更高、更严。

(三)封闭公司与公众公司

根据公司股份是否公开发行及其转让的自由度为标准,可以将公司分为封

① Gower and Davies, *Principles of Modern Company Law*, 9th edition, Sweet & Maxwell, 2016, p. 16.

闭公司与公众公司。此种分类为美国公司法所采用。

1. 封闭公司

封闭公司是指不得公开发行股份且股份转让受限制的公司。这类公司的特征在于,其股份仅向一定范围的股东发行,而不能在证券交易所公开向广泛社会公众发行。封闭公司的股东所拥有的股份或股票可以在一定条件下进行转让,但不允许在证券交易所公开挂牌交易或流通。

2. 公众公司

公众公司是指封闭公司以外的公司。美国公司法的立法理念与英国公司法的立法理念恰恰相反,贯彻公众公司优先的立法理念,以公众公司作为模板设计公司法规则。以《特拉华州公司法》为例,在特拉华州设立的普通公司,只要按照规定进行信息披露,所有的普通公司都可以公开发行股份,且可以自由转让股份。但是,公司想在证券交易所公开发行股份成为上市公司,必须满足证券交易所的上市要求。

二、公司的学理分类

(一)人合公司、资合公司与人合兼资合公司

这是以公司信用基础的不同为标准进行的分类,属于最重要的学理分类之一。

1. 人合公司

人合公司是指以股东个人信用作为公司信用基础的公司。这种类型的公司在对外开展经济活动时,交易相对人信赖的不是公司本身的资本或资产状况,而是股东个人资产的信用。因为人合公司的股东对公司债务承担无限连带责任,当公司出现资不抵债的情况时,股东应该以个人的全部财产用以清偿公司的债务。

但是,值得注意的是,人合性的概念在我国有了新的解读。人合性的本意仅指公司的信用基础在于股东个人财产,而非股东之间人身信任关系。在人合公司,因为股东个人资产情况对公司信用至关重要,股东之间应相互了解彼此资产状况,而且股东通常亲自参与公司管理,从而产生人身信任关系。可以说,人合性是股东之间产生人身信任关系的制度因素,两者存在一定的关联性。但是,股东之间人身信任关系不能等同于人合性。

2. 资合公司

资合公司是指公司的信用基础是公司资本和资产的这一类公司。当这类公司对外进行经济活动时,交易相对人所信赖的并不是股东个人资产的信用,而是公司本身的资本和资产。由于这种类型的公司股东对公司债务只承担出资额范围内的有限责任,相互之间不存在责任上的连带关系。资合性与否与股东之间是否存在人身信任关系无关。有限责任公司、股份责任公司都是典型的资合公司。

3. 人合兼资合公司

人合兼资合公司是指信用基础不仅包括股东个人信用,又将公司资本和资产信用囊括其中的公司。这种公司同时具备人合性和资合性的特点。"两合"一词意味着结合了"人合"和"资合"的特性。人合兼资合公司的特征在于,其由有限责任股东和无限责任股东两种类型股东组成。有限责任股东以其出资作为公司信用承担有限责任,而无限责任股东以其全部个人资产作为公司信用承担无限连带责任。两合公司、股份两合公司即为人合兼资合公司。

(二)公营公司与民营公司

这是以公司资本的构成为标准进行的分类,属于学理分类。

公营公司与民营公司都被归类为公司法上的公司,但根据政府资本或私人资本在公司总资本中的占比不同而有所区分。公营公司是指政府资本占公司总资本额超过50%的公司,而民营公司则是私人资本超过公司总资本额50%的公司。这两种类型的公司可以相互转变:公营公司可以通过向公众出售股份,减少政府资本比例,转变为民营公司;反之亦然。例如,日本电话电报公司就是通过在1985年向公众出售其半数股票,从公营公司转变成民营公司的实例。

我国尽管目前还没有明确公营公司与民营公司的界线,但随着经济的发展,许多国有企业逐步改变其单一的产权结构,吸引非公有制经济投资,形成国有资产和非国有资产共同投资的企业。对于国有资本控股或私人资本控股的公司,国家将采取不同的法律规制方式和政策。因此,在实际情况中,公营公司和民营公司的区分具有重要的现实意义。

(三)母公司与子公司

这是以公司之间的控制或从属关系为标准进行的分类。

这两个概念是相互对应的。母公司,或称控股公司,是指拥有另一家公司一定比例以上股份的公司,或者能够通过协议控制另一家公司的经营。有时指仅专注于股权控制而不直接参与生产经营的公司,如某些投资公司。相对地,子公司是指其一定比例以上的股份被另一家公司所持有或实际受到另一家公司控制的公司。母公司与子公司间存在的法律关系的特征包括:

1. 子公司受到母公司的实际控制,尤其是母公司能够决定子公司董事会的组成。

2. 母公司与子公司之间的控制关系主要基于持股关系,而非行政权力。母公司不必拥有超过 50% 的股份,只需其持有的股份所享有的表决权足以对股东会的决议产生重大影响。不同国家对母公司拥有子公司股权的比例有不同的规定,范围通常在 50% 到 100% 。通过协议或契约关系形成的母子公司关系在某些国家如德国和意大利得到认可。

3. 母公司和子公司二者都是独立的法人实体。尽管子公司受到母公司的控制,但在法律上,它仍是具有法人地位的独立企业。子公司拥有自己的公司名称和公司章程,可以以自己的名义对外实施业务活动,其财产也与母公司的财产相互独立。在财产责任上,母公司和子公司各自以所拥有的财产对各自的债务负责,彼此间不承担连带责任。例如,新《公司法》第 13 条第 1 款规定,子公司具有法人资格,依法独立承担民事责任。

新《公司法》并未明确规定母公司的概念,而是对子公司进行了简要的规定。第 13 条规定:“公司可以设立子公司。子公司具有法人资格,依法独立承担民事责任。”在“附则”中,对控股股东和实际控制人的定义进行了明确,第 265 条第(2)(3)项规定:“控股股东,是指其出资额占有限责任公司资本总额超过百分之五十或者其持有的股份占股份有限公司股本总额超过百分之五十的股东;出资额或者持有股份的比例虽然低于百分之五十,但依其出资额或者持有的股份所享有的表决权已足以对股东会的决议产生重大影响的股东。”“实际控制人,是指通过投资关系、协议或者其他安排,能够实际支配公司行为的人。”该规定实际上也是为母公司的概念提供了一种界定:如果控股股东或实际控制人是另一公司,则该公司就处于母公司的地位。

母子公司关系的确定对于公司间的财务并表具有重要的实际意义。母公司可以将其子公司的财务报表与自己的财务报表合并,从而展现出公司集团整体的经营状况,扩大母公司的资产实力、经营规模和商业影响力。这也是许多公司通过并购或控股其他公司的重要动机和目标。

在公司民事责任的追究过程中,有时会出现人民法院或其他机构将母公司和子公司的财产混淆,错误地使用子公司的财产来偿还母公司的对外债务的情况。然而,母公司与子公司之间的关系其实本质上等同于股东与公司之间的关系。不论母公司在子公司中持有多大比例的股权,也不论其是否实际控制子公司,母公司仅是子公司的一名股东,没有权力直接支配或处分子公司的财产,司法执行同样不应强制使用子公司的财产来偿还母公司的债务。即便是在母公司全资拥有子公司的情况下,即所谓的全资子公司情况下,这一原则仍然适用。这是因为任何公司一旦成立,就会与其他主体形成各种民事关系。子公司的财产可能是通过向银行贷款等方式形成的负债,这些财产是子公司对外承担自身债务责任的基本条件和保证。如果用子公司的财产来清偿母公司的债务,导致子公司无法清偿其自身的债务,这将严重损害子公司的债权人的利益。

(四)关联公司与公司集团

这是根据公司间的特殊联系为标准进行分类或定性的两种公司形态。

1. 关联公司

关联公司是指两个以上公司彼此存在关联关系的公司。关联关系是指存在直接或者间接的控制关系,以及可能导致公司利益转移的其他关系。根据新《公司法》第 265 条第 4 项规定:“关联关系,是指公司控股股东、实际控制人、董事、监事、高级管理人员与其直接或者间接控制的企业之间的关系,以及可能导致公司利益转移的其他关系。但是,国家控股的企业之间不仅因为同受国家控股而具有关联关系。”

2. 公司集团

公司集团,也称为企业集团,是由法律上独立的多个企业,或者是公司在统一管理下联合组成的团体。在公司集团中,通常情况下都会有一家处于主导地位的母公司或支配公司,而其他的成员公司则被视为关联公司或从属公司。在我国的实践中,公司集团的支配公司也被称为集团公司。公司集团只是指出母公司与多个子公司之间的特殊联系,并不构成一个独立的法律主体,不具有法人地位。尽管各国的公司法对公司集团的整体性问题作了规定,但这主要限于会计与结算等方面,其主要法律关系仍然是针对支配公司和从属公司分别加以规定的。

随着关联公司和公司集团的兴起和迅猛发展,各国立法对此给予了高度关注和谨慎处理。德国、巴西等国已经形成了系统的、法典化的关联企业和企业集团制度。这些法律调整涉及多个法律领域,包括经济法(特别是垄断法)、公司法、商业会计法、税法、劳动法等。立法的基础在于关联企业出现后引发的利益冲突以及维护各方当事人利益的必要性。传统公司法所确立的公司独立法人格基于公司在经济利益上的独立性,但公司间的关联关系和集团关系改变了公司的这种独立状态,不仅威胁到各个关联公司自身的利益,也可能影响到相关公司的利益,同时也可能直接或间接地损害少数股东和债权人的利益。因此,在承认关联企业和企业集团合法存在的同时,必须通过各种法律手段进行规制,以保护从属公司及其少数股东和债权人的利益,尽可能减少关联关系的负面影响和后果。

各国在这一领域已经形成了一些共同或特有的原则和制度,主要包括:

一是提示或通知制度,即将关联关系的情况公开或通知给从属公司及其股东、债权人,使他们了解控制利益的存在和公司控制方面的变化。

二是禁止不当影响和利益补偿的规定,如《德国股份公司法》规定,控制企业不能利用其影响力使从属公司进行对己不利的法律行为或作出决定。如果此时双方之间存在控制契约,尽管控制公司仍然拥有下达强令性指令给从属公司的权利,但控制公司对于从属公司如何分配法定资金一事必须确保,同时其也必须对从属公司的亏损进行负担并且对少数股东的损失进行补偿。

此外,各国相关规定中还包括关联企业的报告和集团会计结算制度,以及揭开公司面纱原则和深石原则(根据控股股东的公平行为决定其债权在其他债权人或优先股股东受偿时是否应当劣后)。

(五)本公司与分公司

本公司与分公司的分类基于公司内部的管理关系。

很多大型公司的业务遍布不同地区甚至跨国界,直接从事这些业务的往往是公司内部的分支机构或附属机构,即所谓的分公司,而公司本身则被称为本公司或总公司。

分公司与本公司的关系虽然在某种程度上同子公司与母公司相似,但在法律地位上有着根本的不同。分公司不存在独立的法人资格以及法人地位,其有权拥有自己的名称,这一名称可以是办事处、分行或者是分公司等,但其隶属于总公司这一关系必须在其名称中体现。分公司并没有自己的独立财产,其占有和使用的财产被视为本公司的财产,并计入本公司的资产负债表。本公司需要以其全部财产对分公司活动产生的债务承担责任。分公司的业务、资金、人事均受总公司的统一管理和安排。此外,新《公司法》第 38 条规定:"公司设立分公司,应当向公司登记机关申请登记,领取营业执照。"然而,分公司的设立过程不需经过一般公司设立时的多项法律程序,仅需在当地完成简单的登记和管理手续。因此,分公司实际上并非法律意义上的独立公司,而只是本公司的一个组成部分或业务活动机构。新《公司法》第 13 条第 2 款明确规定,分公司不具有法人资格,其民事责任由公司承担。但是,分公司具有经营资格,可以以自己的名义订立合同。

(六)本国公司、外国公司与跨国公司

根据公司所属国家的不同为标准,可以分为本国公司、外国公司与跨国公司。

国际上对公司国籍的确定有多种立法和学说,基本标准包括:(1)公司设立准据法主义。公司国籍根据公司设立所依据的法律是本国法还是外国法来确定。(2)公司设立行为地主义。公司国籍以公司设立登记或注册所在地来确定。(3)股东国籍主义。公司国籍根据多数股东的国籍来确定。(4)公司住所地主义。公司国籍以公司住所所在地的国家为国籍。公司住所的确定存在两种标准:一是以公司管理中心所在地为公司住所地,二是以公司营业中心所在地为公司住所地。

多数国家对于如何确定公司国籍同时采用设立准据法主义以及设立行为地主义,这种做法也被我国所采用。因此,凡依中国法律在中国境内登记设立的公司,无论是否有外国股东或外国股东出资比例如何,都被视为中国公司,即本国公司。

外国公司是相对于本国公司而言的。新《公司法》第 243 条规定:"本法所称外国公司,是指依照外国法律在中华人民共和国境外设立的公司。"通常,外国公司指的都是外国总公司设立在其他国家的分公司。在总公司所在国,这种公司被称为国外分公司;而在分公司所在国,则被视为外国公司。例如,美国微软公司在中国设立的业务机构在中国被视为外国公司。

外国公司在获得所在国认可或批准,并办理了必要的登记手续后,可以在该国开展业务。各国通常在公司法或其他特定单行法中对外国公司的设立和活动进行专门规定,大多数国家允许外国公司在其境内运营,并使其适用普通公司法,赋予与本国公司相同的权利能力和行为能力。但是,对外国公司的业务范围可能有所限制,比如,在国家安全或公共利益相关的特殊行业(如军事工业、航空工业、通信交通、酒类生产等)可能会禁止或限制外国公司的经营。外国公司的活动必须遵守所在国的法律和法令,尊重当地风俗习惯,并接受该国在某些方面的管理和监督。外国公司需定期向政府主管部门报告其业务情况,并以适当方式进行公告。

跨国公司指的是将基地定为本国,而其分公司、子公司或者是其他的参股性的投资企业则设立在其他国家或者是地区,以国际性的生产、经营以及服务活动作为从事行业的大型经济组织。严格来说,跨国公司的"公司"一词并非严格的公司法概念,而实际上指的是国际性的公司集团,反映的是公司间的特殊关系。在各国公司法中通常没有专门针对跨国公司关系的规定,跨国公司并不是一个独立的法律实体。其内部关系实际上涵盖母公司与子公司、总公司与分公司以及股东与公司之间的法律关系,这些关系受到相应的法律规范的调整。

三、我国公司的法定类型

我国公司的法定类型是指我国《公司法》规定的公司类型。

(一)有限责任公司与股份有限公司

新《公司法》第 2 条规定:"本法所称公司,是指依照本法在中华人民共和国境内设立的有限责任公司和股份有限公司。"因此,有限公司和股份公司是我国公司法定类型。根据新《公司法》第 42 条规定,有限责任公司是由 1 个以上 50 个以下股东出资设立。每个股东以其认缴的出资额为限对公司承担责任,公司以其全部资产对其债务承担责任的公司。第 92 条规定,设立股份有限公司,应当由 1 人以上 200 人以下为发起人,其中应当有半数以上的发起人在中华人民共和国境内有住所。股东以其认购的股份为限对公司承担责任,公司以其全部资产对公司债务承担责任的公司。

我国的有限公司和股份公司存在以下区别:

第一,设立程序不同。有限公司只能发起设立,发起人认缴全部的出资。

但是,股份公司除了能够发起设立之外,还可以募集设立。募集设立是指由发起人认购公司发行的一部分股份外,其余股份向社会公开募集(公开募集)或者向特定对象募集(定向募集)而设立公司。根据《证券法》第9条,定向募集是指向特定对象发行股票且累计不足200人;公开募集是指向特定对象发行股票且累计在200人以上或者向不特定对象发行股票的为公开募集。

第二,股东人数不同。有限公司设立时的股东人数不得超过50人,而股份公司设立的发起人可以达到200人。股份公司选择募集设立,股东人数没有限制。

第三,股权或股份流动性不同。有限公司股权对外转让受到过半数股东同意和股东优先购买权的限制。但是,股份公司的股份转让遵循股份转让自由原则,原则上不予限制。尽管证监会出台了关于控股股东、大股东(持股5%以上的股东)、董事、监事、高级管理人员限制减持的相关部门规章,对股份转让作出了限制出售期限、出售比例等规定。总体上,股份公司的股份流动性远高于有限公司的股权。

第四,是否允许公开募集不同。有限公司不允许公开募集,但股份公司允许向公众公开募集。这也是所谓的封闭性与公众性的区别。就股份公司而言,不同股份公司也存在封闭性与公众性的差异,但新《公司法》对此没有进一步的区分。

(二)一人公司

一人公司,也被称为独资公司,是由单一股东(可以是自然人、法人或合伙企业)持有公司全部出资或所有股份的形式,不仅包括有限责任公司,同时股份有限公司也包括在内。

一人公司显著的法律特征体现在股东的唯一性,即股东数量仅为1人,可以是1个自然人或1个法人,所有的股权或出资额都由这唯一股东持有。尽管股东数量只有1人,一人公司依然具有公司的所有法律属性,包括独立的法律人格、独立的财产体系、独立的组织机构和独立承担民事责任的能力。一人公司既包括了一人有限责任公司,也包括一人股份有限公司。

一人公司与独资企业在形式上可能相似,因为都只有一个投资者,然而,在法律性质上,两者存在本质区别:首先,一人公司可以依法获得法人资格,使得一人股东与一人公司成为不同的主体,而独资企业没有独立法人身份,其所有者以自然人身份进行经济活动；其次，一人公司的股东的责任仅限于其出资额，承担有限责任，并且要求一人公司的财产与股东个人财产严格区分，而独资企业主需要以连带无限责任的形式承担企业的债务；最后，一人公司必须按照公司法的规定组织运营，可以采用董事会、监事会和经理等组织结构，并接受公司法的规范，而独资企业的组织结构则由企业主自行决定，通常只设有以经理为首的管理机构。

相较于原《公司法》仅承认一人有限公司，新《公司法》既承认一人有限公司又承认一人股份公司。此外，新《公司法》删除了原《公司法》第二章第三节"一人公司的特别规定"，对一人公司的制度作了重大调整，取消对自然人设立一人公司数量的限制，以及对自然人股东设立的一人公司再设立一人公司的限制，便利投资主体设立一人公司进行投资兴业，增加市场主体数量，释放市场主体活力，繁荣市场经济。

（三）国家出资公司

新《公司法》第 168 条第 2 款规定："本法所称国家出资公司，是指国家出资的国有独资公司、国有资本控股公司，包括国家出资的有限责任公司、股份有限公司。"

国家出资公司的出资人具有特殊性。根据新《公司法》第 169 条规定，国家出资公司，由国务院或者地方人民政府分别代表国家依法履行出资人职责，享有出资人权益。国务院或者地方人民政府可以授权国有资产监督管理机构或者其他部门、机构代表本级人民政府对国家出资公司履行出资人职责。

国家出资公司的公司治理具有特殊性，具体体现为：其一，明确党组织在国家出资公司的公司治理中的领导作用，研究讨论公司重大经营管理事项。新《公司法》第 170 条规定："国家出资公司中中国共产党的组织，按照中国共产党章程的规定发挥领导作用，研究讨论公司重大经营管理事项，支持公司的组织机构依法行使职权。"其二，强调国家出资公司中的国有独资的董事会经营决策功能。新《公司法》第 172 条规定："国有独资公司不设股东会，由履行出资人职责的机构行使股东会职权。履行出资人职责的机构可以授权公司董事会行使股东会的部分职权，但公司章程的制定和修改，公司的合并、分立、解散、申请破产，增加或者减少注册资本，分配利润，应当由履行出资人职责的机构决定。"其三，优化国有独资公司的内部监督机制。新《公司法》第 176 条规定："国有独资公司在董事会中设置由董事组成的审计委员会行使本法规定的监事会职权的，不设监事会或者监事。”其四，强化国家出资公司经营中的合规管理。新《公司法》第177条规定：“国家出资公司应当依法建立健全内部监督管理和风险控制制度，加强内部合规管理。”

（四）上市公司

根据新《公司法》第134条的规定，上市公司是指其股票在证券交易所上市交易的股份有限公司。股份有限公司根据其发行的股票在上市交易中是否公开，可分为上市公司以及非上市公司。

上市公司属于的是股份有限公司中的一种形式。公司发行的股票一旦上市交易，显示出该公司具有较强的公开性。我国仅有股份有限公司被允许股票上市交易，其他类型的公司，如有限责任公司等不享有此权利。并非所有股份有限公司都是上市公司，只有一部分股份有限公司的股票能够在公开市场上交易，因此，虽然每个上市公司都是股份有限公司，但并非所有股份有限公司都是上市公司。

上市公司的股票上市必须符合法定条件并按证券交易所的要求进行注册。在全面注册制的背景下，《证券法》第9条第1款规定，“公开发行证券，必须符合法律、行政法规规定的条件，并依法报经国务院证券监督管理机构或者国务院授权的部门注册”。注册制的核心是信息披露，股票上市涉及公众利益的保护，股份公司在证券交易所发行证券必须按照证券会的要求向公众进行信息披露。根据有效市场假说，证券市场的价格机制能够反映上市公司的所有公开信息，从而向投资者提供一个公平价格，以此保护投资者。因此，根据《证券法》完成注册程序是上市公司公开交易证券的基础前提。

上市公司的股票需要在证券交易所上市交易。股票的公开交易并不等同于上市，因为公开交易包含不同的市场范围和交易方式。证券市场分为一级市场、二级市场、场外交易市场等，这些市场上交易的股票均为股份有限公司发行的股票，而证券交易所作为公开市场中的二级市场，是实行证券集中交易的特殊市场。在证券交易所进行的交易称为挂牌交易，只有在证券交易所上市交易的公司才被视为上市公司。

第三节 公司法概述

一、公司法的概念和性质

(一)公司法的概念

公司法是规定各种公司的设立、活动、解散以及其他对内对外关系的法律规范的总称。公司法调整的对象和范围包括公司设立过程、存续期间和终止过程中的法律行为和法律关系。设立过程中的行为和关系包括设立人之间及设立人与第三人之间的行为和关系。存续期间的行为和关系包括股东之间、股东与公司之间、公司管理机构之间、股东与管理机构之间、股东、公司与第三人之间、公司与国家管理机关之间的行为和关系。终止过程中的行为和关系除上述关系外,还包括股东与清算组织、清算组织与第三人等的行为和关系。

(二)公司法的性质

公司法的性质是指公司法的主要属性,即其在法律分类体系中的基本属性。在法律性质的界定上,公司法应属私法和商事组织法。

1. 公司法属于私法

公法与私法的划分标准,各学说差异甚大,有利益说、效力说、主体说、统治关系说、意思说等不同的主张,但一般认为公法是调整国家与社会组织和个人之间关于公权利义务关系的法律规范,私法是调整社会组织和个人之间以及相互间关于私权利义务关系的法律规范。公法维护的是公共秩序和社会的宏观利益,法维护的是社会个体的微观利益,其调整的原则为意思自治。

无论依何种标准,一般都认为,公司法属于私法中的商法,私法是公司法的本质属性。虽然进入现代资本主义时期以来,西方国家对经济活动的干预越来越多,并将其政策规定于法律之中,出现“私法公法化”的趋势,公司法也具有了一些公法的色彩,但就其本性而言,公司法依然属于私法,根据在于:其一,公司法的调整对象是商事关系,而商事关系除商事监管关系外,是以平等主体在从事以营利为目的的经济活动中所形成的一种社会关系。在商事关系中,公司作为商事主体的地位是平等的,始终贯彻意思自治原则。其二,公司法保护公司中以股东为主的利益相关者的私人利益，从而促进商业活动的增长和发展。其三，公司法调整的方法主要通过设定的私法权利义务和私法责任的追究。

2. 公司法属于商事组织法

私法进一步可以分为商法和民法。商法根据调整对象不同，可以分为侧重调整商事主体的商事组织法（或称商事主体法）和侧重调整商事交易行为的商事交易法（或称商事行为法），而公司法尽管也有商事交易法的属性，但更是商事组织法。公司是一种法人组织，是由股东等利益相关者组成具有独立法人格的团体组织，因此，公司法作为调整公司组织法律关系的法律具有组织法的性质。所谓组织法或主体法，就是规定某种社会组织或主体的产生和消灭、组织机构及其活动的范围、活动规则等关系的法律规范。银行法、合作社法等各种社会团体法都是典型的组织法。组织法的突出特点是对某种社会组织或团体的内部关系进行全面调整，而一般法律都主要调整社会组织的外部关系。

公司法作为组织法或主体法，首先确认的是公司的法律地位，赋予其独立的法人资格。另外，公司法对公司从产生到消灭整个过程的各种法律关系和活动都作了具体的规定，其中包括公司的设立、变更和解散、公司的经营业务、公司章程、权利能力和行为能力、财产结构和组织结构、管理机构的组成及其职权、公司与股东以及股东间的相互关系等。同时，公司法也对公司的人身权，如公司名称、住所、注册机构等作了规定。

二、公司法的特征

公司法的特点是指公司法在某些方面的表现，与其他法律比较展现出的特殊性。公司法的特点可概括为：

（一）组织法和交易法的结合

公司法首先一种是商事组织法，同时也具备商事交易法的特性。商事交易法，或称商事行为法，是指直接调整具体的商事交易的法律规范，这种商业活动不是发生在某一组织或团体内部，而是发生在不同组织或个人之间的交易活动。在各国公司法中，不仅规定了公司设立、公司登记、公司资本和公司治理等组织法的内容，也规定了公司所从事的某些直接的商业交易活动的交易法的内容，这主要是指股权转让、股份发行、公司债发行、公司并购等交易法规则。

公司法之所以具有商事交易法的特点，是由于这些商事交易与公司的组织特点密切联系,或者说它是公司这种组织特有的交易活动内容,需要在公司法中对此一并规定。公司的活动分为两种,一种是普通商业活动,这种活动一般商业组织都可以进行,如制造、承揽、运输、买卖等;另一种则是与公司组织特点直接相关的活动,这就是股票、债券的发行和交易活动,这种活动一般只有公司才能进行。而公司法作为组织法,并不对公司的普通商业活动进行调整,而是对与公司组织特点直接相关的交易活动作出规定。

(二)强制性和任意性的结合

法律规范依据权利、义务的刚性程度,可分为强制性规范和任意性规范。所谓强制性规范是指必须依照法律适用、不能以个人意志予以变更和排除适用的规范。任意性规范则允许主体变更、选择适用或者排除该规范的适用。公司法以私法规范为主体,贯彻意思自治原则,应当具有大量的任意性规范。公司是投资的工具,公司法主要是体现投资者意志并为实现投资收益而服务的法,由此,公司法没有理由完全排除公司当事人就公司经营管理事项及相互关系所作的自愿协商和安排,因为当事人是自己利益最好的代表者,最了解其自身的利益和需求所在。公司法也具有强制性,体现了国家的意志和对经济生活的干预,其原因在于公司的设立不仅涉及公司的设立者、内部的股东或当事人的利益,更涉及公司之外的第三人、相对人或未来的债权人的利益,为了保障这些外部主体的利益和社会交易的安全,必须将公司法的某些制度和规则法定化和强制化。同时,公司是社会经济的主要力量,其财产雄厚,活动广泛,在社会经济生活中举足轻重,如不对其组织本身实行严格的法律指导和管理、控制,将会对社会经济秩序构成潜在的威胁。

我国公司法的演进呈现出任意性逐步增强的特点。1993 年《公司法》的强制性过度而任意性不足,法条中很少表现出任意性,2005 年《公司法》基于放松管制、尊重股东和公司自治的立法目标,对强制性规范和任意性规范作了重新定性和安排,增加了许多任意性条款,而且还把原来的某些强制性条款变成了任意性的条款。如 2005 年《公司法》第 72 条首先对股权转让作了系统性规定,又在第 4 款中规定"公司章程对股权转让另有规定的,从其规定";第 76 条规定,"自然人股东死亡后,其合法继承人可以继承股东资格;但是,公司章程另有规定的除外";第 35 条规定,"全体股东约定不按照出资比例分取红利或者不按照出资比例优先认缴出资的除外"。新《公司法》在公司治理制度和公司资本制度中进一步增加了规则的任意性。在公司治理制度方面,新《公司法》大大增加了公司组织机构设置和公司经营决策权分配等规则的任意性,让公司根据自身实际情况,设置适合公司发展的治理模式。例如,新《公司法》第 69 条、第 121 条规定组织机构的单层制(设置审计委员会不设置监事会)和双层制的选择模式;第 75 条规定,规模较小或者股东人数较少的有限公司可以不设董事会等。在公司资本制度方面,新《公司法》增加了股份公司的类别股制度、授权资本制等充满任意性色彩的制度,也起到便利股份公司融资的作用。

(三)以成文法为表现形式

法律规范有判例法与成文法之分,公司法规范主要表现为成文法的形式。无论是采取成文法形式的大陆法系,还是采取判例法形式的英美法系,公司法基本上都采取了成文法的形式。其原因在于公司法对公司的类型实行严格的法定主义,对于公司的法律人格、公司和股东的责任、设立条件、组织机构、公司会计、公司变更与清算等必须予以全面、系统的规范。同时,公司法作为主体法,应具有基本的明确性、系统性、统一性和稳定性,以成文法的形式可以避免判例法的分散和易变。

当然,在英美法国家,除成文的公司法外,还有许多公司法方面的判例,也是其公司法的重要组成部分。同时,作为成文法的公司法,非指某一单一的立法文件,而是指调整公司关系的各种法律规范。

(四)国际性

公司法属于商法,而商法是最具有国际性的法律规范,其原因在于商法以调整商事关系为对象。商事关系实质就是商品关系在法律上的表现,因而商法不能不反映和尊重商事关系的客观规律和要求。同时,商事关系本身也具有一定国际性,许多商业活动都跨越国界,各国经济日益紧密联系。为此,不仅世界各国在本国商事立法方面注意坚持一般的科学原理和保持与其他国家商事法的协调和衔接,而且在国家间也订立有许多国际性商事公约。

作为对商事活动主体的公司进行法律调整的公司法属于商法的一部分,也必然具有国际性的特点。从各国公司法的内容看,共同性是很明显的,有关公司的概念与类型、公司的设立与注册登记程序、公司的所营事业、公司的名称与注册登记程序、公司的资本与股份、股东会的组成与职权、董事会等管理机构的设置与职权、公司债券的发行、公司的解散与清算等各方面的法律规定，多是大同小异。新《公司法》也引入了一些有利于我国经济发展的成熟的国际化制度，如授权资本制、类别股、单层制等。

三、我国公司法概况

（一）我国公司法的发展

早在 1983 年，有关立法机关即开始酝酿公司法的起草，最初起草的是统一的公司法，但受限于外部环境，后改为分别起草有限公司条例和股份有限公司条例。1992 年，原国家经济体制改革委员会等发布了《有限公司规范意见》和《股份有限公司规范意见》，对我国公司制度的发展起了重要的作用。

1992 年 8 月，全国人大常委会委员长会议决定起草统一的公司法草案。1993 年 12 月 29 日第八届全国人民代表大会常务委员会第五次会议审议通过了《公司法》。1993 年《公司法》对我国确立和推进现代公司制度的建设有不可替代的奠基性作用。但是，由于 1993 年《公司法》产生于改革开放初期，主要服务于国有企业改制的法政策目标，在一些制度的设计上过于保守。随着改革的深入和市场经济的发展，这些制度越来越不能适应公司制度发展的要求，甚至成为公司制度进一步发展的桎梏。至今，随着社会经济的高速发展，我国《公司法》经历了 6 次修改，其中 2005 年和 2023 年两次大修。

1999 年和 2004 年，立法机关分别对公司法进行了两次修改，但涉及面很窄，仅对少数条文的内容作了修改。

2005 年 10 月，第十届全国人民代表大会常务委员会第十八次会议通过了对《公司法》的修订，主要的修订内容包括：第一，修订公司设立和资本制度，降低公司设立门槛，鼓励民间投资。如降低法定注册资本额、扩大出资方式范围、允许设立一人有限公司。第二，改善公司治理结构制度，进一步明确股东会、董事会、监事会、经理权利义务。如修改股东会和董事会召集和议事规则，增加监事会职权，增加董事、监事、高级管理人员的忠实和勤勉义务规则，增加股东代表诉讼规则，增加上市公司独立董事规则等。第三，完善对股东尤其是中小股东、债权人合法权益的保护机制。如限制股东尤其控股股东滥用权力规则、限制股东滥用公司法人地位和有限责任规则等。第四，增加股份发行等公司融资规则。如修改新股发行条件规则等。第五，增加任意性规则，增强公司自治。

如允许公司章程增加股东会、董事会和监事会的职权,允许有限公司章程对股权转让进行约定等。这次修改使我国《公司法》无论是从立法技术上还是制度规定上都上了一个新的台阶,既很好地借鉴了国外公司法的先进制度、反映了目前国际上公司法发展的新特点,又根据我国经济体制改革目标和市场经济发展现状,对相关制度予以调整,扩大了公司法的灵活性和前瞻性,为我国公司制度的进一步完善和发展提供了广阔的空间,也对社会主义市场经济的深入发展起到强大的推动作用。

2013 年 12 月,第十二届全国人民代表大会常务委员会第六次会对《公司法》作出修改决定。此次修正主要针对公司资本制度,主要包括:第一,取消法定注册资本最低限额的规定,除非法律、法规另有规定。第二,有限制的认缴制改为完全认缴制,取消了公司设立时股东首次最低实缴比例的限制和缴足出资的期限。第三,取消有限责任公司和发起设立的股份公司的强制验资规定。

2014 年 2 月,公司法对国务院提出的改革公司注册资本及其登记事项、改革监督和加强市场主体信息公示等内容进行了落实性的修改。

2018 年 10 月,第十三届全国人民代表大会常务委员会第六次会议审议通过了《公司法》修改的决定。此次修改完善了回购规定,大大提高了上市公司回购的积极性,有助于增强上市公司资本运营活力,提高企业资本运营效益,促进资本市场健康长远发展,主要包括:第一,修正增加允许股份回购的情形。第二,适当简化股份回购的决策程序,提高公司持有本公司股份的数额上限,延长公司持有所回购股份的期限。第三,补充上市公司股份回购的规范要求。

2023 年 12 月 29 日,第十四届全国人民代表大会常务委员会第七次会议审议通过了新修订的《公司法》。新《公司法》总共 266 条,涉及 112 条的内容有实质性修改,是 6 次修改中规模最大的一次。本次《公司法》修订有四大修法目标和价值取向:(1)深化国有企业改革、完善中国特色现代企业制度;(2)持续优化营商环境、激发市场创新活力;(3)完善产权保护制度、依法加强产权保护;(4)健全资本市场基础性制度、促进资本市场健康发展。在上述目标的基础上,新《公司法》对原《公司法》进行了全面修订,在公司登记与信息公示制度、股东出资责任、公司资本制度、公司治理制度、公司决议效力、股东权益保护、公司债券等制度上都取得了突破和创新,尤其是公司资本制度和公司治理制度。在公司资本制度方面,主要有以下重要革新:第一,有限公司从完全认缴制转变为

5 年限期认缴制;第二,为股份公司引入授权资本制;第三,股份公司可选择发行无面额股;第四,股份公司可发行类别股;第五,引入了形式减资制度;第六,非等比减资采用“原则禁止 + 例外允许”的规制模式等。在公司治理制度方面,主要有四大革新:第一,提供公司监督机关多元选择模式,公司自主选择设置监事会(双层制)或审计委员会(单层制);第二,加强控股股东、实际控制人的责任,增加控股股东滥用权利时的股权回购责任、控股股东和实际控制人的信义义务、影子董事责任;第三,新增董事、高管对第三人责任的一般性规定;第四,新设“国家出资公司组织机构的特别规定”一章。

(二)我国公司法的基本原则

公司法的基本原则,是指公司法在调整与公司有关的特定社会关系时所适用的基本准则,是公司法律制度设计的基本出发点,也对司法和实践起着重要的指导作用。在公司法律制度长期形成和发展中,一些体现公司制度宗旨和特色的原则逐步确定下来,被各国公司立法普遍接受和采纳,成为公司法律制度的基本内容,这就是公司法的基本原则。我国新《公司法》很好地吸收了现代公司制度的合理内核,并将这些制度与我国现实相结合,阐释了具有我国特色的公司法的基本原则。概括来说,包括以下内容:

1. 营业自由原则

营业自由原则是指公司在遵守法律法规的前提下,依照自己的意愿进行商事营业和商事活动的原则。除非法律和行政法规对人的商事资格作出限制,否则公司享有按照自己的意愿自由从事经营活动的权利。即公司有权自由从事营利活动,除法律、行政法规另有规定外,不受限制。现代市场经济国家大多奉行营业自由原则,且多在其宪法中有明确规定。营业自由包括开业自由、停业自由及交易自由等。

营业自由原则的内容主要包括:首先,公司享有开业权。所谓开业权,是指公司只要符合法律所规定的设立条件,都可以通过办理设立公司取得公司主体资格。非基于法律、行政法规规定,公司登记机关不得拒绝为其办理开业登记等手续。其次,公司享有自主的经营权。在市场经济条件下,只要合乎法律规定,人人皆可从事商事行为,公司有权基于市场变化自由地使用、处分自己的财产。除非基于法律和行政法规定,任何组织和个人不得干预公司自由经营权的正当行使。最后,公司享有投资自由和交易自由,有权自主选择投资和交易对象,自主决定投资和交易方式。

营业自由是私法自治原则在公司法中的体现,也是公司法自产生以来就有的价值追求。公司法作为私法的一部分,除为安全考虑作出一定的限制,应当充分尊重公司的意思自治,从而使其充分地发挥主观能动性,以明智的决策设计自己利益的实现方式,积极努力地谋求利润最大化,促进市场经济的发展和繁荣。现代社会,各国商法均认可营业自由原则,无论是个人还是组织都可按照自己的意愿从事经营活动。这对于刺激商人的从商积极性、推动经济的繁荣、实现国家富强和人民幸福都具有重要的作用。营业自由原则在新《公司法》中具体体现为公司设立自由、公司经营范围设置自由、公司治理的任意性规则。

2. 公司人格独立原则

公司是一种具有独立法人格的企业组织。在本书中“现代公司特征”部分已经对法人格独立作过论述,在此仅作简单概括,不再赘述。

公司人格独立原则具有两大功能。第一,公司人格的独立与公司股东和管理者的人格,让公司享有像自然人一样的民事权利能力和民事行为能力,让公司可以自身的人格从事所有公司经营事务。第二,公司人格独立让公司财产责任具有独立性,至少包括以下三个方面的独立:其一,公司责任与股东责任的独立。公司只能以自己拥有的财产清偿债务,股东除缴纳出资外,对公司债务不再负责,即使公司资不抵债时,也不例外。其二,公司责任与其工作人员责任的独立。公司的民事活动虽由其董事、经理等管理人员实施,其民事责任亦可能由于管理人员的过错行为所致,但不能由此要求公司的管理人员对公司的债务负责,特别是在公司无力清偿其债务时,不能随意追加公司的董事长、董事、经理为连带责任人或共同被告。其三,公司责任与其他公司或法人组织责任的独立。公司与其他法人之间虽然存在千丝万缕的联系,包括存在母公司与子公司的关系或存在主管部门与下属企业的隶属关系,但在民事法律地位上都是独立的法人,其财产责任也只能各自独立承担。

3. 股东有限责任原则

股东有限责任原则是指股东仅以其出资额为限对公司债务承担责任,是公司区别于其他经济形态的最明显的法律特征,也使公司成为近现代社会最重要的企业形式的主要原因所在。由于有限责任降低了投资风险,有助于刺激投资积极性、扩大经营规模,并促进了股权的流动和自由转让,带动了证券市场的发展,因而创造了极大的生产力。现代国家的公司法在引入公司法人制度后,莫不将有限责任制度作为整个公司法律制度的基石。

我国新《公司法》确认了股东的有限责任。新《公司法》第 4 条第 1 款规定:“有限责任公司的股东以其认缴的出资额为限对公司承担责任;股份有限公司的股东以其认购的股份为限对公司承担责任。”因此,在我国,有限责任原则的内容包括两个方面:其一,有限公司和股份公司的股东以其认缴的出资或认购的股份为限对公司承担责任,他们对公司承担责任有数量的上限。其二,在一般情形下,股东只对公司承担责任,不对公司债权人承担责任。

有限责任原则对于公司制度的发展至关重要,但是,由于股东可能滥用有限责任,侵害公司债权人的利益。为克服有限责任引发的这一弊端,形成了法人人格否认规则,或称为刺破公司面纱规则,在极端特殊的情况下,公司法否认公司独立法人格,让股东对公司债权人承担无限责任。但这一规则的实行并非对有限责任原则的动摇和否定,而是对该原则的补充和完善,是为了更好地发挥该原则的功能。

4. 股东平等原则

股东平等原则指股东在基于股东资格而发生的法律关系中,原则上应按其持有的股份的性质和数额享受平等待遇,持有同种性质的每一股份应该享有同样的权利、承担同样的义务,不能有所歧视和实行差别待遇。换言之,股东平等原则强调按照持股比例对待同一类股东。如新《公司法》第 143 条规定:“股份的发行,实行公平、公正的原则,同类别的每一股份应当具有同等权利。同次发行的同类别股份,每股的发行条件和价格应当相同;认购人所认购的股份,每股应当支付相同价额。”新《公司法》第 145 条在股份公司中引入类别股制度,但股东平等原则仍然适用,同类别股东仍遵循股东平等原则。

股东平等原则是现代公司立法所奉行的基本原则之一,也是平等保护投资者利益、调动投资者积极性的客观需要。股东平等原则不是为了否定大股东按照持股比例所有享有控制权,而是为了让中小股东的低持股比例的股份得到平等地对待。因此,公司法建立了一些对中小股东的实现股份平等的法律保护机制。我国公司法中的许多规定都是这一原则的体现和要求,如少数股东的股东会召集权和主持权、股东表决权的限制、累积投票制、异议股东股份收购请求权等。

5. 公司社会责任原则

公司社会责任原则是指公司不仅对股东负有责任，而且应对股东之外的雇员、债权人、供应商、客户、社区以及公共利益负有责任。从传统意义上讲，公司以营利性为本质特征，追求股东利益的最大化，公司社会责任则原则是对这一理念的补充。公司是以营利为目的的法律主体，实现股东利益的最大化是其成立的主要目的。然而，随着市场经济的发展，公司的数量和规模不断膨胀，已经成为社会经济的支配力量，使其对社会各方面的利益产生实质影响。工业事故频繁，劳动者缺乏社会保障，环境污染严重等事件意味着不仅公司自身承担经营的风险，雇员、债权人、客户，甚至社区居民等利益相关方都可能在一定程度上承担因公司经营而产生的风险。公司社会责任原则的确立在一定程度上可以内化这些因公司经营所产生的负外部性。

新《公司法》第 20 条规定："公司从事经营活动，应当充分考虑公司职工、消费者等利益相关者的利益以及生态环境保护等社会公共利益，承担社会责任。"在公司法中明确公司的社会责任无疑具有重要的意义：一方面有利于预防公司滥用经济力量，鼓励公益捐赠、强调环保等各种形式的社会公益行为；另一方面有利于保护利益相关者的合法权益。随着我国现代企业制度建设的推进，公司已成为我国重要的经营主体，公司的影响与日俱增。但是，由于对营利的过度追求，公司违反法律法规、违背社会公德、商业道德的行为频频发生，由此导致公司债权人、消费者、职工的利益遭到侵害，有些行为也严重影响和破坏了社会、市场应有的正常秩序。

6. 弘扬企业家精神原则

新《公司法》第 1 条开宗明义，表明弘扬企业家精神是公司法基本原则。将弘扬企业家精神确立为我国公司法基本原则，有助于打造保护企业家的《公司法》，保护市场经济的价值创造者，对我国经济发展具有不言而喻的重要作用。企业家精神入法不仅具有宣示作用，而且更重要的是通过公司法的具体制度设计为企业家在商事实践中发挥创新、冒险精神提供制度性的保障和激励，促进公司创造更大的价值。

新《公司法》的具体制度设计体现了弘扬企业家精神的价值取向。在便利企业家融资方面，新《公司法》引入了授权资本制、无面额股和类别股，完善了公司债券等制度，既在制度层面赋予企业家融资决策权，可以根据商业需求灵活地安排融资计划,又提升了融资工具的便利性,降低融资成本。在公司治理机制多元化方面,新《公司法》引入类别股、双层制和单层制选择模式等制度让企业家可以根据公司实际情况自主建立适合公司发展的公司治理模式。类别股中的特别表决权让企业家可以自主设置公司的控制权结构,避免企业家在公司融资壮大的过程中失去公司的控制权。双层制和单层制的选择模式让企业家可以根据公司发展的情况选择更有效率的监督机制。在企业家责任减免方面,新《公司法》引入了董事责任保险制度。但是,新《公司法》的制度设计仍留有遗憾,缺失了商业判断规则和董事责任减免制度,以待未来完善。

本章法考和考研练习题

一、单项选择题

1. 我国《公司法》上的公司具有的法律特征之一为(　　)。

A. 盈利性

B. 股份性

C. 营利性

D. 集团性

2. 李某与合伙企业“大木采石场”各出资50万元组建了一家有独立法人资格的大木贸易有限责任公司,经营建筑材料,聘请营销专家陈某担任经理。这里谁负“有限责任”?

A.“大木采石场”对合伙企业的债务

B. 大木有限公司对公司所负的债务

C. 李某和“大木采石场”对大木有限公司的债务

D. 陈某对大木有限公司的债务

3. 有限责任原则是指(　　)。

A. 股东以自己的出资或持有股份为限,为公司承担责任

B. 股东以自己的出资或持有股份为限,为公司债务承担责任

C. 股东以自己的出资为限对公司承担责任

D. 股东以自己的出资为限或持有股份为限对公司承担责任

4. 某有限责任公司对甲企业负有1000万元的合同债务。该公司注册资本

是500万元。公司董事长对甲企业负责人说:“本公司仅以500万元为限对公司债务承担责任。”为此,甲企业负责人向一些律师咨询,听到了以下四种意见。正确的观点是:公司以其(　　)。

A. 注册资本对公司债务承担责任

B. 实收资本对公司债务承担责任

C. 全部资产对公司债务承担责任

D. 净资产对公司债务承担责任

二、多项选择题

大华纺织有限公司于2018年1月向工商银行借款500万元,在借款未还的情况下,该公司于2020年10月年变更为大华纺织股份有限公司。依《公司法》规定,该借款应由大华纺织股份有限公司偿还,理由是(　　)。

A. 有限公司财产已全部转入了股份有限公司

B. 公司法人资格延续

C. 两种公司的股东都仅负有限责任

D. 公司的股东未变化

三、名词解释

1. 公司
2. 股份有限公司
3. 有限责任公司
4. 封闭公司
5. 公众公司
6. 股东有限责任原则

四、简答题

1. 简述公司的特征。
2. 简述公司法的特征。
3. 我国公司法所确立的基本原则有哪些?
4. 如何理解公司法的性质?

CHAPTER 02

第二章

公司登记

本章导读

本章主要讲述了公司登记的概念和特征、公司登记的原则和法律规范、公司登记的性质和功能、公司登记的效力、公司登记的种类和内容、公司登记的程序。本章的学习重点是公司登记的概念和特征、公司登记的效力、公司登记的种类和内容。本章学习的难点是公司登记的效力。

第一节　公司登记的概述

一、公司登记的概念

公司登记,是指公司的筹办人,为设立、变更或注销公司主体资格及相关事项,依照法定的程序,向主管机关提出申请,由主管机关依法对申请事项进行审查、登记公示的一种复合行为。公司登记是由两方实施但牵涉多方利益的法律行为,也是一套以保护公司与第三人间市场活动的自由、安全、效率为内在价值追求的法律制度。公司登记制度具有双重目标,既要保障私权又要实现公法控制,需要平衡国家、登记申请人、第三人等多方主体的利益诉求,是公司法律制度中的基本法律制度。

公司登记是对公司经营中重要事项或与之有直接关系的事项的记载。登记内容和范围在法律上受到某种程度的限定。根据新《公司法》第 32 条之规定,公司登记事项包括:(1)名称;(2)住所;(3)注册资本;(4)经营范围;(5)法定代表人的姓名;(6)有限责任公司股东、股份有限公司发起人的姓名或者名称。同时,公司登记机关应当将前款规定的公司登记事项通过国家企业信用信息公示系统向社会公示。

二、公司登记的特征

1. 创设性

公司登记是一种创设、变更或终止公司法人主体资格的法律行为,其基本目的在于为商事活动的参加人设立、变更或者终止公司法人主体谋求法律确认,其效力在于使公司取得、变更或终止其商事权利能力和商事行为能力。因此,公司法人主体资格或其特定商事能力的起始取决于公司登记行为生效的时间。

2. 要式性

公司登记是要式法律行为,主要体现在以下几个方面:一是公司登记必须依照法定的程序;二是公司登记行为必须向法定公司登记机关履行;三是公司登记的内容和事项由法律以强行性条款规定,申请登记的内容必须符合法律要求;四是公司登记必须采取法定的格式;五是登记行为的生效必须符合法定的条件。

3. 公法性

公司登记是公司法的公法性最为集中的体现。虽然公司登记本身属于公司法所规范的私法上的行为,但它更多体现了国家意志,是国家公权介入商事活动的一种方式。因此,理论上也有人把公司登记视为公法上的行为。

三、公司登记的原则

基于各种原因,各国公司法对公司登记采取了不同的原则。目前,我国立法所采用的原则如下:

1. 强制登记原则

强制登记原则与任意登记原则相对应。强制登记原则含义有二:其一,公司的设立、变更和终止必须进行登记。非经登记者,不具有民事权利能力和行为能力,不得以公司名义从事任何种类的经营活动,否则构成非法经营。其二,公司登记应就法律规定的全部必要事项进行登记,未经登记不发生法律效力。新《公司法》第29条规定,“设立公司,应当依法向公司登记机关申请设立登记。

法律、行政法规规定设立公司必须报经批准的，应当在公司登记前依法办理批准手续”。

2. 全面审查原则

全面审查原则要求公司提出的登记申请，必须符合法律规定的登记标准，公司登记机关对于登记申请文件和材料依法进行形式审查，不符合规定的不予登记。登记机关审查的内容主要包括：公司的营业范围是否为法律所禁止或者属于须经有关部门特许的项目；公司是否具备设立的条件，即是否符合法律法规对股东人数、注册资本、组织机构、住所等的要求；公司名称是否符合法律的规定等。新《公司法》第 30 条规定，“申请设立公司，应当提交设立登记申请书、公司章程等文件，提交的相关材料应当真实、合法和有效。申请材料不齐全或者不符合法定形式的，公司登记机关应当一次性告知需要补正的材料”。第 31 条规定，“申请设立公司，符合本法规定的设立条件的，由公司登记机关分别登记为有限责任公司或者股份有限公司；不符合本法规定的设立条件的，不得登记为有限责任公司或者股份有限公司”。

3. 登记公开原则

登记公开原则是指应向社会公众公开公司登记的内容，这是市场“交易公开”规则在公司登记制度中的必然要求。登记公开包括：第一，登记申请公开；第二，登记程序公开；第三，公示；第四，登记事项查阅公开。

新《公司法》及《市场主体登记管理条例》、《市场主体登记管理条例实施细则》等法律法规均体现了这一原则。不仅明文规定了申请人进行公司登记须提交的文件及登记与公示的程序等，还以法律形式保障了社会公众查阅登记事项的权利。新《公司法》第 32 条第 2 款规定，公司登记机关应当将公司登记事项通过国家企业信用信息公示系统向社会公示。《市场主体登记管理条例实施细则》第 59 条规定，“登记机关应当负责建立市场主体登记管理档案，对在登记、备案过程中形成的具有保存价值的文件依法分类，有序收集管理，推动档案电子化、影像化，提供市场主体登记管理档案查询服务”。

四、公司登记的法律规范

公司登记法律规范是规范公司登记行为，确定公司登记主管机关、登记内容、登记程序等事项，是调整公司登记关系的法律规范的总称。

我国目前形成了较为系统的公司登记法律制度。在法律层面,新《公司法》新增第二章,专章13个条文规定公司登记法律制度。在行政法规层面,国务院2021年出台了《市场主体登记管理条例》,对公司等市场主体的登记作出了全面系统的规定。其内容主要包括,第一章总则,第二章登记事项,第三章登记规范,第四章监督管理,第五章法律责任,第六章附则,共计六章55条。国家市场监督管理总局2022年出台了《市场主体登记管理条例实施细则》,以配合《市场主体登记管理条例》的施行,其内容包括第一章总则、第二章登记事项、第三章登记规范、第四章设立登记、第五章变更登记、第六章歇业、第七章注销登记、第八章撤销登记、第九章档案管理、第十章监督管理、第十一章法律责任、第十二章附则,共计十二章82条。

此外,还有专门就公司名称登记作出规定的《企业名称登记管理规定》与《企业名称登记管理规定实施办法》等法律法规,以及专门就登记具体申请文件和材料作出规定的《市场主体登记提交材料规范》《市场主体登记文书规范》。

第二节　公司登记的性质与功能

一、公司登记的性质

关于公司登记的法律性质,我国实证法并无明确的规定,学界亦众说纷纭,实践中也认识不一。我们认为,公司登记兼具公法与私法性质,公司登记一方面体现为登记申请人基于自由意志而实施的向登记机关申请登记的法律行为;另一方面体现为登记机关依法行使公共管理职能对登记申请依法进行审查、登记的行政行为。

(一)公司登记性质的理论争议

学界关于公司登记的法律性质,主要存在三种学说:

1. 公法性质说。该说认为公司登记是公法行为,是国家利用公权力干预商事活动的行为,公司登记法律关系是登记申请人与登记主管机关之间的关系。主张该说的学者认为这种关系就是行政法律关系。还有观点认为这种关系受商事组织法调整,商事组织法以强制性规范为主,属于公法范畴。在该观点内部,公司登记作为一种行政法律关系属于行政许可还是行政确认存在分歧,但主流意见逐渐趋向于后者。

2. 私法性质说。该说认为公司登记属私法行为,理由是公司法属于私法,因此公司登记是一种私法行为。私人从商的权利源起于天赋行商权,故而法律只是通过登记制度确认了商人的这种营业自由。

3. 双重性质说。该说认为公司登记兼具公法与私法性质,其内容主要为上述前两种观点的折中。该说认为,公司登记一方面是登记申请人自由意志的体现,另一方面还是行政机关行使公共管理职能的体现,具有私法与公法双重性质。

(二)公司登记性质的探讨

我们认为,双重性质说较为合理,理由如下:

公法性质说未能涵盖公司登记之全貌。首先,其忽视了公司登记制度源起于民间商业行会的历史渊源,忽视了公司登记最初是一种自发的民间商业秩序,直至“二战”以后,在贸易管制主义的影响下,国家权力才慢慢渗透其中。其次,这种观点还忽视了公司登记的私法属性。法律主体是否参与登记、为何种登记,取决于其意思自治,国家无权强制其为登记申请。因此,公司登记具有显著的私法属性。

私法性质说忽视了公司登记具有国家管制的功能。首先,申请人必须向登记机关申请登记,国家管制是逻辑之必然结果;其次,从登记的内容看,一些关乎最低限度经营条件的事项属必须登记事项,未经登记的,国家不确认其商事主体资格;最后,公司登记还是登记机关对商事活动实施事前、事中、事后管控与权利界定、税收追缴的制度性平台。因此,公司登记具有显著的公法属性。

公法性质说和私法性质说都不当放大了公司登记在某一方面的特征,而忽略其另外一种特质,都不能全面地反映公司登记的客观性质。从登记申请人的角度看,公司登记行为是登记申请人依据自主意思,向登记机关申请商事主体登记并获取相关资格和信息公示的法律行为;从登记机关的角度看,公司登记是登记机关基于法律法规赋予的公共管理职能,对登记申请人的申请事项依法进行审查并予以确认的具体行政行为。因此,公司登记在性质上自然兼具公法与私法的双重属性。以公司登记错误损害赔偿为例,若是民事主体虚假登记,造成第三人损失的,在司法实践中属于民事诉讼管辖,虚假登记人承担民事责任;若是登记机关错误登记造成第三人损失的,则属行政赔偿诉讼范畴,登记机关承担国家赔偿责任。综上,公司登记兼具公法与私法性质,具有双重属性。

(三)公司登记公法性质的争议:行政许可抑或行政确认

对于公司登记双重属性的认识,在私法属性部分,学界并无太大争议,即认为公司登记是申请人的法律行为。但是,对于其公法性质的认识仍存在一定分歧。一种观点认为公司登记是行政机关的行政许可行为,另一种观点认为公司登记是行政机关的行政确认行为。本书认为,公司登记在公法性质上应为行政确认。

认为公司登记是行政许可的观点,其主要依据是2003年颁布实施的《行政许可法》第12条第5项的规定,[①]该项规定明确将企业登记规定为一种行政许可,固化了公司登记的行政审批机制,近年来饱受学界诟病。然而,立法和行政上将公司登记作为一种行政许可事项是存在历史原因的。在党的十四届五中全会召开之前,我国在经济体制上长期实行高度集中的计划经济体制,在经济活动领域设置了大量行政审批事项。就公司登记制度而言,在2013年工商登记制度改革之前,绝大多数公司的经营范围都需要通过行政审批才能取得。这就意味着,公司在注册登记之前,必须先取得相应经营范围的行政审批,获得相应的"许可证",而后才能向公司登记机关申领营业执照。这种现象被称为"先证后照"。而且,由于我国公司登记并不区分主体登记和营业登记,营业执照兼具证明公司法人主体资格和经营资格的双重作用,申请人若想通过公司登记申领营业执照,就必须先取得相应经营范围的行政许可,而后才能为公司登记。由此,公司登记总是滞后于行政许可发生,二者之间似乎建立了某种因果关系,进而许多人就认为公司登记就是一种行政许可。

2013年3月14日第十二届全国人民代表大会第一次会议通过了《国务院机构改革和职能转变方案》,该方案指出:"对按照法律、行政法规和国务院决定需要取得前置许可的事项,除涉及国家安全、公民生命财产安全等外,不再实行先主管部门审批、再工商登记的制度,商事主体向工商部门申请登记,取得营业执照后即可从事一般生产经营活动;对从事需要许可的生产经营活动,持营业

---

① 《行政许可法》第12条:"下列事项可以设定行政许可……(五)企业或者其他组织的设立等,需要确定主体资格的事项……"

执照和有关材料向主管部门申请许可。将注册资本实缴登记制改为认缴登记制,并放宽工商登记其他条件。”此后,按照该方案的精神,国务院相继出台了《关于取消和调整一批行政审批项目等事项的决定》(国发〔2014〕27 号)、《关于取消和调整一批行政审批项目等事项的决定》(国发〔2015〕11 号)、《关于“先照后证”改革后加强事中事后监管的意见》(国发〔2015〕62 号)等文件,改“先证后照”为“先照后证”。随着“先照后证”改革的不断深入,前置审批事项目录和负面清单的出台,基本消灭了公司登记总是滞后于各类行政许可的现象。在“先照后证”改革已基本完成的背景下,有必要重新思考公司登记的法律性质。

我们认为,公司登记在公法上应属行政确认,而非行政许可。一方面,行政许可以普遍禁止为前提,许可是对当事人的赋权,而行政确认则是以一般允许为前提,不需要特别赋权。公司登记是对公司法人主体资格的记载和公示,并非针对普遍禁止的经营范围的赋权,不符合行政许可赋权的特征,并且,公司法人主体资格登记与经营资格登记在逻辑上应当是相分离的。对于公司法人主体资格,除前置审批事项目录所列事项外,主体登记处于一般允许的状态。对于经营资格,在工商登记制度改革后,除前置审批事项目录、后置审批事项目录和负面清单上所列的事项外,绝大多数的经营事项也处于一般允许的状态,这与行政许可以“普遍禁止”为前提相悖,而与行政确认“一般允许”特征相契合。另一方面,行政许可是裁量行政行为,行政机关拥有裁量权,而行政确认是羁束行政行为,行政机关并无裁量权。《关于〈中华人民共和国行政许可法〉(草案)的说明》明确指出,登记的功能主要是确立申请人的市场主体资格,没有数量控制。也就是说,凡是符合登记条件的,登记机关就要予以登记,没有裁量权,这与行政许可的裁量性存在显著差异。

综上所述,公司登记在公法性质上应属行政确认行为,是公司登记机关对公司法人主体资格和营业资格的确认。

此外,公司登记的公法性质,还需要在不同登记主义下讨论。在登记许可主义下,登记机关既负责登记又负责审查批准,此时,登记应属行政许可;在登记主义从许可主义走向准则主义后,登记机关只进行形式审查,对符合条件的都要予以登记,没有自由裁量权,此时,登记应属行政确认。目前,新《公司法》对公司登记原则上采准则主义,例外采许可主义。新《公司法》第 29 条规定,

"设立公司,应当依法向公司登记机关申请设立登记。法律、行政法规规定设立公司应当报经批准的,应当在公司登记前依法办理批准手续"。所谓"法律、行政法规规定设立公司应当报经批准的",是指国家市场监督管理总局公布的企业登记前置审批事项目录。《关于调整企业登记前置审批事项目录的通知》(国市监注发〔2021〕17号)的目录共设置了包括证券公司设立审批、烟草专卖生产企业许可证核发、烟草专卖批发企业许可证核发、营利性民办学校(营利性民办培训机构)办学许可、金融控股公司设立审批、民用爆炸物品生产许可、爆破作业单位许可证核发、民用枪支(弹药)制造、配售许可等35项企业登记前置审批事项。

二、公司登记的功能

公司登记是由两方实施但牵涉多方利益的法律行为,是一套以保护市场主体与第三人间市场活动的自由、安全、效率为内在价值追求的法律制度。公司登记制度具有双重目标,既要保障私权又要实现公法控制,需要平衡国家、登记申请人、第三人等多方主体的利益诉求。[①] 具体表现在以下四个方面:

1. 赋予公司法人主体资格,肯定其法律地位

取得合法的商人身份是进入市场交易的前提和基础,但公司登记是否为公司成立之必要条件,各国立法不一。主要有成立要件主义和非成立要件主义两种做法。成立要件主义是指公司登记为公司成立之必要条件,未经登记不得成立公司。这是20世纪下半叶各国公司登记立法的主流。当今世界,多数国家奉行成立要件主义。对于符合公司成立条件的当事人,国家强制要求其进行登记并赋予其公司法人主体资格。

在成立要件主义之下,任何当事人要以公司名义进行营利性活动,必须经过专门的登记。公司登记制度的首要价值正是对市场中各类公司进行"身份"和基本权利的确认,登记机关将公司的名称、住所、法定代表人、注册资本、企业类型、经营范围等事项记载于公司登记簿并予以公示,从而确认公司的成立、变更、终止,为公司进入市场交易提供合法的资格。

我国采公司登记成立要件主义,即公司登记是公司成立的生效要件。《民

---

① 参见赵旭东:《商事登记的制度价值与法律功能》,载《中国工商管理研究》2013年第6期。

法典》第 77 条规定,营利法人经依法登记成立。新《公司法》第 29 条第 1 款规定,设立公司,应当依法向公司登记机关申请设立登记。根据上述规定,公司只有经过依法登记后,方可成立。

2. 公示公司的经营状况和能力,确立和维持其商业信誉

公司进行登记之后才有可能实现信息公示、利益相关者的权益保护以及国家对市场的监督管理。进而言之,我国公司登记制度是在对市场中经营主体确认的基础上通过信息公示等手段实现市场各个主体利益均衡的。

在古罗马时期,对商人的经营就有了公示的色彩。开设商店从事经营活动的人必须在其店堂内挂一块牌子,上面写明自己的经营项目、经营范围和经营情况,以表明自己的经营状态。近现代以来,法律之所以要求公司筹办人承担公司登记的义务,其最重要的原因是公司登记制度具有公示的效力,公司可以通过登记将自己与营业有关的信息进行公布,交易相对方和社会公众通过查询登记簿得知该公司的基本状况,作出是否与该公司交易的决定,以及与公司登记的代表人进行交易,公司的股东可以在公司具体种类得到登记之后获得有限责任的保护,善意第三人可以根据公示信息在法律的保护下大胆进行交易,行政部门也因此可以更加便利地实施市场管理。

可以说,公司登记法律制度主要就是一个公示公司信用状况的制度。这种信用公示不仅有利于公司自身营业信用的展示,而且更有利于减少交易风险。具体而言,公司的信用表现在资本状况、责任方式、组织形式、资产状况、经营者的人格信用等多个方面。交易相对人通过对以上事项甚至更多的有关公司的信用状况进行了解和评价,从而确定交易风险的高低,进而作出是否与该公司交易的决定。

3. 降低交易成本,增进交易安全,提高交易效率

效率与安全是现代公司登记制度的两大核心价值追求,而效率价值更直接体现着登记制度对经济活动的应然促进作用,是以经济学的视角重新审视法律制度并对其加以完善。我国的公司登记制度直接为公司服务,促进经济发展和效率提升是其应有之义。

在现代商事交易中,很多交易是陌生人之间的交易。陌生人之间缺乏相互了解和信任,为确保交易安全,交易者需要尽量多掌握交易相对人的情况。公司登记提供了交易相对人及社会公众低成本地了解公司情况的途径,成为交易

相对人可以合理依赖的客观基础,即公司登记具有公信效力。交易第三人通过公司登记的事项而不需要通过其他方式即可获得交易所需要的信息,这极大地降低了商事交易的成本。公司登记具有法律赋予的公信效力,这有助于当事人对交易主体资格和能力信息的了解,以便预测特定交易的风险,从而减少商事交易中风险发生的频率,提高交易安全性。

公司登记制度可以促进社会经济运行效率是因为其具有公共物品的属性。公司登记信息具有公共物品的属性,因为除国家以外,任何私人组织都不可能向社会提供这种公共物品,国家以法律制度的形式向社会提供快捷、简便的公司信息登记和查询系统,使信息透明、公开,市场主体之间相互了解更加便利,减少交易中可能发生的摩擦、猜疑,从而在降低个人交易成本的同时为整个社会经济运行成本的降低奠定了基础。公司登记制度所具有的效率价值无疑是对社会主义市场经济制度合理性的最好诠释,监管者、商人、消费者等相关利益方都实现了在更低的制度成本下获取更高收益的目标,从而提高社会总体福利。

4. 便利国家管理,建立和维持商事经营秩序

公司登记不仅直接关系到每个市场参与主体,也间接关系到非市场参与主体,它体现的不仅是个人利益,同时也涉及国家利益、公共利益和社会利益。登记制度的公示功能,保证了市场交易的微观安全;登记过程中的审查和准入制度,则侧重于国家对市场的全面监管与宏观经济安全。公司登记制度一方面肯定了商事经营者的主体身份和经营权利,为其实施经营行为提供了制度性的基础保障;另一方面也为国家介入市场管理提供了具有效率和技术性的途径。

事实上,国家市场监管功能的出现既是登记制度创立的初衷,也是经济发展的必然结果。就我国而言,一方面,市场经济中的政府以保护交易相对方的微观安全为己任,保障交易相对人交易安全的功能是依托市场主体登记的商人商业信息公共服务功能和市场准入及异动监控功能实现的。通过登记制度的信息公共服务功能,可以较好地解决市场信息短缺和不对称的问题;通过市场准入和异动监控功能,可以有效地控制市场主体设立的瑕疵,监控市场异动,防止欺诈行为。另一方面,保护交易相对方的微观安全是为了实现市场整体的安全稳定与国民经济的良好运行,这包括政府通过登记制度获取市场或产业中的

各项统计信息,为宏观调控奠定基础。市场交易活动是市场主体的活动,一系列市场主体之间的商事交易构成了整个社会的经济秩序,市场主体的活动反映着整个社会的经济运行情况。国家通过对已登记的市场主体的数量和分布等数据进行分析,有助于了解和掌握社会经济发展的总体状态和产业结构,调整和引导当事人的投资行为和投资方向,规范企业经营行为,防范和遏制欺诈或过度的投机行为,建立和维持健康有序的市场经营秩序。

公司登记对于税收、产品质量与卫生安全监管等方面的行政管理更有着重要的功能和作用。对经营活动征收税款是社会经济管理的基本要求,而只有通过公司登记才能确定纳税义务人,并对其依法纳税实行有效的监管和征缴。产品质量和卫生安全,尤其是食品安全监管,同样需要借助于对生产者和经营者进行身份认定和市场准入来实现政府适度的行政干预,这也正是公司登记制度的另一项基本功能。

第三节 公司登记的效力

公司登记的效力,是指相关事项在登记机关登记后在法律上产生的效力,它是公司登记制度的终极目标和落脚点。目前,学界对公司登记效力的内涵并无太大争议,而对公司登记效力的外延构成众说纷纭。

一、公司登记效力的划分与构成

新《公司法》第 32 条规定了 6 类公司登记事项,分别为:名称;住所;注册资本;经营范围;法定代表人的姓名;有限责任公司股东、股份有限公司发起人的姓名或者名称。上述不同登记事项的性质并不完全一致,应具有不同的登记效力。世界各国有关公司登记是否具有生效效力主要有两种立法模式,即登记生效主义与登记对抗主义。在登记生效主义模式下,登记是相关法律事实生效的必要条件。在登记对抗主义模式下,登记仅作为相关法律事实得以对抗第三人的要件。

可以利用二分法和归纳法在理论上对公司登记效力的外延进行划分和阐释。二分法是依据一定标准对概念的外延进行划分。利用二分法,以是否具有生效效力为标准对公司登记进行划分,可以得到具有生效效力的公司登记与不具有生效效力的公司登记。① 前者是指公司登记是某种法律事实的生效要件;而后者具有何种属性,仍处于不明的状态,需要进一步利用归纳法进行解析。

从归纳法的角度,可以发现,当一个事项经过特定的法律程序进行登记公示,因登记程序的严肃性使登记事项所体现的登记事实与客观事实存在普遍一致时,就形成了第三人对登记事实的合理信赖。为了保护这种信赖,大陆法系构建了外观主义规则,在法律上推定登记事实为真;英美法系创制了禁反言规则,二者异曲同工。可见,不具有生效效力的公司登记因登记公示而产生了一种保护信赖的一般性效力,这种因公示而产生的效力可以称为公示效力,该点在不动产登记簿具有公信力的逻辑中早已有所体现。

上述划分方法与德国商法上的划分方法不谋而合,在德国,"对于公司登记的法律后果应区分设权作用和公示作用"②,前者是指只有通过公司登记该法律事实才能成立的场合,后者是对已经成立的法律事实的公示。德国学者进一步指出,这种公示性登记并非不产生任何法律效果,而仅指被登记法律事实本身并非通过登记才产生。③

综上,以登记是否具有使相应法律事实生效的效力为标准,可以将公司登记效力划分为生效效力与公示效力。④

二、公司登记的生效效力

公司登记的生效效力,是指登记具有使相关法律事实生效的效力,可以分为创设效力和其他生效效力。

(一)公司登记的创设效力

公司登记的创设效力,是指公司登记具有使公司成立的效力。公司的筹办人根据自主意思,依照一定的法律程序向公司登记主管机关申请设立公司,并经公司登记主管机关审查、登记后,产生设立公司的效力,即一个崭新的能够以

---

① 之所以用此标准进行划分,是因为登记是否具有使相应法律事实生效的效力对私人自治空间具有重大影响。

② [德]C. W. 卡纳里斯:《德国商法》,杨继译,法律出版社 2006 年版,第 74 页。

③ 参见[德]C. W. 卡纳里斯:《德国商法》,杨继译,法律出版社 2006 年版,第 74—75 页。

④ 参见赵旭东、邹学庚:《商事登记效力体系的反思与重构》,载《法学论坛》2021 年第 4 期。

自己的名义享有权利并承担义务的法律主体诞生。

在我国,公司登记具有创设效力。《民法典》第77条规定,“营利法人经依法登记成立”。第78条规定,“依法设立的营利法人,由登记机关发给营利法人营业执照。营业执照签发日期为营利法人的成立日期”。新《公司法》第29条第1款规定,“设立公司,应当依法向公司登记机关申请设立登记”。新《公司法》第33条第1款规定,“依法设立的公司,由公司登记机关发给公司营业执照。公司营业执照签发日期为公司成立日期”。可见,我国法律对公司采强制登记主义,公司登记具有创设效力,是公司取得法人主体资格的必要条件。

(二)公司登记的其他生效效力

公司登记的其他生效效力,是指除公司设立登记外,公司登记中其他事项的登记具有使相关法律事实生效的效力。新《公司法》第32条规定的6类公司登记事项,在法律上是否具有生效效力,新《公司法》并未明确规定。该问题留待未来立法完善,或者由人民法院在司法实践中通过法律补充、法律解释来解决。

从域外规定来看,我国澳门地区《商业登记法典》第9条第2款专门规定了公司登记的生效效力,其规定:“二、然而下列者于登记前不产生效力:a)法人商业企业主之设立、章程及有关修改,但不以作为登记为先决条件者,则在其成员间产生效力;b)法人商业企业主之合并、分立及变更组织;c)法律规定必须登记方产生效力之其他事实。”根据以上规定,在我国澳门地区,公司登记是法人商业企业章程修改的生效要件,并且该款c项属兜底性规定,为其他“法律”将公司登记设置为相关法律事实的生效要件预留了空间。此外,日本也有类似的规定。

三、公司登记的公示效力

公司登记的公示效力,是指相关事项在登记后产生的“谁得以登记事实对抗另一方”的效力,可以分为公信效力与对抗效力。公信效力和对抗效力是一对“相对”的效力,起着平衡登记义务人与相对人之间法律风险和利益的作用。

(一)公司登记的公信效力

公司登记的公信效力,是指善意相对人得以登记事实对抗登记义务人的效力。换言之,即登记事项一经公司登记机关登记,便被推定为真实有效,即使登记事实与客观事实不符,善意相对人仍可向登记义务人主张登记事实,法律拟制相关的登记事实存乎于善意相对人与登记义务人之间。公司登记的公信效力解决的是在应登记事项未登记或已登记事项登记错误时,保护善意相对人交易安全的问题。《民法典》第 65 条、新《公司法》第 34 条第 2 款均规定了公司登记的公信效力。

公司登记公信效力的正当性基础源于商事外观主义与行政公定力。为维护交易安全,提高交易效率,各国商法、公司法普遍采取商事外观主义,公信效力即是商事外观主义在公司登记领域的表现。同时,公司登记事项由行政机关加以审查,使公司登记事实在大多数情况下与客观事实相符,增强了登记事实的可信度,为公司登记的公信效力提供了行政法上的支持。

(二)公司登记的对抗效力

公司登记对抗效力,是指登记义务人得以登记事实对抗相对人的效力。换言之,即法律推定相对人知晓登记事实并由其承担相应的交易风险和不利后果的效力。公司登记对抗效力具有保护公司合法权益,控制公司经营风险,公示其商业信誉的作用。例如,公司可以通过在公司登记中明确其经营范围,限制董事、经理的代理权限,有效地降低股东与董事、经理之间的代理成本,降低交易风险。

公司登记公信效力与公司登记对抗效力既具有差异性,也具有共性。二者在主体方面的差异是显著的,前者是善意相对人得以主张的权利,后者是登记义务人得以主张的权利。但二者在内容、产生的时间等方面又具有共性:在内容上都表现为"谁得向谁主张登记事实",即公信效力是指善意相对人可以已经登记事实对抗登记义务人的效力;对抗效力是指登记义务人可以就登记事实对抗相对人的效力。在产生时间上,二者皆随公司登记产生。

值得注意的是,我国实定法仅直接规定了公司登记的公示效力,而没有区分规定公司登记的公信效力与对抗效力,这也是公信效力与对抗效力极易混淆的一个原因。《民法典》第 65 条规定了法人登记的公示效力,该条规定,"法人的实际情况与登记的事项不一致的,不得对抗善意相对人"。新《公司法》吸收了《民法典》第 65 条的规定,在第 34 条第 2 款规定了公司登记的公示效力,该款规定,"公司登记事项未经登记或者未经变更登记,不得对抗善意相对人"。根据反对解释,可推论出,公司登记事项未经登记或者未经变更登记,善意相对人可以对抗公司,此即前述公信效力。同理还可推论出,公司登记事项经登记或者变更登记,公司可以对抗善意相对人,此即前述对抗效力。

(三)公司登记效力的产生时间

对于公司登记效力产生时间的规定,依登记和公告的关系大致可以分为:

1. 登记行为完成即产生法律效力。以意大利等为代表。如《意大利民法典》第 2193 条规定,法律规定必须登记而未登记的企业行为,不得对抗第三人,但是能够证明第三人知道的除外。自完成登记之时起,第三人不得再以不知道依法必须进行登记的事项为由提出异议。法律有特别规定的,不在此限。

2. 登记完成尚不足以产生法律效力,必须将登记事项公告后方可产生对抗第三人的效力。如《德国商法典》第 15 条规定,在应登入商业登记簿的事实尚未登记和公告期间,在其事务上应对此种事实进行登记的人,不得以此种事实对抗第三人,但此种事实为第三人所知的,不在此限。已经对此种事实进行登记和公告的,第三人必须承受事实的效力。

3. 区分不同登记事项决定法律效力的产生始于登记还是公告。如我国澳门地区《商业登记法典》第 9 条第 1 款规定,需登记之事实在登记后对第三人产生效力;但是,依第 68 条规定,其第 65 条规定的事项仅于该事实公布之日后,方对第三人产生效力。

我国《公司法》采第一种模式,即登记行为完成即产生法律效力。《民法典》第 66 条规定,登记机关应当依法及时公示法人登记的有关信息。新《公司法》第 32 条第 2 款规定,公司登记机关应当将公司登记事项通过国家企业信用信息公示系统向社会公示。《企业信息公示暂行条例》第 3 条规定,企业信息公示应当真实、及时。在互联网信息技术已发展成熟的今天,在技术上完全可以实现对登记事项的实时公示,社会公众可以随时通过国家企业信用信息公示系统查询公司登记信息。登记与公示在逻辑上虽然体现为两个步骤,但在事实上已经合二为一。因此,应当认为,我国公司登记的法律效力自登记时产生。

(四)登记与公示不符的处理

在公司登记中,由于各种复杂的原因,登记的信息难免与公示的信息有出入,造成登记事实与公示事实不一致的情况。在这种情况下,是以登记事实为准还是以公示事实为准,域外立法并不一致,总的来说有以下两种:

1. 第一种立法例以登记事实为准。如《日本商法典》第 11 条第 2 款规定“公示与登记不符者,视为未进行公示”。

2. 第二种立法例规定公示具有公信效力但不具有对抗效力。如《第 1 号欧盟公司法指令》第 3 条第 6 款规定,“成员国应当采取必要措施防止公示信息与登记簿或文档记载的信息之间出现不一致。在出现不一致的情况下,公司不得以公示的信息对抗第三人;但是第三人可以以公示的信息对抗公司,除非公司证明该第三人知道保存于文档或者记入登记簿的文本”。

我们认为,第二种立法例既保障了正常商业交往所必需的交易安全,又督促登记义务人、登记机关正确公示,是一种较好的做法。因为,在正常的市场交往活动中,善意相对人对于登记事实与公示事实不一致不具有任何控制力,也不具有任何过错。因此,不应使其承担登记事实与公示事实不一致的不利后果。反观登记事实与公示事实不一致的成因,是登记义务人与登记机关不小心谨慎所致,其理应承担相应的不利后果。

第四节 公司登记的种类和内容

各国公司法对公司登记的种类所作的规定不尽相同。在我国,根据新《公司法》及《市场主体登记管理条例》第 3 条第 2 款、第 10 条的规定,可以将公司登记的种类依时间的先后顺序分为名称登记、设立登记(含分公司登记)、变更登记、注销登记四种,其中名称登记涉及企业名称的自主申报与核准,设立登记与注销登记主要涉及的是公司的成立与终止,变更登记不仅涉及公司类型的变更,还涉及公司其他相关登记事项的变更。

一、名称登记

公司名称登记,是指公司的筹办人在申请设立公司时,向公司登记机关自主申报企业名称,通过企业名称申报系统审核的,公司登记机关对该名称予以保留,并在公司设立登记时,一并予以登记。

1. 公司名称的构成

《企业名称登记管理规定》第 6 条规定,“企业名称由行政区划名称、字号、行业或者经营特点、组织形式组成。跨省、自治区、直辖市经营的企业,其名称可以不含行政区划名称;跨行业综合经营的企业,其名称可以不含行业或者经营特点”。其中,行政区划名称应当是公司所在地的县级以上地方行政区划名称;字号应当由两个以上汉字组成;行业或者经营特点应当根据公司的主营业务和国民经济行业分类标准标明;组织形式是指有限责任公司或者股份有限公司。

公司名称应当使用汉字,并不得包含有损社会公共利益的、易造成公众混淆的,以及其他法律、行政法规规定禁止的内容和文字。《企业名称登记管理规定》第 11 条规定:“企业名称不得有下列情形:(一)损害国家尊严或者利益;(二)损害社会公共利益或者妨碍社会公共秩序;(三)使用或者变相使用政党、党政军机关、群团组织名称及其简称、特定称谓和部队番号;(四)使用外国国家(地区)、国际组织名称及其通用简称、特定称谓;(五)含有淫秽、色情、赌博、迷信、恐怖、暴力的内容;(六)含有民族、种族、宗教、性别歧视的内容;(七)违背公序良俗或者可能有其他不良影响;(八)可能使公众受骗或者产生误解;(九)法律、行政法规以及国家规定禁止的其他情形。”

公司字号的特别要求。《企业名称登记管理规定》第 17 条规定,“在同一企业登记机关,申请人拟定的企业名称中的字号不得与下列同行业或者不使用行业、经营特点表述的企业名称中的字号相同:(一)已经登记或者在保留期内的企业名称,有投资关系的除外;(二)已经注销或者变更登记未满 1 年的原企业名称,有投资关系或者受让企业名称的除外;(三)被撤销设立登记或者被撤销变更登记未满 1 年的原企业名称,有投资关系的除外”。

2. 公司名称的审核和保留期

我国法律对公司名称的审核和审核通过后的保留期作出了具体规定。根据《企业名称登记管理规定》第 18 条的规定,企业登记机关对通过企业名称申报系统提交完成的企业名称予以保留,保留期为 2 个月。设立企业依法应当报经批准或者企业经营范围中有在登记前须经批准的项目的,保留期为 1 年。申请人应当在保留期届满前办理企业登记。

3. 公司名称的转让和授权

我国法律规定,公司名称可以进行转让或者授权。根据《企业名称登记管理规定》第 15 条、第 19 条的规定,有投资关系或者经过授权的企业,其名称中可以含有另一个企业的名称或者其他法人、非法人组织的名称。企业名称转让或者授权他人使用的,相关企业应当依法通过国家企业信用信息公示系统向社会公示。

二、设立登记

设立登记,是指公司的筹办人为了设立公司而向登记机关提出申请,登记机关审查后办理登记的法律行为。在我国现行规定下,公司设立原则采严格准则设立主义和核准设立主义的结合。新《公司法》第 29 条规定,“设立公司,应当依法向公司登记机关申请设立登记。法律、行政法规规定设立公司必须报经批准的,应当在公司登记前依法办理批准手续”。具体而言,设立一般性的公司,原则上适用严格准则设立主义,经公司登记机关形式审查后符合法律规定条件的,由公司登记机关办理登记手续,登记为有限责任公司或股份有限公司。设立涉及国家安全、公共利益和关系国计民生等特殊行业和项目的公司,法律、行政法规规定设立必须先行取得行政审批的,则应当先取得行政审批手续。典型者,如银行、保险公司、证券公司等特殊行业公司。

1. 设立登记的条件

设立登记,主要是指设立有限责任公司的登记和设立股份有限公司的登记。新《公司法》第 31 条规定:“申请设立公司,符合本法规定的设立条件的,由公司登记机关分别登记为有限责任公司或者股份有限公司;不符合本法规定的设立条件的,不得登记为有限责任公司或者股份有限公司。”

(1)关于有限责任公司的设立登记条件。根据新《公司法》第 42 条至第 57 条规定,设立有限责任公司需要具备以下条件:一是股东人数为 1 个以上 50 个以下;二是应当有公司章程,公司章程须载明公司名称和住所,公司经营范围,公司注册资本,股东的姓名或者名称,股东的出资额、出资方式和出资日期,公司的机构及其产生办法、职权、议事规则,公司法定代表人的产生、变更办法,股东会认为需要规定的其他事项。

(2)关于股份有限公司的设立登记条件。根据新《公司法》第 91 条至第 110 条规定,设立股份有限公司,可以采取发起设立或者募集设立的方式。前者是指由发起人认购设立公司时应发行的全部股份而设立公司。后者是指由发起人认购设立公司时应发行股份的一部分,其余股份向特定对象募集或者向社会公开募集而设立公司。设立股份有限公司需要具备以下条件：一是发起人人数为1人以上200人以下，其中应当有半数以上的发起人在中华人民共和国境内有住所；二是应当有公司章程，公司章程须载明：①公司名称和住所；②公司经营范围；③公司设立方式；④公司注册资本、已发行的股份数和设立时发行的股份数，面额股的每股金额；⑤发行类别股的，每一类别股的股份数及其权利和义务；⑥发起人的姓名或者名称、认购的股份数、出资方式；⑦董事会的组成、职权和议事规则；⑧公司法定代表人的产生、变更办法；⑨监事会的组成、职权和议事规则；⑩公司利润分配办法；⑪公司的解散事由与清算办法；⑫公司的通知和公告办法；⑬股东会认为需要规定的其他事项。

2. 设立登记的事项

新《公司法》第32条第1款规定了6种公司登记事项，即名称，住所，注册资本，经营范围，法定代表人的姓名，有限责任公司股东、股份有限公司发起人的姓名或者名称。

(1)名称。公司名称是公司进行营业活动的代号和标签，是公司人格独立化和特定化的具体体现，是公司设立登记以及从事商业经营活动的基本前提。

(2)住所。住所是确定登记管辖机关和诉讼管辖法院的依据，是法律文书的送达地点和在无明确约定情况下的合同履行地点。公司必须有其住所，根据新《公司法》第8条的规定，公司以其主要办事机构所在地为住所。

(3)注册资本。根据新《公司法》第47条、第96条的规定，公司的注册资本为在公司登记机关登记的全体股东认缴的出资额或者已发行股份的股本总额。

(4)经营范围。经营范围反映了公司的投资方向和经营活动的基本领域，公司应当在登记的经营范围内从事经营活动。公司可以变更经营范围，但应办理变更登记。

(5)法定代表人的姓名。《民法典》第61条第1款、第2款规定，依照法律或者法人章程的规定，代表法人从事民事活动的负责人，为法人的法定代表人。法定代表人以法人名义从事的民事活动，其法律后果由法人承受。新《公司法》第10条规定，公司的法定代表人按照公司章程的规定，由代表公司执行公司事务的董事或者经理担任。新《公司法》第11条第1款规定，法定代表人以公司名义从事的民事活动，其法律后果由公司承受。由此，法定代表人由代表公司执行公司事务的董事或者经理担任，其以公司名义从事的民事活动的法律后果,由公司承受。

(6)有限责任公司股东、股份有限公司发起人的姓名或者名称。有限责任公司股东,是指通过出资、受让股权或者其他合法方式取得公司股权的自然人、法人或者其他组织。取得有限责任公司股东身份,可以通过在公司设立时认缴出资额,也可以通过受让原始股东的股权,还可以通过增资。此外,继承、遗赠等亦可以取得有限责任公司股东身份。股份有限公司发起人,是指在股份有限公司设立时认购股份的自然人、法人或者其他组织。股份有限公司发起人身份,仅可通过发起设立股份有限公司取得。

3. 设立登记需提交的材料

根据《市场主体登记管理条例实施细则》第 25 条、第 26 条的规定,申请办理设立登记,应当提交下列材料:(1)申请书;(2)申请人主体资格文件或者自然人身份证明;(3)住所相关文件;(4)公司章程;(5)法定代表人、董事、监事和高级管理人员的任职文件和自然人身份证明。

此外,向社会公开募集设立股份有限公司的,除前述条件外,还应当提交依法设立的验资机构出具的验资证明;公开发行股票的,还应当提交国务院证券监督管理机构的核准或者注册文件。涉及发起人首次出资属于非货币财产的,还应当提交已办理财产权转移手续的证明文件。

三、变更登记

公司的变更登记,是指公司的登记事项发生变更,而向公司登记机关申请办理的变更手续。新《公司法》第 34 条第 1 款规定,"公司登记事项发生变更的,应当依法办理变更登记"。公司登记事项,是指新《公司法》第 32 条规定的名称,住所,注册资本,经营范围,法定代表人的姓名,有限责任公司股东、股份有限公司发起人的姓名或者名称等 6 项。

1. 变更登记的要求

根据《市场主体登记管理条例》第 24 条的规定,公司变更登记事项,应当自作出变更决议、决定或者法定变更事项发生之日起 30 日内向登记机关申请变更登记。公司变更登记事项属于依法须经批准的,申请人应当在批准文件有效期内向登记机关申请变更登记。

之所以要求自作出变更决议、决定或者法定变更事项发生之日起 30 日内向登记机关申请变更登记,是因为公司要变更名称、住所、注册资本、经营范围等登记事项,通常需要作出决议、决定或者存在法定情形。

2.变更登记的具体规则

根据《市场主体登记管理条例》《市场主体登记管理条例实施细则》的相关规定,公司申请办理变更登记,应当提交申请书;公司变更事项涉及章程修改的,应当提交修改后的章程或者章程修正案;需要对修改章程作出决议、决定的,还应当提交相关决议、决定。对于具体登记事项的变更登记,还应按照如下具体规则进行:

(1)变更名称。公司变更名称,可以自主申报名称并在保留期届满前申请变更登记,也可以直接申请变更登记。

(2)变更住所。变更住所跨登记机关辖区的,应当在迁入新的住所或者主要经营场所前,向迁入地登记机关申请变更登记。迁出地登记机关无正当理由不得拒绝移交市场主体档案等相关材料。

(3)变更法定代表人的姓名。应当自变更决议或决定作出之日起30日内申请变更登记。

(4)变更注册资本。公司增加注册资本,有限责任公司股东认缴新增资本的出资和股份有限公司的股东认购新股的,应当按照设立时缴纳出资和缴纳股款的规定执行。股份有限公司以公开发行新股方式或者上市公司以非公开发行新股方式增加注册资本的,还应当提交国务院证券监督管理机构的核准或者注册文件。公司减少注册资本,可以通过国家企业信用信息公示系统公告,公告期45日,应当于公告期届满后申请变更登记。法律、行政法规或者国务院决定对公司注册资本有最低限额规定的,减少后的注册资本应当不少于最低限额。

(5)变更经营范围。经营范围若属于依法须经批准的项目的,应当自批准之日起30日内申请变更登记。许可证或者批准文件被吊销、撤销或者有效期届满的,应当自许可证或者批准文件被吊销、撤销或者有效期届满之日起30日内向登记机关申请变更登记或者办理注销登记。

(6)变更有限责任公司股东的姓名或者名称。新《公司法》第86条第1款规定,"股东转让股权的,应当书面通知公司,请求变更股东名册;需要办理变更登记的,并请求公司向公司登记机关办理变更登记。公司拒绝或者在合理期限内不予答复的，转让人、受让人可以依法向人民法院提起诉讼”。

(7)变更类型。公司变更类型，应当按照拟变更公司类型的设立条件，在规定的期限内申请变更登记，并提交有关材料。

四、注销登记

公司注销登记，是指公司解散、被宣告破产或者因其他法定原因终止营业时间时，向公司登记机关办理的消灭主体资格的登记。新《公司法》第 37 条规定，“公司因解散、被宣告破产或者其他法定事由需要终止的，应当依法向公司登记机关申请注销登记，由公司登记机关公告公司终止”。公司终止是指公司根据法定程序彻底结束经营活动并使公司的法人资格归于消灭的事实状态和法律程序与结果。它既可以指消灭法人资格的一种最终结果，也可以指消灭法人资格的一系列法律过程。通常情况下，公司在注销登记前，必须经过清算，也即清算是公司消灭的前提条件。

1. 注销登记的事由

根据我国相关法律的规定，公司基于以下原因或者在出现以下情形时需进行注销登记。

(1)公司解散。新《公司法》第 229 条规定了公司解散的事由，包括：①公司章程规定的营业期限届满或者公司章程规定的其他解散事由出现；②股东会决议解散；③因公司合并或者分立需要解散；④依法被吊销营业执照、责令关闭或者被撤销；⑤人民法院依照该法第 231 条的规定予以解散。其中，新《公司法》第 231 条规定，公司经营管理发生严重困难，继续存续会使股东利益受到重大损失，通过其他途径不能解决的，持有公司 10% 以上表决权的股东，可以请求人民法院解散公司。

(2)公司被宣告破产。所谓破产，是指人民法院依照《企业破产法》的相关规定，宣告公司破产。

(3)公司因其他法定事由而终止。譬如，新《公司法》第 241 条第 1 款规定：“公司被吊销营业执照、责令关闭或者被撤销，满三年未向公司登记机关申请注销公司登记的，公司登记机关可以通过国家企业信用信息公示系统予以公告，公告期限不少于六十日。公告期限届满后，未有异议的，公司登记机关可以注销公司登记。”该款规定了公司强制注销制度，又称行政注销制度。

2. 注销登记前的清算

公司注销登记,是消灭公司法人主体资格的法定程序,通常情况下,需要在公司完成清算后,才能申请注销公司登记。根据新《公司法》的相关规定,申请注销登记的主体有两类:一是清算组。例如,根据新《公司法》第 239 条规定,公司因解散而需要终止的,由清算组向公司登记机关申请注销登记。再例如,根据新《公司法》第 233 条第 2 款规定,公司被强制注销而需要终止的,作出吊销营业执照、责令关闭或者撤销决定的部门或者公司登记机关,可以申请人民法院指定有关人员组成清算组进行清算,而后由清算组向公司登记机关申请注销登记。二是破产管理人。根据《企业破产法》第 121 条规定,公司因被宣告破产而需要终止的,由管理人向公司登记机关申请注销登记。

3. 注销登记需提交的材料

公司注销登记需要向公司登记机关提交法律法规所规定的材料。《市场主体登记管理条例实施细则》第 46 条规定:"申请办理注销登记,应当提交下列材料:(一)申请书;(二)依法作出解散、注销的决议或者决定,或者被行政机关吊销营业执照、责令关闭、撤销的文件;(三)清算报告、负责清理债权债务的文件或者清理债务完结的证明;(四)税务部门出具的清税证明。除前款规定外,人民法院指定清算人、破产管理人进行清算的,应当提交人民法院指定证明;合伙企业分支机构申请注销登记,还应当提交全体合伙人签署的注销分支机构决定书。个体工商户申请注销登记的,无需提交第二项、第三项材料;因合并、分立而申请市场主体注销登记的,无需提交第三项材料。"

4. 简易注销与强制注销

(1)简易注销

简易注销,是指存续期间未产生债务,或者已清偿全部债务的公司,可以用全体股东承诺替代清算的方式,向公司登记机关申请注销公司。简易注销之所以"简易",其实质就是用全体股东承诺公司不存在未结债务,替代烦琐的公司清算程序。

新《公司法》第 240 条规定,"公司在存续期间未产生债务,或者已清偿全部债务的,经全体股东承诺,可以按照规定通过简易程序注销公司登记。通过简易程序注销公司登记,应当通过国家企业信用信息公示系统予以公告,公告期限不少于二十日。公告期限届满后,未有异议的,公司可以在二十日内向公司登记机关申请注销公司登记。公司通过简易程序注销公司登记,股东对本条第一款规定的内容承诺不实的,应当对注销登记前的债务承担连带责任”。根据《市场主体登记管理条例》第33条的规定,申请简易注销的公司,应当将承诺书及注销登记申请通过国家企业信用信息公示系统公示,公示期为20日。在公示期内无相关部门、债权人及其他利害关系人提出异议的,公司可以于公示期届满之日起20日内向登记机关申请注销登记。

依照上述规定,公司适用简易注销制度的前提条件有三个:一是,公司在存续期间未产生债务,或者已清偿全部债务;二是,全体股东承诺公司不存在未结债务;三是,将全体股东承诺书和简易注销申请通过国家企业信用信息公示系统公示20日,且公示期内无相关部门、债权人及其他利害关系人提出异议。

此外,我国法律法规还规定了,公司不能适用简易注销制度的情形。《市场主体登记管理条例实施细则》第48条规定,有下列情形之一的,市场主体不得申请办理简易注销登记:①在经营异常名录或者市场监督管理严重违法失信名单中的;②存在股权(财产份额)被冻结、出质或者动产抵押,或者对其他市场主体存在投资的;③正在被立案调查或者采取行政强制措施,正在诉讼或者仲裁程序中的;④被吊销营业执照、责令关闭、撤销的;⑤受到罚款等行政处罚尚未执行完毕的;⑥不符合《市场主体登记管理条例》第33条规定的其他情形。

(2)强制注销

强制注销,是指公司被吊销营业执照、责令关闭或者被撤销,满3年未清算完毕的,公司登记机关可以依法注销该公司登记的制度。强制注销之所以称之为“强制”,是因为该注销登记行为并非公司自发或者自愿的,而是由公司登记机关依法依职权作出的。

新《公司法》第241条规定:“公司被吊销营业执照、责令关闭或者被撤销,满三年未向公司登记机关申请注销公司登记的,公司登记机关可以通过国家企业信用信息公示系统予以公告,公告期限不少于六十日。公告期限届满后,未有异议的,公司登记机关可以注销公司登记。依照前款规定注销公司登记的,原公司股东、清算义务人的责任不受影响。”

依照上述规定,强制注销的适用条件有四:一是,公司被吊销营业执照、责令关闭或者被撤销;二是,满3年未向公司登记机关申请注销登记;三是,公司登记机关通过国家企业信用信息公示系统对拟作出强制注销决定予以公告不少于 60 日;四是,公告期限内,未有人提出异议。

若公告期间内,有利害关系人提出异议,公司登记机关应当对异议进行审查,异议成立的,应当终止强制注销程序;异议不成立的,应当限期告知异议人并恢复强制注销程序。

公司被强制注销后,将丧失法人主体资格,同时也将丧失商号等权利。为了避免强制注销公司对公司债权人造成损害,新《公司法》第 241 条第 2 款规定,被强制注销的公司,原公司股东、清算义务人的责任不受影响。换言之,公司被强制注销后,公司债权人等利害关系人,不但可追究原股东的相关法律责任,也可以追究清算义务人未履行清算义务的法律责任。

五、撤销登记

发起人、设立时的股东等以虚报注册资本、提交虚假证明文件或者采用其他欺诈手段隐瞒重要事实的方式取得公司设立登记的,不仅妨害了公司登记管理秩序,还侵犯了公司、股东、债权人等利益相关人的合法权益。因此,新《公司法》第 39 条规定,"虚报注册资本、提交虚假材料或者采取其他欺诈手段隐瞒重要事实取得公司设立登记的,公司登记机关应当依照法律、行政法规的规定予以撤销"。

1. 撤销登记的概念与类型

撤销公司登记,是指将不符合公司登记条件的登记予以撤销,使登记状态恢复至登记前的一种登记救济措施。根据新《公司法》第二章和《市场主体登记管理条例》第 3 条第 2 款的规定,公司登记可以分为设立登记、变更登记和注销登记。由此,撤销公司登记,也分为撤销设立登记、撤销变更登记、撤销注销登记三类。具体而言:(1)撤销设立登记,是指将公司设立登记予以撤销,撤销后,公司法人主体资格将归于消灭。(2)撤销变更登记,是指将公司某个或者某几个变更登记予以撤销,撤销后公司仍继续存续。例如,公司变更注册资本的决议被宣告无效、撤销或者确认不成立的,根据新《公司法》第 28 条第 1 款的规定,公司应当撤销已经办理的变更注册资本登记,使注册资本恢复至变更登记前的状态。(3)撤销注销登记,是指将公司注销登记予以撤销,撤销后,公司将恢复法人主体资格。

需要特别注意的是,新《公司法》第 39 条仅适用于撤销设立登记这一种情形,而不适用于撤销变更登记和撤销注销登记的情形。

2. 撤销设立登记的法定事由

根据新《公司法》第 39 条的规定,撤销设立登记有三类法定事由,即虚报注册资本、提交虚假材料或者采取其他欺诈手段隐瞒重要事实,具体而言:

(1)所谓虚报注册资本,是指实无资本而报其有、实有资本少于申报资本,即在申请公司登记过程中,使用虚假证明文件或者采用其他欺诈手段虚报注册资本,欺骗公司登记主管部门,取得公司登记的行为。虚报注册资本仅适用于新《公司法》第 47 条第 2 款规定的实行注册资本实缴制的公司,不适用于实行注册资本认缴制的公司。

(2)所谓提交虚假材料,是指为达到非法设立公司的目的,向公司登记机关提交不真实的证明文件。新《公司法》第 30 条第 1 款规定,申请设立公司,应当提交设立登记申请书、公司章程等文件,提交的相关材料应当真实、合法和有效。《市场主体登记管理条例》第 17 条规定,申请人应当对提交材料的真实性、合法性和有效性负责。由此,申请人提交虚假材料骗取公司登记的,公司登记机关有权予以撤销。

(3)所谓采取其他欺诈手段隐瞒重要事实,是指采取除虚报注册资本、提交虚假证明文件以外的手段。所谓的"重要事实",对有限责任公司而言,主要包括股东是否符合法定人数、是否有股东共同制定的公司章程、是否有公司名称及符合有限责任公司的组织机构、是否有固定的生产经营场所和必要的生产经营条件等事实;对股份有限公司,主要包括发起人是否符合法定人数,发起人人数和社会公开募集的股本是否符合法律规定,股份发行、筹办事项是否符合法律规定,发起人是否制订公司章程并经成立大会通过,是否有公司名称,是否建立符合股份有限公司要求的组织机构,是否有固定的生产经营场所和必要的生产经营条件等事实。

3. 撤销设立登记的法律性质

根据全国人民代表大会常务委员会法制工作委员会《关于公司法第一百九十八条"撤销公司登记"法律性质问题的答复意见》(法工委复〔2017〕2 号)的规定,撤销申请人以欺骗等不正当手段取得的公司登记,是对违法行为的纠正,不属于行政处罚。由此,撤销设立登记,在法律性质上属于对违法行为的纠正,而非行政处罚。

4. 撤销设立登记的法律后果

公司设立登记被撤销后,公司将失去法人主体资格,并应当启动解散、清算和注销程序。(1)根据新《公司法》第 29 条、第 33 条的规定,公司设立登记,是公司取得法人主体资格的必要条件。撤销设立登记后,视同公司未实施设立登记,其法人主体资格也自然归于消灭。(2)根据新《公司法》第十二章的相关规定,公司设立登记被撤销后,公司应当依法启动解散、清算和注销程序。

第五节　公司登记的程序

从世界各国的公司登记制度来看,公司登记的程序一般分为申请、受理、审查、登记发照和公示五个环节。公司登记的程序涉及具体操作和规则的设计层面,其程序的设计越来越强调效率和成本,总的来看,各国公司登记的发展呈现出程序形式化和登记机关自由裁量权最小化的特点。

一、申请

申请是指由公司的筹办人提出的设立、变更和注销公司登记的行为。设立登记的申请人应当是公司的筹办人,在具体操作中可由共同推选的代表办理相关事宜。变更登记和注销登记由公司的代表人或者代理人以公司的名义提出,登记产生的法律后果由作为申请者的公司承担。此外,在特定情况下,其他利益相关者、人民法院、登记机关以及其他行政主体也可以通过司法裁判或者行政行为影响登记的内容和效力。

1. 申请程序

《市场主体登记管理条例实施细则》第 78 条规定,"本实施细则所指申请人,包括设立登记时的申请人、依法设立后的市场主体"。可见,我国相关公司登记法律法规规定公司筹办人和依法设立后的公司可以发起登记程序,具体而言:

(1)公司筹办人发起登记程序。新《公司法》第 44 条第 1 款规定,"有限责任公司设立时的股东为设立公司从事的民事活动,其法律后果由公司承受"。新《公司法》第 93 条规定,"股份有限公司发起人承担公司筹办事务。发起人应当签订发起人协议,明确各自在公司设立过程中的权利和义务"。由此,在公司设立阶段,有限责任公司的股东、股份有限公司的发起人是公司的筹办人,可以发起公司设立登记的程序。

(2)设立后的公司发起登记程序。设立后的公司发起的登记程序,主要是变更登记。根据新《公司法》第 34 条、第 35 条的规定,公司登记事项发生变更的,由公司申请变更登记,向公司登记机关提交公司法定代表人签署的变更登记申请书、依法作出的变更决议或者决定等文件。

此外,根据《市场主体登记管理条例实施细则》第 14 条的规定,申请人可以自行或者指定代表人、委托代理人办理市场主体登记、备案事项。

2. 前置许可

公司登记的前置许可,是指根据相关法律、行政法规的规定申请人在向登记机关申请设立公司之前,需先取得相关领域营业资格的一种制度安排。设置前置许可的目的在于保护公共利益,对关涉重大公共利益的营业活动实施严格的市场准入控制,将缺乏良好经营能力的公司阻隔在该经营领域之外。例如,《证券法》第 118 条第 2 款规定:"未经国务院证券监督管理机构批准,任何单位和个人不得以证券公司名义开展证券业务活动。"《证券法》第 119 条第 2 款规定:"证券公司设立申请获得批准的,申请人应当在规定的期限内向公司登记机关申请设立登记,领取营业执照。"可见,设立证券公司,须先取得国务院证券监督管理机构的批准,再向公司登记机关申请设立登记。

在我国,前置许可具有悠久的历史。在计划经济时代,所有市场活动都需要取得政府的批文方可进行,任何商事主体的成立都须先取得政府批文。改革开放后,经济体制逐步由计划经济向市场经济转变。21 世纪初,国务院决定对行政审批制度进行大刀阔斧的改革,从 2003 年至 2013 年,国务院在 10 年间共进行了 6 次行政审批事项改革,取消和调整行政审批事项共 2490 多项,其中就有对涉及企业登记的前置审批事项必要性的审查和调整。

2013 年,在公司登记制度改革的背景下,前置许可事项进一步被削减。党的十八届二中和三中全会决定对工商登记制度进行改革,拉开了全国范围内公司登记制度改革的序幕。2013 年 3 月 14 日第十二届全国人民代表大会第一次会议通过了《国务院机构改革和职能转变方案》。该方案指出:"对按照法律、行政法规和国务院决定需要取得前置许可的事项,除涉及国家安全、公民生命财产安全等外,不再实行先主管部门审批、再工商登记的制度,商事主体向工商部门申请登记,取得营业执照后即可从事一般生产经营活动;对从事需要许可的生产经营活动,持营业执照和有关材料向主管部门申请许可。将注册资本实缴登记制改为认缴登记制,并放宽工商登记其他条件。”之后,国务院相继出台了《关于取消和调整一批行政审批项目等事项的决定》(国发〔2014〕27 号)、《关于取消和调整一批行政审批项目等事项的决定》(国发〔2015〕11 号)、《关于“先照后证”改革后加强事中事后监管的意见》(国发〔2015〕62 号)等文件。改“先证后照”为“先照后证”,取消了大量的前置许可项目,仅对于少量的关涉社会公共利益的行业和经营事项设置前置许可。2021 年,国家市场监督管理总局整理发布了《关于调整企业登记前置审批事项目录的通知》(国市监注发〔2021〕17 号),该目录共列举了包括证券公司设立审批、烟草专卖生产企业许可证核发、烟草专卖批发企业许可证核发、营利性民办学校(营利性民办培训机构)办学许可、金融控股公司设立审批、民用爆炸物品生产许可、爆破作业单位许可证核发、民用枪支(弹药)制造、配售许可等 35 项企业登记前置审批事项。

二、受理

受理,是指公司登记机关依法接受登记申请人的登记申请的行为。公司登记机关是指依法受理公司登记申请,并具体办理相关登记事宜的机关。

1. 受理机关

域外关于登记机关的规定并不一致,主要包括法院、行政机关及其附属行政机构和商会。

(1)以行政机关作为登记机关。大多数国家和地区的公司登记主管机关为行政机关,如日本、澳大利亚、新西兰、新加坡、泰国、美国、英国、西班牙等。

(2)以法院作为登记机关。韩国、德国、瑞士等商法规定的公司登记机关是法院。法国则较为特殊,公司登记机关有两个,即地方公司登记机关(法院)和国家公司登记机关(行政机关)。

(3)以商会作为登记机关。《荷兰商事注册法》规定,地方商会负责保管当地商事注册文件。荷兰学者认为,商人不具有特殊性,商业登记仅为公众提供信息来源。

我国采第一种模式，以行政机关作为登记机关。根据《市场主体登记管理条例》第5条的规定，国务院市场监督管理部门主管全国市场主体登记管理工作，县级以上地方人民政府市场监督管理部门主管本辖区市场主体登记管理工作，加强统筹指导和监督管理。

在我国，公司登记应由行政机关主管，由公权力来保证公司登记的权威性和统一性。具体而言，由国家市场监督管理总局作为登记机关较为合适，国家市场监督管理总局的前身是国家工商行政管理机关，其历来是我国的公司登记机关，已经积累了大量的经验，由其主管公司登记，既方便、权威，也便于服务和管理，这是法院、商会等组织难以企及的。

2. 受理程序

受理程序是公司登记机关对于申请人申请的具体办理流程。在此阶段，公司登记机关要对申请人的资格进行核实。例如，对于设立登记要核实申请人是否为筹办人或其代表人，对于其他登记要核实申请人是否为公司或其代表人，对于他们的代理人要核实其委托书。在申请材料的要求上，在受理阶段，登记机关只审查其材料是否齐全，是否符合法定的形式，不符合条件的，登记机关对申请人应当尽一次性告知义务，凡是符合法定条件的，主管机关都应当受理。新《公司法》第30条规定，“申请设立公司，应当提交设立登记申请书、公司章程等文件，提交的相关材料应当真实、合法和有效。申请材料不齐全或者不符合法定形式的，公司登记机关应当一次性告知需要补正的材料”。《市场主体登记管理条例》第19条规定，“登记机关应当对申请材料进行形式审查。对申请材料齐全、符合法定形式的予以确认并当场登记。不能当场登记的，应当在3个工作日内予以登记；情形复杂的，经登记机关负责人批准，可以再延长3个工作日。申请材料不齐全或者不符合法定形式的，登记机关应当一次性告知申请人需要补正的材料”。

三、审查

审查是指受理登记申请的机关，在接到申请者所提交的申请之后，于法定期限内，对申请者所提交的申请内容，依法进行审查的活动。只有符合法定要求，登记主管机关才予以登记。在我国，公司登记申请的审查是行政机关行使职权的行为，是登记法律关系具有公法属性的集中体现。

1. 审查的目的

公司登记机关对登记事项进行审查的目的在于两个方面:一方面是为了保证登记事项客观、真实、准确;另一方面是为了保证申请人的申请合乎法律要求。对公司登记事项进行审查既是公司登记机关的一项权力,又是一项义务。作为权力的审查是指公司登记机关依照法定的要求和程序对申请人的申请进行审查,作出予以登记或不予登记的决定。作为义务的审查,如果公司登记机关未尽审查义务,致使利害关系人遭受损失,要予以赔偿。因此,公司登记机关无论是行使审查的权力,还是履行审查的义务都必须遵循相应的审查模式,以此来明确自身的权力范围,尽到应尽的审查义务。

2. 审查的模式

从公司登记的历史发展来看,公司登记的审查模式大致可分形式审查、实质审查、折中审查三种,具体内容如下:

(1)形式审查模式。形式审查是指审查机关只对申请材料数量是否齐全、形式是否合法进行审查,不对登记事项的真伪进行调查核实。形式审查是最为高效便捷的审查模式,一些经济水平发展较高,社会信用体系比较完备的国家常采用此种模式,如英国、美国、日本、瑞士、比利时等。形式审查因市场准入快、可操作性强、花费少、透明度高备受青睐。但是,由于形式审查不注重实质上的真实性,不利于对市场秩序的维护、交易相对人的保护和社会公共利益的保障。采取形式审查模式的国家一般有配套的前置程序和事后规制,比如,公证机关介入调查,通过诉讼程序"揭开公司面纱"追究刑事责任。在形式审查模式下,登记机关对信息的真实合法与否几乎不承担任何责任。

(2)实质审查模式。实质审查是指主管机关不仅在形式上,还要对申请材料内容的真实性、合法性、有效性予以审查。实质审查是对公司登记公信力的重要保障,也是对市场秩序、交易安全的有力维护。在德国,对一般商事主体采取形式审查模式,对股份公司采取实质审查模式,法国对公司的登记要求采取实质审查模式。实质审查的缺点是低效烦琐、成本大、操作难度大,而且增加登记机关的负担、现实中经常流于形式。法律明文规定的公司登记条件掩盖了许多以确保真实性为借口而衍生出来的众多的法外条件,使登记的透明度大打折扣,腐败亦可能发生。还有人认为,实质审查模式下的登记机关,其权力过大,缺乏服务意识,权责失衡,极容易催生腐败和不正当利益,背离"有限政府"的法治原则;主管机关内部文件过多,相关政策透明度差,不利于鼓励投资,妨碍投资的积极性;等等。现在几乎没有人支持纯粹的实质审查模式。

(3)折中审查模式。在折中审查模式下,主管机关有实质审查的职权,但无实质审查的义务。也就是说,登记机关不是必须进行实质审查,只对有疑问的重要事项进行审查,也可以不进行实质审查。折中审查的优点在于它能兼顾登记的效率与安全,相比于实质审查与形式审查,这种审查取二者之长,避二者之短,在管束与自由之间灵活自如,登记机关也能免受实质审查的负担和赔偿责任之累。但是,折中审查的缺点也比较明显,该模式下登记机关的自由裁量权很大,对何时采取实质审查没有明确的标准,只是依据登记机关的主观判断,因而存在登记机关进行不当干预的空间。

伴随着经济水平的发展,我国公司登记的审查模式经历了从实质审查向折中审查再到形式审查的转变。

(1)实质审查阶段。1988 年原国家工商行政管理总局颁布的《企业法人登记管理条例施行细则》第 55 条规定:"审查提交的文件、证件和填报的登记注册书的真实性、合法性、有效性,并核实有关登记事项和开办条件。"2000 年将该条修改为:"审查提交的文件、证件和填报的登记注册书是否符合有关登记管理规定,并核实有关登记事项和开办条件。"一般认为,此时我国正处于计划经济向市场经济转型并逐渐走向成熟的阶段,这个阶段的审查模式为实质审查,是对并不是十分成熟的市场经济加强管制的表现。

(2)折中审查阶段。原国家工商行政管理总局于 2004 年颁布的《企业登记程序规定》第 3 条规定:"企业登记机关依法对申请材料是否齐全、是否符合法定形式进行审查。根据法定条件和程序,需要对申请材料的实质内容进行核实的,依法进行核实。"该规定第 11 条规定:"企业登记机关认为需要对申请材料的实质内容进行核实的,应当派两名以上工作人员,对申请材料予以核实。经核实后,提交'申请材料核实情况报告书',根据核实情况作出是否准予登记的决定。"这被认为是我国公司登记从实质审查模式到折中审查模式转变的开始。随后,2005 年的《公司登记管理条例》第 2 条第 2 款规定:"申请办理公司登记,申请人应当对申请文件、材料的真实性负责。"该条强调了申请人对信息的最终保证责任,没有提及登记机关的责任,这正是形式审查模式的体现。2016 年修订的《公司登记管理条例》延续了上述做法。在这个时期,我国公司登记采折中主义模式,体现为以形式审查为主,以实质审查为辅。

(3)形式审查阶段。2022 年 3 月《市场主体登记管理条例》正式施行,该条例第 19 条规定,登记机关应当对申请材料进行形式审查。该条明确了公司登记机关的形式审查义务。由此,关于公司登记审查模式,我国最终采纳了形式审查模式。

3. 审查的内容

公司登记机关受理登记申请后,要审查该登记申请是否符合法律规定,符合法律规定的,要依法予以登记;不符合法律规定的,要说明理由。例如,对于设立登记申请,新《公司法》第 31 条规定,申请设立公司,符合本法规定的设立条件的,由公司登记机关分别登记为有限责任公司或者股份有限公司;不符合该法规定的设立条件的,不得登记为有限责任公司或者股份有限公司。具体而言:(1)对于申请人提交的有限责任公司设立的申请,公司登记机关应当审查该申请,是否符合新《公司法》第 42 条至第 57 条规定的关于设立有限责任公司需要具备的条件。(2)对于申请人提交的设立股份有限公司的申请,公司登记机关应当审查该申请,是否符合新《公司法》第 91 条至第 110 条规定的关于设立股份有限公司需要具备的条件。

四、登记发照

公司登记机关在受理申请人的申请及相关的材料并予以审核之后,应在法定期限内将审核结果及时通知申请人。对符合条件的公司,应核发公司营业执照。新《公司法》第 33 条第 1 款规定,“依法设立的公司,由公司登记机关发给公司营业执照。公司营业执照签发日期为公司成立日期”。

公司营业执照是登记机关对营利法人核准登记后,向其签发的资格证明文件。新《公司法》第 33 条第 2 款规定,“公司营业执照应当载明公司的名称、住所、注册资本、经营范围、法定代表人姓名等事项”。第 3 款规定,“公司登记机关可以发给电子营业执照。电子营业执照与纸质营业执照具有同等法律效力”。《市场主体登记管理条例》第 22 条规定,“营业执照分为正本和副本,具有同等法律效力。电子营业执照与纸质营业执照具有同等法律效力。营业执照样式、电子营业执照标准由国务院市场监督管理部门统一制定”。

在我国,营业执照具有双重性质,是公司法人主体资格和经营资格的表征。

一方面,新《公司法》第 33 条第 1 款规定,依法设立的公司,由公司登记机关发给公司营业执照,公司营业执照签发日期为公司成立日期。可见,公司是自公司登记机关签发营业执照之日起,才获得法人主体资格。实践中,公司在参与诉讼时,需向法院提交营业执照以证明其主体资格。另一方面,营业执照可证明公司开展生产经营活动的资格。取得营业执照的公司可以从事一般性经营活动。需要说明的是,根据我国相关法律规定,具有法人主体资格不一定有权开展特定的生产经营活动。比如,国家基于保护公共利益的需要,对一些行业实施前置或后置审批,对于想要从事这些特殊行业的公司,其还需要满足特定的条件并向对应的行政机关申请,取得相应行政许可才可以开展生产经营活动。

五、公示

公司登记机关在核准登记后,应当将登记事项及时公示。《民法典》第 66 条规定,登记机关应当依法及时公示法人登记的有关信息。新《公司法》第 32 条第 2 款规定,公司登记机关应当将公司登记事项通过国家企业信用信息公示系统向社会公示。公示包括消极公示——登记备查,也包括积极公示——在国家企业信用信息公示系统上公示。公示的目的在于使得社会公众获知相关情况,起到提高商事交易效率、便于社会公众监督、保障公司合法权益的作用。

我国公司登记事项的公示主要是通过国家企业信用信息公示系统进行公示。国家企业信用信息公示系统是依据国务院于 2014 年公布的《企业信息公示暂行条例》构建的公示企业信息的互联网平台。企业信息公示制度的主要内容包括:

1. 企业信息公示。根据《企业信息公示暂行条例》的规定,工商行政管理部门应当通过企业信用信息公示系统,公示其在履行职责过程中产生的企业信息。这些信息包括注册登记、备案信息,动产抵押登记信息,股权出质登记信息,行政处罚信息以及其他依法应当公示的信息。对这些企业信息,工商行政管理部门应当自产生之日起 20 个工作日内予以公示。其他政府部门应当公示的企业信息包括行政许可准予、变更、延续信息,行政处罚信息以及其他依法应当公示的信息。

2. 企业年度报告报送与公示。根据《企业信息公示暂行条例》的规定,企业应当于每年1月1日至6月30日,通过企业信用信息公示系统向工商行政管理部门报送上一年度年度报告,并向社会公示。当年设立登记的企业,自下一年起报送并公示年度报告。企业年度报告内容包括企业通信地址、邮政编码、联系电话、电子邮箱等信息,企业开业、歇业、清算等存续状态信息,企业投资设立企业、购买股权等信息。年度报告需要覆盖的内容还包括企业从业人数、资产总额、负债总额、对外提供保证担保、所有者权益合计、营业总收入、主营业务收入、利润总额、净利润、纳税总额信息。这一类信息是否向社会公示由企业决定。

3. 企业公示信息随机摇号抽查。根据《企业信息公示暂行条例》的规定,为了保证企业信息的真实、准确,国务院工商行政管理部门和省、自治区、直辖市人民政府工商行政管理部门应当按照公平规范的要求,根据企业注册号等随机摇号,确定抽查的企业,组织对企业公示信息的情况进行检查。公民、法人或者其他组织发现企业公示的信息虚假的,可以向工商行政管理部门举报,接到举报的工商行政管理部门应当自接到举报材料之日起20个工作日内进行核查,予以处理,并将处理情况书面告知举报人。

4. 企业信息公示"黑名单"。根据《企业信息公示暂行条例》的规定,针对未按规定期限公示年度报告或公示信息、隐瞒弄虚作假等情形,由县级以上工商行政管理部门将此类企业列入经营异常名录,并通过国家企业信用信息公示系统向社会公示。满3年未按规定履行公示义务的,由工商行政管理部门列入严重违法企业名单,并向社会公示。被列入严重违法企业名单的企业的法定代表人、负责人,3年内不得担任其他企业的法定代表人、负责人。

5. 信用约束与联动惩戒机制。根据《企业信息公示暂行条例》第18条的规定,县级以上地方人民政府及其有关部门应当建立健全信用约束机制,在政府采购、工程招投标、国有土地出让、授予荣誉称号等工作中,将企业信息作为重要考量因素,对被列入经营异常名录或者严重违法企业名单的企业依法予以限制或者禁入。

第六节 公司登记的电子化

随着现代信息技术的快速发展,信息传递和处理的效率被极大地提高。为充分利用现代信息技术,提高公司登记的便利化、规范化和信息化水平,最大程度利企便民,让企业和群众办事更方便、更快捷、更高效,激发企业创新创业活力,共享“互联网+政务服务”发展成果,我国全面推行公司登记的电子化。《市场主体登记管理条例实施细则》第3条第1款规定,国家市场监督管理总局主管全国市场主体统一登记管理工作,制定市场主体登记管理的制度措施,推进登记全程电子化,规范登记行为,指导地方登记机关依法有序开展登记管理工作。

为推进公司登记电子化,国家出台了大量的政策文件,主要有:(1)《国务院关于印发注册资本登记制度改革方案的通知》(国发〔2014〕7号)要求,要推行电子营业执照和全程电子化登记管理。建立适应互联网环境的工商登记数字证书管理系统,积极推行全国统一标准规范的电子营业执照,为电子政务和电子商务提供身份认证和电子签名服务保障。电子营业执照载有工商登记信息,与纸质营业执照具有同等法律效力。大力推进以电子营业执照为支撑的网上申请、网上受理、网上审核、网上公示、网上发照等全程电子化登记管理方式,提高市场主体登记管理的信息化、便利化、规范化水平。(2)《国务院关于加快推进“互联网+政务服务”工作的指导意见》(国发〔2016〕55号)要求,要推进服务事项网上办理。凡与企业注册登记、年度报告、变更注销、项目投资、生产经营、商标专利、资质认定、税费办理、安全生产等密切相关的服务事项,以及与居民教育医疗、户籍户政、社会保障、劳动就业、住房保障等密切相关的服务事项,都要推行网上受理、网上办理、网上反馈,做到政务服务事项“应上尽上、全程在线”。(3)《工商总局关于推行企业登记全程电子化工作的意见》(工商企注字〔2017〕43号)要求,以企业登记全程便捷、高效、利民为目标,在保留窗口登记的同时,于2017年10月底前开通涵盖所有业务、适用所有企业类型的网上登记系统,实现各类型企业的设立、变更、备案、注销等各个业务环节均可通过互联网办理,有条件的地方逐步实施无纸全程电子化登记。

国务院、各级市场监督管理部门等单位和部门，积极推动公司登记电子化，主要体现在以下几个方面：

1. 全程电子化登记管理系统

各级市场监督管理部门设计和建立全程电子化登记管理系统。登记申请人可以通过全程电子化登记管理系统，申请办理登记业务。申请人按系统提示进行用户注册、网上填报登记信息、网上签名提交，登记机关对申请人提交的材料进行审查后网上核准、发照、归档并予以公示企业相关信息。选择无纸全程电子化登记的，申请人无须到登记窗口提交纸质申请材料。

2. 企业信用信息公示系统

国家建立企业信用信息公示系统，用于集中公示包括公司登记事项在内的涉企信息。根据《企业信息公示暂行条例》第 4 条、第 5 条规定，省、自治区、直辖市人民政府领导本行政区域的企业信息公示工作，按照国家社会信用信息平台建设的总体要求，推动本行政区域企业信用信息公示系统的建设。国务院工商行政管理部门推进、监督企业信息公示工作，组织企业信用信息公示系统的建设。国务院其他有关部门依照本条例规定做好企业信息公示相关工作。

3. 电子营业执照

国家大力推行电子营业执照，电子营业执照与纸质营业执照具有同等法律效力。新《公司法》第 33 条第 3 款规定，“公司登记机关可以发给电子营业执照。电子营业执照与纸质营业执照具有同等法律效力”。国家市场监督管理总局专门制定了《电子营业执照管理办法（试行）》，对电子营业执照的应用与管理，作出了系统性规定。该办法具体规定了电子营业执照定义、电子营业执照文件、电子营业执照应用程序、电子营业执照系统等内容。

4. 电子签名

国家允许并承认申请人在公司登记申请中使用电子签名。2004 年，我国出台了《电子签名法》，承认了电子签名的法律效力。2017 年，《工商总局关于推行企业登记全程电子化工作的意见》（工商企注字〔2017〕43 号）要求，要实现电子签名。通过全程电子化登记方式申请的，材料签署人应在提交的电子申请材料上电子签名。自然人由其本人签名，法人和其他组织由其法定有权签字人签名。符合电子签名法或具有不可更改不可抵赖的，通过系统在手机、电脑等设备上签名或对数据电文进行真实意思表达和确认的，均视为有效电子签名。经申请人电子签名的申请材料,视为符合法定形式。2022 年《市场主体登记管理条例实施细则》第 15 条规定,“申请人应当在申请材料上签名或者盖章。申请人可以通过全国统一电子营业执照系统等电子签名工具和途径进行电子签名或者电子签章。符合法律规定的可靠电子签名、电子签章与手写签名或者盖章具有同等法律效力”。

5. 电子档案

国家推动公司登记档案电子化管理。《市场主体登记管理条例实施细则》第 59 条规定,“登记机关应当负责建立市场主体登记管理档案,对在登记、备案过程中形成的具有保存价值的文件依法分类,有序收集管理,推动档案电子化、影像化,提供市场主体登记管理档案查询服务”。

6. 实名认证

申请人采用电子化方式申请公司登记的,应当配合登记机关核验身份信息,进行实名认证。根据《市场主体登记管理条例》第 15 条的规定,市场主体实行实名登记。申请人应当配合登记机关核验身份信息。

《市场主体登记管理条例实施细则》第 16 条对实名认证的具体要求作出了规定。在办理登记、备案事项时,申请人应当配合登记机关通过实名认证系统,采用人脸识别等方式对下列人员进行实名验证:(1)法定代表人、执行事务合伙人(含委派代表)、负责人;(2)有限责任公司股东,股份有限公司发起人,公司董事、监事及高级管理人员;(3)个人独资企业投资人、合伙企业合伙人、农民专业合作社(联合社)成员、个体工商户经营者;(4)市场主体登记联络员、外商投资企业法律文件送达接受人;(5)指定的代表人或者委托代理人。

此外,因特殊原因,当事人无法通过实名认证系统核验身份信息的,可以提交经依法公证的自然人身份证明文件,或者由本人持身份证件到现场办理。

本章法考和考研练习题

一、单项选择题

1. 关于公司登记的法律性质,以下选项中最恰当的是(　　)。

A. 公司登记是一种法律行为

B. 公司登记是一种行政行为

C. 公司登记是一种复合行为

D. 公司登记是一种法律制度

2. 关于公司法人主体资格与营业资格的关系,下列说法正确的是(　　)。

A. 有法人主体资格一定有营业资格

B. 有营业资格一定有法人主体资格

C. 先有营业资格后有法人主体资格

D. 先有法人主体资格后有营业资格

3. 下列各项中,属于公司登记法律效力的是(　　)。

A. 创设公司法人主体资格的效力

B. 使相关法律事实生效的效力

C. 使登记义务人得以登记事实对抗相对人的效力

D. 使善意相对人得以登记事实对抗登记义务人的效力

二、多项选择题

1. 关于公司营业执照的作用,下列说法正确的是(　　)。

A. 营业执照具有证明公司法人主体资格的作用

B. 营业执照具有证明公司营业资格的作用

C. 营业执照具有证明合法经营的作用

D. 营业执照兼具证明公司法人主体资格与营业资格的作用

2. 下列各项中,关于公司登记公示效力、公信效力和对抗效力的说法,正确的是(　　)。

A. 公信效力与对抗效力皆属于公示效力

B. 公信效力是指善意相对人得以登记事实对抗登记义务人的效力

C. 对抗效力是指登记义务人得以登记事实对抗相对人的效力

D. 公信效力与对抗效力是一对相对的效力,旨在平衡登记义务人与善意相对人之间的法律风险

三、名词解释

1. 公司登记

2. 公司登记的效力

3. 公司登记的创设效力

4. 公司登记的生效效力

5. 公司登记的公示效力

6. 公司登记的公信效力

7. 公司登记的对抗效力

8. 前置许可

四、简答题

1. 简述公司登记的法律特征。

2. 简述公司登记的法律性质。

3. 简述公司登记的功能。

4. 辨析公司登记的公法性质:是行政许可还是行政确认?

5. 辨析公司登记的公信效力与对抗效力。

6. 简述公司登记的主要程序。

7. 辨析公司法人主体资格和营业资格。

8. 简述公司登记的三种审查模式。

五、案例分析

2009年5月,孙先生出资60万元,钱女士出资40万元共同设立了甲有限责任公司,其中孙先生占股60%,钱女士占股40%。2019年8月,因业务扩张的需要,乙公司向孙先生表示其有意收购甲公司。2019年8月30日,乙公司与孙先生洽谈了有关收购甲公司的事宜,双方一致同意乙公司以1000万元的价格收购孙先生在甲公司的全部股权。孙先生将上述股权转让事宜告知了钱女士,钱女士不同意孙先生转让其股权,并宣称自己不愿意与乙公司合作经营甲公司。因担心乙公司知悉钱女士的态度后,拒绝继续收购自己的股权,孙先生遂伪造了钱女士同意孙先生将股权转让给乙公司的相关文件,骗取了公司登记,将其股权变更在乙公司名下,完成了与乙公司的交易。经查,孙先生伪造的钱女士的签名与钱女士在公司登记机关留有的真实签名存在肉眼可辨的差异。

现钱女士准备诉至法院维护自己的权益,请为钱女士制定诉讼策略。

CHAPTER 03

第 三 章

公司设立制度

本章导读

本章概括介绍了公司设立制度,主要包括公司设立的概念、特征、条件、程序及效力,以及发起人责任等问题。本章的学习重点是公司设立的条件、程序和效力。本章的学习难点是发起人责任和设立中公司的法律地位。

第一节　公司设立概述

投资者欲以公司形式获取利润,需按法定条件和程序完成特定行为,以使组建公司的组织取得独立的主体资格,这就是公司的设立过程。

一、公司设立的概念和法律特征

(一)公司设立的概念

公司设立是一系列法律行为的总称,是指设立人依照公司法的规定在公司成立之前为组建公司进行的、目的在于取得公司法律主体资格的活动。

正确理解设立的概念须区分公司设立与公司成立。公司成立是指在具备法律规定的实质要件的情况下,完成设立程序并获得主管机关颁发的营业执照,取得公司法人主体资格的法律事实。成立表现为一种法律上的状态。而公司设立是实现成立的必要程序,成立则是设立的法律后果或直接目的。公司设立与成立的区别主要包括:

1. 发生阶段不同

公司设立和公司成立是取得公司法人主体资格过程中一系列连续行为的两个不同阶段:设立行为发生于营业执照颁发之前;成立行为则发生于签发营业执照之时。公司成立是设立行为在法律认可后合法存在的一种法律后果。然而,设立行为并非必然导致公司的成立。只有当设立行为符合法定条件和程序时,才能被法律所承认,否则公司将无法成立。

2. 行为性质不同

公司设立是一种法律行为,其设立行为以发起人意思表示为基础,受到平等、自愿、诚实信用等民商法基本原则的指导。公司成立需要在政府相关部门进行注册登记,成立行为以主管机关颁发营业执照为要素,发生在发起人与主管登记机关之间,被视为一种行政行为。

3. 法律效力不同

公司设立是成立的前提条件。公司在登记之前,被称为设立中的公司,此时公司并没有独立的主体资格,其内、外部关系通常被视为合伙关系。即使设立行为已经完成,但未获得营业执照,公司仍无法以其名义进行经营活动。因此,在设立阶段,如果最终未完成注册登记,设立行为的后果将类似适用于有关合伙的规定,设立人对设立行为负连带责任;而若公司完成登记,发起人为设立所实施的法律行为的后果原则上归属于公司。公司的成立使其成为独立的主体,成立后所实施的行为后果原则上由公司承担。

(二)公司设立的特征

公司设立涉及程序和实体两方面。在程序方面,各国或地区的公司法规定了公司设立的步骤和法律效果,整个过程必须合法合规。在实体方面,公司的设立是以一定信用为基础,结合成一定组织形式,不同类型的公司由于其信用基础不同而具有不同特点。公司设立的主要法律特征可归纳如下:

(1)发起人是设立的主体。发起人可以是一人或数人,一般包括先行出资、筹建并对公司设立承担责任的自然人、法人和国家等。发起人在设立过程中对内执行设立业务,对外代表正在设立中的公司。

(2)设立行为仅发生在公司成立之前。设立行为必须严格履行法定条件和程序,各国或地区都规定了公司设立的条件和程序。未完成设立行为或已完成但未满足法定条件的,无法成立公司。公司存在必须符合法定主体资格的要求,否则设立行为将无法产生法定效果。例如,未提供设立申请、未提供设立文件或股东出资未经验证等都将导致设立失败。

(3)设立行为的目的是最终成立公司,取得法律主体资格。公司只有取得法律上的主体地位,才具备权利和行为能力,才能以公司名义取得民事权利和承担义务。设立人在设立阶段进行与此目的无关的活动不应纳入公司设立范畴,无关活动的后果由设立人承担。

(4)公司的种类影响设立行为的内容。不同公司的设立行为内容不一致,共同内容包括发起人的协商、制定公司章程、决定公司种类和名称、确定经营范围及资本总额、选择公司的营业地点、由发起人或认购人认购以及申请公司设立登记等。

相较而言,股份有限公司的设立程序和内容较为复杂。由于其股东人数较多,资本的筹集需要经过特定的招股程序,机关成员的选任通常需召开成立大会。其他类型公司的股东、出资和机关成员在设立初期可在章程中确定,无须进行复杂的招股程序。

二、公司设立的基本原则

(一)公司设立原则的种类

公司设立原则是指一个国家在法律上对公司设立基本方式的要求,即以怎样的程序限制来规范公司的设立。在不同的时代,公司设立有着不同的原则。即使在同一时期,不同国家也会根据其社会政治经济条件、传统影响等因素对不同类型公司规定不同的设立原则。概括来说,主要包括:

1. 自由设立主义

自由设立主义,也称放任设立主义,指公司设立完全由当事人自主决定,包括是否设立、设立何种公司以及设立方式等,法律不做任何干预。从罗马帝国到中世纪的社会,商业社团的存在是基于事实而非法律设立的,法律既不承认商业社团为“法人”,也不主动干涉其成立。这一原则在欧洲中世纪末的自由贸易时代得到广泛应用,初兴的商事公司也采纳了自由设立原则。然而,由于此设立原则下的设立过程随意,与合伙企业的界限模糊,导致许多组织以公司名义出现,但未能保障债权人权益,对经济秩序产生负面影响。因此,后来各国公司立法很少再采用这一设立原则。

2. 特许设立主义

在中世纪后期,欧洲大陆涌现了众多商业行会,行会内部发生冲突,纷纷要求划分势力范围。各行会试图通过国家权力形成对商品市场的垄断,封建国家希望通过这些行会承担某些共同职能来推行政策。于是,商业行会对行政性垄断的追求促成了公司设立原则从自由设立主义向特许设立主义的演变。特许设立主义要求公司的设立必须经过国家元首特别许可或国家立法机关颁发特别法令予以许可。这一制度体现了国王的权威和议会的权力,自中世纪后期至近代工业社会,这一原则盛行。例如,英国东印度公司就是经过英国王室特许成立的。然而,在这种设立原则下会导致对公司过度管制,不适应公司的普遍发展,且带有封建特权色彩。在特许设立主义原则下设立的公司,通常被视为早期资本同绝对主义和极权主义王权相结合的产物,是国家权力的延伸。因此,现代各国公司立法除对某些特殊公司仍采取特许设立主义原则外,在一般情况下已不再广泛采用。

3. 核准设立主义

特许设立主义原则容易导致市场地域分割、行业分割以及行政垄断,严重阻碍了自由竞争和统一市场的形成,因此,核准设立主义原则应运而生。核准设立主义也称许可设立主义,是指公司设立除了必须具备法律所规定的条件外,还必须经过行政主管机关核准,否则不得成立。1673 年法国路易十四颁布的《商事敕令》首创此制。法、德等国在 18 世纪也曾采用这种制度。现在核准设立主义原则一般适用于银行等与国计民生有密切联系的行业的公司,因为它能更好地确保公司在设立过程中遵循法定程序,提高了法律合规性。审批程序能够增加公司运作的透明度,使股东和公众能了解相关信息。

4. 单纯准则设立主义

由于核准设立主义原则下公司的设立需逐一经过行政主管机关批准,费时费力,不符合实际需求,因此,单纯准则设立主义应运而生,即公司设立只需符合法律规定的条件,无须经过权力机关或行政机关核准。1862 年《英国公司法》首次采用了这一设立原则,19 世纪时许多国家也相继采用。这一做法适应了公司大量涌现的趋势,有利于公司的发展。

5. 严格准则设立主义

由于法律规定不可能详尽无遗,许多具体事宜需要在公司设立时具体制定，并且公司是社会中重要的经济组织，滥设公司和利用公司进行欺诈等问题时有发生，国家有必要对公司进行适当管理。鉴于这种情况，各国或地区在单纯准则设立主义的基础上，采纳了严格准则设立主义。这一原则通过法律进一步明确规定公司设立的要求，加重发起人的责任，并规定公司必须经过国家主管机关的登记方可成立并取得独立主体资格。严格准则设立主义摒弃了特许设立主义和核准设立主义的烦琐程序，也避免了自由设立主义和单纯准则设立主义过于简单、不利于管理的弊端。因此，它被当今大多数国家或地区的公司法所采用，成为当前公司设立的趋势。

（二）我国公司设立的原则

我国曾长期采用核准设立主义，表现为严格的行业行政许可制度和垄断前置审批制度，这种做法在我国公司法制尚未健全的历史阶段曾发挥了一定的积极作用，但随着经济的发展，其弊端逐渐显露。行政干预过多导致政企不分，形成地区或部门的行政垄断，进而人为地造成了不公平竞争的局面。我国在总结公司设立实践的基础上，充分借鉴各国和地区的立法经验，将设立的原则规定在新《公司法》第 29 条中，即设立公司，应当依法向公司登记机关申请设立登记。法律、行政法规规定设立公司应当报经批准的，应当在公司登记前依法办理批准手续。

新《公司法》第 29 条第 1 款规定，设立公司，应当依法向公司登记机关申请设立登记。据此可以看出，公司经公司登记机关登记后，方可正式成立，具备法人主体资格和独立财产。换言之，公司设立登记是公司成立的生效要件，未经设立登记，公司不成立。《市场主体登记管理条例》第 3 条第 1 款规定，市场主体应当依照本条例办理登记。未经登记，不得以市场主体名义从事经营活动。法律、行政法规规定无须办理登记的除外。由此可见，我国法律对公司设立采严格准则设立主义。

新《公司法》第 29 条第 2 款规定了公司设立的例外情形，即在向公司登记机关申请设立登记前，需要先取得有关机关的审批。此种审批也被称为前置许可事项，由国家市场监督管理总局依照相关法律法规发布的《企业登记前置审批事项目录》进行动态管理。需要注意的是，《市场主体登记管理条例》第 21 条第 2 款规定，法律、行政法规或者国务院决定规定设立市场主体须经批准的，应当在批准文件有效期内向登记机关申请登记。该条将能够设置前置许可事项的法律文件范围,从法律、行政法规,扩大到了法律、行政法规和国务院决定。

不难发现,前置许可事项是对当事人设立公司的特别限制,将会极大地影响当事人的行商自由,故设置前置许可需要有充分理据。目前,法律、行政法规、国务院决定设置的前置许可事项,主要适用于涉及国家安全、公共利益和关系国计民生等特定的行业,如金融业、保险业、证券业及其他有特别规定的行业。譬如,根据《证券法》第 118 条之规定,设立证券公司,必须先取得国务院证券监督管理机构的批准,而后才能设立。再如,《保险法》第 67 条规定,设立保险公司应当经国务院保险监督管理机构批准。国务院保险监督管理机构审查保险公司的设立申请时,应当考虑保险业的发展和公平竞争的需要。

结合上述规定可以看出,我国现行公司法对公司设立原则采用了严格准则设立主义与核准设立主义。对于一般的公司设立,如果符合法定条件,便适用准则设立主义,直接进行登记注册手续,由公司登记机关分别登记为有限责任公司或股份有限公司;然而,对于牵涉国家安全、公共利益以及关系国计民生等特定行业,法律和行政法规规定必须经过审批的公司,其设立应履行相应的审批手续,采用核准设立主义。例如,对于银行、保险、证券等领域,相关法律规定了专门的审批程序。

三、公司设立的方式

我国公司法规定了发起设立和募集设立方式。根据新《公司法》第 91 条第 1 款的规定,设立股份有限公司,可以采取发起设立或者募集设立的方式。相对于有限责任公司而言,股份有限公司属于资合性较强的公司,它在设立时和设立后都可以向社会发行股份,通过投资者的认购以筹集所需的资金。因此,股份有限公司的发起人在设立时,可以根据实际情况,选择是否向发起人以外的其他人发行股份以筹得设立公司所需的足够资本,当设立规模较大且本身资金不足,需要广泛向社会筹集资金,或者发起人出于经营管理等方面的考虑时,可选择采取募集设立方式。有限责任公司只能采用发起设立方式。

从大陆法系的公司制度来看,大多数国家或地区均认可发起设立和募集设立这两种设立方式,法国、意大利、瑞士和荷兰等国采取发起设立方式较普遍,而日本等国采取募集设立方式较普遍。在英美法系国家或地区,公司立法中并未涉及发起设立和募集设立的概念。其非开放性公司可以由发起人设立,且与公司设立时的股东可以不一致。法律上也没有对其注册资本设定最低限额,股东每人认购一股股份即可注册成立公司。成立后可以再发行股份,但不能公开募股。

(一)发起设立

1. 概念及意义

新《公司法》第 91 条第 2 款规定,发起设立,是指由发起人认购设立公司时应发行的全部股份而设立公司。以发起设立的方式设立股份有限公司的,在设立时其股份全部由该公司的发起人认购,此阶段不向发起人之外的社会公众发行股份。一般情况下,选择发起设立方式设立公司是因为各个发起人的资金相对充裕,或者公司的资本总额并不太高。发起设立无须向社会公众募集资金,发起人的出资即可形成公司的资本总额。这种情况下,选择发起设立的方式可以有效缩短公司设立的时间,降低设立的费用和成本。但需要注意的是,发起设立的方式更适用于规模较小的公司。如果需要的资本较高,发起人无法认购公司应发行的全部股份,那么不宜采取这种设立方式。

2. 法律限制

对于以发起设立方式设立有限责任公司或者股份有限公司时发起人所认缴的出资或认购股份是否必须在公司成立时足额缴纳的问题,各国或各地区的规定不尽一致,有的虽然规定公司设立时股份必须全部认购,但不一定要全部缴足。如《法国商法典》第 75 条就规定,资本必须被全部认购;货币股份,在认购时应至少缴纳面值的 1/4 的股款;实物股份,应自发行之日起全部予以缴付。有的公司立法中,则规定以发起设立方式设立股份有限公司时,不仅不要求发起人在公司成立时足额缴纳所认购股份,而且还允许分期、分批发行股份。如《日本公司法》就规定,公司设立之际发行的股份总数,不得低于所发行股份总数的 1/4。

对有限公司而言,依新《公司法》第 47 条第 1 款规定,有限责任公司的注册资本为在公司登记机关登记的全体股东认缴的出资额,以发起设立方式设立有限责任公司的,允许发起人所认缴出资可以认而不缴和分期缴纳,全体股东认缴的出资额由股东按照公司章程的规定自公司成立之日起 5 年内缴足。对股份公司而言,依新《公司法》第 97 条第 1 款规定,以发起设立方式设立股份有限公司的,发起人应当认足公司章程规定的公司设立时应发行的股份。该法第98条第1款规定,发起人应当在公司成立前按照其认购的股份全额缴纳股款。

(二)募集设立

1. 概念及意义

募集设立也称为渐次设立或者复杂设立,新《公司法》第91条第3款规定,募集设立,是指由发起人认购设立公司时应发行股份的一部分,其余股份向特定对象募集或者向社会公开募集而设立公司。募集设立的特点之一是募集对象具有开放性,如向社会公开募集股份,因而募集设立具有较强的资金筹集能力。当设立规模较大的公司时,仅凭发起人的财力往往很难实现,就需要采取募集设立方式。发起人采用募集设立方式,是希望通过向除发起人以外的其他人发行股份,从而募集更多资金,使公司能够拥有更大的资本总额。募集设立的结果是公司股东数量较多,股权分散化程度提高、流动性加大,因而只适于资合性较高的股份有限公司。由于募集设立的社会影响较大,因而法律对其规定了严格而复杂的程序和限制条件,只有按此要求进行募集设立,才能依法成立公司。

募集设立包括定向募集和公开募集两种方式。定向募集设立也称为私募设立,在定向募集的设立方式下,发起人认购公司应发行股份的一部分,其余股份不向社会公开发行,而是向特定对象募集,可向其他法人发行部分股份,也可向本公司内部职工发行部分股份。采取公开募集方式设立,是指公司发行的股份除由发起人认购外,其余股份应向社会公开发行。

定向募集方式具有发起设立和公开募集设立方式所不具备的优点,特别是在股票市场尚未充分开放的情况下,公司可以不受股票发行配额的限制,通过向特定对象发行股份的方式达到筹集资金和改变企业单一产权结构的目的,又可以掌握控制公司股权的主动性。私募公司的股东数量较少,有助于降低公司治理的复杂性和提高股东之间的管理效率。私募公司通常在组织结构、经营方式和利润分配等方面具有一定的灵活性,可以根据股东的协议和章程进行调整。与公开募集设立公司不同,私募公司的股权交易通常不会公开披露,因此更具隐私性。不过在具体的私募计划中可能对私募公司的投资者资格和门槛设置一定的要求,以确保只有合格的投资者可以参与私募股权投资。当然,私募公司的风险同样由股东共同承担,以有限责任将损失限于其投资金额。我国

1992年颁布的《股份有限公司规范意见》便将股票发行分为社会募集和定向募集两种形式。我国1993年《公司法》删除了关于定向募集的规定,股份有限公司的设立只允许采取发起设立或社会公开募集设立的方式。此后在2005年《公司法》中,为了拓宽投资渠道,方便公司设立,适应投资者选择不同投资方式的需求,鼓励投资创业,在保留股份有限公司公开募集设立方式的同时,又增加了定向募集设立方式。新《公司法》也未就这一条文进行实质性修改,继续保留了私募设立股份有限公司的可能。然而,定向募集方式也存在一些问题,主要体现在透明度不高、公司内部职工股与社会个人股之间待遇悬殊等。

2. 法律限制

在广泛募集社会资金方面,募集设立具有发起设立无法比拟的优势。然而,这种设立方式也伴随着一些弊端:首先,该方式需对外广泛募集股份,程序相对发起设立更为复杂;其次,股权高度分散,不利于实现发起人对公司的控制;最后,募集设立往往以溢价发行股票,形成公司的设立利润,有可能导致发起人为非法获得这一部分利润而借设立公司之名进行欺诈行为,例如在公司设立时只认购少量股份或在成立后不久转让其股份,对社会公众的利益保护造成极大不利影响。为了应对募集设立方式的上述弊端,各国或地区的公司法律多采取一定措施予以限制。例如,对采用募集方式设立公司时发起人认购的股份应占公司发行总股份比例的限制性规定。我国新《公司法》亦有此类规定。

根据新《公司法》第97条第2款的规定,以募集设立方式设立股份有限公司的,发起人认购的股份不得少于公司章程规定的公司设立时应发行股份总数的35%。换言之,发起人在进行创立公司的活动时,在确定了股本总额及股份总数以后,应当承诺并购买总数的35%以上的股份。这样规定的目的,主要是加重发起人的责任,保护广大社会公众投资者的利益。因为公司成立后要进行一定的经营活动以达到一定的经济目的,而进行经营活动必须要有一定的物质基础才能保障债权人的利益。股份有限公司的经济能力来自发起人和其他股东的出资,如果发起人出资过少,那么发起人对公司就只承担很小的责任,这样很容易使发起人不经过认真的调查研究就轻率地募集设立股份有限公司,甚至利用设立公司进行欺诈活动,损害广大的社会投资者以及债权人的利益。此外,如果发起人出资过少,其还可能因为缺少与公司之间的利害关系而对公司的经营管理漠不关心,不利于公司的发展。由此可见,要求募集设立的发起人持有一定比例的公司股份是必要的。

第二节　公司设立的条件

为维护交易安全和市场秩序,法律规定有限责任公司和股份有限公司的设立必须符合一系列法定的设立条件。各国或地区的公司法对此作出了详尽规定,通常包括主体要件、财产要件和组织要件等要素。其中,主体要件主要是针对股东或者发起人的人数和资格等方面的规定;财产要件主要是针对公司资本的规定;组织要件主要是针对公司的名称、住所、章程、组织机构等方面的规定。

一、有限责任公司设立的条件

原《公司法》第23条规定了设立有限公司应当具备的5项条件,新《公司法》删除了该条规定,将有限公司设立条件分散规定于不同条文中,系由于新增"公司登记"一章,就公司设立登记的条件和事项作出统一规定,无须再单列一个条文规定有限公司的设立条件。综合来看,公司设立的条件包括主体要件、财产要件和组织要件等要素。

(一)主体条件

主体要件是指人数要件,即股东须符合法定人数。

(1)新《公司法》第42条规定:"有限责任公司由一个以上五十个以下股东出资设立。"由该规定可以看出,我国对有限责任公司的股东人数的上限作了严格限定,即不超过50人。对股东人数进行上限规定的原因主要在于,首先,有限责任公司虽以资本联合为基础,但同时也具有封闭的性质。因此,对股东数量也应有所限定,以便于公司在进行重大的经营决策时,能够协调一致。其次,限定有限责任公司股东人数有利于公司股东之间彼此了解。公司信用的基础除了资本以外,还有股东个人条件。公司对外进行经济活动时,不仅依靠公司本身的资本或资产状况如何,而且也依靠股东个人的信用状况。再加上,有限责任公司的封闭性,资本只能由全体股东自己认缴,不得向社会公开募集,股东的出资证明书不得自由流通转让,股东的出资转让也受到严格的限制,其他股东对被转让的股权具有优先购买权等。这种情况下,要求公司股东之间应有一定的了解,因此股东人数不宜过多。

(2)对于有限责任公司股东人数的下限,各国或地区公司立法的规定不尽相同。如规定须在5人以上,或3人以上,或2人以上等。由于对一人公司的承认,许多国家或者地区已经取消了对于有限责任公司最低股东人数的要求。我国公司法承认一人公司。

在讨论公司股东人数的下限时,人数仅为一人的公司是否因缺乏社团性而不具有存在的正当性是学界曾经争论的问题。传统公司法理论中,社团性是公司的重要特性,公司的社团性最突出地表现在公司是建立在成员之复数基础之上的。而一人公司只有1名股东,缺乏以复数股东为基础的社团性。如何解决一人公司与社团性的冲突成为一人公司合法化的最大障碍。为解决这一难题,理论界提出了两种学说,试图将其本质表述为社团法人:一是潜在社团说,该说认为一人公司的股份虽集中于一人股东,但公司设立后,由于股份的转让,仍存在变为复数股东的可能性;二是股份社团说,该说指出股份公司的信用基础是股东出资形成的公司资本,股东地位即股份的复数可以满足社团性的要求。这两种观点都是在公司的社团性框架内,希望通过证明一人公司具有社团性而承认其法律人格的合理性。然而,“潜在社团说”的判断是缺乏基础的,以潜在的复数无法代替实在的复数,而且对于一些一人股东出资或股份并非分散化的一人公司而言,成为社团的潜在性是不存在的。而“股份社团说”将股份的复数等同于股东的复数,是对公司社团性之曲解。这两种观点都难以达到预期的证明效果。

与此相反,也有学者否定一人公司的社团性,主要有:一是公司财产说,指一人公司的实体是公司的财产,而不是社团;二是特别财产说,指一人公司与其作为公司形态,不如作为责任形态,一人公司的财产作为法定限制的财产,该种公司企业是有限责任的个人企业;三是股份公司财团说,指通常的股份公司是社团法人,而一人公司是由特别财产构成,从财产方面着重考虑和探究,应视为财团;四是有计划的、永续的一人公司否定说,指有计划的、永续的一人公司欠缺社团性存在的理由。以上四种否定论的观点,均否定了一人公司是社团,这无疑是正确的结论。但它们大多仅着眼于一人公司财产的特别性,没有对一人公司不是社团法人作出有说服力的说明,但它确已使得传统公司制度的社团性根基被大大动摇。这样,也就迫使人们不得不脱离社团法人的思路,对公司的本质作另外的思考。

从公司产生发展的轨迹中我们可以看到,在资本主义发展初期,由于生产力水平不够发达、个人的资本积累不够导致个人经营的资本有限,个人独资企业乃至合伙企业都没有足够的资金来经营规模较大且风险较高的业务,尤其是海上贸易。因此,经济的发展和业务的需要对法人制度的集资功能要求强烈。为了满足募集资金的需要,商人往往通过联合的形式筹措资金,股份有限公司这一最早的典型的法人组织形式应运而生,也正因如此,公司才被深深地打上了社团性的烙印。由此可见,社团性虽然是伴随公司诞生而呈现的特征,但这是由当时的客观历史条件决定的。随着历史的发展、社会生产力的提高,经过几个世纪的资本积累,尤其经过垄断资本主义时期个人和单个企业的发展,资本力量不断增强,个人已具有了巨额投资能力。法人制度所显示的从少数资金汇集成大宗资本的可能性,对于资本家来说,已丧失了它原有的大部分意义。资本积聚的过程已经在很大程度上贬低了这种可能性的价值。在此背景下,以资本联合的形式从事经营活动已不再是时代的必然要求。社团性作为公司的特征随着时代的变迁,应当逐渐成为历史。

另外,我国《民法典》第 58 条第 1、2 款规定的法人成立应当具备的条件为依法成立、有自己的名称、组织机构、住所、财产或者经费。我国法律似乎并没有将社团作为公司应当具备的本质属性。实际上,公司作为法人组织,应着重强调其独立于出资人的性质,这是公司的本质之一,社团性已经不再是公司的本质。正如有学者指出:公司的本质应当是独立人格、资本联合、有限责任以及财产所有与财产经营的分离的融合。

(二)财产条件

股东出资构成公司资本,它是公司财产形成的重要来源,也是保障公司具有偿债能力和社会交易安全的重要条件。对于公司而言,没有资本作为财产条件,就根本无法开展经营活动,也无法对债务的偿还提供保证,不具备成为独立法人的资格。所以公司设立时,要通过章程确定公司的注册资本,注册资本应由全体股东全额认缴。

在公司设立的财产条件方面,我国和各国公司法曾长期实行最低注册资本制度。如《德国有限责任公司法》规定,有限责任公司基本资本不得少于 5 万马克。我国2005年《公司法》第26条第2款也曾规定:“有限责任公司注册资本的最低限额为人民币三万元。法律、行政法规对有限责任公司注册资本的最低限额有较高规定的,从其规定。”2013年公司法修正后,基本取消了有限责任公司的最低资本要求,仅对金融等个别行业提出最低资本额的要求(新《公司法》第47条)。值得说明的是,资本认缴制是相对于资本实缴制的另一种法定资本模式,这两种资本模式在股东的出资义务上并无根本对立和冲突。资本实缴制是股东在资本确定和公司注册之时承担将出资财产给付公司的出资义务,资本认缴制不要求股东即时给付出资财产,但出资义务尤其是出资数额同样是确定的,只不过出资义务履行的时间有所不同。如把认缴资本比作开具票据,认股人自然是要承担票据付款人的义务和责任。绝不能无视嗣后出资能力、无所顾忌地漫天设定认缴资本,将其当作无须兑现的空头支票,更不能将公司注册资本当作随意玩弄的儿戏。资本认缴制的核心要素在于认缴,即同意以一定金额的出资购取相应数额的公司股权或股份。资本认缴的具体形式多种多样,设立过程中的认缴通常采取公司发起协议或设立协议、合资合同、认股书等形式,增资程序中的认缴多采取增资协议、股东决议等形式,在某些情况下,签署包含出资内容的公司章程,也是一种附带或独立(另无认缴合同或决议时)的认缴行为。

新《公司法》第47条对于资本制度的完善,将完全认缴制改为限期认缴制,是对于认缴制的完善与修正。考察我国公司资本制度的立法沿革,可以看出公司法虽然在多个环节上逐步放宽了对注册资本与出资期限的限制,但一直坚守着法定资本制的基本立场,也并未放弃将股东出资的资本信用作为公司责任财产担保功能的基本理念。放宽出资期限限制涉及股东出资期限利益与债权人保护的利益平衡,以及商事交易效率与交易安全的价值选择:一方面,放宽资本管制可以激励投资创业,有助于公司实现融资功能,树立起资产信用的理念,释放市场活力;另一方面,限期认缴制能够平衡股东与债权人之间的利益,避免注册资本畸高、出资期限过长的“无赖公司”与虚报公司资本、虚假出资及抽逃出资的问题。

(三)组织条件

组织条件包括公司的名称、住所、章程及依法建立的组织机构等。

1. 公司名称

公司名称是公司的法定登记事项,可以使公司的法人资格具有特定性,便于公司对外进行法律上、经济上的交往。公司名称的意义主要有三:其一,公司的名称是公司成为独立民事主体的重要标志之一,是法人人格的表现;其二,公司的名称也是法人人格特定化的标志,公司可以其名称区别于其他民事主体;其三,公司的名称也是公司商誉的主要组成部分,是一种无形资产。

鉴于公司名称在社会经济生活中的重要性,为了确保公司及其交易方的合法权益,维护社会交易秩序,各国或地区的法律对公司名称作了相应的规范。在制定公司名称选择的法律原则时,各国或地区主要采用名称真实主义、名称自由主义和折中主义三种不同的立法取向。名称真实主义要求法律对公司名称的选择进行严格限制,必须确保公司名称真实地反映其营业种类、经营范围等,否则将禁止使用。名称自由主义则原则上不对公司名称施加任何限制,允许公司自主决定其名称,与其营业种类、经营范围等无关。折中主义则规定公司在成立时的名称应真实反映其营业种类、经营范围等,但在转让、继承时可保留原有名称。目前,大多数国家或地区在公司名称方面的规定都更倾向于自由主义原则。

我国法律对于有限责任公司、股份有限公司的名称,明确规定应反映公司营业种类,显然采用公司名称真实主义。在我国,关于公司名称的规定主要有新《公司法》第 7 条、第 33 条和《市场主体登记管理条例》等相关法律法规。

依我国有关法律的规定,公司的名称具有下列法律特征:

(1)公司的名称具有唯一性,即一定时期一个公司只准用一个名称。

(2)公司的名称具有排他性,即在一定范围内,只有一个公司可以合法使用已注册的特定名称。这项法律措施旨在维护工业产权,防范不正当竞争和商业欺诈。一旦某公司的名称经注册,任何第三方使用相同名称用于其商号、商标、服务标记、商务口号都构成对该公司商誉的侵犯和对客户的民事欺诈。此外,不仅对使用相同名称有限制,类似名称同样受到法律的限制。

(3)公司名称具有可转让性。公司名称可以依法转让,或许可他人有偿使用名称中的商号。

2. 公司住所

关于公司住所的确定,各个国家或地区的法律规定主要分为以下三种。一是管理中心主义，即以公司在登记时设立的常设管理机关所在地为公司的住所。这种做法的优点在于其确定性较强，容易追踪。然而，其缺点在于公司有可能通过将管理中心迁至海外等手段规避法律监管。二是营业中心主义，即以公司业务执行的地点为公司的住所。这种方法的优点在于有利于监控公司主要的财产和收入情况。然而，如果公司有多个营业中心，就难以准确确定公司的住所。三是由公司的章程确定。这意味着公司的住所是在其章程中明确规定的。这种做法灵活，但可能导致不同公司采用不同标准，增加了统一性的难度。

新《公司法》第 8 条规定，公司以其主要办事机构所在地为住所。这也与《民法典》第 63 条的规定保持一致。所谓"主要办事机构所在地"，是指决定和处理公司事务的机构所在地，是公司的中枢机构，如总部、总公司等。主要办事机构所在地是一个事实概念，需要综合考虑公司的股东会、董事会、监事会的开会地点，董事、监事、高级管理人员的办公地点，公司财务、法务、行政、人力等职能部门的办公地点，以及公司公章、财务账册、会议记录、业务合同等重要资料和文件的存放地点等。司法实践中，在确定公司住所时，若主要办事机构所在地能够确定的，则依确定的地点为公司住所；若主要办事机构所在地不能确定的，依照《民诉解释》第 3 条第 2 款"法人或者其他组织的主要办事机构所在地不能确定的，法人或者其他组织的注册地或者登记地为住所地"，以公司登记地为住所地。

3. 公司章程及组织机构

设立有限责任公司必须具备公司章程。有限责任公司的公司章程是记载公司组织规范及其行动准则的书面文件，体现着全体股东的共同意志，并对全体股东、公司的组织机构和经营管理人员均有约束力。新《公司法》第 46 条对公司章程应该载明的事项作了明确规定。①

有限责任公司是通过内部组织机构的活动进行运作的，组织机构的建立可以使公司具备意思能力、执行能力，便于对外实施行为。各国或地区的公司立法一般都规定了公司的内部组织机构。依我国公司法的规定，有限责任公司的内部组织机构分为股东会、董事会和监事会等，但由于有限责任公司的具体形

---

① 参阅本书第四章"公司章程"的相关内容。

式、股东人数、经营规模、资本来源不同，法律、法规要求其建立的组织机构也不尽一致。①

二、股份有限公司设立的条件

（一）主体条件

主体条件包括发起人人数和资格要件，发起人须符合法定人数且须具备法定资格。与有限责任公司相比，股份有限公司的筹资和经营具有开放性，股东人数较多，流动性也较大，因此，设立股份有限公司的发起人往往只是公司成立时的股东的一部分。为防止发起人在设立过程中徇私舞弊，损害其他认股人和公众的利益，维护社会经济秩序，法律对其主体的要求也较之对于有限责任公司股东的要求更为严格。

1. 发起人必须符合法定人数

股份有限公司的发起人，是指订立创办公司的协议、为设立公司而签署公司章程、提出设立公司的申请，向公司认购出资或股份，并对公司设立承担责任的人。对于股份有限公司发起人的人数，域外规定不一。不少国家或地区对发起人的数量都规定了下限，例如，法国、韩国、英国、比利时、日本等规定发起人应为 7 人以上，德国规定发起人应为 5 人以上，挪威、瑞典规定发起人应为 3 人以上，意大利、瑞士、奥地利等规定发起人应为 2 人以上。也有少数规定发起人可为 1 人以上的，如《美国标准公司法》。

新《公司法》第 92 条规定，股份有限公司的发起人人数应为 1 人以上至 200 人以下，这是由于募集设立方式的条件要求相当严格，设立程序也较为复杂，导致了公司设立所需的时间较长，成本也较高。因此，为了避免法律对募集设立提出的各种要求，很多股份有限公司的设立人更倾向于选择发起设立方式，然而当发起人数量过多时，公司设立已经具备了公众性，不再适用发起设立的规定。为了规范公司设立行为，避免发起人恶意规避法律规定，《公司法》将股份公司的发起人人数上限确定为 200 人。

2. 发起人的资格

是否对发起人的国籍、住所作要求，要根据不同国家或地区的社会、经济和

① 参阅本书第九章"公司治理与公司组织机构"的相关内容。

政治等多种因素来确定。一般而言,大多数国家或地区的公司法对发起人的国籍不作限制。

依新《公司法》第92条的规定,股份有限公司应当有半数以上的发起人在中国境内有住所。这样规定的原因主要是基于对公司筹办工作以及公司设立责任承担的考虑。因为在设立股份有限公司的过程中,需要一定数量的发起人具体进行筹办公司的各项活动,而且设立股份有限公司往往需要较长的时间。所以,只有一定数量的发起人在中国境内有住所,才便于进行各项活动。

此外,发起人在公司设立过程中以及公司成立之后的一定时间内,均负有较重的责任,只有在中国境内有住所,才更加有利于国家对其进行管理,以防止其利用设立股份有限公司来损害广大社会公众的利益。需要说明的是,目前多数国家或者地区的法律已经废弃了发起人在境内有住所的规定,因为要求在本国有住所的规定常被认为是一种歧视原则。

发起人在中国境内有住所,就中国公民而言,是指该公民的户籍所在地的居住地或者其经常居住地在中国境内;就外国公民而言,是指其经常居住地在中国境内;就法人而言,是指其主要办事机构所在地在中国境内。

(二)财产条件

股份有限公司是典型的资合公司,公司的存在和对外的信用基础首先取决于其股本。为保护股东及社会公众的利益,大陆法系各国或地区的公司法曾长期实行股份有限公司最低资本额制度,而且其最低资本限额往往较其他种类公司要高。

目前股份有限公司并无最低资本要求,对于股份认购,新《公司法》第96条、第97条、第98条有所规定。新《公司法》第96条第1款规定,股份有限公司的注册资本为在公司登记机关登记的已发行股份的股本总额。在发起人认购的股份缴足前,不得向他人募集股份。该法第97条第1款规定,以发起设立方式设立股份有限公司的,发起人应当认足公司章程规定的公司设立时应发行的股份。该法第98条第1款规定,发起人应当按照其认购的股份足额缴纳股款。

注册资本是公司股份的总价值,它反映了公司的资本基础,这一规定使得注册资本能够体现公司的经济实力,要求公司在注册时确保足够的资本基础保证公司的稳定经营。注册资本的充足性是保护公司的债权人和股东利益的一项重要措施,意味着公司在运营过程中具备用于偿还债务和分配利润的资本,确保公司的稳健经营,有望提高股东的投资回报率。值得注意的是,按照原《公司法》的规定,股份公司的注册资本是公司全部股本的总和,这是因为原《公司法》中并未规定股份公司设立时可以仅发行部分股份,但新《公司法》规定了董事会的授权资本制,使得股份公司可以分批发行股份,公司登记的注册资本对应已发行股份的股本总额,对于公司股份总数中并未发行的部分,公司实际并未取得该部分股份对应的资金,将其纳入公司注册资本会导致公司的名义资本与实际的资本总额不符,从而影响股东和债权人利益。这一规定能够与法定资本制向授权资本制转型的重大变化相衔接。另外,该条还对公司作出限制,即在发起人认购的股份未缴足之前,公司不得向其他人募集股份。这是为了防止公司通过虚构或未充足的认购资金来吸引投资,从而陷入财务困境。在公司的创始阶段,公司的发起人应该承担相应的风险和责任,确保注册资本的真实性和足够性,公司需要依赖发起人的认购来建立其注册资本基础,从而维护市场秩序和投资者信心。

新《公司法》第 97 条和第 98 条第 1 款规定,以发起设立方式设立股份有限公司的,发起人应当认足公司章程规定的公司设立时应发行的股份。以募集设立方式设立股份有限公司的,发起人认购的股份不得少于公司章程规定的公司设立时应发行股份总数的 35%;并且应当按照其认购的股份足额缴纳股款。这一规定对应着股份公司分批发行股份制度,公司章程中可以确定在公司设立时需要发行的股份,对公司第一批发行股份,发起人应当全额认足。这样规定的目的是充分保证公司的资本充实,在公司法已经开放缺口允许公司分批发行股份的情况下,更加需要保证公司确定发行的股份能够被认足,确保公司在开始运营时拥有足够的资本来支持其正常经营活动,如果发起人未足额缴纳股款,公司可能会面临资本不足的风险,难以应对各种支出和业务需求,可能导致公司的财务不稳定和经营困难。同时,这一规定有利于保护股东权益和债权人利益,在公司设立时,发起人按照其认购的股份数额缴纳股款,意味着他们承担了相应数量股份的所有权和相应的经济权益,为公司的长期健康发展提供了良好的治理基础。

(三)组织条件

组织条件主要包括公司名称、类别、住所、经营范围等的选定以及公司的组织机构等。名称及住所规定与有限责任公司一致,这些内容均为公司章程的主要内容,也是公司登记的主要事项,对公司的经营活动有着重要的影响。股份有限公司是通过公司的组织机构进行运作的。依新《公司法》规定,股份有限公司的内部组织机构分为股东会、董事会和监事会等。股东会是公司的权力机构;股份有限公司设董事会,董事会对股东会负责;股份有限公司设监事会,监事会由股东代表和适当比例的公司职工代表组成,具体比例依法由公司章程规定。①

第三节 公司设立的程序

公司设立程序因公司类型不同而有所区别。在设立方式上,采取发起设立方式的设立程序较为简单,而采取募集设立方式的则较为复杂。各国或地区的公司立法对此问题的规定虽然不尽相同,但也有不少共同点。总的来看,不论公司采取何种设立方式,其设立程序多以订立公司章程开始,而以设立登记结束。经过设立登记,公司正式取得独立主体资格,整个设立过程完成。我国公司法对于有限责任公司和股份有限公司的设立程序分别作了详细规定。

一、有限责任公司的设立程序

相对于股份有限公司的设立,有限责任公司的设立程序相对简单。依新《公司法》及相关法律规定,有限责任公司的设立应经过下列程序。

(一)股东发起

新《公司法》第43条规定,有限责任公司设立时的股东可以签订设立协议,明确各自在公司设立过程中的权利和义务。具体而言,股东首先要对设立有限责任公司进行可行性分析和预测,确定设立公司的意向。在股东有数人时,可以签订设立协议,明确在公司设立过程中股东各自的权利义务,设立协议在法律性质上被视为合伙协议。其主要内容包括公司经营的宗旨、项目、范围及生产规模、注册资本、投资总额及各方出资额、出资方式、经营管理、盈余的分配和风险分担的原则等。

---

① 参阅本书第九章“公司治理与公司组织机构”的相关内容。

(二)制定公司章程

新《公司法》第45条规定,设立有限责任公司,应当由股东共同制定公司章程。制定章程是设立有限责任公司的必要条件,是最为重要的自治规则,对公司的存在与发展有着不可替代的重要意义。公司章程包括绝对必要记载事项、相对必要记载事项及任意记载事项。在公司设立阶段,制定公司章程的主体是公司的发起人。公司章程的制定需要全体股东的共同制定,以确保对公司治理和运营的有效规范。需要注意的是,"共同制定"并不要求每一个公司发起人都积极参与章程的起草讨论,其只要在章程上签名或者盖章就表示同意了公司章程的内容,承认公司章程表达了自己的真实意思,就应当认为该章程是"共同制定"的。

(三)缴纳出资

缴纳出资,是公司设立中履行设立协议或公司章程中规定的出资义务的行为。新《公司法》第47条至第52条分别对有限责任公司股东出资的方式以及缴纳要求等作了明确规定。①

(四)申请设立登记

公司设立登记是公司成立的生效要件,登记后公司方成为具有民事权利能力和行为能力的法人,可依法开展经营活动。

申请设立登记,应当提交设立登记申请书、公司章程等文件,提交的相关材料应当真实、合法和有效。根据《市场主体登记管理条例》第16条第1款的规定,申请设立公司,应当向公司登记机关提交的文件包括:(1)申请书;(2)申请人资格文件、自然人身份证明;(3)住所或者主要经营场所相关文件;(4)公司、非公司企业法人、农民专业合作社(联合社)章程或者合伙企业合伙协议;(5)法律、行政法规和国务院市场监督管理部门规定提交的其他材料。其中,第5项兜底条款,包括根据法律、行政法规和国务院决定规定,设立公司应当报经批准的,应当在公司登记前依法取得的批文。根据《市场主体登记管理条例实施细则》第22条之规定,法律、行政法规或者国务院决定规定公司申请登记、备案事项前需要审批的,在办理登记、备案时,应当在有效期内提交有关批准文件或者

① 参阅本书第七章"股东出资制度"的相关内容。

许可证书。有关批准文件或者许可证书未规定有效期限,自批准之日起超过 90 日的,申请人应当报审批机关确认其效力或者另行报批。公司设立后,前款规定批准文件或者许可证书内容有变化、被吊销、撤销或者有效期届满的,应当自批准文件、许可证书重新批准之日或者被吊销、撤销、有效期届满之日起 30 日内申请办理变更登记或者注销登记。另外,根据《市场主体登记管理条例实施细则》第 26 条之规定,申请办理公司设立登记,还应当提交法定代表人、董事、监事和高级管理人员的任职文件和自然人身份证明。除前款规定的材料外,募集设立股份有限公司还应当提交依法设立的验资机构出具的验资证明。涉及发起人首次出资属于非货币财产的,还应当提交已办理财产权转移手续的证明文件。

(五)登记发照

就各设立申请,登记机关应依法进行审查。根据《市场主体登记管理条例》第 17 条、第 19 条第 1 款第 1 句之规定,申请人应当对提交材料的真实性、合法性和有效性负责,登记机关仅对申请材料进行形式审查。这意味着,提交真实、合法和有效的申请材料,是当事人的义务,并且,公司登记机关并无义务对这些材料的真实性、合法性和有效性进行实质审查。

在这一环节涉及公司登记机关审查模式问题。审查是指受理登记申请的机关,在接到申请者所提交的申请之后,于法定期限内,对申请者所提交的申请内容依法进行审查的活动。只有符合法定要求,登记主管机关才予以登记。在我国,公司登记申请的审查是行政机关行使职权的行为,是登记法律关系具有公法属性的集中体现。公司登记机关对登记事项进行审查的目的主要在于两个方面:一是保证登记事项客观、真实、准确;二是保证申请人的申请合乎法律要求。对公司登记事项进行审查既是公司登记机关的一项权力,又是一项义务。作为权力的审查是指公司登记机关依照法定的要求和程序对申请人的申请进行审慎的审查,作出予以登记或不予登记的决定。作为义务的审查,如果公司登记机关未尽审查义务,致使利害关系人遭受损失的,要予以赔偿。因此,公司登记机关无论是行使审查的权力,还是履行审查的义务,都必须遵循相应的审查模式,以此来明确自身的权力范围,尽到应尽的审查义务。从公司登记的历史发展来看,公司登记的审查模式大致可分形式审查、实质审查、折中审查三种,伴随着经济水平的发展,我国公司登记的审查模式经历了从实质审查向折中审查再到形式审查的转变。2022年3月《市场主体登记管理条例》正式施行,该条例第19条第1款第1句规定,登记机关应当对申请材料进行形式审查。该条明确了公司登记机关的形式审查义务。由此,关于公司登记审查模式,我国最终采纳了形式审查模式。

根据新《公司法》第30条第2款规定,申请材料不齐全或者不符合法定形式的,公司登记机关应当一次性告知需要补正的材料。该款是对公司登记机关义务的规定,即要求公司登记机关在通过形式审查后,发现当事人申请材料不齐全或者不符合法定形式的,要一次性告知所有需要补正的内容,便利当事人补正材料,以免当事人多次前往公司登记机关。

营业执照的签发日期为有限责任公司的成立日期。自成立之日起公司取得法人资格,可以公司名义对外从事经营活动。凭登记机关颁发的企业法人营业执照,公司可以刻制印章、开立银行账户、申请纳税登记。①

(六)公示

公司成立后,应该依照《市场主体登记管理条例》的规定通过企业信用信息公示系统依法公示。

二、股份有限公司的设立程序

依我国《公司法》的有关规定,股份有限公司有发起设立程序和募集设立程序,募集设立程序除需经过向社会公开招募股份及缴纳股款等相关步骤,基本与发起设立相同。

(一)签订发起人协议

新《公司法》第93条第2款规定,发起人应当签订发起人协议,明确各自在公司设立过程中的权利和义务。发起人协议一般包括出资和投资保护的方案,包括出资金额、出资时间计划和方式等,以及解决潜在争议的机制,如在发生争议时各方应当如何解决纠纷,选择仲裁、调解或法院诉讼等何种方式。

(二)制订公司章程

依据新《公司法》第94条的规定,发起人应共同制订公司章程。公司章程

① 参阅本书第二章"公司登记"的相关内容。

应载明《公司法》第 95 条规定的 13 个事项,另外也可以记载一些相对必要记载和任意记载的事项。

(三)认购股份

发起设立和募集设立两种方式在股份的认购方面有较大差异。

1. 以发起设立方式设立的认购程序

(1)发起人应当认足公司章程规定的应发行的全部股份。根据新《公司法》第 97 条第 1 款的规定,以发起设立方式设立股份有限公司的,发起人应当认足公司章程规定的公司设立时应发行的股份。发起人在进行创立活动时,首先要确定公司的资本总额是多少以及资本总额划分为多少股份、每一股的金额是多少。在以发起设立方式设立公司时,每一个发起人都应当以书面方式承诺自己将要购买多少股份,所有发起人所承诺购买的股份的总和应当等于应发行的全部股份,否则不能以发起设立方式设立。

(2)发起人缴纳股款。新《公司法》第 98 条第 1 款规定,发起人应当按照其认购的股份足额缴纳股款。

2. 以募集设立方式设立的认购程序

(1)发起人认购法定数额的股份。新《公司法》第 97 条第 2 款规定:"以募集设立方式设立股份有限公司的,发起人认购的股份不得少于公司章程规定的公司设立时应发行股份总数的百分之三十五;但是,法律、行政法规另有规定的,从其规定。"

上述规定的目的主要是加重发起人的责任,保护广大投资者的利益。因为公司成立后要进行一定的经营活动以达到一定的经济目的,而进行经营活动必须要有一定的物质基础才能保障债权人的利益。如果发起人不具备一定的经济能力,仅凭借其他人的资本进行经营活动,容易引发道德风险,可能使得发起人利用设立公司进行欺诈活动,或因为与公司缺少利害关系而对公司的经营管理漠不关心,不利于公司的发展。因此,公司法规定原则上发起人所持的股份必须达到公司股份总数的一定比例,但允许其他法律、法规根据特殊情况作出例外规定。

(2)公开募集股份。由于公开募集股份涉及广大社会公众的利益,关系到社会经济秩序的正常和稳定,所以,新《公司法》第 100 条、第 154—156 条对公开募集股份作了比较严格的要求。[①]

(3)缴纳股款。新《公司法》第156条第2款规定:“代收股款的银行应当按照协议代收和保存股款,向缴纳股款的认股人出具收款单据,并负有向有关部门出具收款证明的义务。”

(四)召开公司成立大会及建立公司组织机构

根据新《公司法》第103条第2款的规定,发起设立的股份有限公司可由公司章程或者发起人协议自行约定成立大会的召开和表决程序,公司法给予了其较大的自治权限。因为不同的公司可能具有不同的股东结构和治理需求,因此有必要根据公司的实际情况来制定适合的程序,这种灵活性有助于公司更好地适应市场和法律环境的变化,使公司的治理更具操作性。

根据新《公司法》第103条第1款的规定,募集设立股份有限公司的发起人应当自公司设立时应发行股份的股款缴足之日起30日内召开公司成立大会。发起人应当在成立大会召开15日前将会议日期通知各认股人或者予以公告。成立大会应当有持有表决权过半数的认股人出席,方可举行。这意味着,一旦股款足额缴纳,公司就应当着手进入正式成立程序,不能拖延公司的设立,这有助于促使公司在市场上迅速开展业务。

股份有限公司成立大会是由全体认股人参加、决定是否设立公司并决定公司设立过程中以及成立之后的重大事项的决议机关,所以认购发行的股份并缴足了股款的人,都有权参加成立大会。股份有限公司成立大会在公司法学理层面具有多重法律功能和意义,一方面,成立大会在公司法中具有确保合法性和程序合规性的法律功能,成立大会是公司设立的关键步骤之一,它标志着公司正式的法律实体化,成立大会的召开和表决程序通常要遵循公司法的规定,这确保了公司设立程序的合法性和透明性。另一方面,成立大会有利于保护认股人尤其是中小认股人的权益,在大会上,认股人将选举公司的董事会成员,制定公司章程,以及审批其他重要的治理文件和事项,认股人能够行使投票权,表达其意愿,并监督公司的管理和决策,确保在公司成立之初,公司的各项治理制度不会损害认股人的合法权益。

公司成立大会作为公司设立过程中的重要一环,行使着多项关键职权,这

---

① 参阅本书第七章“股东出资制度”的相关内容。

些职权直接影响公司的设立和运营。根据新《公司法》第 104 条的规定,公司成立大会行使下列职权。

1. 审议发起人关于公司筹办情况的报告。公司成立大会首先负责审议发起人关于公司筹办情况的报告,这份报告通常包括公司的设立计划、认股人组成、股份结构、资本筹集情况、商业计划等重要信息。大会的成员将仔细审查这些信息,以确保公司设立的合法性和可行性。这一职权确保了公司设立过程的透明性和合规性。

2. 通过公司章程。公司成立大会的另一个重要职责是通过公司章程。公司章程是公司内部的基本法规,规定了公司的组织结构、管理方式、认股人权益等关键事项。成立大会的认股人将投票表决公司章程,确立公司的治理架构和运营规则。这一职权在公司设立过程中具有决策性作用,为公司的合法运作提供了法律基础。

3. 选举董事、监事。公司成立大会还负责选举公司的董事和监事。董事是公司的高级管理层,负责公司的经营和决策,监事则负责监督公司的经营活动。认股人通过投票选举董事和监事,确保公司的管理层具有合法性和代表性。这一职权有助于建立公司的有效治理结构。

4. 对公司的设立费用进行审核。大会成员还有权对公司的设立费用进行审核。这包括审查公司设立过程中涉及的各项费用,如律师费、注册费用等。审核费用确保了公司设立过程的透明性和合规性,防止不必要的开支或滥用资金。

5. 对发起人非货币财产出资的作价进行审核。这意味着大会成员需要评估发起人提供的财产是否符合公司设立的要求,并确定其价值是否合理。这一职权有助于保护公司和认股人的权益,确保资本的合法注入。

6. 决定不设立公司。公司成立大会有权在发生不可抗力或者经营条件发生重大变化直接影响公司设立的情况下,作出不设立公司的决议。这种情况下,成立大会可以认为不设立公司是合理的选择,以避免不必要的风险和损失。

总体来看,公司成立大会行使着多项关键职权,包括审议公司筹办情况、通过公司章程、选举董事和监事、审核设立费用和资产作价,以及在特定情况下决定不设立公司。这些职权确保了公司设立过程的合法性、合规性和透明性,为公司的顺利运营提供了法律基础和规范。成立大会在公司法学理中扮演着至关重要的角色,有助于维护公司和认股人的权益,确保公司的合法设立和稳健运作。另外可以看到,股份有限公司成立大会行使的职权与股东会很类似,两者都是股份有限公司重大事项的决议机关,只不过成立大会在公司成立以前发挥作用,而股东会则是在公司成立以后发挥作用。

(五)申请设立登记

新《公司法》第106条规定了由董事会授权代表申请募集设立的股份有限公司的设立登记。申请设立股份有限公司时应提交规定的文件,登记机关对于符合法律规定条件的设立申请,予以登记,发给营业执照。营业执照的签发日期,为公司成立日期。

此外,新《公司法》第105条第1款规定,公司设立时应发行的股份未募足,或者发行股份的股款缴足后,发起人在30日内未召开成立大会的,认股人可以按照所缴股款并加算银行同期存款利息,要求发起人返还。

(六)公示

股份有限公司的公示要求与有限公司相同,应该依照《市场主体登记管理条例》的规定通过企业信用信息公示系统依法公示。

第四节　公司设立的效力

公司设立的效力即公司设立行为的法律后果。设立行为的后果有二:一是经过设立程序,符合法定条件,公司取得法律人格;二是经过设立程序,不符合法定条件,公司设立失败或者公司被确认设立无效或被撤销。但无论公司成立还是不成立,发起人对其设立行为,都要承担相应的法律责任,这也是设立行为效力的重要表现。

一、设立中公司的法律地位

从发起人设立公司到公司正式成立,需要经过一段时间。在这段时间,公司发起人以成立公司为目的而组织人力、物力等资源,学理上通常将这一时期的公司称为设立中的公司。对于设立中公司的法律地位,理论上主要存有三种不同观点。一是无权利能力社团说,该说认为设立中的公司尚未取得法人资格,因而不具有权利能力与行为能力,在性质上属于无权利能力社团。二是同一体说,此学说认为设立中的公司与成立后的公司是同一主体,只不过二者处于不同的阶段而已。三是修正的同一体说,该说认为从设立中的公司到成立后的公司是一个连续的、渐进的过程,不过设立中公司与成立后公司之间存在严格的界限,相比于设立中公司,成立后的公司由于获准登记取得了人格。

我们认为,无论是同一体说还是修正的同一体说,其只说明了设立中公司与成立后公司的关系,没有明确设立中公司自身的法律性质。无权利能力社团说正确揭示了设立中公司的社团性,确认了设立中公司作为一个社团的独特价值。虽然无权利能力社团说仍然否认设立中公司具有独立主体资格,但是从德国的司法判例来看,无权利能力社团越来越多地适用法人社团的规定,从而可以享有一定的权利。设立中的公司是一种权利能力受限制的社团,发起人是设立中公司的执行机关。设立中的公司的目的是设立一个有独立主体资格的法人,设立中的公司与其后成立的公司具有密不可分的联系,因此,设立中的公司所形成的权利义务关系原则上应由成立后的公司承继;而发起人的权限范围应该以与公司设立有关的行为为限,以设立中的公司的名义所进行的与公司设立无关的行为,对设立中的公司和其后成立的公司均无约束力,原则上应由发起人自己承担责任。

二、公司设立完成

(一)公司设立完成的效力

公司设立完成,意味着公司自此取得法律人格,可依注册登记的经营范围和经营方式开展生产经营活动。公司设立完成后,对其名称取得专用权,其他企业或个人不得盗用其名称从事行为,而公司则可依法许可他人有偿使用其名称。

(二)发起人的责任

公司发起人,又称公司设立人,是指为设立公司而签署公司章程、向公司认缴出资或者认购股份并履行公司设立职责的人。在不同法律文本下,发起人有着不同的语词表达。在公司法理论中,通常将设立公司的人称为发起人。《民法典》第75条将设立法人的人,指称为设立人。《公司法司法解释(三)》第1条对发起人的认定作出了专门的规定:为设立公司而签署公司章程、向公司认缴出资或者认购股份并履行公司设立职责的人,应当认定为公司的发起人。新《公司法》则区分有限责任公司和股份有限公司,将设立前者的人,称为设立时的股东;将设立后者的人,称为发起人。尽管称谓不同,但无论如何指称发起人这一概念,不同的语词内涵均指向设立公司或者非公司组织的人。具体而言,发起人应当具备3个构成要件:一是为设立公司而签署公司章程;二是向公司认购出资或者股份;三是履行公司设立职责。

公司发起人的法律责任,是指公司发起人所承担的基于发起人身份的特别法律责任。发起人在公司设立过程中享有广泛的职权,其有权代表或者代理设立中的公司实施相关设立行为,包括但不限于与第三人订立住所租赁合同、设备买卖合同等。发起人所实施的这些行为,牵涉发起人与设立中的公司、发起人与第三人以及发起人内部之间等多方的法律关系,对于认股人、因设立行为而成立的公司都有直接的影响。为了保证和督促发起人勤勉尽责地行使发起人的职权,保护第三人的交易安全和合法权益,法律有必要对发起人施以法律义务和责任。

1. 资本充实责任

发起人的资本充实责任是指为了确保资本的充足和可靠,保证法律人格健全,由发起人相互担保出资义务的履行,从而确保实收资本与公司章程所规定的资本相一致的民事责任,包括缴纳担保和差额填补责任。

资本充实责任涉及两种行为,第一种是不按照认购的股份缴纳股款,可以定义为出资不足,即未充分完成发起人协议所约定的出资义务;第二种是出资的非货币财产实际价额显著低于认购股份,此种可以定义为出资不实。两类行为均属于发起人未能够完成应负担的出资义务,最终造成公司实际的出资额与章程规定的出资额不符,其法律性质属于违约行为,应向其他发起人依照发起人协议承担违约责任。

在责任承担上,资本充实责任包括两个方面:一是实施了上述两种出资违法行为的股东应当承担的差额补足责任,二是公司发起人应当承担的连带责任。其中,发起人对股东未按照公司章程规定足额缴纳出资行为承担的连带责任理论上称为缴纳担保责任,而发起人对股东以实际价额显著低于其所认缴出资额的非货币财产出资行为承担的连带责任则谓差额填补责任。根据连带责任的一般原理,公司发起人承担了缴纳担保责任或差额填补责任后有权向未能完全承担差额补足责任的股东追偿,但是并不能因此而取得其代为履行出资义务部分的股权。

资本充实责任纠纷的适格原告包括公司、公司其他股东以及公司债权人。公司或者其他股东有权请求实施了上述两种出资违法行为的股东承担差额补足责任,并有权请求公司发起人承担连带责任;公司债权人有权请求实施了上述两种出资违法行为的股东在未出资本息范围内对公司债务不能清偿的部分承担补充赔偿责任,并有权请求公司发起人承担连带责任。公司或者其他股东的请求权不受诉讼时效限制,公司债权人请求权的诉讼时效为其对公司债权的诉讼时效。

2. 发起人对设立行为的责任承担

(1)发起人对设立行为责任承担的法律沿革

2011 年《公司法司法解释(三)》规定了公司设立过程中所生债务的承担。该解释第 2 条规定:发起人为设立公司以自己名义对外签订合同,合同相对人请求该发起人承担合同责任的,人民法院应予支持。公司成立后合同相对人请求公司承担合同责任的,人民法院应予支持。该解释第 3 条规定:"发起人以设立中公司名义对外签订合同,公司成立后合同相对人请求公司承担合同责任的,人民法院应予支持。公司成立后有证据证明发起人利用设立中公司的名义为自己的利益与相对人签订合同,公司以此为由主张不承担合同责任的,人民法院应予支持,但相对人为善意的除外。"该解释第 5 条规定:"发起人因履行公司设立职责造成他人损害,公司成立后受害人请求公司承担侵权赔偿责任的,人民法院应予支持……公司或者无过错的发起人承担赔偿责任后,可以向有过错的发起人追偿。"该解释聚焦于公司设立阶段发起人订立的合同的责任承担问题,基于外观主义的标准确定合同责任的承担规则。

《民法典》第 75 条规定,设立人为设立法人从事的民事活动,其法律后果由法人承受;法人未成立的,其法律后果由设立人承受,设立人为二人以上的,享有连带债权,承担连带债务。设立人为设立法人以自己的名义从事民事活动产生的民事责任,第三人有权选择请求法人或者设立人承担。这一规定一方面继续强化了外观主义的认定思路,删除了司法解释中公司追认发起人的行为的规定,原则上根据合同名义方来认定责任人,同时还赋予了相对人基于对合同目的的信赖而选择合同责任人的权利。另一方面其不再适用“为公司或为发起人利益”的表述,而是转而以“为设立法人”代之,事实上将复杂的设立公司应为某人利益的实体判断问题转为程序规则,设立人与相对人如果就合同责任应由谁承担的问题产生争议,那么应该围绕是否“为设立法人”进行举证,以认定最终的责任承担人。

新《公司法》第44条对公司发起人法律责任作出了系统性规定,与这4个文件的规定是一致的。新《公司法》第44条第1款规定,有限责任公司设立时的股东为设立公司从事的民事活动,其法律后果由公司承受。该款延续了《民法典》第75条第1款第1句的规定。新《公司法》第44条第3款规定,设立时的股东为设立公司以自己的名义从事活动而产生的民事责任,第三人有权请求公司或者公司设立时的股东承担。该款延续了《民法典》第75条第2款的规定,规定了第三人的选择权。新《公司法》第44条第4款规定,设立时的股东因履行公司设立职责造成他人损害的,公司或者无过错的股东承担赔偿责任后,可以向有过错的股东追偿。该款规定了设立行为所致侵权责任的责任承担问题。

(2)发起人对设立行为的责任承担规则

根据新《公司法》第44条第1款,发起人以“设立公司”为目的而从事的民事活动,法律后果由公司承受,也即此债务由公司设立的必要行为而引起,若非由于设立公司的必要,甚至是公司发起人为了自己的私利而与他人进行的交易,成立后的公司则不予认可,而由作出此行为的发起人自己承担责任。何为公司设立的必要行为?一般认为,凡法律上、经济上属于公司设立所必需的行为均可认为是公司设立的必要行为,如发起人租赁发起事务筹备场所、认股书及其他文件的印刷、采买经营设备以及聘请中介机构等。公司发起人在公司设立过程中会与多个主体建立关系,如公司发起人与债权人、公司发起人与设立中公司的关系、公司发起人之间的关系等。

根据新《公司法》第44条第3款,设立时的股东为设立公司以自己的名义从事民事活动而产生的民事责任,第三人有权选择请求公司或者公司设立时的股东承担。这是为了保护第三人对交易的信赖,赋予其以选择权。发起人以自己的名义与第三人实施包括订立合同在内的民事行为,第三人有权请求发起人承担相应的民事责任，是应有之义。同时，发起人与设立中的公司之间，在某种意义上，可以构成隐名代理，依照《民法典》第926条第2款之原理，第三人在知悉委托人时，有权直接向委托人主张权利。

根据新《公司法》第44条第4款，设立时的股东因履行公司设立职责造成他人损害的，公司或者无过错的股东承担赔偿责任后，可以向有过错的股东追偿。本款是关于发起人实施设立行为造成第三人损害后侵权责任承担的规定。根据设立中的公司与成立后公司的"同一体说"，作为设立中的公司机关的发起人所为的公司设立行为本应视为成立后公司的行为，由此所产生的责任也自然由成立后的公司负担，但是为了保护债权人的利益，维护交易安全，在公司成立之后仍由公司发起人与公司承担连带责任。公司承担侵权责任后，依《民法典》第62条第2款或第1191条第1款，可以向有过错的发起人追偿。

综上所述，公司设立过程中的第三人有两种类型，一是在公司设立过程中与作为设立中的公司机关的公司发起人进行交易的合同债权人，如租赁契约债权人、雇佣契约债权人等；二是在公司设立过程中由于公司发起人的设立行为而受到损害的侵权之债的债权人，发起人对第三人的债务连带责任可以分为合同债务连带责任及侵权债务连带责任。发起人在公司设立过程中对第三人的责任承担，应注意两点，一是区分该民事活动是否为设立公司而从事，若是基于发起人自身目的，则不能由公司承担；二是区分在从事该民事活动时，是以发起人自己的名义还是公司的名义，若以发起人自己的名义，为保护第三人信赖利益，应赋予其选择权，第三人有权请求公司或者发起人承担责任。

三、公司设立失败

(一)公司设立失败的含义

公司设立失败指的是公司未能成功完成设立行为。公司未能完成设立行为的原因有很多，例如发起人未能筹集到足够的资金，无法满足公司设立的财务要求；经济、法律或市场条件的变化可能导致公司设立计划的不可行性，使得发起人决定终止活动；发起人未能就出资方式、组织人员选任等关键事项达成一致，从而选择终止合作；公司设立的条件未符合法律法规的规定，导致登记机关以合法理由拒绝登记等。比如，新《公司法》第31条规定，不符合本法规定的设立条件的，不得登记为有限责任公司或者股份有限公司。

（二）发起人的责任

在公司法实践中，因设立失败而导致公司不能成立的情形下，通常也会引发发起人的责任问题。依新《公司法》及相关法律规定，可以将公司设立失败时发起人的责任概括如下。

1. 对设立费用及债务的连带赔偿责任

根据新《公司法》第 44 条第 2 款，公司未成立的，其法律后果由公司设立时的股东承受；设立时的股东为二人以上的，享有连带债权，承担连带债务。此项规定内容吸收了《公司法司法解释（三）》的相关规定。

公司设立失败的直接结果是设立中的公司不复存在。然而，在公司设立过程中不可避免地产生了诸多的权利、义务、责任关系，当公司设立失败后，涉及如何处理之前公司设立过程中所产生的设立费用和债务承担。这些法律后果应当由谁来承受？这一问题的具体答案因公司发起人的人数为一人还是两人以上有所区别。

仅有一名公司发起人时，公司设立过程中产生的权利、义务、责任均由该公司发起人独自承受。存在两名以上公司发起人时，公司设立过程中产生的权利、义务、责任均由全体公司发起人共同承受。其一，对于公司发起人为设立公司而投入的财产，它们本质上已经不再是个别公司发起人的个人财产，而是设立中公司的财产，由全体公司发起人共同共有。在公司设立失败的情况下，这些财产的归属应当按照合伙财产的分配规则确定。其二，对于公司设立过程中产生的债权，全体公司发起人享有连带债权，部分或者全部公司发起人均可以请求债务人履行债务。其三，对于公司设立过程中产生的债务，全体公司发起人承担连带债务。根据《公司法司法解释（三）》第 4 条第 1、2 款的规定，债权人有权请求全体或者部分公司发起人对设立公司行为所产生的费用和债务承担连带清偿责任；部分公司发起人承担责任后，可以请求其他公司发起人按照公司设立协议约定的责任承担比例分担责任；若公司设立协议中没有约定责任承担比例，公司发起人按照约定的出资比例分担责任；若公司发起人未签订设立协议或设立协议中没有约定出资比例，公司发起人按照均等份额分担责任。

2. 对已收股款的返还责任

在公司设立失败，不能达到设立公司的预期目的的情况下，如果认股人已经缴纳了股款，应作何处理？根据新《公司法》第 105 条第 1 款的规定，对于股份有限公司,发起人对认股人已缴纳的股款,负有返还股款并加算银行同期存款利息的连带责任。对于有限责任公司,发起人之间应按其约定或投资比例承担公司设立失败的责任。

3. 侵权连带赔偿责任

发起人因履行公司设立职责造成他人损害,在公司设立失败时,受害人有权请求全体发起人承担连带赔偿责任。如果无过错的发起人对受害人承担了赔偿责任,其可以向有过错的发起人追偿。根据新《公司法》第 44 条第 4 款的规定,设立时的股东因履行公司设立职责造成他人损害的,公司或者无过错的股东承担赔偿责任后,可以向有过错的股东追偿。在公司设立失败的情形下,发起人之间成立合伙关系,在外部关系上,对被侵权人承担连带赔偿责任;而在内部关系中,依《民法典》第 178 条第 2 款的规定,无过错的发起人可以向有过错的发起人追偿,由后者承担终局责任。这样的处理规则既保障了第三人的权益,又兼顾了无过错发起人的利益。

四、公司设立瑕疵

(一)公司设立瑕疵的含义

公司设立瑕疵是指已经成立的公司,由于在设立过程中存在违反法律强制性规定的情形,使得公司人格存在效力瑕疵。各国或者地区的公司立法对公司设立瑕疵的态度相差很远,理论界也存在较多争议。

(1)瑕疵设立有效。即使在公司设立过程中存在瑕疵,公司依然有效成立,法院不能以瑕疵为理由裁定公司设立无效。这种做法在公司设立程序相对简化、法律现代化与自由化水平较高的国家较为普遍,如英美法系采取瑕疵设立原则承认主义。

(2)瑕疵设立无效或可撤销。一般而言,只有构成了无法补救的瑕疵,才适用公司设立无效、可撤销制度来永久否认公司的人格。在实施公司设立无效制度的国家或地区,即使公司已完成注册登记,如果发现公司设立行为违反了强制性规定或涉及其他法定的无效或可撤销条件,在法定期限内,利害关系人也有权向法院提起宣告设立无效或设立撤销的诉讼。具体规定主要分为两种法定模式:一是双重模式,即同时规定了公司瑕疵设立的无效和撤销制度,如法国、日本、韩国等国。二是单一模式,即只规定了瑕疵设立无效的制度而未涉及瑕疵设立可撤销的条件,德国即采用这种模式。

(二)公司设立瑕疵的原因

公司必须在法定条件下设立,其中包括公司种类、股东人数、股东出资、设立方式以及设立程序等。公司设立无效主要源于设立行为违反法律规定,原因主要包括:

1. 设立主体有瑕疵

设立主体有瑕疵是指发起人或股东主体资格欠缺或其意思表示存在瑕疵。

(1)存在无行为能力或限制行为能力的发起人或股东,其设立行为将被视为无效。如《意大利民法典》第 2332 条规定的"全体设立股东无行为能力人"情形。①

(2)某发起人或股东的设立行为不是真实的意思表示,可能因受欺诈或胁迫而作出。

(3)发起人或股东明知其行为将侵害债权人利益而进行设立的意思表示。

2. 设立行为本身有瑕疵

设立行为本身存在瑕疵,即在设立公司时违反了法定条件、法定程序或其他强制性法律规定。

(1)发起人未按法定要求认购公司应发行的全部股份,或者募集设立的股份未在规定的招股说明书截止期限内全部认购。

(2)公司设立不符合公司法规定的条件,例如发起人不符合法定资格或数量不足、公司名称或住所缺失、组织机构不符合公司要求、公司章程绝对必要记载事项欠缺或记载违法、公司发行股份存在重大缺陷或者没有召开成立大会等。如《德国有限责任公司法》第 75 条规定,章程未记载股本总额或未记载营业范围,或章程中关于营业范围的规定无效时,申请法院宣告公司设立无效。需进一步探讨的是,绝对必要记载事项缺漏或记载违法,是否必然导致整个章程无效进而产生公司设立无效的法律后果。我们认为,应作具体分析,不能一概而论。如果记载事项缺少,若为强制性规范,应适用法律规定,由设立公司的主体补充记载事项的内容,记载事项缺少并不必然导致整个章程的无效。如果公司记载

---

① 如依《意大利民法典》第 2332 条的规定,"全体设立股东无行为能力人"可导致宣告公司设立无效。参见《意大利民法典》,费安玲、丁玫译,中国政法大学出版社 1997 年版,第 577 页。

内容不合法,那么,违反法律法规的强制性规定无效,应当认定整个章程无效。

3. 其他原因

其他原因包括未按期召开成立大会或成立大会决议不设立公司等情形。

(三)公司设立无效之诉

如前所述,对于不符合法定条件或程序的情况,统称为设立瑕疵。然而,并非所有“瑕疵”都会使公司设立无效,若公司设立瑕疵的违法程度较轻,可通过采取补救措施进行修复,使公司依然具有无瑕疵的法人人格,与合法成立的公司相一致;当公司设立瑕疵达到无法以任何方式补救的严重程度时,方会导致公司设立无效。

1. 公司设立无效之诉的提出

在公司设立中存在法定瑕疵时,利害关系人可向法院提起公司设立无效诉讼,通过法院的宣告使公司设立无效。这一方式在欧洲大陆法系国家得到广泛采用。如德国实行了对公司设立程序的公证和审查确认程序,对公司设立进行了严格监督。当公司设立出现法定瑕疵时,相应的设立行为将被视为无效。

公司设立无效的主张必须在公司设立登记后提出。对于公司设立无效的提出可以分为两种情况。首先是在公司开始营业之前,即在公司设立登记完成但尚未开始营业时,任何人都可以提出公司设立无效的主张。其次是在公司开始营业后,通常情况下,一旦公司完成设立登记并正式开始营业,对于公司设立无效的主张就只能由特定人在法定期间内通过诉讼程序提出。设立无效的主张期限的设立旨在避免法律关系长期处于不稳定状态,这一时期被归类为除斥期间而非时效期间,不会发生中止或中断的问题。

2. 设立无效诉讼的法律后果

各国和地区公司实践在对待公司设立无效情形时,司法态度较为审慎,可分为判决无效和未判决无效两种情况。

(1)公司设立无效的法律后果

从各国或地区的公司法来看,关于公司设立无效的法律后果因设立无效的原因而异。

第一,如果公司设立无效是由于设立程序违反了强制性规定等客观瑕疵而导致的,那么公司将进入清算程序,清算完成后即宣告公司消亡。

第二,如果设立无效是由于设立人的主观瑕疵引起的,并且该无效原因仅存在于某个股东身上,那么在其他股东一致同意的情况下,公司可以保留,并将存在无效原因的股东视为退出公司。

在法院作出设立撤销或无效的判决后,公司应向社会公示。同时,公司应当按照法定程序进行清算并完成注销登记。清算工作可以由公司自行组织进行,如果公司无法组织清算或者遇到障碍,法院可根据利害关系人的请求指定清算人。

需要特别注意的是,法院作出设立无效判决后,该判决并不具有追溯力。公司法中关于设立撤销和无效判决的效力虽然可以适用于第三方,但仅对未来产生效力,不会影响判决确定前股东和第三方之间形成的权利和义务。例如,《欧共体第一号公司法指令》第 12 条第 3 款规定:“公司设立无效本身并不影响公司所做的承诺,或者他人向公司所作承诺的效力,且不影响公司被解散的效果。”《意大利民法典》第 233 条第 2 款也规定:“(公司)无效的宣告,不影响公司登记后以公司名义完成的行为的效力。”其主要目的在于维护交易的安全和经济秩序的稳定。

(2)公司设立无效并非公司设立瑕疵必然的法律后果

在公司设立无效的争讼过程中,如果涉及的设立无效原因已被补正,鉴于公司的现状和各种条件,认为设立瑕疵无效不当时,法院可驳回原告的诉讼请求。若法院宣判原告败诉,其他利害关系人仍有权再次提起诉讼。在原告败诉时,若原告存在恶意或者重大过失,应对公司承担损害赔偿责任。日本和韩国的相关法律明确规定了此情形,这一法规的目的在于平衡诉讼当事人之间的权利与义务,确保公司成员在提起设立无效诉讼时谨慎行事,防止滥用诉权、损害公司和其他发起人的利益。

| 本章法考和考研练习题 |

一、单项选择题

某股份有限公司依照法定程序设立,根据法律规定,该公司取得民事主体资格的日期应以下列哪一个为准(　　)。

A. 公司成立公告发布之日

B. 公司成立大会召开之日

C. 公司营业执照签发之日

D. 公司批准证书下达之日

二、多项选择题

1. 我国公司法规定的公司设立的方式有(　　)。

A. 特许设立

B. 发起设立

C. 集资设立

D. 核准设立

E. 募集设立

2. 以下各项,哪些是任何公司在设立时都必须具备的基本条件(　　)。

A. 必须有发起人

B. 必须有资本

C. 必须制定公司章程

D. 必须在登记前报经审批

三、名词解释

1. 公司设立

2. 设立准则主义

3. 发起设立

4. 募集设立

5. 发起人

四、简答题

1. 简述公司设立与成立的区别。

2. 有限责任公司的设立与股份有限公司的设立有何区别?

3. 依我国公司法的有关规定,设立有限责任公司应当具备哪些条件?

4. 依我国公司法的有关规定,设立股份有限公司应具备哪些条件?

5. 如何理解发起人的责任?

五、案例分析

餐饮管理公司是音乐餐吧的股东,其法定代表人原为陈1,后于2015年12

月7日变更为陈2。2015年8月23日，餐饮管理公司向林1出具一份收据，确认收到林1交付的悠时光餐厅(三店)投资款15000元，认购股权为5股。2015年8月31日，林1与餐饮管理公司签订《悠时光旗舰店股权众筹委托投资协议书》约定，众筹项目为悠时光旗舰店，项目预计在2015年9月底试营业；林1参与本次众筹项目第1轮众筹，认购股权数量为5股，金额为15000元；本项目预计18个月至24个月可收回全部投资，每季度分红一次，分红时间为每年的3月、6月、9月、12月的10日至15日，分红形式为现金分红，以银行转账的方式支付给林1；每位股东投资的金额返还等额的“通用券”，每个季度返还一次，5年内返完，“通用券”是现金券，可当现金使用，在巨星联合集团北海事业部各门店均可使用；林1本人在悠时光旗舰店消费可享受7.5折优惠(股东凭专用卡以及仅限本人消费时可享受)，可享受巨星联合集团北海事业部其他门店消费贵宾折扣(以各门店的优惠方案为准)；林1享有知情权，有权了解项目运营状况、各项财务报表、收支情况，可通过股东会参与项目的管理，为项目出谋划策等。2015年10月2日，餐饮管理公司向林1发放股权证书，载明企业名称为餐饮管理公司，项目名称为悠时光餐厅，股权人为林1，出资金额为15000元，占股5股，占1%。林1主张悠时光餐厅至今未成立，要求餐饮管理公司向其返还15000元及按年利率6%计算相应利息，且陈1对上述债务承担连带清偿责任。

问：林1的诉讼请求能否得到支持？

CHAPTER 04

第四章

公司章程

本章导读

公司章程是公司的根本性文件。本章介绍了公司章程的概念、特征、性质、作用、效力以及公司章程的制定和修改等问题。本章的学习重点是公司章程的性质和公司章程的效力。本章的学习难点是公司章程的性质理解和公司章程的效力之运用。

第一节　公司章程概述

一、公司章程的概念和特征

公司章程是指公司必须具备的,由发起设立公司的投资者制定的,并对公司、股东、董事、监事及公司高级管理人员具有约束力的,调整公司内部组织关系和经营行为的自治规则。公司章程是公司设立的必备要件之一,也是公司运营的总纲领。大陆法系下的公司章程通常为单一文件;英美法系下的公司章程通常包含章程大纲和章程细则两个文件。章程大纲是规定公司对外关系的法律文件,作为公司申请注册的必要文件之一,内容均是法定,目的在于使公司的投资者以及与公司进行交易的第三人能够了解公司的基本情况。章程细则是在章程大纲的基础上制订的,用来调整公司内部关系的文件,主要规定公司组织机构的设置及其相互关系、各自的权限、职责及业务执行等内部事务的文件。章程细则的内容不得与公司法及章程大纲的规定相抵触,一般在公司内部有效,不得对抗善意第三人。纵观比较,公司章程的定义并不存在实质性分歧,其关键点有:(1)公司章程与公司设立行为有关,系公司设立中的产物;(2)公司章程系调整公司内部组织关系和经营行为的自治规范;(3)公司章程对公司、股东、董事、监事及其他高级管理人员皆具有约束力。因此,公司章程具有"公司宪章"之称,足见其之于公司的重要地位。

公司章程具有以下主要特征:

(一)法定性

公司章程的法定性,是指其制定、内容、效力、修改,由公司法予以明确规定。这是世界各国公司立法的普遍做法。公司章程的法定性具体表现如下:

1. 制定的法定性。公司章程是公司必不可少的法定文件。新《公司法》第5条规定,公司成立时必须依法制定公司章程。公司章程的制定是在公司设立这一阶段,其不仅是公司成立的基础,同样也属于不可或缺的法律文件。此外,公司的制定主体也由《公司法》规定。新《公司法》第45条规定,设立有限责任公司,应当由股东共同制定公司章程。该法第94条规定,设立股份有限公司,应当由发起人共同制订公司章程。

2. 内容的法定性。公司章程的内容根据是否属于必须记载可以区分为绝对必要记载事项、相对必要记载事项和任意记载事项。绝对必要记载事项属于《公司法》明确规定公司章程不可或缺的内容。新《公司法》第46条第1款第(1)项至第(7)项、第95条第(1)项至第(12)项分别规定了有限责任公司、股份有限公司的公司章程应当载明的具体内容。

3. 效力的法定性。公司章程对公司、股东,而且对董事、监事和高级管理人员都具有约束力,这是公司章程法律效力的体现。新《公司法》第5条对此效力范围亦作出明确规定。公司章程基于公司法赋予的法律效力,使得其真正成为贯穿公司经营始终的根本性文件。

4. 修改的法定性。公司章程的修改主体、修改程序是由公司法作出规定。新《公司法》第66条第3款和第116条第3款规定,只有经过股东会的特别决议,才可以修改公司章程。

(二)公开性

公司章程的公开性,在公司对外经营和确保交易安全方面具有重要意义。

公司章程中记录的公司资本、经营范围等事项对外界特别是交易方来说，是获取公司基本信息的重要途径。

公司章程记载的注册资本和股东出资额，初步显示了公司资产情况进而影响公司对外债务承担能力。公司章程记载的经营范围，指明了公司所涉及的行业或领域，这对公司的交易对象来说是较为关注的重点。同时，这些经营范围条目也是国家行政部门监督管理公司的重要依据，对政府宏观经济调控起到关键作用。

公司章程的公开性具体体现为：

1. 日常经营中对内的公开性。在公司的日常经营中，有限责任公司股东依据新《公司法》第 57 条第 1 款、股份有限公司股东依据新《公司法》第 110 条第 1 款行使对公司以及公司全资子公司章程进行查阅、复制的权利，公司应将章程备份并且将其放置于公司。

2. 对外交易中对债权人的公开性。申请设立公司，应当提交公司章程。公司章程修改，应向公司登记机关提交修改后的公司章程。在对外交易过程中，公司可以根据约定为公司债权人查阅公司章程提供便利。公司债权人的决策会受到其对公司章程知晓程度的影响，进而对公司的经营活动造成影响。

3. 公开发行中对相关公众的开放性。公司在公开发行股票、债券时，公司章程是必须披露的文件之一。承前所述，公司章程所载事项是相关公众了解公司相关经营信息的重要途径。

（三）自治性

公司自治主要是体现为章程自治。公司法调整的主要是公司的内部组织关系。公司对外法律关系主要是遵守合同自由的原则，对内法律关系则要遵守章程自由的原则。所谓的章程自由，是指股东可以通过制定章程来确定自己的自治机制。章程是股东意志的体现，依照章程所确立的决议程序才能使股东的意志形成公司的意志。新《公司法》继续秉持了为公司实现章程自治提供充足空间的理念，鼓励不同公司按照自身情况制定内部运行规则。

公司章程的法定性和自治性并非矛盾，公司章程的自治性是以法定性为前提，公司章程的法定性以实现章程自治为最终目标。法定性和自治性的兼容并存，来源于公司法本身是强制性规范和任意性规范的综合规范体系。

二、公司章程的性质和作用

(一)公司章程的性质

1. 关于公司章程性质的主要学说

对于公司章程性质的认识,存在不同的学说,主要是合同说、自治法说与秩序说、宪章说。

合同说主要为英美法的公司法学者所主张。该说认为,公司章程是公司股东和公司之间以及股东之间的合同。《英国1985年公司法》第14条规定,组织大纲和章程细则约束公司和股东,就像由每个股东签字盖章的文件一样,并且包含每个股东都会遵守有关条款的保证。大陆法系部分学者和部分国家的立法将公司章程视为“合同”。德国公司法学界在确定“公司合同”的性质时,认为始终是学术界的一道难题。这是因为“公司合同”既确定了股东内部的个人法律关系,又为制定有限责任公司这一法人的规范性文件(章程)提供了基础。尽管章程合同说得到立法和很多学者的支持,但批评的声音仍然是来自多方面的,包括立约机制不完善、后续修改机制不完备、与传统合同的生效时间及效力范围存在差异等。

自治法说多为大陆法系公司法学者所主张。日本和韩国的通说将公司章程视为自治法规,并且为公司法的法源之一。德国学者拉伦茨认为,社团章程是适用于不特定多数人,即有关的社团成员,因此,在这个意义上看,章程是法律规范。然而,章程只适用于那些通过加入社团这一自愿行为接受章程管辖的社员。一旦社员退出社团,自愿接受章程管辖即告终止,章程对他们不再适用。因此,章程只是有关社团以“章程自治”为基础的规范,而不是国家的法律规范。与自治法规说本质上一致的还有秩序说。秩序说认为,公司章程是成员共同承认并遵守的行为规范,章程的规范秩序就是社团秩序,公司有自己的章程才能存在。

宪章说认为,公司章程既不是自治法,也不是合同,而是带有宪章性质的法律文件。因为公司章程是股东和公司从事商事活动的行动纲领,它规定了公司最为基本的运行规则,所以,公司章程就是公司的宪章,公司内部其他文件都必须依据公司章程规定的原则制定,不得同公司章程发生矛盾。宪章说质疑公司章程是当事人合意的结果这一观点,认为公司章程与普通契约有明显区别。宪章说强调公司法中与公司章程相关规范的强制性特征，更加关注公司法中权衡自由选择权与强制规则之间的平衡。

2. 公司设立协议与公司章程的区别

公司设立协议，亦称为发起人协议，是由公司的发起人在公司成立过程中制定的关于公司成立事宜的协议。这种协议与公司章程之间具有紧密的联系，主要体现在它们共同的目标和内容上。就目标而言，公司设立协议是以设立公司为目标的合同，而公司章程的制定也是为了公司成立。就内容而言，公司设立协议和公司章程具有高度一致性，如公司名称、注册资本、出资形式等。许多公司调整协议参与方在公司成立过程中的权利与义务的方式就是通过在公司设立协议中明确这些内容，而这一做法也可以协调各发起人的行动。此外，公司设立协议还可能涉及未来公司的组织机构、股份转让、资本增减、公司合并、分立及终止等重要事项。在实践中，若存在公司设立协议，则通常会以此协议作为基础来制定公司章程，公司设立协议的基本内容往往也会被纳入公司章程。这种做法确保了公司章程与公司设立协议之间的连贯性和一致性，有助于明确公司成立初期的法律框架和运作机制。

尽管公司章程和公司设立协议无论是目的上还是内容上都高度关联，但仍然存在显著差别，主要体现在性质和功能上。第一，设立协议与公司章程的法律性质不同。设立协议是在公司设立过程中，基于发起人的意思表示达成一致而对权利和义务作出的安排，其要遵循合同法的一般规则，通常属于不要式法律文件。而公司章程是要式法律文件，其记载事项由公司法明确规定，制定和修改也必须遵循公司法规定的程序。第二，设立协议与公司章程的法律效力不同。设立协议为发起人之间的合同，基于合同相对性，设立协议在发起人之间发生法律约束力。相比之下，公司章程调整了更广泛的法律关系，对于公司、股东、董事、监事和高级管理人员均发生法律约束力。设立协议为公司成立作出合同安排，设立协议的效力期间一般自设立协议签订生效至公司正式成立。公司章程为公司经营的根本性文件，公司章程的效力一般自公司成立至公司终止。

（二）公司章程的作用

公司章程，不管是作为一种合同，还是作为自治规范，其自治是毋庸置疑的。作为一种私人制度的安排，公司章程体现了公司自治；不违反法律法规强制性规定,也是公司实施章程自治的权利边界。公司章程是公司经营的行为准则,是公司自治的主要体现,也是实现公司自治的主要途径。

1. 公司章程是公司的自治规范

自 2005 年《公司法》修订以来,不断强化公司自治是历次修法一贯坚持的理念。公司法中强制性规范和任意性规范的科学设计,也是为了更好地保障公司自治的实现。公司在公司法上是一种抽象存在,在现实生活中作为经济实体千差万别,在面临共性问题的同时,也演变出各种治理模式。

无论是公司的组织结构设置,还是重大事项的决定,抑或股东会和董事会分别拥有多大的权限,在不同公司没有一个定量,可变因素就在于章程的规定。所以,公司章程成为公司自治的基石,其内容和条款为公司内部管理和运作提供了明确的框架。公司章程的可调性使其能够随着公司的成长和变化而进行调整,以适应不同的业务需求、法规要求和市场环境。通过制定明确的章程,公司能够更好地实现自治,规范内部管理,提高决策效率,为股东和其他利益相关方提供了稳定和可预见的经营环境。同时,赋予公司尤其是有限公司较大的意思自治空间,能够确保公司在自治中保持自身的活跃性和生命力,灵活应对各种不确定性,激发公司的经济活力。

2. 公司章程是内部纠纷的解决依据

公司章程确定公司的组织结构、运作规范,也规定公司股东、董事、高级管理人员等各自的权利义务,是处理内部纠纷的重要依据。

第一,公司章程规定了股东的权利与义务,比如股东的股利分配、表决权,股东会的职权,确保了股东在公司内部的合法权益,以及出资责任、出资期限等,强化了股东在公司内部的责任担当。

第二,公司章程规范了董事和高级管理人员的权利与义务。公司章程明确了董事的任职资格、职权范围、决策程序等,为公司的管理层履行职责、行使职权提供了明确的法定规范。董事和高级管理人员在公司章程的约束下,有义务保护公司及股东的利益,确保公司的长期发展。

第三,公司章程规定了公司内部的组织结构和运作规范。公司章程中通常包括公司的经营范围、股东会、董事会、监事会等机构的设置与职权划分,明确公司内部权力结构,以确保公司内部决策的合法性和稳定性。公司章程还规定了公司的经营管理程序、财务管理制度等,为公司内部运作提供明确的法律框架。

第四,公司章程还可以规定股东的退出机制和公司解散的程序。通过制定退出和解散的相关规定,公司章程为公司内部权利义务关系的变更提供了明确的法律依据。

3. 公司章程是公司对外开展经营交往活动的基本规范

虽然在新《公司法》中并未规定公司章程需登记,但对于公司的经营活动和公司的债权债务人而言,公司章程仍然在规范公司外部行为、约束公司与其他主体的关系等方面发挥着关键作用。

第一,公司章程明确了公司的法定身份和资格。在进行对外经营交往时,公司需要履行合同、法律规定的义务等,公司章程作为公司的基本法律文件,确定了公司的住所地、股东、公司资本等关键信息,为公司在对外经营交往中的法律地位提供了法定依据。

第二,公司章程规定了公司的经营范围。这些规定为公司的外部经营提供了明确的方向和框架。外部主体可以通过公司章程了解公司的业务性质、主营业务领域,从而更好地与公司进行业务合作,减少信息不对称的情况。

第三,公司章程约束了公司股东、法定代表人、管理层的行为。公司章程可能包含股东对外进行股权转让的限制条款、限制法定代表人代表权限的条款等,外部人购买公司股份时及时了解股东的信息,能减少不当的股权变动情形。管理层在进行对外经营时,也需遵循公司章程规定的公司内部组织和运作规范,包括管理层的权责、决策程序等。公司章程的规定对管理层的行为起到了规范和约束的作用,确保管理层在对外经营中遵守公司内部规则,维护公司整体利益。

第二节 公司章程的制定和修改

一、公司章程的制定

公司章程自制定之初到后续修改,可以相继产生多个版本。我国台湾地区学者柯芳枝曾提出,设立人所订立之章程,于公司成立后,得经全体股东同意,予以变更。对于变更之章程而言,公司设立时所订立之章程,称为原始章程。因此,公司章程的制定发生在公司设立过程中,指向对象为原始章程。根据公司的不同类型,新《公司法》分别在第45条、第94条、第104条对公司章程的制定和表决通过作出规定。

(一)公司章程的制定主体

基于不同公司类型设立程序的不同,公司章程的制定主体亦不相同。对于有限责任公司,新《公司法》第45条规定,设立有限责任公司,应当由股东共同制定公司章程。新《公司法》第46条第2款的规定,股东应当在公司章程上签名或盖章。因此,有限责任公司章程的制定主体是公司设立时的股东,基于有限责任公司的人合性,股东应通过协商一致制定公司章程,股东的签字或盖章体现股东对公司章程内容的认可。

新《公司法》第94条规定,设立股份有限公司,应当由发起人共同制订公司章程。新《公司法》第104条第2款规定,股份有限公司的公司成立大会应当经出席会议的认股人所持表决权过半数通过公司章程。

(二)公司章程的内容

公司章程的内容,指的是公司章程中所记载的事项。在学理上可以区分为绝对必要记载事项、相对必要记载事项和任意记载事项。前两者体现了公司法的强制性,后者体现了公司法的任意性。绝对必要记载事项和相对必要记载事项的划分需要具体分析。新《公司法》第46条和第95条虽然在立法行文上使用了“应当”的措辞,但并不意味着规定的所有事项均为必要记载事项。上述两款均设置了兜底性条款,即股东会认为需要规定的其他事项。兜底性条款的设置一方面防止列举式立法可能带来的挂一漏万,另一方面也体现出属于股东按照自己的意志创制公司章程内容。实务中,公司章程出现格式化、模板化、法条照搬化的倾向,这也是对于公司章程任意记载事项认识和设计均不够充分的体现。

1. 有限责任公司章程内容

有限责任公司章程应当载明的内容,由新《公司法》第46条予以规定,具体包括:(1)公司的名称和住所;(2)公司的经营范围;(3)公司的注册资本;(4)股东姓名或者名称;(5)股东出资额、出资方式和出资日期;(6)公司的机构及其产生办法、职权、议事规则;(7)公司法定代表人产生、变更的办法;(8)股东会认为需要规定的其他事项。本条所列的前七项属于必要记载事项,即公司法规定必须包含在公司章程中的内容。公司章程的必要记载事项的缺失可能会导致公司章程效力的缺失。

根据此条规定,有限责任公司章程中必须包含以下内容:

(1)公司名称和住所。《民法典》第110条第2款规定,法人组织享有名称权、名誉权和荣誉权。公司名称权的客体即为公司名称。新《公司法》第6条第1款明确规定,公司应当有自己的名称。公司名称应当符合国家有关规定。新《公司法》第32条规定,公司名称是公司的登记事项。公司名称作为商业标识,能够起到区分商品和服务来源的作用。公司住所地,是指公司主要办事机构所在地。经公司登记机关登记的公司的住所只能有一个。

(2)公司的经营范围。这指的是公司所从事的行业和经营项目的种类,法律上也被称作公司的行为能力。明确公司的经营范围有助于界定公司的业务活动范围,便于政府的监督管理,同时也为经营管理人员的执行工作提供指导。

(3)公司的注册资本。这指的是货币表示的全体股东认缴出资的价值总额。

(4)股东姓名或名称。自然人股东需载明个人姓名,法人股东需载明其法定名称,以明确公司的投资者身份。

(5)股东的出资额、出资方式和出资日期。股东的出资额是指股东出资的价值金额,各种出资形式均转换为货币表示出资金额。新《公司法》第48条规定,股东可以用货币出资,也可以用实物、知识产权、土地使用权、股权、债权等可以用货币估价并可以依法转让的非货币财产作价出资;但是,法律、行政法规规定不得作为出资的财产除外。债权可以作为非货币财产出资,首次在公司法中予以明确。出资日期是股东实际缴纳出资的期限。新《公司法》第47条对认缴制的最长缴纳期限作出规定,即自公司成立之日起5年内缴足。

(6)公司机构及其产生办法、职权、议事规则。公司机构是公司的组织框架,通常包括股东会、董事会、监事会、经理等。公司章程可以根据公司自身情况确定公司机构的产生流程、具体职权、议事规则。

(7)公司法定代表人的产生、变更办法。公司的法定代表人是公司对外发生法律关系时代表公司作出意思表示的人。公司章程中不仅应记载公司法定代表人的姓名,还应对其产生、变更办法作出明确规定。

股东在公司章程上签名、盖章是股东表达意志的行为。新《公司法》第45条之所以规定有限责任公司股东须共同制定公司章程,主要目的是使公司章程表达股东的共同意思。“共同制定”的事实过程并非公司法关注的对象,以何种方式共同制定由发起人自行决定。公司法关注的“共同制定”是最终的客观呈现,即公司章程有全体股东的签字、盖章可以视为系“共同制定”。

2. 股份有限公司章程内容

股份有限公司章程应当载明的内容,由新《公司法》第95条予以规定,具体包括:(1)公司名称和住所,名称是指公司在登记机关注册的正式名称,住所则是公司的主要办事机构所在地。(2)公司经营范围,即公司在哪些行业领域开展业务经营。(3)公司设立方式,即公司是以发起方式还是募集方式设立。(4)公司注册资本、已发行的股份数和设立时发行的股份数,面额股时每股的金额,即公司的注册资本的总额、在公司设立时发行多少股以及已经发行的股份数;如果公司发行面额股,每一股所代表的资本数为多少。(5)发行类别股的,类别股的股份数及其权利和义务,即如果公司确定发行优先股等类别股,持有类别股股东所持的股份数以及其所享有的特殊权利、需履行的特殊义务。(6)发起人的姓名或者名称、认购的股份数、出资方式。(7)董事会的组成、职权和议事规则,即董事会成员的具体数额和人员、董事会所享有的职权以及董事会召集、举行会议、作出决议所应遵守的准则。(8)公司法定代表人的产生、变更方法,即代表公司行使职权的具体人员和其变更方法。(9)监事会的组成、职权和议事规则,即监事会成员的具体数额和人员、监事会所享有的职权以及监事会召集、举行会议、作出决议所应遵守的准则。(10)公司利润分配办法,即公司对其弥补亏损和提取公积金、法定公益金后所余利润,按照股东的持股比例分配时,具体如何进行分配。(11)公司的解散事由与清算办法,即导致公司解散的事件、情况以及公司在解散后,具体如何进行清算。(12)公司的通知和公告办法,即公司具体通过何种方式进行通知和公告。(13)股东会认为需要规定的其他事项。

《新公司法》第46条第1款第(8)项和第95条第(13)项,被视为任意记载事项,允许并确认公司章程可以包含股东会认为必要的其他事项,只要这些事项不违反法律、行政法规的强制性规定和社会公共利益。这意味着除了绝对必要记载事项之外,股东会有权自主决定将哪些额外的事项纳入公司章程。上述规定展现了对公司自主经营的充分尊重。

二、公司章程的修改

公司章程的修改是根据内部和外部环境的变化对原有章程予以适当调整和完善。公司章程修改的原因多样,如公司组织结构的变化、公司增加新的投资人、公司法律法规的变化、公司战略的调整等。公司章程作为公司经营的根本指南,修改公司章程需要严格遵循一定的程序和规则。

第一,公司章程的修改主体为公司权力机关。公司章程的修改属于公司重大事项,修改公司章程系股东会享有的职权。新《公司法》第 66 条和第 116 条规定,公司章程的修改权属于公司股东会。

第二,公司章程的修改属于公司权力机关的特别决议事项。公司必须召开股东会或股东大会修改公司章程。股东会或股东大会依法表决作出决议,方能产生公司章程变更的法律效果。新《公司法》第 66 条规定,有限责任公司修改章程的决议,必须由代表 2/3 以上表决权的股东通过;而新《公司法》第 116 条规定,股份有限公司修改章程,需经出席股东会的股东所持表决权的 2/3 以上通过。

第三,公司章程的修改需要完成登记。股东会或股东大会依法决议通过公司章程的修改,公司应当及时向公司登记机关申请变更登记。根据新《公司法》第 35 条的规定,公司章程修改的变更登记除了向公司机关提交公司法定代表人签署的变更登记申请书;依法作出的变更决议之外,还需要提交修改后的公司章程。

第三节 公司章程的效力

依法制定和修改的公司章程,具有相应的法律效力。公司章程的效力按照不同维度可以进行不同划分。根据法律效力的指向,可以区分为对内效力和对外效力。按照法律效力的事项,可以区分为主体效力和时间效力。按照法律效力的影响,可以区分为积极效力和消极效力。以下主要分析公司章程的主体效力和时间效力。

一、公司章程的主体效力

公司章程的主体效力是指公司章程对人的法律拘束力,既包括法律效力所及于的主体范围,也包括所涉主体依据公司章程享有的权利和义务。新《公司法》第5条第2句规定:公司章程对公司、股东、董事、监事、高级管理人员具有约束力。该条明确了公司章程法律效力的主体范围。

(一)公司章程对公司的效力

公司章程是公司行为的准则,公司违反公司章程规定的行为,要承担一定的法律后果。章程对公司的约束主要表现在两方面:一是对公司内部组织和活动的约束,二是对公司经营范围的约束。

1. 对公司内部组织和活动的约束。公司章程对公司的法定代表人担任人选、董事长的产生办法、股东会、董事会、监事会的职权范围、有关人员的任期,有关于公司经营管理人员的选任、职权等都可以在公司章程中明确规定,并产生相应的拘束力。

2. 对公司经营范围的约束。1993年《公司法》第11条第3款规定,公司应当在登记的经营范围内从事经营活动。2005年《公司法》修改时删除上述规定。最高人民法院在《合同法》施行后颁布的《合同法司法解释(一)》第10条规定,当事人超越经营范围订立合同,人民法院不因此认定合同无效。但违反国家限制经营、特许经营以及法律、行政法规禁止经营规定的除外。因此,公司章程对经营范围的约束力,在公司对外交易行为中受到一定限制。公司超越经营范围的行为,即公司越权行为并不导致合同无效。

在英国普通法时代,公司的越权行为被视为绝对无效,这种立场严格限制了公司的活动范围。然而,这种对越权行为的绝对无效处理方式,并不总是有利于保护与公司进行交易的第三方的利益,甚至可能损害公司和股东的合法权益。鉴于此,一些国家采取了更为灵活的措施来处理公司的越权行为。这些措施包括全体股东对越权行为的追认、禁止反言原则等。这些规则旨在保护公司及第三方的利益,同时限制了越权行为无效原则的适用范围。通过这种方式,法律不仅保障了公司与第三方的权益,也为公司的经营活动提供了一定的灵活性和安全保障。

(二)公司章程对公司股东的效力

公司章程对公司股东具有拘束力,股东必须遵守章程的规定并对公司负有义务。新《公司法》第 21 条规定,公司股东应当遵守法律、行政法规和公司章程,依法行使股东权利,不得滥用股东权利损害公司或者其他股东的利益。公司股东滥用股东权利给公司或者其他股东造成损害的,应当承担赔偿责任。

股东必须遵守公司章程的规定,否则可能会突破有限责任而对公司债权人承担连带责任。新《公司法》第 23 条第 1 款规定,公司股东滥用公司法人独立地位和股东有限责任,逃避债务,严重损害公司债权人利益的,应当对公司债务承担连带责任。

此外,还需要理解公司章程对于公司权利的确认,在特定情形下会受到限制。比如,股东认缴期限未届满时,特定情形下会发生股东出资加速到期。《九民纪要》第 6 条规定,在注册资本认缴制下,股东依法享有期限利益。债权人以公司不能清偿到期债务为由,请求未届出资期限的股东在未出资范围内对公司不能清偿的债务承担补充赔偿责任的,人民法院不予支持。但是,下列情形除外:(1)公司作为被执行人的案件,人民法院穷尽执行措施无财产可供执行,已具备破产原因,但不申请破产的;(2)在公司债务产生后,公司股东(大)会决议或以其他方式延长股东出资期限的。

(三)公司章程对公司董、监、高的效力

公司经营及交易活动的落地最终需要依靠公司的董事、监事及高级管理人员。公司章程确定了上述人员的产生、议事规则及职权范围,故公司章程对董事、监事及高级管理人员具有拘束力。新《公司法》第 179 条规定,董事、监事、高级管理人员应当遵守法律、行政法规和公司章程。董事、监事、高级管理人员对公司负有忠实、勤勉义务,违反上述义务需承担相应的责任。新《公司法》第 188 条规定,董事、监事、高级管理人员执行职务违反法律、行政法规或者公司章程的规定,给公司造成损失的,应当承担赔偿责任。

二、公司章程的时间效力

公司章程的时间效力,是指公司章程的生效时间和时效时间。公司章程时间效力的认定,与前述公司章程性质的认定密切相关,同时原始公司章程和变

更公司章程的生效时间亦有区别。

(一)公司章程的生效时间

公司章程的生效时间,有观点认为,以股东签名、盖章时生效;也有观点认为,是公司成立时生效。对此,我们认为,应当根据公司章程的类型具体分析确定。

原始公司章程,即公司设立时的公司章程。根据新《公司法》增设的公司登记一章,依法设立的公司,公司章程当然发生法律效力。在公司取得营业执照之前,公司章程和设立协议可能并行存在,但并不能以此否定公司章程实际发挥着类似合同的作用,可以约束签字、盖章的股东。

变更的公司章程,生效时间是股东会作出决议生效后还是完成公司变更登记之后?我们认为,修改公司章程的股东会决议依法作出,变更的公司章程发生效力,但未经登记无法对抗善意第三人。

(二)公司章程的失效时间

公司章程的失效时间,理论界也存在分歧认识,但通说认为,公司章程随着公司的终止而失效。但需要注意的是,公司进入清算程序并不会导致公司章程立即失效。股份有限公司的公司章程中记载事项包括"公司的解散事由与清算办法",公司章程的规定在公司具备解散事由进行清算程序后,对于清算中的相关行为仍具有拘束力。

| 本章法考和考研练习题 |

一、单项选择题

1. 股份有限公司的公司章程是由发起人制订,经公司成立大会通过,于公司成立后对公司股东具有约束力的自治性规章,但这种约束力不涉及(　　)。

A. 参加过公司成立大会的股东

B. 公司股东名册上的全体股东

C. 公司成立后新加入的股东

D. 已转让全部股份的原公司股东

2. 甲公司章程规定:董事长未经股东会授权,不得处置公司资产,也不得以公司名义签订非经营性合同。一日，董事长任某见王某开一辆新款宝马车，遂决定以自己乘坐的公司旧奔驰车与王某调换，并办理了车辆过户手续。对任某的换车行为，下列哪一种说法是正确的？

A. 违反公司章程处置公司资产，其行为无效

B. 违反公司章程从事非经营性交易，其行为无效

C. 并未违反公司章程，其行为有效

D. 无论是否违反公司章程，只要王某无恶意，该行为就有效

二、名词解释

1. 公司章程
2. 必要记载事项
3. 任意记载事项
4. 公司章程的效力

三、简答题

1. 简述公司章程的性质。
2. 简述公司章程的内容。
3. 简述公司章程的效力。

CHAPTER 05

第五章

公司人格制度

本章导读

公司具有独立的法律人格。本章从公司人格的法律内涵和特征入手，介绍了公司的名称与住所、公司的权利能力与行为能力、法定代表人制度、公司法人人格否认制度。本章的重点是公司的权利能力，学习的难点是法定代表人制度、公司法人人格否认制度。

第一节　公司人格概述

一、公司人格的法律内涵

在法学语境中，“人格”这一术语中的“人”是指法律承认的个体，包括自然人、法人和非法人组织，“格”则表示主体资格，因此，人格是指个体在法律上的资格。作为法人人格的典型形式，公司人格是指公司在法律上的主体资格。公司具有独立人格，因此公司得以独立存续、具备民事主体资格，从而公司具有民事权利能力和民事行为能力，拥有独立的名称、住所、组织机构等。公司人格具有法定性、独立性、平等性这三个法律特征。

二、公司人格的法律特征

（一）公司人格的法定性

公司人格的法定性是指公司人格是经由一定法定程序，由法律所赋予的，公司并非天然具有人格。法律赋予了公司人格，公司因此具有独立承担责任的能力，有独立的名称、住所。因此，法定性是公司人格的基本特征。

具体来说，公司人格的法定性主要有以下两个方面的体现：一是，与自然人与生俱来的人格不同，公司只有在履行了法定的注册登记程序后，才能取得法律人格。二是，公司不具有自然人的生理机能，必须通过公司机关来形成意志、从事行为。

（二）公司人格的独立性

公司人格的独立性，是指公司的人格与公司的股东和管理人员在人格上的互相独立。公司的人格独立是公司最为本质的特征。

公司人格的独立主要体现在以下方面：

首先，公司具有独立的主体资格。公司的主体资格独立主要表现在：第一，在诉讼程序上，公司可以以自己的名义起诉、应诉。第二，在日常的对外交易中，公司拥有自己的名称、住所，也有代表公司意思的印章，公司能以自己的名义对外展开交易活动，享有独立的公司利益。

其次，公司拥有独立的财产。公司的财产来源于股东的出资、公司对外经营所获得的收益等。公司对其财产享有独立的所有权，不受公司股东、公司内部管理人员、公司职工的干预，也不受其他公司等外部主体的干扰。公司的财产与股东的财产具有明确清晰的边界，公司可以独立支配其财产。公司的独立财产是公司人格存在的物质基础。

再次，公司独立承担责任。公司以其财产对公司的债务承担责任，股东仅需以其认缴的出资为限承担出资义务与出资责任，无须对公司的债务承担连带责任，公司也无须对股东的个人债务承担责任。

最后，公司的存续具有独立性。这是指公司的存续时间并不受其成员的影响，股东人格的消灭并不会影响公司的存续，股东股权可通过转让、继承的方式转移给新的股东。

（三）公司人格的平等性

《民法典》第 4 条规定："民事主体在民事活动中的法律地位一律平等。"作为基本原则之一，平等原则也在公司人格领域得到了反映。公司人格也具有平等性，不论是公司之间，还是公司与其他主体之间，其人格都是平等的。

虽然公司在具体条件上存在差异，如公司规模、资金状况、资源情况、公司组织形式等,这会导致公司事实上的不平等,但法律会为每一个市场参与者提供平等参与竞争的资格和机会。需要强调的是,公司人格的平等意味着法律会平等地对待每一个公司,但不意味着每一个公司在具体权利义务内容上都存在着绝对的一致。

第二节 公司名称与住所

一、公司名称

(一)公司名称的含义及法律特征

公司名称是公司的标志性符号,是公司与其他实体相区别的标志,是公司拥有独立人格的表现,也是公司对外开展业务的基础。根据新《公司法》第 32 条的规定,公司名称是有限责任公司和股份有限公司的法定登记事项之一。公司的名称具有标示性、依附性、排他性的法律特征。

1. 标示性。公司名称应具有明显的标示性,以区别于其他公司。因此,在同一时期,一个公司只能拥有一个名称,并且该名称必须易于识别,以便交易对方能够准确地区分不同的公司。为了强化公司名称的标示性,各国通常通过法律和法规对公司名称的设定提出一定的要求,以避免名称冲突和混淆。新《公司法》第 7 条规定:“依照本法设立的有限责任公司,应当在公司名称中标明有限责任公司或者有限公司字样。依照本法设立的股份有限公司,应当在公司名称中标明股份有限公司或者股份公司字样。”

2. 依附性。公司名称与公司实体紧密相关,代表着公司的形象和特定的声誉。因此,公司名称具有很强的依附性。多数国家的公司法都规定,公司名称的转让应随公司实体的转让而进行,不允许单独转让。

3. 排他性。由于公司名称具有标示性和依附性,特定名称只能由一个公司使用。一旦某个公司名称被注册,其他同行业公司就不能使用相同的名称作为自己的商号、商标或服务标记。此外,类似名称的使用也可能引起混淆和误解,因此也被法律所禁止。各国通过实施名称登记注册制度来确保公司名称的排他性,同时也通过知识产权法、反不正当竞争法等法律手段来禁止侵犯公司名称排他性的行为。如根据《反不正当竞争法》第 6 条第 2 项规定,经营者不得擅自使用他人有一定影响的企业名称(包括简称、字号等),引人误认为是他人商品或者与他人存在特定联系。除了名称以外,公司字号也具有一定的排他性,根据《企业名称登记管理规定》第 17 条,我国公司字号的排他性是有限的,只限于在同一登记机关的辖区内,同行业的企业不能有相同或类似的字号。

(二)公司名称的构成

域外对公司名称构成的规定存在差异,但大体上可以归纳为两种模式:一种是以法国、瑞士、拉美等为代表的"商号真实原则",即公司名称必须与经营者的名称和营业内容保持一致,否则将被禁止使用。另一种是以美国、英国、日本等为代表的"商号自由原则",即公司名称的选择原则上不受限制,由当事人自由决定。然而,即使是采用商号自由原则的国家,通常也会对公司名称的选定附加一定的限制性条件,以确保市场的公平竞争。

我国基本上采用的是商号真实原则。根据《企业名称登记管理规定》第 6 条第 1 句的规定,企业名称一般应当由行政区划、字号、行业或者经营特点、组织形式组成。公司名称的构成也应遵守此项规定。

根据《企业名称登记管理规定》第 11 条的规定,公司名称不得有下列情形:(1)损害国家尊严或者利益;(2)损害社会公共利益或者妨碍社会公共秩序;(3)使用或者变相使用政党、党政军机关、群团组织名称及其简称、特定称谓和部队番号;(4)使用外国国家(地区)、国际组织名称及其通用简称、特定称谓;(5)含有淫秽、色情、赌博、迷信、恐怖、暴力的内容;(6)含有民族、种族、宗教、性别歧视的内容;(7)违背公序良俗或者可能有其他不良影响;(8)可能使公众受骗或者产生误解;(9)法律、行政法规以及国家规定禁止的其他情形。

(三)公司名称的自主申报

各国主要规定了两种取得商号的方式:一种是因使用而自然取得,不需要注册;另一种是需要注册,有的要求将商号单独申请注册,有的则允许与企业登记同时进行注册,还有一些国家规定商号权可以通过注册为商标或服务标记而获得。总体上,大多数国家都要求公司名称必须经注册登记才能取得。

2020 年,国务院修订通过《企业名称登记管理规定》,我国企业名称制度由原本的"预先核准"行政许可事项变为自主申报服务事项。《企业名称登记管理规定》第16条规定:"企业名称由申请人自主申报。申请人可以通过企业名称申报系统或者在企业登记机关服务窗口提交有关信息和材料,对拟定的企业名称进行查询、比对和筛选,选取符合本规定要求的企业名称。申请人提交的信息和材料应当真实、准确、完整,并承诺因其企业名称与他人企业名称近似侵犯他人合法权益的,依法承担法律责任。"并且,通过申报的名称享有两个月的保留期,该规定第18条规定:"企业登记机关对通过企业名称申报系统提交完成的企业名称予以保留,保留期为2个月。设立企业依法应当报经批准或者企业经营范围中有在登记前须经批准的项目的,保留期为1年。申请人应当在保留期届满前办理企业登记。"

(四)公司的名称权

公司的名称权是指公司对自己的名称所依法享有的权利。新《公司法》第6条第2款规定:"公司的名称权受法律保护。"公司的名称权由公司名称而生,因而公司名称权的法律特点与公司名称的法律特点联系紧密。

1. 权利内容上的双重性。公司名称具有依附性,其不仅是公司的标志,还与公司实体紧密相连,代表公司的形象和信誉。它具有鲜明的人身权特性,是公司人格权的主要内容。同时,公司的名称又承载着公司的特定商誉,具有可被评估确定的财产价值。因而公司名称权在权利内容上兼具人身权和财产权的双重属性。

2. 权利效力上的专有性。由于公司名称独特的标示性、排他性,因此,公司名称权在效力上也具有排他性,在公司名称的特定范围内,公司享有独家使用的权利。同一登记范围内的同行业企业不仅不能登记注册同样或类似的名称,也不得使用同样或类似的名称,否则即构成对公司名称权的侵犯,被侵权人有权请求停止侵害,赔偿损失。

3. 可转让性。公司所拥有的名称权在具体内容上具有财产属性,因此,公司的名称权具有可转让性。但由于公司名称的依附性,各国通常对公司名称权的转让有一定限制。例如,德国规定公司名称权只能与营业一起转让或者在非营业的情况下转让,如收购等情形。只有法国等少数国家允许当事人单独转让公司名称权。

我国1985年《工商企业名称登记管理暂行规定》(已失效)曾允许企业名称

随企业一同转让或单独转让。但由于单独转让弊端较多,1991 年《企业名称登记管理规定》(已被修改)曾废除了单独转让,仅允许将企业名称随企业或企业的一部分一并转让,并且企业名称只能转让给一户企业。但 2020 年修订的《企业名称登记管理规定》第 19 条则规定:"企业名称转让或者授权他人使用的,相关企业应当依法通过国家企业信用信息公示系统向社会公示。"2023 年国家市场监督管理总局出台的《企业名称登记管理规定实施办法》第 29 条对名称转让作出了细化规定:"企业名称可以依法转让。企业名称的转让方与受让方应当签订书面合同,依法向企业登记机关办理企业名称变更登记,并由企业登记机关通过国家企业信用信息公示系统向社会公示企业名称转让信息。"

二、公司住所

(一)公司住所的法律意义

公司作为法人,与自然人一样应当有住所。根据我国《民法典》第 63 条和新《公司法》第 8 条的规定,公司住所是指公司的主要办事机构所在地。公司住所具有重要的法律意义,它是公司开展经营活动的长期固定地点,是确定许多相关法律关系的基础。概括来说,公司住所的法律意义主要表现在以下四个方面:

1. 公司住所是确定公司登记机关和管理机关的依据。公司在登记时应当向其所在地的市场监督管理机关提出申请,该市场监督管理机关通常也对公司进行市场监督管理。其他一些方面的行政管理关系,如税务机关的管辖等也是根据公司住所来确定的,企业应当向所在地税务机关进行税务登记,发生应税行为时进行纳税申报和缴纳。

2. 公司住所是诉讼中确认地域管辖和诉讼文书送达地的依据。我国《民事诉讼法》第 22 条第 2 款规定,对法人或其他组织提起的民事诉讼,由被告住所地人民法院管辖。因此,在涉及公司的民事诉讼中,住所就成为确定法院管辖的重要因素。确定公司的住所地,对于解决纠纷、维护社会经济秩序、保障当事人合法权益有着重要意义。我国《民事诉讼法》规定,送达诉讼文书,应当直接送交受送达人;直接送达诉讼文书有困难的,可以委托其他人民法院代为送达,或者邮寄送达。受送达人拒绝接受诉讼文书的,可以以留置送达方式送达。对于公司而言,无论是直接送达、委托送达、邮寄送达,还是留置送达,均以住所地为送达地。因此,明确公司的住所地,有利于公司与外界的交流与联系,也有利于人民法院及时、迅速地将法律文书送达当事人,以取得一定的法律效力,保障当事人的权利。

3.公司住所是确定合同履行地的重要依据。合同履行地可以由当事人在合同中明确约定,在当事人没有约定时,按照我国《民法典》第511条的规定,履行地点不明确的,给付货币的,在接受货币一方所在地履行;交付不动产的在不动产所在地履行;其他标的,在履行义务一方的所在地履行。在涉及公司的合同中,义务履行地由公司住所地确定。因此,确定公司住所并确定合同履行地,对于合同履行的效力有着重要的意义。

4.公司住所是涉外民事法律关系中确定准据法的依据之一。在涉外民事关系中出现法律冲突时,准据法的确定具有重要意义,而当事人的住所是确定准据法的标准之一,比如,依属人法原则适用当事人本国法时,一般按公司住所地确定所适用国家的法律。

需要注意的是,公司的住所与公司的生产经营场所是两个不同的概念。公司的住所是指公司的主要办事机构所在地,一般是指公司的管理中心,而公司的生产经营场所是公司进行生产经营等业务活动的地点。公司的住所是公司章程的必要记载事项,也是公司登记注册的内容之一,同时也是众多法律关系的连结点,一旦确定就不允许当事人随意变更,一个公司只能有一个住所;而公司生产经营场所却可以由公司自主决定设置,可以有一个,也可以有多个。因此,公司住所与公司生产经营场所是两个不同的概念,二者既可以一致,又可以不一致。

(二)公司住所的确定标准

如何确定公司的住所,世界各国主要存在三种不同的标准:第一种标准是管理中心地,即以登记时的常设管理机关所在地为住所。这种标准的优势是管理中心通常只有一个,公司的住所容易确定,劣势则在于公司容易通过搬迁管理中心的方式来规避法律的管制。第二种标准是营业中心地,即以公司的主要业务执行地为住所。这种标准的优点在于便于控制公司的主要财产收入,其缺点在于若公司存在多个营业中心,则存在一定的混淆,住所并不容易确定。第三种标准是法律不作强制规定,交由公司的章程自主决定。

我国《民法典》第63条和新《公司法》第8条均对公司住所的确定采取了管理中心地标准,即公司以其主要办事机构所在地为住所。主要办事机构所在地,是指负责决定和处理公司事务的中心机构的所在地,而区分公司的"主要办事机构"与"次要办事机构"通常以公司的登记为准,即以登记时注明的主要办事机构为准。

由我国法律的规定可以看出,我国只允许公司有一个住所。在公司有分支机构和办事处的情况下,公司住所地只能是总部、总公司所在地,分支机构的经营场所虽然也要办理登记,但不是公司住所。住所是公司章程的绝对必要记载事项,也是公司注册登记事项之一,公司住所未经登记,公司就不能成立;公司变更住所时也要变更章程和办理变更登记,否则不得对抗善意相对人。

第三节 公司的权利能力与行为能力

一、公司的权利能力概述

(一)公司权利能力的概念

公司的权利能力是指公司享有权利和承担义务的资格。法律在赋予公司权利能力的同时,也限定了公司权利能力的范围。

公司的权利能力及其范围具有重要的法律意义,它是判断公司是否能够享有某种特定权利或承担某种特定义务的重要标准,也是判断公司的法律行为(意思表示)的效力的首要标准。如果公司的法律行为超越公司的权利能力范围,则一般为无效。

(二)公司权利能力的开始与终止

与自然人的权利能力相同,公司的权利能力始于公司成立,止于公司终止。具体来说,公司的权利能力从公司营业执照签发之日开始,至公司注销登记并公告之日终止。

《民法典》第 59 条规定:"法人的民事权利能力和民事行为能力,从法人成立时产生,到法人终止时消灭。"新《公司法》第 33 条第 1 款第 2 句规定,公司营业执照签发日期为公司成立日期。因此,公司营业执照签发日期即公司权利能力开始之日。

新《公司法》第 239 条规定:"公司清算结束后,清算组应当制作清算报告,报股东会或者人民法院确认,并报送公司登记机关,申请注销公司登记。”该法第37条规定:“公司因解散、被宣告破产或者其他法定事由需要终止的,应当依法向公司登记机关申请注销登记,由公司登记机关公告公司终止。”公告中发布的公司终止之日应为公司权利能力的终止日期。

设立中的公司没有权利能力,而处于清算中的公司的权利能力受到限制,只能在清算范围内享有权利和承担义务。

(三)公司权利能力范围的限制

公司在性质上与自然人存在差异,因而公司权利能力的范围与自然人相比也有一定限制,而法律出于规范公司行为的目的,也对公司权利能力作出了一定范围的限制。公司权利能力范围是公司权利能力的重要内容,概括来说,主要存在三个方面的限制:

1. 性质上的限制

公司的人格具有法定性,因而不同于自然人,公司不具备自然人所具有的自然属性,如性别、种族、生命健康等。因此,公司无法享有与自然人的身份和人格利益紧密相关的人身权,如生命权、健康权、肖像权、婚姻权等。但是,公司仍享有某些特定的人身权,如名称权、名誉权和荣誉权。

2. 法律上的限制

法律上对公司权利能力的限制,通常包括对公司资金借贷的限制、对公司担保的限制、对公司转投资的限制、对公司股份回购的限制。法律上对公司权利能力的限制,详见后文相关内容。

3. 目的上的限制

公司的设立通常具有明确的目的,这涉及公司所处的行业以及经营活动的性质,在我国被称为公司的“经营范围”。经营范围是公司章程的必要记载事项,也是公司的必要登记事项。然而,关于公司的权利能力是否应受经营范围的严格限制,以及超越经营范围的活动是否无效,不同国家的法律给出了不同的答案,也经历了一定的演变。

英美法系的早期理论认为,公司的活动不能超越其目的范围,否则无效,这就是著名的越权理论。越权理论虽然加强了政府对公司的控制,但也限制了公司的自由发展,一定程度上影响了交易安全。因此,大多数公司都在公司章程中采用一般性的目的条款,如“公司可从事任何合法业务”等,实际上规避了越权理论的适用。《英国1989年公司法》第108条明确规定:“公司的能力不受公司章程的限制”,正式废除了越权原则。英美法系最终认为公司的经营目的并不与公司权利能力直接相关,公司对外交易的效力并不受经营目的的影响。

经营范围的限制是否构成对公司权利能力的限制,关系到公司超越经营范围订立的合同的效力问题,因而具有重要的意义。我国对于这一问题的立法和司法认识,经历了一个变化的过程。1993年《公司法》第11条第3款第1句规定公司应当在登记的经营范围内从事经营活动,彼时我国实践将超越经营范围或经营方式所签订的合同认定为无效合同。直至1999年12月最高人民法院颁布了最高人民法院《关于适用〈中华人民共和国合同法〉若干问题的解释(一)》(已失效),其中第10条规定:“当事人超越经营范围订立合同,人民法院不因此认定合同无效。但违反国家限制经营、特许经营以及法律、行政法规禁止经营规定的除外。”这标志着我国在公司经营范围态度上的转折。此后颁布的《公司法》也删除了“公司应当在登记的经营范围内从事经营活动”的规定,《民法典》第505条规定:“当事人超越经营范围订立的合同的效力,应当依照本法第一编第六章第三节和本编的有关规定确定,不得仅以超越经营范围确认合同无效。”可见,我国现行立法也并不因超越经营范围而否定合同效力。

二、公司的行为能力概述

我国《民法典》第57条规定:“法人是具有民事权利能力和民事行为能力,依法独立享有民事权利和承担民事义务的组织。”公司的行为能力是指公司以自己的意思或行为独立地取得权利、承担义务的资格。

关于公司法人的本质,存在两种不同的学说,进一步影响了公司是否具有行为能力的观点。以萨维尼为代表的拟制说认为,只有具备意思能力的主体才具备行为能力。由于公司仅为法律上的假设,并没有实体和意思能力,因此不具有行为能力,只能通过代理人表达意思。以基尔克为代表的实在说认为,法人并非法律拟制的结果,而是实体存在的。公司具备代表机关,通过该机关实施意思表示,因此具有行为能力。

由于公司与自然人在行为能力上存在差异,公司不能直接实施民事行为,因此其行为能力是通过代表机关来实现的。公司的代表机关由自然人组成,是公司的组成部分,代表机关以公司名义对外进行的民事法律行为被认为是公司本身的行为。

公司的行为能力和权利能力同时产生,同时消灭,并且公司行为能力的范围与权利能力的范围完全一致。

三、公司担保

(一)对外担保的程序限制

公司对外担保也是一种隐性的负债。域外相关国家和地区的规定对公司的担保行为作出了一定限制,甚至有规定原则上禁止公司对外担保,如我国台湾地区"公司法"第 16 条第 1 款。我国 1999 年《公司法》即禁止了公司对外担保,且 2000 年最高人民法院《关于适用〈中华人民共和国担保法〉若干问题的解释》(已失效)第 6 条规定了 5 种情形下的对外担保合同无效。2005 年《公司法》对担保制度进行了较大调整,不再绝对限制公司对外提供担保,而是要求公司为他人提供担保需要履行特定的决议程序。

新《公司法》未对担保制度进行根本调整,第 15 条规定:"公司向其他企业投资或者为他人提供担保,按照公司章程的规定,由董事会或者股东会决议;公司章程对投资或者担保的总额及单项投资或者担保的数额有限额规定的,不得超过规定的限额。公司为公司股东或者实际控制人提供担保的,应当经股东会决议。前款规定的股东或者受前款规定的实际控制人支配的股东,不得参加前款规定事项的表决。该项表决由出席会议的其他股东所持表决权的过半数通过。"第 135 条规定:"上市公司在一年内购买、出售重大资产或者向他人提供担保的金额超过公司资产总额百分之三十的,应当由股东会作出决议,并经出席会议的股东所持表决权的三分之二以上通过。"根据这些规定,公司对外担保应遵循如下的限制:

首先,公司对外担保的一般性限制。公司需按章程规定,由董事会或股东会对担保事项进行决议,章程可对担保数额作出总额限定。本款赋予了公司章程选择权,意即公司章程必须选择由股东会决议或是由董事会决议,而不能另行规定该事项无须经任何决议。此外,为了便于公司利用公司章程对公司对外担保事项进行管理,法律特别赋予公司章程可以对公司对外担保的总额和单项限额作出规定,以约束公司、股东、董事和高级管理人员等。

其次,为公司股东或实际控制人提供担保的特殊规定。为避免股东和实际控制人利用对公司董事会的控制权,操纵公司为个人债务提供担保,从而损害公司和其他股东的合法权益,法律要求此类担保必须经股东会决议,且关联股东不得参与表决,决议由出席股东的过半数表决权通过。这些具有利害关系的股东,既包括接受担保的股东,也包括受接受担保的实际控制人支配的股东。

最后,上市公司担保的特殊规定。1 年内担保金额超过公司资产总额 30%的上市公司,对外担保事项应由股东会作出决议,并经出席股东 2/3 以上表决权通过。

(二)越权担保的效力判断

自 2005 年《公司法》放开担保限制,允许公司对外提供担保后,关于越权担保效力的争议从未平息。若未履行章程规定的决议程序,或者超越章程限额进行对外担保,该如何判断担保的效力?

部分学说执着于判断原《公司法》第 16 条的规范性质。有少数观点认为,原《公司法》第 16 条所规定的决议程序是效力性规范,规范目的是避免法定代表人通过对外担保制度损害股东利益,因此越权担保的担保合同应为无效。多数观点认为该规范只是管理性强制性规范,仅规范对外担保的公司内部决议程序,并不对外影响合同的效力。

但是,以规范性质为判断方法的学说并非现行通说,如今的法律制度亦将越权担保的效力判断转化为法定代表权的判断问题。在《九民纪要》的基础上,2021 年《民法典担保制度解释》第 7 条规定:“公司的法定代表人违反公司法关于公司对外担保决议程序的规定,超越权限代表公司与相对人订立担保合同,人民法院应当依照民法典第六十一条和第五百零四条等规定处理:(一)相对人善意的,担保合同对公司发生效力;相对人请求公司承担担保责任的,人民法院应予支持。(二)相对人非善意的,担保合同对公司不发生效力;相对人请求公司承担赔偿责任的,参照适用本解释第十七条的有关规定。法定代表人超越权限提供担保造成公司损失,公司请求法定代表人承担赔偿责任的,人民法院应予支持。第一款所称善意,是指相对人在订立担保合同时不知道且不应当知道法定代表人超越权限。相对人有证据证明已对公司决议进行了合理审查,人民法院应当认定其构成善意,但是公司有证据证明相对人知道或者应当知道决议系伪造、变造的除外。”对于该规范,应作出如下理解:

第一,以相对人的善意与否为效力判断核心,本质上是判断该越权担保是否构成表见代表。相对人的善意需由相对人举证证明其已对公司决议进行了合理审查。就合理审查的判断标准而言,从审查客体与审查标准两个角度,应注意如下事项:

(1)相对人的审查客体是公司决议。在文义上,相对人仅需审查公司决议,即审查股东会或董事会的决议事项、决议比例等。对于相对人是否应该审查公司章程,社会各界有不同的主张,第一类观点认为从条文文义来看,相对人没有审查公司章程的义务,公司章程的备案和公开不足以构成"相对人知道或者应当知道"的证据,如欧盟第一号公司法指令第二节第9条第2款明确规定:"公司章程或者有决策权的公司机关对于公司机关权力的限制,不得被公司利用对抗第三人,即使这些限制已经公告也是如此。"第二类观点认为,公司担保存在特殊性,新《公司法》第15条明确规定了公司章程有权决定公司对外担保事项的决议机关、担保限额,若相对人不审查公司章程,则无从知道担保的有效决议机关与可能的数额限制,并且担保合同本质上是单务合同,为他人债务提供担保的担保人单方面承担着担保的义务,而并未从债权人处获得相应对价,要求担保相对人承担审查公司章程的义务虽然会增加交易成本,但对于可能承担巨额担保债务的担保人来说,担保权人付出该交易成本也是合理的。就相对人是否需要审查公司章程方可构成合理审查,有待后续实践与理论的进一步探索。

(2)相对人的审查标准是合理审查。《九民纪要》第18条第2款强调相对人仅需进行"形式审查",将"决议系法定代表人伪造或者变造、决议程序违法、签章(名)不实、担保金额超过法定限额等事由抗辩债权人非善意的"排除出相对人恶意的情形,认为在这些情形中相对人仅需尽必要注意义务即可,审查标准不宜过于严格。《民法典担保制度解释》第7条第2款则将审查标准调整为"合理审查",该标准相较于形式审查而言更为严格,但就决议伪造、签章不实等情形而言,应该认为此时相对人并不对决议的真实性、签章的真实性负责,其仅需根据公司章程约定,对决议主体、决议内容进行审查,即可满足审查要求。

第二,若相对人构成善意,则该越权代表构成表见代表。出于对交易安全的维护,表见代表制度保护了善意的担保合同相对人,此时相对人有权要求被代表人公司如约履行担保义务。在公司与法定代表人的内部关系上,因法定代表人的越权担保而给公司带来了损失,公司有权向该越权代表人追偿。

第三,若相对人不构成善意,则可能承担缔约过失责任。《民法典担保制度解释》第 17 条是关于主合同有效而担保合同无效的规定,其中强调:“(一)债权人与担保人均有过错的,担保人承担的赔偿责任不应超过债务人不能清偿部分的二分之一;(二)担保人有过错而债权人无过错的,担保人对债务人不能清偿的部分承担赔偿责任;(三)债权人有过错而担保人无过错的,担保人不承担赔偿责任。”可见,若相对人不构成善意,则表见代表不成立,担保合同对公司并不生效。但对于公司在相对人不构成善意的情形中是否仍应承担责任,社会各界存在不同的观点:第一种观点主张公司需承担缔约过失责任,如《民法典担保制度解释》第 17 条规定,若公司对法定代表人的越权担保行为有过错,则可能因该过错而需承担小于等于债务人不能清偿部分的 1/2 的缔约过失责任,学理上一般认为公司的过错有未有效监督法定代表人行使代表权、未管理好公章、未及时发现并制止等。第二种观点认为在相对人不构成善意的情形中,公司无须承担责任,所有责任由法定代表人自行承担,因为在法定代表人越权担保时,公司并不存在过错,公司是否承担责任实质上直接关系股东的利益,要求公司承担责任意味着股东需承担较多风险,不符合《公司法》第 15 条的立法目的。

(三)对外担保的其他规定

2021 年《民法典担保制度解释》还新增了与公司担保有关的其他特殊规定,可具体梳理如下。

其一,关于上市公司担保。《民法典担保制度解释》第 9 条规定:“相对人根据上市公司公开披露的关于担保事项已经董事会或者股东大会决议通过的信息,与上市公司订立担保合同,相对人主张担保合同对上市公司发生效力,并由上市公司承担担保责任的,人民法院应予支持。相对人未根据上市公司公开披露的关于担保事项已经董事会或者股东大会决议通过的信息,与上市公司订立担保合同,上市公司主张担保合同对其不发生效力,且不承担担保责任或者赔偿责任的,人民法院应予支持。相对人与上市公司已公开披露的控股子公司订立的担保合同,或者相对人与股票在国务院批准的其他全国性证券交易场所交易的公司订立的担保合同,适用前两款规定。”该规范将上市公司的信息披露与担保相对人的善意判断结合在一起,要求担保相对人审查上市公司所公开披露的信息。从另一个角度上看,若上市公司未能履行信息披露义务,也可能影响担保相对人的善意认定,这一规定会促使债权人更加谨慎细致地履行注意义务,积极督促上市公司履行法律规定的信息披露义务。

其二,担保决议例外规则。《民法典担保制度解释》第 8 条规定:"有下列情形之一,公司以其未依照公司法关于公司对外担保的规定作出决议为由主张不承担担保责任的,人民法院不予支持:(一)金融机构开立保函或者担保公司提供担保;(二)公司为其全资子公司开展经营活动提供担保;(三)担保合同系由单独或者共同持有公司三分之二以上对担保事项有表决权的股东签字同意。上市公司对外提供担保,不适用前款第二项、第三项的规定。"首先,金融公司或担保公司的主营业务即为担保,此类公司由专门的特别法规予以规制,无须再受《公司法》一般性程序规则的影响。其次,公司为其全资子公司开展经营活动提供担保并不属于公司为他人提供担保,而是公司为自身业务提供担保,无损公司利益,故由公司经营机关自行决定即可,无须对此类担保进行特别规制。最后,若担保合同已经由单独或者共同持有公司 2/3 以上表决权的股东签字同意,实质上等同于形成了股东会决议,再另行履行决议程序并无意义。以上三种情形均无须就担保事项进行股东会或董事会决议,故司法解释豁免了上述情形的担保程序。

其三,一人公司担保的特殊规则。《民法典担保制度解释》第 10 条规定:"一人有限责任公司为其股东提供担保,公司以违反公司法关于公司对外担保决议程序的规定为由主张不承担担保责任的,人民法院不予支持。公司因承担担保责任导致无法清偿其他债务,提供担保时的股东不能证明公司财产独立于自己的财产,其他债权人请求该股东承担连带责任的,人民法院应予支持。"

其四,分支机构担保的特殊规则。《民法典担保制度解释》第 11 条规定:"公司的分支机构未经公司股东(大)会或者董事会决议以自己的名义对外提供担保,相对人请求公司或者其分支机构承担担保责任的,人民法院不予支持,但是相对人不知道且不应当知道分支机构对外提供担保未经公司决议程序的除外。金融机构的分支机构在其营业执照记载的经营范围内开立保函,或者经有权从事担保业务的上级机构授权开立保函,金融机构或者其分支机构以违反公司法关于公司对外担保决议程序的规定为由主张不承担担保责任的,人民法院不予支持。金融机构的分支机构未经金融机构授权提供保函之外的担保,金融机构或者其分支机构主张不承担担保责任的,人民法院应予支持,但是相对人不知道且不应当知道分支机构对外提供担保未经金融机构授权的除外。担保公司的分支机构未经担保公司授权对外提供担保,担保公司或者其分支机构主张不承担担保责任的,人民法院应予支持,但是相对人不知道且不应当知道分支机构对外提供担保未经担保公司授权的除外。公司的分支机构对外提供担保,相对人非善意,请求公司承担赔偿责任的,参照本解释第十七条的有关规定处理。”

其五,关于债务加入的参照适用。《民法典担保制度解释》第 12 条规定:“法定代表人依照民法典第五百五十二条的规定以公司名义加入债务的,人民法院在认定该行为的效力时,可以参照本解释关于公司为他人提供担保的有关规则处理。”

四、公司转投资

(一)转投资概述

转投资,是指公司投资于其他企业的行为。公司转投资在多个方面都具有积极意义,它有助于活跃资本市场、扩大经营规模、提高企业经营效益。此外,转投资是公司并购、扩张的前提,反映了公司经营的内在需求。因此,转投资已成为企业间相互联合和重组的重要手段。

然而,转投资也存在一些负面影响。为了确保公司经营的安全和维护公司债权人的利益,一些国家和地区的公司法对公司的转投资行为施加了限制。这些限制通常涉及转投资对象和数额两个方面:一是对转投资对象的限制,法律上禁止公司成为其他经济组织中承担无限责任的成员,包括成为合伙人或无限责任公司及两合公司中的无限责任股东。因为如果允许公司承担无限连带责任,一旦其所投资的公司或合伙企业不能清偿债务,公司资产将处于风险之中,影响公司股东和债权人的利益。二是对于转投资数额的限制,因为转投资容易导致资本虚增,从而可能降低公司的实际偿债能力,增加公司债权人的风险,所以,公司法为适当控制转投资的规模,往往限定转投资的最高比例。如我国 1999 年《公司法》第 12 条第 2 款即要求公司累计投资额不得超过本公司净资产的 50% 。

尽管存在上述限制,但在实践中,公司经常能够规避这些限制。从域外立法来看,各国立法已从早期单纯限制转投资行为转变为综合规制方向。这种转变考虑了转投资行为对接受投资方的股权结构产生的负面影响以及由此引发的股东表决权滥用等问题。因此,立法开始对转投资形成的各种关系进行综合调整，规制手段包括公开转投资状况、限制或禁止子公司或从属公司拥有母公司或控制公司的股份或资产、限制公司相互持股数额等。

（二）我国规定

我国2005年《公司法》对转投资限制进行了较大调整。首先，在投资对象上取消了1999年《公司法》中只能投向有限责任公司和股份有限公司的限制，只要不对所投资企业的债务承担连带责任就可以投资，从而扩大了公司投资对象的范围；其次，允许公司章程规定公司对外投资的决议机关，或由董事会，或由股东会决议；最后，取消了投资数额的限制，由公司自身根据实际情况掌握对外投资的规模。公司可以公司章程的形式对投资的总额及单项投资的数额作出限额的规定。

新《公司法》进一步放宽了对转投资的限制，通过调整原《公司法》的表述，现行立法转变了对转投资的限制态度。新《公司法》第14条规定："公司可以向其他企业投资。法律规定公司不得成为对所投资企业的债务承担连带责任的出资人的，从其规定。"2005年《公司法》强调原则禁止转投资，法律另有规定方才允许，新《公司法》则强调原则上允许公司进行转投资，法律另有规定才禁止。表述方式的转变意味着法律扩大了公司对外投资对象的范围，在逻辑上也更契合"法无禁止皆可为"的原则，只要没有法律规定公司不能成为对所投资企业的债务承担连带责任的出资人，那么公司就可以投资该企业。这一调整理顺了公司在转投资问题上的法律逻辑，也解决了理论和实务中争议不断的关于公司能否作为普通合伙人投资合伙企业的问题。

需注意的是，《公司法时间效力司法解释》第2条第1项规定了有效溯及原则，在新《公司法》实施前约定公司对所投资企业的债务承担连带责任的，应适用新《公司法》第14条第2款规定，认定该民事法律行为有效。

在转投资决议程序上，新《公司法》与原有规定一样，转投资的决议机关、数额由公司章程作出规定与限制。第15条第1款规定："公司向其他企业投资或者为他人提供担保，按照公司章程的规定，由董事会或者股东会决议；公司章程对投资或者担保的总额及单项投资或者担保的数额有限额规定的，不得超过规定的限额。"

五、公司资金借贷

传统理论认为，公司借贷行为会使公司的资金处于风险之中，因而为了保障股东和债权人利益,法律需要对公司的借贷行为予以限制。我国1999年《公司法》即禁止了董事、经理将公司资金借贷给他人的行为。但随着商事实践的发展,公司资本信用理念逐步转向了资产信用观念,而且,禁止公司资金借贷不利于公司的融资。2005年《公司法》不再直接禁止公司的资金借贷,而是规定董事、高级管理人员可根据章程或经股东会同意,将公司资金借贷给他人。

新《公司法》删除了对公司资金借贷的限制规定,法律不再对公司的资金借贷作出明确的程序性规定。据此,公司资金借贷需遵循以下规则:第一,若公司将资金借贷给控股股东、实际控制人、董事、监事、高级管理人员等主体,则属于关联交易,应适用新《公司法》的关联交易规范,按照公司章程的规定经董事会或者股东会决议。第二,若公司资金借贷不涉及关联交易,则应由公司管理层进行商业判断,法律不再另行规定程序限制,公司可以通过章程或者股东会、董事会决议的方式,对公司是否对外借贷资金、向谁进行资金借贷、资金借贷金额多少等问题进行自行决策。

六、公司回购

公司回购,是指有限责任公司或股份有限公司在特定情形下回购股东所持有的公司股权的行为。公司回购自己的股份可能导致不良法律后果,因此许多国家的公司法对公司回购股份的行为采取了原则禁止或限制的态度。具体来说,公司回购股份可能带来以下问题:其一,损害债权人利益。公司向特定股东回购股份相当于股东抽逃资本,可能损害债权人的利益。其二,操纵市场。公司通过买卖自己的股票,可能抬高或压低股票价格,从而操纵市场。其三,权利与义务主体混同。股份代表股东权,而股东权必须由股东向公司主张。如果公司持有自己的股份,会导致权利与义务主体混同,会产生逻辑上的混乱。尽管如此,公司在某些特定情况下可能需要回购股份。因此,法律对某些情形作出了例外规定,允许公司在这些情况下收购自身股份。这些特定情形包括减少资本、合并、实行员工持股计划、异议股东行使股份买取请求权等。

为适应公司发展中越来越多的需求,各国法律对公司股份回购的限制都有放宽的趋势,我国2005年《公司法》修改也体现了这种趋势。为保护中小股东的利益,2005年《公司法》第75条规定了有限责任公司股东的异议回购请求权,第143条规定了4项股份有限公司得以回购股权的法定情形;2018年《公司法》第 142 条新增了两项股份有限公司的例外回购事由。新《公司法》在 2018 年《公司法》的基础上对股权回购制度作出了一些调整与更新。

根据新《公司法》第 162 条规定,股份有限公司原则上不得收购本公司股份,但以下 6 项法定回购事由除外。

1. 减少公司注册资本。公司若因减少注册资本而回购股份,应当经股东会决议,且应在公司完成收购后 10 日内注销该部分股份。

2. 与持有本公司股份的其他公司合并。当公司与拥有本公司股份的其他公司合并时,被合并的其他公司的资产都归属本公司,也包括其他公司所持有的本公司的股份。因合并而进行的回购需经股东会决议,公司回购股份后,应当在回购之日起 6 个月内转让或者注销股份。

3. 将股份用于员工持股计划或者股权激励。公司推行员工持股计划或者股权激励,既可以通过发行新股进行,也可以回购已发行的股份,但发行新股可能导致股权稀释,而通过股份回购进行,既有利于提升股价,也不会稀释未来股权收益,既维护了既有股东利益,也有利于激励员工。为提高效率,便利公司及时把握市场机会,该情形的股份回购程序较为简单,公司可依章程或股东会的授权,经 2/3 以上董事出席的董事会会议决议。回购股份后,可根据公司的实际情况适时推行员工持股计划或者股权激励计划,但公司持股最长不得超过 3 年,且持股数量不得超过本公司已发行股份总数的 10% 。

4. 股东因对股东会作出的公司合并、分立决议持异议,要求公司收购其股份。该条款规定了股东对合并分立决议的异议回购权,与新《公司法》第 161 条一并构成了完整的股份有限公司股东的异议回购制度。观察新《公司法》第 161 条、第 162 条与 2018 年《公司法》可知,股份有限公司股东的异议回购权需作如下理解:其一,在回购事由上,股份有限公司股东对于公司合并分立决议异议时的回购权是 2005 年《公司法》早已有之的规定,但新《公司法》新增第 161 条,股份有限公司股东由此也具有了对公司有盈不分、转让主要财产、修改公司章程使营业期限届满或出现解散事由的公司存续的异议回购权。股份有限公司与有限责任公司的股东因而享有对相同事由的异议回购权。其二,第 161 条与第 162 条第 1 款第 4 项的股东异议回购权也存在细微的差别,若公司公开发行股份,其股东并不享有第 161 条的异议回购权,但仍然享有第 162 条对于公司合并分立决议的异议回购权。若公司依第 162 条第 1 款第 4 项回购股东股份,应当在6个月内转让或者注销。

5. 将股份用于可转换为股票的公司债券。可转换为股票的公司债券是以债券形式发行的,在一定时期内依据约定的条件可以转换为股票的债券。依据新《公司法》第202条的规定,股份有限公司经股东会决议或者经公司章程、股东会授权由董事会决议,可以发行可转换为股票的公司债券;上市公司发行可转换为股票的公司债券,应当经国务院证券监督管理机构注册。为发行可转换为股票的公司债券而进行股份回购,可避免发行新股而稀释股权,有利于股东和可转债券持有人的利益。所回购的股份,应当在3年内按照可转债募集办法的规定转换给可转债持有人,公司合计持有的本公司股份数不得超过本公司已发行股份总数的10%。

6. 上市公司为维护公司价值及股东权益所必需。该条款是为上市公司专门设立的法定回购例外,为便利上市公司维护公司价值与股东权益,赋予上市公司在特定情形下的股权回购权。但因公开市场中上市公司的回购将影响广大投资者的利益,回购权的滥用可能导致操纵市场等失序行为,故对上市公司的回购权利应予以监管限制,实践中监管部门与证券交易所也出台了相关回购细则文件。若公司依该条项进行回购,需按照公司章程或者股东会的授权,经2/3以上董事出席的董事会会议决议。且公司合计持有的本公司股份数不得超过本公司已发行股份总数的10%,并应当在3年内转让或者注销。上市公司应当通过公开的集中交易方式进行。

这六项法定回购事项所对应的决议程序、回购后的公司义务,见表1。

表1 不同回购事由对应的决议程序与公司义务

回购事由	决议程序	回购后的公司义务
减少公司注册资本	应当经股东会决议	时间:应当自收购之日起10日内注销
与持有本公司股份的其他公司合并	应当经股东会决议	时间:应当在6个月内转让或者注销
将股份用于员工持股计划或者股权激励	按照公司章程或者股东会的授权,经2/3以上董事出席的董事会会议决议	数额:公司合计持有的本公司股份数不得超过本公司已发行股份总数的10%; 时间:应当在3年内转让或者注销; 方式:上市公司应当通过公开的集中交易方式进行

续表

回购事由	决议程序	回购后的公司义务
股东因对股东会作出的公司合并、分立决议持异议,要求公司收购其股份		时间:应当在6个月内转让或者注销
将股份用于转换公司发行的可转换为股票的公司债券	按照公司章程或者股东会的授权,经2/3以上董事出席的董事会会议决议	数额:公司合计持有的本公司股份数不得超过本公司已发行股份总数的10%; 时间:并应当在3年内转让或者注销; 方式:上市公司应当通过公开的集中交易方式进行
上市公司为维护公司价值及股东权益所必需	按照公司章程或者股东会的授权,经2/3以上董事出席的董事会会议决议	数额:公司合计持有的本公司股份数不得超过本公司已发行股份总数的10%; 时间:应当在3年内转让或者注销; 方式:上市公司应当通过公开的集中交易方式进行

此外,新《公司法》在2018年《公司法》的基础上,新增了针对有限责任公司控股股东滥用权利的回购请求权(第89条第3款)、新增了股份有限公司股东的异议回购权(第161条)、新增简易合并制度,并强调简易合并中股东也有回购权(第219条),关于股东的异议回购权,详见本书第八章"公司股东与股权"。

七、关联交易

关联交易是指公司与其关联方之间转移资源或者义务的交易,如公司董事、监事、高级管理人员与公司所进行的交易。关联主体可能利用关联交易为自己谋取利益,违反对公司的忠实义务,进而损害公司利益,因此有必要对其予以必要的限制。但与此同时,公司也有可能基于关联交易而获得更多商业机会、节约成本或赚取更多利润。可见,关联交易实际上是一种中性的行为,并不绝对损害公司利益。法律应重点识别可能损害公司利益的关联交易并规定对应的程序限制与法律后果。新《公司法》在原有法律的基础上丰富了对关联交易的规定,构建了以第182条、第185条、第186条为中心的关联交易规则,扩大了关联人的范围,增加了一般性的关联交易报告义务和回避表决规则,明确了识别不公允关联交易的程序规则。对关联交易的界定、程序规制、法律后果,应作如下理解。

(一)关联交易的界定

对关联交易进行规制,首先需要识别什么是关联交易。界定关联交易存在两种模式:第一种是将关联交易定义为关联方之间的交易,进而对何谓关联方进行界定;第二种是对关联关系作出界定,进而认定公司与具有关联关系的主体之间的交易构成关联交易。我国新《公司法》一并采纳了这两种模式,具体而言:

第一,界定关联方。新《公司法》第182条规定:“董事、监事、高级管理人员,直接或者间接与本公司订立合同或者进行交易,应当就与订立合同或者进行交易有关的事项向董事会或者股东会报告,并按照公司章程的规定经董事会或者股东会决议通过。董事、监事、高级管理人员的近亲属,董事、监事、高级管理人员或者其近亲属直接或者间接控制的企业,以及与董事、监事、高级管理人员有其他关联关系的关联人,与公司订立合同或者进行交易,适用前款规定。”可见,相比原《公司法》仅规制董监高的直接自我交易,新《公司法》扩大了关联方的范围,将董监高及其近亲属、董监高直接或间接控制的关联企业、董监高的近亲属直接或间接控制的关联企业也明确纳入了关联人的范围。

第二,界定关联关系。第182条在界定关联方时将“其他关联关系的关联人”作为兜底条款。根据新《公司法》第265条,关联关系是指公司控股股东、实际控制人、董事、监事、高级管理人员与其直接或者间接控制的企业之间的关系,以及可能导致公司利益转移的其他关系。可见,我国采取了“列举典型关联人+概括关联关系”的立场,拓宽了关联交易的概念范围。

需要注意的是,《公司法时间效力司法解释》第5条第4项规定,新法实施前法律对关联交易有原则性规定,新法实施前发生的相关纠纷,应适用新《公司法》第182条、第265条第4项的规定。

(二)关联交易的程序规制

关联交易是否应当被允许,应根据是否会影响公司利益进行判断。新《公司法》首先通过程序性规则对关联交易进行限制,关联交易首先应符合程序公平原则。

新《公司法》第182条第1款规定:“董事、监事、高级管理人员,直接或者间接与本公司订立合同或者进行交易,应当就与订立合同或者进行交易有关的事项向董事会或者股东会报告,并按照公司章程的规定经董事会或者股东会决议通过。”第185条规定:“董事会对本法第一百八十二条至第一百八十四条规定的事项决议时，关联董事不得参与表决，其表决权不计入表决权总数。出席董事会会议的无关联关系董事人数不足三人的，应当将该事项提交股东会审议。”第139条规定：“上市公司董事与董事会会议决议事项所涉及的企业或者个人有关联关系的，该董事应当及时向董事会书面报告。有关联关系的董事不得对该项决议行使表决权，也不得代理其他董事行使表决权。该董事会会议由过半数的无关联关系董事出席即可举行，董事会会议所作决议须经无关联关系董事过半数通过。出席董事会会议的无关联关系董事人数不足三人的，应当将该事项提交上市公司股东会审议。”对以上条款，应作如下理解。

第一，新增关联交易的披露制度。第182条第1款增加了关联交易审查的前置程序，即关联交易的披露制度。董事、监事、高级管理人员负有就相关交易向董事会或股东会的报告义务，以便董事会或股东会及时掌握自我交易的情况，迅速采取应对措施。

第二，新增关联交易的决议主体。原《公司法》将关联交易的决议主体限定在股东会，排除了董事会的决议权。这种安排可能不利于公司灵活安排事务，降低了公司的运行效率。股东会会议并非常设会议，对于规模较大的公司尤其是上市公司而言，面对关联交易或者商业机会，要求董事、监事、高管征求股东会的同意，与商业精神和效率追求相悖。新《公司法》将关联交易的决策机关交由公司章程自行决定，增加董事会作为公司可选择的决议主体，提高了关联交易的审查效率，能够适应各类公司的实践需求。

第三，关于关联交易的表决规则。第185条就关联交易的回避表决规则作出了明确规定，即关联董事应就该决议回避表决，其表决权不计入总数。在无关联关系董事人数少于三人时，为确保决议的公正性，该交易事项应提交股东会审议。该事项的董事会会议由过半数的无关联关系董事出席即可举行，所作决议须经无关联关系董事过半数通过。

第四，关于上市公司关联交易董事表决回避规定。第139条专门对上市公司董事会的关联交易表决问题作出了规定。该规定一是强调了董事在涉及与公司利益相关的事项时应及时向董事会披露个人或者企业间的关联关系；二是强调具有关联关系的董事在相关决策事项上不得行使表决权，也不得代理其他董事行使表决权；三是对于董事会会议的召开和决议通过进行了明确的规定，董事会会议必须确保过半数的无关联关系董事出席，需要过半数的无关联关系董事投票通过;四是强调如果董事会会议上无关联关系董事人数不足三人,则涉及关联关系的决议事项必须提交给上市公司股东会审议。对上市公司的关联交易,域外一般通过立法加以规制,尽管域外对关联交易的具体生效条件规定不一,但大都是采取“双轨制”的方式对关联交易实行规制,即一方面通过证券法律法规要求上市公司对其与关联方之间的所有重大交易进行披露,另一方面通过有关公司法律规范对公司与其关联方之间的交易实施实质性的限制。

需要注意的是,《公司法司法解释(五)》第1条第1款明确了关联交易存在司法实质性公平判断的空间,“关联交易损害公司利益,原告公司依据民法典第八十四条、公司法第二十一条规定请求控股股东、实际控制人、董事、监事、高级管理人员赔偿所造成的损失,被告仅以该交易已经履行了信息披露、经股东会或者股东大会同意等法律、行政法规或者公司章程规定的程序为由抗辩的,人民法院不予支持”,并在第2款明确了异议股东有权为了公司利益提起股东代表诉讼。新《公司法》仅明确采纳了关联交易的程序公平标准,并未在法律层面明确规定实质公平性审查。我们认为,司法解释所确立的实质公平审查有法理上的正当性,当公司关联交易损害了公司利益时,不能以程序的完全履行对抗相对人的损害赔偿请求权。基于我国公司治理中利用不公允关联交易损害公司和中小股东利益的现象频繁发生,单一的程序公平规则未必最有利于公司利益,维持实质审查规则,为公司和中小股东提供兜底的救济手段更为可取。

(三)关联交易的法律后果

除了对关联交易的前端程序规制外,新《公司法》也规定了利用关联交易损害公司利益的法律后果。

第一,通过关联交易损害公司利益的,须承担损害赔偿责任。新《公司法》第22条规定:“公司的控股股东、实际控制人、董事、监事、高级管理人员不得利用关联关系损害公司利益。违反前款规定,给公司造成损失的,应当承担赔偿责任。”可见,若公司的董监高通过关联交易损害公司利益,则须承担赔偿责任。且结合关联交易的实质公平审查规则可知,已经履行了关联交易的报告、决议程序并不能对抗关联交易的损害赔偿请求权。还需说明的是,第22条是关联交易的总则性条款,规定了控股股东、实际控制人与董监高不得利用关联交易损害公司利益的原则性规定,但《公司法》仅针对公司与董监高等主体关联交易的前置程序作出了明文规定,对于控股股东、实际控制人的关联交易程序规制,可通过事实董事制度予以解决,公司章程亦可另行约定。

第二,公司对关联交易的收入享有归入权。新《公司法》第186条规定:"董事、监事、高级管理人员违反本法第一百八十一条至第一百八十四条规定所得的收入应当归公司所有。"若董监高未履行第182条规定的关联交易前置报告、决议程序,则公司有权向其主张因关联交易而带来的收益,公司所享有的该权利又称归入权。为了防止董监高将个人利益置于公司利益之上,偏离受信目标,其不得保有因违信行为而获得的利益。因此,实际上法律将董监高的收入推定为公司损失,无论公司是否存在实际损失,董监高均应将其收入归入公司。需要注意的是,公司的归入权与损害赔偿请求权构成权利聚合的关系,且无论是向关联方主张损害赔偿,抑或是向关联方主张归入权,这些权利都不仅可由公司行使,也可由满足条件的股东依派生诉讼规则为公司利益而主张。

第三,关于违反程序规则的关联交易行为效力问题。违反程序公平的关联交易的行为效力如何,司法实践与理论界对此争议较大,主要存在三种观点:一是有效说,认为股东会或董事会决议批准的规定并非效力规定,而是公司内部基于章程确立的程序性规定,相对人并没有义务审查,违反此规定而进行的交易有效。二是无效说,认为违反批准程序的关联交易有损公司利益,应直接认定为无效。三是相对无效或可撤销说,认为违反批准程序的关联交易不必然损害公司利益,公司可事后根据该关联交易是否实质公允决定是否撤销。不过该撤销权亦应受到一定限制,对于已经履行完毕的关联交易不应允许撤销。对此,我们总体上支持前述第三种观点,此种观点跳出了一味保护善意相对人利益的传统合同法思维,以公司利益为审查核心,同时兼顾了交易的安全性,系对各方利益最优的选择。

第四节　法定代表人制度

一、法定代表人制度概述

(一)法定代表人的地位

根据我国《民法典》第61条的规定,法定代表人是代表法人从事民事活动的负责人,法定代表人以法人名义从事的民事活动,后果由法人承受。《公司法》上的法定代表人与《民法典》上的法定代表人概念是一致的。不同于自然人,公司只能通过表意机关对外进行意思表示,公司的行为能力只能通过表意机关来实现,法定代表人即公司的表意机关。通说认为,法定代表人是唯一一个无须公司特别授权即可全权对外独立代表公司的自然人,其余机关或人员必须取得授权后才能代表公司。

在职权上,法定代表人享有公司对外的代表权,如代表公司进行交易、对公司的诉讼代表权,法定代表人对外代表公司的职权源于法律规定。但在公司内部,法定代表人并不一定有决策权与管理权,法定代表人只是公司的对外表意机制,并不参与公司意思的形成,也不负责公司意思的执行,但因法定代表人的选任范围与董事或经理重合,实践中的法定代表人通常既具有对外代表权,又因董事或经理身份而具有对内的业务执行权。

法定代表人以法人名义从事民事活动,后果由法人承受,这与代理制度的理论构造相似。但代表制度又具有区别于代理制度的明显特征:第一,二者的理论基础不同,代表机制中代表人和被代表人(法人)应视为同一主体,法定代表人就是法人的表意机关,而代理则存在代理人与本人的内部关系,存在法律效果归属的过程。第二,二者的权限范围有别,法律授予法定代表人全权代表权,而代理仅是在特定权限范围内,根据授权范围进行代理活动。第三,也有观点认为,代表制度与代理制度的区别在于,代表制度可以代表事实行为和侵权行为,但是代理只能指向法律行为。①

代表与代理的区别在规范上亦有所体现。《民法典》第 61 条规定了法定代表人制度,《民法典》第 170 条则规定了职务代理制度、总则编第七章第二节规定了委托代理制度。职务代理强调代理人属于被代理人内部的人员、代理权局限于其职权范围内而并非全权代理,委托代理则强调代理权的意定授予,均与法定代表人规范存在明显区别。

(二)法定代表人制度的特征

代表制度具有明显区别于代理制度的理论基础,由此延伸出了法定代表人制度法定性、唯一性的特征。

---

① 参见王泽鉴:《民法总则》,北京大学出版社 2009 年版,第 453 页。

1. 法定代表人的法定性

顾名思义,法定代表人强调法定性。结合我国《公司法》与其他法律的制度演进,法定代表人制度的法定性特征有如下三方面表现:

第一,法定代表人职权的法定性。法定代表人对外代表公司的职权源于法律规定,无须另行授权,并且在代表权范围上,法律赋予了法定代表人全权代表公司的权力。当然,这并不意味着法定代表人的职权范围不可被限制,新《公司法》第11条第2款规定:"公司章程或者股东会对法定代表人职权的限制,不得对抗善意相对人。"章程或股东会决议可对法定代表人的代表权作出限制,如可规定法定代表人代表公司对外担保的最高额度,但是这样的限制不可对抗善意相对人。

第二,法定代表人产生的法定性。法定代表人是法律规定必须设立的表意机关。在产生方式上,1999年《公司法》强制规定了只能由公司董事长担任法定代表人,随后2005年《公司法》在一定程度上放宽了法定代表人产生方式,产生方式上允许公司章程自行决定。在选任范围上,1999年《公司法》仅允许公司董事长担任法定代表人,2005年《公司法》将选任范围拓宽至经理,新《公司法》则进一步拓宽至代表公司执行公司事务的董事或者经理。

第三,法定代表人的公示性。法定代表人是法定的公司表意机关,法定代表人的身份会使相对人产生合理信赖,为维护交易安全,法律规范通常有公示法定代表人的要求。如2005年《公司法》虽然在产生方式上放宽了对法定性的限制,但经由登记制度,法定性色彩又趋于恢复,如2005年《公司法》第13条规定"公司法定代表人依照公司章程的规定,由董事长、执行董事或者经理担任,并依法登记。公司法定代表人变更,应当办理变更登记",第7条规定公司营业执照应当载明法定代表人姓名,第25条与第82条均将法定代表人规定为有限责任公司、股份有限公司章程必须载明的法定事项。新《公司法》对此作出了一定调整,但法定代表人仍然是需要依法登记公示的事项,如第32条规定公司登记事项包括法定代表人的姓名,第33条第2款也保留了营业执照记载法定代表人姓名的规定。但在章程记载事项方面,新《公司法》第46条、第95条均规定公司章程必须记载公司法定代表人的产生、变更办法,而未规定须记载法定代表人姓名。

由上述制度演进可以看出,法定代表人制度的法定性,实则已被较大削减。

我国目前的法定代表人制度赋予了公司更多的意定空间。

2. 法定代表人的唯一性

唯一性也即每个公司只能有一位法定代表人。唯一性是我国法定代表人制度与域外规定的一项重要区别。域外存在单独代表制、共同代表制两种主要规范体例。单独代表制强调每一董事均可对外代表公司。如《日本公司法》规定,数人为公司董事时,各自代表公司,且允许公司另行规定代表董事或其他代表,代表董事有权实施公司业务有关的一切诉讼内外的权利,对该等权利的限制不得对抗善意第三人。共同代表制强调董事会成员应共同对外代表公司,除非公司章程有相反规定。如《德国股份公司法》规定,董事会可以对外代表公司处理几乎所有的公司事务,而第三人向公司作出意思表示时,可以向任一董事为之,基于公司章程或公司章程授权的监事会决议,股份公司可以采取变更共同代表的方式,改为单独代表。这两种立法例与我国的法定代表人制度均存在明显区别:单独代表制中虽然代表人可以独立代表公司,但其并不具备唯一性,代表权可以被授予多个董事,而共同代表制强调代表的共同性。

法定代表人制度的唯一性可追溯至我国改革开放初期的“厂长负责制”。在计划经济向市场经济的转轨过程中,国有企业被改制为具有独立法人资格的公司,同时为了兼顾国有资产的保护与企业的独立性,国家在下放权力的同时也牢牢把握住了国有企业负责人的选任,厂长由上级主管部门任命,厂长的绩效考核、职务晋升与其主管部门任命的职务紧密关联,且厂长具有唯一性,是代表企业行使职权的主要负责人。而后脱胎于“厂长负责制”的法定代表人制度仍然延续着唯一性的限制,无论其产生方式如何改变、选任范围如何拓宽,每个公司均必须且只有一位法定代表人。

新《公司法》规定法定代表人由代表公司执行公司事务的董事或者经理担任,在文义上并未明确法定代表人是否唯一。对新《公司法》的该条规定,存在两种解读的可能:第一种是延续唯一性的理解,强调一家公司仅能有一位法定代表人;第二种是遵循“法不禁止即自由”原则,认为法律没有明确禁止多位法定代表人,即允许公司设置多位法定代表人。我们认为,从维护民事活动秩序的角度出发,坚持法定代表人的唯一性解读更为合理。唯一性的理解与我国《民法典》等规定保持一致,且在税法、行政法、刑法等公法意义上,法定代表人也具有唯一性。如《税收征收管理法》第44条规定:“欠缴税款的纳税人或者他的法定代表人需要出境的，应当在出境前向税务机关结清应纳税款、滞纳金或者提供担保。未结清税款、滞纳金，又不提供担保的，税务机关可以通知出境管理机关阻止其出境。”为了维护我国法律秩序的统一有序，避免公司法定代表人行为冲突引起的混乱和纠纷，法定代表人唯一性的解读更为合理。

但需要强调的是，虽然法律层面仍然坚持着法定代表人的唯一性，但事实上我国实践已然在不同侧面实现了对唯一性的突破。如《公司法司法解释（四）》第23条赋予了监事会主席或监事、董事长或执行董事诉讼代表权，实质上打破了《民事诉讼法》第51条所形成的法定代表人在诉讼表意上的垄断权。

二、法定代表人的产生、变更与解任

（一）法定代表人的产生

新《公司法》第10条第1款规定：“公司的法定代表人按照公司章程的规定，由代表公司执行公司事务的董事或者经理担任。”该规定对法定代表人的选任范围、选任方式进行了修改。对于法定代表人的产生，应从以下三个角度进行理解。

第一，由章程规定法定代表人的选任。2005年《公司法》规定法定代表人的选任由章程决定，且公司的法定代表人应于公司章程、营业执照中载明。而新《公司法》第46条第1款第7项规定，有限责任公司章程应当载明公司法定代表人的产生、变更办法。结合新《公司法》第10条与第46条可知，法定代表人由公司自行决定，章程需要记载产生法定代表人的办法，章程可约定由董事会、股东会或其他方式决定法定代表人，并规定决议的出席比例与表决比例。

第二，选任的范围是代表公司执行公司事务的董事或经理，“代表公司执行公司事务”有对内与对外两个层次的含义。对内是指法定代表人是执行公司事务的主体，具有公司内部事务执行权，公司的外部董事因不执行公司事务，并不可以成为法定代表人。对外是指法定代表人享有公司代表权，代表人对外具有进行营业和裁判上行为的权力，如对外签订合同或者代表公司起诉、应诉等，[①] 公司只能由一位主体对外进行代表。

---

① 参见施天涛：《公司法论》（第4版），法律出版社2018年版，第375页。

第三，新《公司法》扩大了法定代表人的选任范围。原《公司法》规定法定代表人由董事长、执行董事或总经理担任，依原《公司法》第 50 条，股东人数较少或规模较小的有限责任公司，可以设一名执行董事，不设董事会，因此在原《公司法》中，法定代表人只能由董事长或不设董事会的执行董事或总经理担任。这样的规定并不能很好地适应市场需要，也不符合实践情况。新《公司法》第 10 条将选任范围扩大至所有执行公司事务的董事和经理，而不仅仅是公司的董事长、执行董事或总经理，这一规定有利于提高公司运营效率，促进公司内部各主体的合理分工。所谓“执行公司事务的董事”，又可称执行董事、内部董事、非独立董事，与非执行董事、外部董事、独立董事相对，是指除在公司担任董事之外，还同时出任其他职务，负责公司的经营、管理、投资、筹资等一个方面或者几个方面事务的董事。所谓“经理”，是指负责公司日常经营管理的高级管理人员，本条规定中的经理仅指总经理，不包括副经理。

（二）法定代表人的变更

原《公司法》第 13 条第 2 句规定：“公司法定代表人变更，应当办理变更登记。”而新《公司法》对此变更机制进行了具体化的改变，第 35 条规定：“公司申请变更登记，应当向公司登记机关提交公司法定代表人签署的变更登记申请书、依法作出的变更决议或者决定等文件。公司变更登记事项涉及修改公司章程的，应当提交修改后的公司章程。公司变更法定代表人的，变更登记申请书由变更后的法定代表人签署。”可见，涉及法定代表人变更时，由变更后的法定代表人签署变更登记申请书，而不再由原本的法定代表人签署。

该细节调整有两方面的好处：一方面，在原有立法体系下，公司申请变更登记时，需要原法定代表人签署变更登记申请书，因而常出现法定代表人变更登记难、原法定代表人恶意阻挠变更的问题，该条文直接规定由变更后的法定代表人签署申请书即可，可有效减少实务纠纷。另一方面，该规定明确了法定代表人的变更依据并非登记，而是变更决议。法律承认在申请变更登记前已经存在新的法定代表人，因而该登记只具有公示效力，不具有生效效力。在既往的代表权纠纷中，我国法院也秉持了内外区分的裁判思路，即对内部争议以公司决议为准，对外部争议则以登记为准，于公司内部，公司通过一定的程序自行选择代表人后即发生效力，但未变更登记时第三人可基于登记外观保护自身权益,由此平衡公司的内外部关系。①

(三)法定代表人的辞任、解任与强制补任

原《公司法》并未对法定代表人的解任与辞任单独作出规定。新《公司法》第10条第2、3款规定:“担任法定代表人的董事或者经理辞任的,视为同时辞去法定代表人。法定代表人辞任的,公司应当在法定代表人辞任之日起三十日内确定新的法定代表人。”

第一,法定代表人可以主动辞任。法定代表人虽然是法定的公司表意机构,但其与公司在内部关系上仍然属于委托关系。根据《民法典》第933条的规定,公司法定代表人享有法定任意解除权,可以随时辞去公司法定代表人职务。辞任采送达生效主义,意即自公司法定代表人辞任通知送达公司之日起生效。

公司法定代表人的辞任分为两种:一是,担任公司法定代表人的董事或者经理,辞任董事或者经理的,由于其不再符合新《公司法》第10条第1款规定的“由代表公司执行公司事务的董事或者经理担任”,故新《公司法》第10条第2款规定,担任法定代表人的董事或经理辞任的,视为同时辞去法定代表人。二是,担任公司法定代表人的董事或者经理,辞去法定代表人职务,但不辞去董事或者经理职务的。换言之,该担任公司法定代表人的董事或者经理,辞去的仅是法定代表人职务,其仍然保留董事或者经理职务。

第二,公司应当在法定代表人辞任之日起30日内确定新的法定代表人。法定代表人空缺后,将导致大量需要法定代表人实施的民事活动陷入停滞,将对公司的正常经营活动造成巨大的负面影响。例如,新《公司法》第11条规定,法定代表人以公司名义从事的民事活动,其法律后果由公司承受,若法定代表人空缺,将无人代表公司对外签署重要合同。再如,新《公司法》第35条规定,公司申请变更登记的,应当提交公司法定代表人签署的变更登记申请书等文件;新《公司法》第55条规定,出资证明书应当由法定代表人签名;新《公司法》第149条规定,股票采用纸面形式的应当由法定代表人签名;新《公司法》第196条规定,公司以纸面形式发行的债券应当由法定代表人签名。若法定代表人空缺,公司将无法申请变更登记,无法签发出资证明书、股票和公司债券。鉴于公司法定代表人具有代表公司从事民事活动的重要功能和重要法律地位,新《公

① 参见刘斌:《公司治理视域下的表意机制探讨》,载《中国政法大学学报》2021年第2期。

司法》第 10 条第 3 款规定了法定代表人的强制补任规则，即法定代表人辞任的，公司应当在法定代表人辞任之日起 30 日内确定新的法定代表人。

第三，法定代表人可主动辞任，公司亦可对其进行解任。新《公司法》要求公司章程必须记载法定代表人的产生办法与变更办法，亦可推知法律允许公司章程自行决定法定代表人的解任机制。

三、法定代表人的行为与效果归属

新《公司法》第 11 条规定："法定代表人以公司名义从事的民事活动，其法律后果由公司承受。公司章程或者股东会对法定代表人职权的限制，不得对抗善意相对人。法定代表人因执行职务造成他人损害的，由公司承担民事责任。公司承担民事责任后，依照法律或者公司章程的规定，可以向有过错的法定代表人追偿。"本条吸收了《民法典》的规定，为新《公司法》新增条款，对法定代表人的代表行为、越权代表、滥用代表权、职务侵权行为作出了系统性规定。

（一）代表行为的要件与效果

1. 构成要件

公司法定代表人对外代表公司，但并非其所有行为均可视为代表行为。法定代表人的行为若要构成公司的代表行为，一般应具备以下构成要件：

（1）具有法定代表人身份

法定代表人的身份是公司代表行为的前提，按照新《公司法》规定，法定代表人身份是由公司章程确定的，只能是公司的董事或经理。只有具有法定代表人的身份，才能成为公司代表机关，作出代表行为。

并非所有主体都能被公司授予法定代表人身份。《市场主体登记管理条例》第 12 条列举了不得担任法定代表人的消极情形："有下列情形之一的，不得担任公司、非公司企业法人的法定代表人：（一）无民事行为能力或者限制民事行为能力；（二）因贪污、贿赂、侵占财产、挪用财产或者破坏社会主义市场经济秩序被判处刑罚，执行期满未逾 5 年，或者因犯罪被剥夺政治权利，执行期满未逾 5 年；（三）担任破产清算的公司、非公司企业法人的法定代表人、董事或者厂长、经理，对破产负有个人责任的，自破产清算完结之日起未逾 3 年；（四）担任因违法被吊销营业执照、责令关闭的公司、非公司企业法人的法定代表人，并负有个人责任的，自被吊销营业执照之日起未逾 3 年；（五）个人所负数额较大的债务到期未清偿;(六)法律、行政法规规定的其他情形。”

(2)以公司的名义

法定代表人为代表行为时,必须以公司的名义进行。不以公司名义而以个人名义进行的行为,为其个人行为,而非代表行为,由个人承担对应的法律效果。

法定代表人以公司的名义对外进行交易,对外形成公司的意思表示。公司印章、法定代表人签名或指印等表现形式可推定为公司的意思表示。若合同仅具备其中一种表现形式,如仅加盖公司印章而没有法定代表人的签名,该如何确认此类合同对公司的效力?2023 年《民法典合同编通则解释》第 22 条对此作出了详细规定。

首先,公司印章的真实性并不影响合同效力。根据《民法典合同编通则解释》第 22 条第 1 款规定,法定代表人以公司名义订立合同且未超越权限,公司仅以合同加盖的印章不是备案印章或者系伪造的印章为由主张该合同对其不发生效力的,人民法院不予支持。

其次,合同未加盖公司印章的,并不绝对影响合同效力。根据《民法典合同编通则解释》第 22 条第 2 款规定,若合同系以公司名义订立,但是仅有法定代表人签名或按指印而未加盖公司印章,相对人能够证明法定代表人在订立合同时未超越权限的,人民法院应当认定合同对公司发生效力。但是,当事人约定以加盖印章作为合同成立条件的除外。

最后,合同没有法定代表人签名或按指印的,也不影响合同效力。根据《民法典合同编通则解释》第 22 条第 3 款规定,合同仅加盖公司印章而无人员签名或按指印,相对人能够证明合同系法定代表人在其权限范围内订立的,人民法院应当认定该合同对公司发生效力。

(3)在权限范围内进行

法定代表人推定为全权代表,但其代表权亦可被限制,如法律限制、公司章程或股东会决议限制。法定代表人必须在其权限范围内行为才是公司的代表行为,如果超越权限,则构成越权代表,会产生相应的法律后果。详见后文阐释。

2. 法律效果

新《公司法》第 11 条第 1 款规定:“法定代表人以公司名义从事的民事活

动,其法律后果由公司承受。”该款吸收了《民法典》第61条第2款“法定代表人以法人名义从事的民事活动,其法律后果由法人承受”的规定,解决了法定代表人代表行为的效果归属问题。

在满足“具有法定代表人身份、以公司的名义、在权限范围内进行”三个要件后,法定代表人的代表行为成立,对应的法律后果归属于公司。

在理论上,法定代表人与法人的关系存在两种解释路径:在法人实在说下,公司的法定代表人是公司的代表机构,与公司共享一个法律人格,法定代表人的行为就是公司的行为,因而法定代表人以公司名义从事民事活动,就是公司自己在从事民事活动,法律后果当然归属于公司。在法人拟制说下,法定代表人与法人之间是代理关系,这种代理关系是法定的全权代理关系,故法定代表人以公司名义从事的民事活动,依照代理法,法律后果亦归属于公司。通常认为,代表说源于法人实在说,而代理说则依托于法人拟制说。但是,无论是采取法人实在说、代表说,抑或是采取法人拟制说、代理说,在法定代表人的行为效果归属问题上,这两种理论路径并无本质差别,法定代表人的代表行为所产生的法律后果均由公司承受。

(二)越权行为的法律后果

法定代表人超越代表权的行为,也称越权代表或者越权行为。根据职权限制的来源,法定代表人越权行为可以区分为超越法定权限限制行为和超越意定权限限制行为,其所对应的越权代表行为法律效果也不尽相同。简言之,法定代表人超越法定权限限制的行为是无权代表,法律效果不归属于公司,交易相对人可以主张构成表见代表;法定代表人超越意定权限限制的行为推定有权代表,法律效果归属于公司,除非公司能证明交易相对人非善意。新《公司法》与《民法典》《民法典担保制度解释》《民法典合同编通则解释》等体系性地构建了法定代表人的越权行为与法律效果规范,可具体理解如下。

1. 法定代表人超越法定权限限制

法定代表人的法定权限限制是指法律直接对代表权作出限制。最典型的法定限制是新《公司法》第15条所规定的对外担保程序,法定代表人并无直接决定公司对外担保的权力。又如其他规定公司股东会和董事会权力的条款,实际上也是对法定代表人代表权的限制,如新《公司法》第59条规定,股东会享有对发行公司债券、公司的合并和分立等事项作出决议的职权,该规定即表明法定代表人未经股东会同意，无权签订发行公司债券的合同和公司合并、分立的合同。

对于法定代表人超越法定权限的越权行为效力，新《公司法》并未作出明确规定。2019年《九民纪要》与《民法典担保制度解释》对越权担保问题作出了详细规定，将越权担保的效力判断转化为法定代表权的判断问题。《民法典合同编通则解释》第20条第1款吸收了《民法典担保制度解释》有关越权担保的特殊规定，将该规范上升为所有法定代表人超越法定限制的越权行为效力的判断："法律、行政法规为限制法人的法定代表人或者非法人组织的负责人的代表权，规定合同所涉事项应当由法人、非法人组织的权力机构或者决策机构决议，或者应当由法人、非法人组织的执行机构决定，法定代表人、负责人未取得授权而以法人、非法人组织的名义订立合同，未尽到合理审查义务的相对人主张该合同对法人、非法人组织发生效力并由其承担违约责任的，人民法院不予支持，但是法人、非法人组织有过错的，可以参照民法典第一百五十七条的规定判决其承担相应的赔偿责任。相对人已尽到合理审查义务，构成表见代表的，人民法院应当依据民法典第五百零四条的规定处理。"结合上述规范，对法定代表人超越法定权限而作出的越权行为，应作如下理解。

第一，相对人是否尽合理审查义务是越权代表行为效力判断的核心。就合理审查的判断标准而言，从审查客体与审查标准两个角度而言，应注意如下事项：

(1)相对人的审查客体是法定代表人的授权文件。法律、行政法规对公司权力机构或决策机构、执行机构职权所作出的规定，应视为对法定代表人权限的限制，若法定代表人对外从事了归属于公司特定机构职权的事项，则相对人需要根据法律的规定审查对应机构的授权文件。授权文件可能是单独的授权文件，也可能以章程、决议等形式呈现。在对外担保的情形中存在相对人是否需要审查公司章程的争议。在除担保外的其他情形中，我们认为，是否应审查章程需要具体判断：依《市场主体登记管理条例》，公司章程为备案事项，但是章程的备案本身不足以构成"相对人知道和应当知道"的依据，因为从我国的实践来看，有些地方查阅公司章程手续烦琐，章程公示的效果有限。当然，公司交易事项种类繁多，在特定的交易情形中要求相对人审查章程方可满足善意条件，亦是实践与学理上有所支撑的观点。如公司对外担保中相对人善意的判断，有不少主张即认为考虑到担保合同的单务性,要求相对人承担审查章程的义务并不严苛。又如上市公司的公司章程是对全社会公示的,可以认定属于当事人知道或者应当知道的事项。

(2)相对人的审查标准是合理审查。《民法典合同编通则解释》的审查标准应与《民法典担保制度解释》作相同理解。《九民纪要》强调相对人仅需进行“形式审查”,《民法典担保制度解释》则将审查标准调整为“合理审查”,该标准相较于形式审查而言更为严格,但就决议伪造、签章不实等情形而言,应该认为此时相对人并不对决议的真实性、签章的真实性负责。

第二,若相对人未尽合理审查义务,则法定代表人的代表行为为无权代表,该行为对公司不产生效力,但公司可能因过错而需承担缔约过失责任。若相对人未尽合理审查义务,未达善意标准,则该合同并不对公司发生效力,公司无须承担合同责任,相对人只能向法定代表人本人主张相应权利。但是,若公司存在过错,则法院可以参照《民法典》第157条判决公司承担缔约过失损害赔偿责任,公司承担责任后,依《民法典合同编通则解释》第20条第3款可向越权代表人追偿。对于公司在相对人不构成善意的情形中是否仍应承担责任,社会各界存在不同的观点,《民法典合同编通则解释》与《民法典担保制度解释》第7条基本保持了一致,要求公司在有过错的情形下仍需承担责任。

第三,若相对人已尽合理审查,则法定代表人的行为构成表见代表。所谓表见代表,是指相对人不知道也不应该知道公司的法定代表人的行为超越权限,而合理信赖法定代表人有权进行该行为。《民法典》第504条规定:“法人的法定代表人或者非法人组织的负责人超越权限订立的合同,除相对人知道或者应当知道其超越权限外,该代表行为有效,订立的合同对法人或者非法人组织发生效力。”出于对交易安全的维护,表见代表制度保护了善意相对人,此时代表行为对公司有效,相对人有权要求公司如约履行合同义务。在公司与法定代表人的内部关系上,因法定代表人的越权行为而给公司带来了损失,公司有权向该越权代表人追偿。

2. 法定代表人超越意定权限限制

除了法定限制外,对公司法定代表人的权限还存在意定限制的可能,公司章程或股东会、董事会决议可对法定代表人的权限作出限制。

新《公司法》第11条规定,公司章程或者股东会对法定代表人职权的限制,不得对抗善意相对人。法定代表人因执行职务造成他人损害的,由公司承担民事责任。该规定吸收了《民法典》第61条第3款的规定。《民法典合同编通则解释》第20条第2款亦规定:"合同所涉事项未超越法律、行政法规规定的法定代表人或者负责人的代表权限,但是超越法人、非法人组织的章程或者权力机构等对代表权的限制,相对人主张该合同对法人、非法人组织发生效力并由其承担违约责任的,人民法院依法予以支持。但是,法人、非法人组织举证证明相对人知道或者应当知道该限制的除外。"结合上述条款,就公司法定代表人超越意定权限限制的法律效果,可作如下解读。

第一,法定代表人超越意定权限限制所对应的法律后果,与超越法定权限限制所对应的法律后果并不相同。法律的公布施行可推定社会公众的知悉,超越法定权限所为的越权行为是无权代表,而公司章程、股东会决议等对代表权限的限制,并不具有对世性,超越意定权限所为的越权行为并不当然产生无效的法律后果。此时,依交易相对人的主观状态,法定代表人的行为分别产生两种法律效果。

第二,超越意定权限限制的代表行为推定为有效。出于对交易安全的维护,也考虑到章程与股东会等意定限制的非公开性,法律推定法定代表人超越意定权限限制的代表行为对公司产生效力,公司仍需履行合同义务、承担合同责任。公司承担责任后,可向法定代表人追偿。

第三,若相对人知道或者应当知道该意定权限限制,则该越权代表行为不对公司产生效力。在举证上,原则上推定意定权限限制并不具有对抗效力,相对人无须举证证明自己对意定权限限制并不知悉,需由公司主张相对人知道或者应该知道该意定权限限制。在此情形中,法定代表人的代表行为并不对公司发生效力,对应的法律后果由法定代表人自己承担。

第四,判断法定代表人超越意定权限限制的代表行为对公司是否产生效力,核心即在于对"相对人知道或者应当知道"的判断。我们认为,一般情形中相对人并不具有主动审查公司章程、股东会决议的义务,不能以相对人未尽审查义务而直接认定"相对人知道或者应当知道",因为股东会决议、董事会决议一般不具有公开性,除非公司主动出示。

(三)代表权的滥用

与代理相似,公司法定代表人也存在滥用代表权,损害公司利益的可能。

代表权的滥用是指法定代表人在行使代表权时，利用代表权为自己或他人谋取利益，并给公司造成损失的行为。

新《公司法》并未对法定代表人滥用代表权所对应的法律后果作出规定。《民法典》第132条规定了禁止权利滥用原则，第164条规定了代理权滥用的法律后果。《民法典合同编通则解释》第23条新增了法定代表人与相对人恶意串通损害公司利益的规定。结合上述条款，可作如下解读。

首先，法定代表人与相对人恶意串通，以公司名义订立合同，损害公司的合法权益，该行为无效。依《民法典》第154条，行为人与相对人恶意串通，损害他人合法权益的民事法律行为无效。法定代表人与相对人的恶意串通行为可视为法定代表人滥用代表权的行为，此时代表行为因恶意串通而无效，公司无须承受对应的法律后果。

其次，公司可请求法定代表人与恶意串通相对人对公司所受损失承担连带赔偿责任。因恶意串通而给公司造成损失的，公司享有要求法定代表人与相对人连带赔偿的请求权，与《民法典》第164条第2款一致，此时公司的请求权本质上为侵权损害赔偿请求权。

最后，恶意串通事实的认定规则。《民法典合同编通则解释》第23条第3款规定："根据法人、非法人组织的举证，综合考虑当事人之间的交易习惯、合同在订立时是否显失公平、相关人员是否获取了不正当利益、合同的履行情况等因素，人民法院能够认定法定代表人、负责人或者代理人与相对人存在恶意串通的高度可能性的，可以要求前述人员就合同订立、履行的过程等相关事实作出陈述或者提供相应的证据。其无正当理由拒绝作出陈述，或者所作陈述不具合理性又不能提供相应证据的，人民法院可以认定恶意串通的事实成立。"

应该说，法定代表人与相对人恶意串通仅是滥用代表权的行为之一，对于其他的代表权滥用行为，是否对公司产生效力、相对人是否可以请求公司承担责任、相对人是否具有审查义务等问题，仍有待后续实践与理论的进一步探索。

（四）法定代表人的职务侵权行为

新《公司法》第11条第3款规定："法定代表人因执行职务造成他人损害的，由公司承担民事责任。公司承担民事责任后，依照法律或者公司章程的规定，可以向有过错的法定代表人追偿。"该条款吸收了《民法典》第62条的规定，对法定代表人的职务侵权行为与对应的法律后果作出了规定。就该款规定，可作如下解读。

第一,法定代表人的侵权行为需具备职务侵权的构成要件。公司就法定代表人的行为承担的民事责任,包括合同责任和侵权责任。新《公司法》第11条第2款规定公司就法定代表人的行为需承担合同责任,第3款则规定公司就法定代表人的行为需承担侵权责任。但是,公司并非对法定代表人的所有侵权行为均需承担责任,而仅就法定代表人的职务侵权行为承担责任。

法定代表人的职务侵权行为需满足以下两个构成要件:其一,法定代表人的行为本身应满足侵权行为的一般要件,主观上行为人需有侵权的故意或过失,客观上行为人需有侵权行为、导致损害且损害与侵权行为之间具有因果关系,即满足过错、违法性、损害、因果关系四要件。其二,法定代表人所实施的侵权行为需与其在公司的职务密切相关。判断法定代表人的侵权行为是否与职务密切相关,需以外部第三人为判断视角,只要法定代表人的行为存在与其职权相关的客观表现,并且该客观表现又是值得信赖的,则无论法定代表人是否超越了法律、章程与公司机关所规定的权限,均构成职务侵权行为。这一种判断标准的理论基础在于"外观主义",事关保护第三人利益的考量。

第二,法定代表人职务侵权行为对应的法律后果,关系对公司侵权行为能力的理解。公司的侵权行为能力是指公司承担因侵权行为所致的损害赔偿的责任能力。关于公司是否具备侵权行为能力的理论争议主要涉及两种观点:拟制说和实在说。根据拟制说的观点,公司仅仅是法律上的虚构实体,因此无法实施侵权行为。与此相反,实在说则认为,公司具有独立的意志,因此能够在侵权行为中承担责任。这两种观点的分歧直接影响责任归属的判定。如果采用拟制说的立场,那么侵权责任应由具体的个人承担。相反,如果接受实在说的观点,那么公司本身就被视为侵权行为的责任主体,需要直接承担相应的法律后果。

第三,新《公司法》规定公司承担法定代表人职务侵权所产生的侵权责任,并可向有过错的法定代表人追偿。结合《民法典》可知,我国立法承认公司具有侵权行为能力,以新《公司法》第11条第3款为依据,公司需承担因法定代表人执行职务所致的侵权责任,以《民法典》第1191条为依据,公司需承担除法定代表人之外的其他雇员执行职务所致的侵权责任。公司对外向被侵权人承担侵权责任后,对内享有对过错法定代表人的追偿权。

第四,关于法定代表人是否要对其职务侵权行为承担赔偿责任的问题。新《公司法》第191条规定,董事、高级管理人员执行职务,给他人造成损害的,公司应当承担赔偿责任;董事、高级管理人员存在故意或者重大过失的,也应当承担赔偿责任。根据新《公司法》第10条的规定,法定代表人由代表公司执行公司事务的董事或者经理担任。由此,在法定代表人执行职务造成他人损害的情形下,若其存在故意或者重大过失,则存在适用新《公司法》第191条的空间,即受侵害的人也有权直接请求该法定代表人承担赔偿责任。

第五节 人格否认制度

一、人格否认制度概述

(一)制度概念

人格否认制度(disregard of corporate personality),在美国称为"揭开公司面纱"制度(lifting the veil of the corporation),在英国称为"刺破公司面纱"(piercing the veil of the corporation),在德国称为"直索责任",在日本称为"透视理论",是指为阻止公司独立人格的滥用,就具体法律关系中的特定事实,否认公司的独立人格和股东的有限责任,责令公司的股东对公司债权人直接负责的法律制度。①

有限责任作为公司法的基石性原则,是公司区别于其他企业形态的最本质特征。股东仅以认缴或认购的出资为限承担责任,有利于减少投资风险,降低因经营权与所有权分离而产生的代理成本。但是,有限责任制度也可能被股东滥用,公司可能被股东工具化,成为逃脱股东责任的"形骸"。为平衡股东与债权人的利益,实现公平正义,人格否认制度应运而生。人格否认制度的核心目标即实现公平正义。

人格否认制度最早出现于英美法系国家的判例法中,后为大陆法系国家所吸收。需要强调的是,公司法人人格否认制度只是一种例外,只有当公司人格被滥用而损害到债权人和社会公共利益时,法院才可以在个案中对公司人格予

① 参见赵旭东主编:《公司法学》(第4版),高等教育出版社2015年版,第6-7页。

以否定。可以说,公司法人人格否认制度是对公司法人人格制度的修正和完善,是对失衡的利益格局的一种事后救济措施。

(二)我国立法发展

2005 年《公司法》以成文法的形式规定了人格否认制度,自此我国成为世界范围内第一个将人格否认制度成文化的国家。2005 年《公司法》第 20 条规定:“公司股东应当遵守法律、行政法规和公司章程,依法行使股东权利,不得滥用股东权利损害公司或者其他股东的利益;不得滥用公司法人独立地位和股东有限责任损害公司债权人的利益。公司股东滥用股东权利给公司或者其他股东造成损失的,应当依法承担赔偿责任。公司股东滥用公司法人独立地位和股东有限责任,逃避债务,严重损害债权人利益的,应当对公司债务承担连带责任。”此外,2005 年《公司法》第 64 条针对一人有限责任公司设计了特殊的举证责任倒置规则。

2005 年《公司法》所确立的人格否认制度仅是原则性规定,该规定一直延续至 2022 年都未曾变化。随着成文法规则的确立,人格否认制度在实践中得到了丰富的发展。2019 年《九民纪要》在总结实践经验的基础上,对人格否认制度作出了更加具体的审判指引。首先,《九民纪要》强调了要准确把握原《公司法》第 20 条第 3 款规定的精神:一则只有损害债权人利益时方可适用该制度,损害债权人利益主要是指股东滥用权利使公司财产不足以清偿公司债权人的债权;二则只有实施了滥用法人独立地位和股东有限责任行为的股东才对公司债务承担连带清偿责任,其他股东不应承担此责任;三则该制度并非全面、彻底、永久地否定公司的法人资格,只是在具体案件、在个案中否认公司人格,判决的既判力仅仅约束该诉讼的各方当事人。其次,《九民纪要》将人格否认的适用类型分为人格混同、过度支配与控制、资本显著不足三类,并规定了三种情形各自的判断标准,列举了典型情形。

新《公司法》对人格否认制度存在一些更新与变动,第 23 条规定:“公司股东滥用公司法人独立地位和股东有限责任,逃避债务,严重损害公司债权人利益的,应当对公司债务承担连带责任。股东利用其控制的两个以上公司实施前款规定行为的,各公司应当对任一公司的债务承担连带责任。只有一个股东的公司,股东不能证明公司财产独立于股东自己的财产的,应当对公司债务承担连带责任。”可见,与原《公司法》相比,新《公司法》主要存在以下变动:第一,新

《公司法》第23条第2款新增了横向人格否认制度。第二,第3款调整了条文顺序,并在内容上进行了实质修改,将原本仅涵盖一人有限责任公司的规则拓宽至一人有限责任公司和一人股份有限公司。

二、人格否认制度的构成要件

公司法人人格否认制度是公司独立人格的例外情形,因此对其适用必须严格把握条件,不能滥用。通常而言,公司法人人格否认制度需满足主体、行为、结果三个要件。

(一)主体要件

适用人格否认制度的主体要件必须包括双方当事人,首先,公司人格的滥用者,通常是指滥用公司人格的积极股东和支配股东,而消极股东和非支配股东则不包括在内;其次,因公司法人人格滥用而受到损害,并有权提起诉讼的相对人。后者通常是公司的自愿债权人和非自愿债权人,由于他们与滥用公司人格的行为存在直接的利害关系,因此具有独立的诉讼权利。

(二)行为要件

公司法人人格否认适用的前提是有股东滥用公司人格的事实和行为。国外理论研究与实践发展更倾向于类型化股东的滥用表现,以避免人格否认制度的滥用。司法实践中对公司人格滥用的认定情形较为复杂,学术界的归纳也并不统一,结合《九民纪要》的规定,可将人格否认的类型梳理为人格混同、过度支配与控制、资本显著不足这三种。

1. 人格混同

人格混同又称法人人格的形骸化,实质是公司与股东完全混同,公司仅仅是股东的另一形象,是股东行为的工具,因而失去独立存在的价值。一旦发现公司同其股东人格混同,法院通常就要揭开公司的面纱。在实践中,人格混同主要有财产、业务、人员、住所等要素的混同。具体而言:

(1)财产混同。财产混同,是指公司的财产不能与该公司的股东或其他公司的财产作清楚的区分。认定公司人格与股东人格是否存在混同,最根本的判断标准是公司是否具有独立意思和独立财产,公司人格与股东人格混同最主要的表现是公司的财产与股东的财产混同且无法区分。

在认定是否构成人格混同时，应当综合考虑以下因素：第一，股东无偿使用公司资金或者财产，不作财务记载的；第二，股东用公司的资金偿还股东的债务，或者将公司的资金供关联公司无偿使用，不作财务记载的；第三，公司账簿与股东账簿不分，致使公司财产与股东财产无法区分的；第四，股东自身收益与公司盈利不加区分，致使双方利益不清的；第五，公司的财产记载于股东名下，由股东占有、使用的；第六，人格混同的其他情形。

（2）业务混同。主要表现在公司与股东从事同一业务，且业务的经营与运行不加区分，大量交易活动形式上的交易主体与实际主体不符或无法辨认。

（3）人员混同。人员混同指公司与股东在人员、组织机构上存在严重的交叉、重叠，即所谓的“一套班子、两块牌子”。公司与股东或其他组织之间尽管形式上独立，但实质上互为一体、难分彼此，公司也因失去独立的意思机构而失去独立性。《九民纪要》强调，员工混同需特别关注财务人员是否混同。

（4）住所混同。需要强调的是，业务、人员、住所的混同，并非人格混同的核心判断因素，人民法院在审理案件时，关键要审查是否构成财产混同，而不要求同时具备其他方面的混同，其他方面的混同往往只是人格混同的补强。

2. 过度支配与控制

公司控制股东对公司过度支配与控制，操纵公司的决策过程，使公司完全丧失独立性，沦为控制股东的工具或躯壳，严重损害公司债权人利益，应当否认公司人格，由滥用控制权的股东对公司债务承担连带责任。

实践中常见的情形包括：（1）母子公司之间或者子公司之间进行利益输送的；（2）母子公司或者子公司之间进行交易，收益归一方，损失却由另一方承担的；（3）先从原公司抽走资金，然后再成立经营目的相同或者类似的公司，逃避原公司债务的；（4）先解散公司，再以原公司场所、设备、人员及相同或者相似的经营目的另设公司，逃避原公司债务的；（5）过度支配与控制的其他情形。其中，其他情形如股东利用公司规避法律的强制性义务，如为了逃税、洗钱等非法目的而成立公司，均系公司法人人格的滥用，有损社会公共利益，有违法人制度的根本宗旨，缺乏存在的合法性和正当性，因而应当适用法人人格否认制度“揭开公司面纱”。

3. 公司资本显著不足

资本显著不足指的是，公司设立后在经营过程中，股东实际投入公司的资本数额与公司经营所隐含的风险相比明显不匹配。公司资本是公司独立承担财产责任的基础,也是公司取得独立人格的前提之一。如果股东利用较少资本从事力所不及的经营,表明其没有从事公司经营的诚意,实质是恶意利用公司独立人格和股东有限责任把投资风险转嫁给债权人。

如果公司资本显著不足,则公司将失去独立存在的物质基础,公司独立人格也会受到质疑。因而公司资本显著不足被普遍认为是公司法人人格否认制度适用的情形之一。但是,《九民纪要》也特别强调,资本显著不足的判断标准有很大的模糊性,特别是要与公司采取"以小博大"的正常经营方式相区分,因此在适用时要十分谨慎,应当与其他因素结合起来综合判断。

(三)结果要件

公司人格否认制度适用的一个重要条件是必须有损害事实存在,且该损害的发生与股东滥用公司人格的行为之间存在因果关系。我国自确立人格否认制度起就规定了"严重损害公司债权人利益"这一要件。公司独立人格与股东有限责任是公司法的基石性原则,"刺穿公司面纱"必然应视为债权人保护的例外手段,不可轻易否定公司独立人格。

结果要件有客观与主观要件之争,前者强调损害债权人利益的客观事实,后者强调不仅仅需要有客观损害事实,还需要证明滥用行为人存在规避法律或约定义务的主观恶意。现行通说为客观要件说,这一学说更有利于实现公司法人人格否认的制度目标。

但是,比起滥用要件丰富的实践探索,相关实证研究表明,结果要件在实践中呈现出说理不足、重视力度不够的特征,法院对其判断标准也没有形成共识。应该明确的是,严重损害债权人利益的要件至少需要满足公司无法清偿到期债务,如《九民纪要》所指出的"股东滥用权利使公司财产不足以清偿公司债务人的债权"。但对于如何判断"严重",是依照公司现行的资产状况、长期的清偿能力,还是只要客观发生到期无法清偿就可以"刺穿公司面纱",仍有待审判实践进一步明确具体判断标准。

三、人格否认的类型

人格否认制度有纵向、横向、逆向这三种类别。纵向人格否认是指否认公司独立人格和股东有限责任原则,要求股东为公司债务承担连带责任;横向人格否认是指否认由一个股东控股的两个或两个以上关联公司的人格，要求他们对彼此对外的债务承担连带责任；逆向人格否认是指由公司对股东债权人承担责任。

（一）纵向人格否认

1. 法理基础

纵向人格否认是指否认公司独立人格和股东有限责任原则，要求股东为公司债务承担连带责任。纵向人格否认是最为典型的人格否认类型，这一种人格否认类型在实践中最为常见，社会各界对纵向人格否认的理论探讨也较为充分。我国《公司法》最早仅规定了纵向人格否认，横向人格否认与逆向人格否认被合称为人格否认制度的扩张适用。

在原理上，纵向人格否认制度突破了公司人格的独立性与股东有限责任原则。公司人格独立和股东有限责任是公司制度的两大基石，也是公司区别于其他企业形态的关键要素。公司人格独立意味着公司在财产、组织机构和责任方面都是独立的。股东有限责任则表示股东只需在认缴的出资额或认购的股份范围内承担责任。然而，如果公司独立人格地位和股东有限责任被股东滥用，严重损害公司债权人的利益，那么独立人格与有限责任制度的初衷就无从实现，甚至产生负面影响。在这种情况下，维持公司的独立人格和股东有限责任已无必要，滥用这些制度的股东应对公司债务承担连带责任。

因此，公司股东滥用公司法人独立地位和股东有限责任，逃避债务，严重损害公司债权人利益的，应当对公司债务承担连带责任。这种连带责任是一种直接连带责任，而非补充连带责任，即公司债权人可以同时列公司和滥权股东为被告，要求二者对其承担连带责任，而不需要等到公司无可供执行财产后才能要求滥权股东承担连带责任。

2. 法律效果

纵向人格否认的直接法律效果是要求股东对公司债务承担连带责任。就此而言，有以下两个方面的问题需要注意：

第一，股东的连带责任仅适用于个别案件，并非永久地彻底否定股东的有限责任。如《九民纪要》所强调的："公司人格否认不是全面、彻底、永久地否定公司的法人资格，而只是在具体案件中依据特定的法律事实、法律关系，突破股东对公司债务不承担责任的一般规则，例外地判令其承担连带责任。人民法院在个案中否认公司人格的判决的既判力仅仅约束该诉讼的各方当事人,不当然适用于涉及该公司的其他诉讼,不影响公司独立法人资格的存续。如果其他债权人提起公司人格否认诉讼,已生效判决认定的事实可以作为证据使用。”人格否认制度始终是例外的制度而非一般制度,且股东的连带责任是一次性的、个案的。

第二,一人有限公司人格否认的特殊法律效果。一般情况下,一人公司的股东与其他公司股东一样,是以其对公司的认缴出资或者认购的股份为限,对公司的债务承担责任。然而,一人公司由于其股东的单一性,缺少其他公司所具有的内部制约,因而非常容易产生公司财产与股东财产混同的现象。新《公司法》第 23 条第 3 款规定了一人公司人格否认的举证责任倒置规则,即若一人公司的股东不能证明公司财产独立于自己财产,则其应当对公司的全部债务承担连带的清偿责任。需要说明的是,对于一人公司的人格否认是仅需满足新《公司法》第 3 款所规定的财产混同要件即可,还是需同时满足新《公司法》第 1 款所规定的“股东滥用公司法人独立地位和股东有限责任,逃避债务,严重损害公司债权人利益”要件,社会各界存在不同的主张。我们倾向于认为,新《公司法》第 3 款是针对一人公司的特殊规定,应当可以单独适用,无须满足第 1 款的适用要件。

(二)横向人格否认

1. 法理基础

横向人格否认是指否认由一个股东控股的两个或两个以上关联公司的人格,要求他们对彼此的债务承担连带责任。我国原人格否认制度仅仅规定了典型的纵向人格否认制度,并不能很好地满足实践的需求,故而实践审判发展出了相应的裁判规则与指引。新《公司法》第 23 条第 2 款新增横向人格否认制度,正式扩张了人格否认制度的适用范围。与纵向人格否认制度不同,构成横向人格否认的公司之间并没有直接的持股与被持股的关系,而是由同一股东持股控制或实际控制。

横向人格否认制度突破的是公司的独立人格原理。公司的独立人格是指公司是独立的民事主体,具有独立的组织机构、独立的财产和独立承担民事责任的能力。① 独立的组织机构意味着公司有自己的意思形成、内部监督、日常运转机构,公司有独立的意志,不受股东个人意志的绝对控制,也区别于其他公司。独立的财产意味着公司对其财产享有所有权,公司的财产既区分于股东的财产,也区别于其他公司的财产。独立承担民事责任意味着公司以其财产承担对外的债务与责任,公司无须对其他公司的债权人承担民事责任,也无权要求其他公司以其财产对公司的债务承担责任。横向人格否认是依照一定判断标准,否认公司之间独立人格的制度。

在起源上,横向人格否认制度可追溯至美国的企业整体说。该说认为,公司实体源于已经形成或正在形成的企业整体,当企业整体内的各个公司事实上经营同一事业或者公司之间利益一致时,这些公司实质上为同一企业的不同部门,依照企业的经济事实,公司的独立人格应被否认,应将企业整体看作单一法律人格。该学说产生于美国工业经济快速发展的时期,彼时工业化矛盾加剧,大规模的公司集团涌现,股东往往滥用有限责任原则逃避对外的自愿或非自愿之债。

2. 法律效果

新《公司法》第23条第2款规定:“股东利用其控制的两个以上公司实施前款规定行为的,各公司应当对任一公司的债务承担连带责任。”在法律效果上,适用横向人格否认制度刺破的是被同一股东控制的公司之间的面纱。与纵向人格否认一样,横向人格否认也仅适用于个案,而并非绝对的、彻底的。横向人格否认的法律效果有以下两个方面需要注意:

第一,被同一股东控制的两个以上的公司对彼此的债务承担连带责任。“控制”一词不仅仅指向控股,也包含实际控制,如股东通过投资关系、协议或者其他安排,能够实际支配公司的行为。由同一股东控制的关联企业,彼此之间可能是同层级的“姐妹公司”,也可能是不同层级的“叔侄公司”,也有可能是股东控制的处于同一持股链条的一级公司与二级公司。也有观点用“姐妹公司”人格否认指代横向人格否认。需要注意的是,“姐妹公司”之间的人格否认是横向人格否认制度最典型的适用情形,但横向人格否认其实并不仅指同一股东控制的同一层级的公司,还包含受同一股东控制的多类公司,如同一股东直接控制的一级子公司与同一股东间接控制的二级子公司。层级不一致的公司可能

① 参见赵旭东主编:《公司法学》(第4版),高等教育出版社2015年版,第3-4页。

处于同一持股链条上，如彼此之间构成持股与被持股的关系，也可能不处于同一持股链条上，实务中将其形象表述为“叔侄公司”。

第二，公司背后的股东是否应承担责任。社会各界对此存在两种意见，第一种说法认为横向人格否认并不当然导致股东承担连带责任，横向人格否认应与纵向人格否认区别适用。法院不能主动追加控股股东承担连带责任，判断股东是否对公司债务承担连带责任，还需要判断其是否满足纵向人格否认的构成要件，并具体分析人格混同的内容。第二种说法认为横向人格否认的适用当然会导致股东也需承担连带责任。仅刺穿姐妹公司的面纱而不刺穿股东有限责任，并不符合公平正义与债权人保护的理念。

在理论解释上，亦有不少观点运用美国的三角刺破说对横向人格否认制度作出解释，这一种论证路径本质上也支持要求股东承担连带责任的立场。三角刺破说首先要求股东个人对其中一个姐妹公司的负债承担连带责任，随后再由另一个姐妹公司对股东的债务承担连带责任，债务在姐妹公司与控股股东之间形成三角流动关系，从负债公司流向控股股东，再从控股股东流向关联姐妹公司，[①]最终形成姐妹公司、控股股东都需要对负债承担连带责任的法律后果。运用三角刺破说来解释横向人格否认制度，是将正向人格否认与逆向人格否认相结合。[②]

我们认为，横向人格否认并不当然导致股东承担连带责任，新《公司法》第23条第1款与第2款应区分适用。虽然第23条第2款在适用时同样需要满足第1款所规定的“公司股东滥用公司法人独立地位和股东有限责任，逃避债务”要件，但这两款在法律效果上存在明显差别，第2款仅指向公司之间的人格刺穿，而第1款指向股东与公司间的人格否认。股东是否需要对公司的债务承担连带责任，取决于原告的诉讼请求，法院不可依职权追加，横向人格否认与纵向人格否认应区分判断，第2款与第1款应分开适用，第2款并不当然导致股东对公司债务承担连带责任的法律后果。

（三）逆向人格否认

纵向人格否认要求股东对公司债务承担连带责任，也被称为顺向人格否

① See Caudill & Matthew D., *Piercing the corporate veil of a New York not-for-profit corporation*, 8 Fordham J. Corp. & Fin. L. 470 (2003).

② 参见朱慈蕴：《公司法人格否认制度理论与实践》，人民法院出版社2009年版，第55页。

认。而逆向人格否认则与之相反,是指公司对股东债务承担责任。逆向人格否认可分为内部逆向人格否认与外部逆向人格否认。内部逆向人格否认是指由公司内部人员(如公司控股股东)请求否认公司人格,以便使自己有资格对第三人提起诉讼,又或者是使得公司的财产免于对公司债权人承担责任的制度。外部逆向人格否认是指外部第三人请求否认公司人格,由公司对股东债务向股东债权人承担连带责任的制度,外部逆向人格否认是更为典型的逆向人格否认。

应该看到,外部逆向人格否认制度有着不容忽视的实践需求,实践中很多股东会将财产转移至公司名下,以逃避个人债务的执行。但相较于纵向人格否认与横向人格否认,我国审判实践对逆向人格否认的法律适用较为谨慎。逆向人格否认在我国是否有法律依据,理论界对此存在不同的主张。有观点认为我国并未明文规定逆向人格否认制度,无论是原《公司法》还是新《公司法》,或是《九民纪要》,都仅对纵向人格否认与横向人格否认作出了规定。有观点认为《九民纪要》所规定的人格混同与过度支配也包含了母公司为子公司债务承担连带责任的情形,新《公司法》第23条的规定亦可解读出逆向人格否认的可能。

我们认为,新《公司法》第23条第2款所规定的横向人格否认的确在一定范围内承认了逆向人格否认制度的可能性:被同一股东控制的多个企业,既有可能是同一层级的姐妹公司,也有可能是处于同一持股链条的母子公司。如控股股东A直接控股子公司B,子公司B直接控股孙公司C,B与C也属于被同一股东控制的公司,彼此之间也可适用横向人格否认制度。若被同一股东控制的母子公司之间满足横向人格否认的构成要件,则子公司与母公司的公司人格面纱被揭开,子公司需对母公司的债务向母公司债权人承担连带责任。

| 本章法考和考研练习题 |

一、不定项选择题

甲公司为国有独资公司,乙公司为甲公司独资创办的子公司。2023年,甲公司出资70%、乙公司出资30%,投资创办丙有限责任公司,甲公司总经理王某兼任该公司的董事长,也是公司的法定代表人。请根据这些情况和下列各项中设定的条件回答问题:

1. 设乙公司对外负债100余万元无力偿还,而该债务是在甲公司决策、指示

下以乙公司的名义进行贸易造成的,甲公司对此债务的责任应如何判定?( )

A. 甲公司不承担责任

B. 甲公司应承担连带责任

C. 甲公司应承担补充责任

D. 无法判断

2. 设王某代表丙公司作出一项投资决策,结果导致丙公司损失50余万元,该损失应由谁承担?( )

A. 由甲公司承担70%,乙公司承担30%

B. 由甲公司全部承担

C. 由王某个人承担

D. 由丙公司承担

3. 设甲公司持本公司关于解除王某董事长职务、任命张某为丙公司董事长的董事会决议,到工商管理机关申请办理丙公司法定代表人的变更登记,工商管理机关应如何处理?( )

A. 可自行决定是否办理

B. 应拒绝甲公司的申请

C. 应要求提供丙公司由张某签署的变更登记申请书、公司的变更决议

D. 应要求提供丙公司由王某签署的变更登记申请书、公司的变更决议

二、名词解释

1. 公司名称

2. 公司住所

3. 公司权利能力

4. 公司行为能力

5. 法人人格否认

三、简答题

1. 公司住所的法律意义是什么?

2. 公司的权利能力受到哪些限制?

3. 如何判断对外担保的效力?

4. 简述公司法人人格否认适用的要件和主要类型。

四、案例分析题

1. 某甲有限责任公司，经营塑料产品的制造、加工和买卖，总资产1200万元，总负债200万元。因业务兴旺，董事会决定，即日起正式实施以下方案：

(1)以甲公司名义投资300万元，与乙公司组成合伙企业；

(2)以甲公司名义向丙电脑有限责任公司投资350万元；

(3)以甲公司财产为个体户张某的债务提供担保。

请判断董事会的上述决定是否合法，依据何在？

2. 某化工贸易有限公司注册资本3000万元，2023年8月公司净资产3000万元。2023年10月，公司根据当时的市场情况，决定对外投资，并迅速与一家物资公司实行联营，共同投资经营钢材，并签订联营合同一份。约定：化工贸易有限公司以厂址、现金共计2200万元投资；物资公司负责货源和销售，并投资500万元；双方利润按6∶4分成。由于抓住了市场，联营后收益相当可观。之后，双方产生纠纷，联营合同的效力成为案件争议的焦点。

问：本案中，化工贸易有限公司对外投资的数额超过了《公司法》规定的比例，其效力如何？

3. 乾元公司是一家有限责任公司，总经理是邵某某，公司营业执照上登记的法定代表人也是邵某某。2023年7月3日，邵某某与和源记的董事长商定签订设备转让合同。在正式签订合同的时候，邵某某以自己的名义与和源记签订财产转让协议。双方约定乾元公司向和源记转让设备两台，转让价为60万元，设备到达前支付20万元，其余款项1年内付清。但是设备投入使用后，和源记迟迟不支付余款，以各种理由拖延付款。乾元公司屡屡催缴不见成效，无奈之下将之告至法庭。在法庭上和源记辩称，该财产转让协议是乾元公司的经理邵某某以个人名义所为的行为，并未说明是代表公司，而且签的字也是其个人，并未加盖公司的公章，因此该财产转让行为是个人行为而非职务行为，因主体不合格，其转让协议无效。

问：本案中公司法定代表人邵某某的行为是个人行为还是公司行为？为什么？

CHAPTER 06

第六章

公司资本制度

本章导读

公司资本是公司存续的物质条件，公司资本制度是公司法律制度的重要内容。本章分析了公司资本的概念，阐释了公司资本三原则和公司资本形成制度，全面、系统地介绍了股份发行、资本变动等制度。本章的学习重点和难点是公司资本的概念、公司资本三原则、公司资本形成制度、股份发行的条件和程序、增资与减资的条件和程序。

第一节　公司资本概述

一、公司资本的概念和特点

(一)我国公司法中“公司资本”的概念

“资本”一词有多种含义，在不同学科中(如经济学、哲学、伦理学)有着不同的定义。但聚焦公司场景，在法律和会计意义上，《布莱克法律词典》对“资本”给出了三重定义：(1)用于公司经营和公司投资的资金和资产；(2)公司的全部资产，即所有者权益(包括股本、公积金和未分配利润)和负债；(3)公司资本总额。这三种定义与资产负债表休戚相关。第一种“资本”的定义对应资产负债表左侧的资产科目，即公司资产。第二种“资本”的定义理解为右侧的负债和所有权益的科目，即从资本来源的角度定义资本。第三种“资本”的定义对应资产负债表右侧“所有者权益”中的股本，即实缴资本。

在新《公司法》的规定之中，公司资本指的是“注册资本”，其中的“注册”意为不仅要在公司登记机关登记，而且要记载于包括公司章程、公司营业执照，以及有限责任公司的出资证明书上。关于登记的注册资本为何？新《公司法》对有限公司和股份公司分别采取了不同的资本缴纳制度，导致在两者的注册资本认定上产生了差异。有限公司采用限期认缴制，在注册资本的缴纳方式上采用认缴的方式，有限公司的股东在公司成立前只需确定出资额并承诺在公司成立后的一定期限内缴纳出资，有限公司的注册资本是全体股东认缴的出资额。新《公司法》第47条明确规定，有限责任公司的注册资本为在公司登记机关登记的全体股东认缴的出资额。股份公司采用实缴制，股份公司的发起人或认股人应当在公司成立前按照其认购的股份足额缴纳股款，股份公司的注册资本是实缴的已发行股份的股本总额。新《公司法》第96条第1款规定，股份有限公司的注册资本为在公司登记机关登记的已发行股份的股本总额。而且，已发行股份的股本总额必须实缴。新《公司法》对发起设立型股份公司和募集设立型股份公司均采用了实缴制。新《公司法》第98条第1款规定，发起人应当在公司成立前按照其认购的股份全额缴纳股款。此规定明确了发起设立型股份公司采用实缴制。新《公司法》第101条规定，向社会公开募集股份的股款缴足后，应当经依法设立的验资机构验资并出具证明。此规定明确了募集设立型股份公司采用实缴制。

根据以上所述，在新《公司法》的制度下，公司资本是指注册资本，有限公司的注册资本是全体股东认缴的出资额；股份公司的注册资本是已发行股份的股本总额，无论发起设立型股份公司的发起人还是募集设立型股份公司的发起人和认股人在公司成立前均须实缴已发行股份的股本总额。

（二）公司资本的特点

公司资本具有以下特点：

1. 资本是独属于公司的独立的财产。所有的法人组织都必须有独立财产的存在，资本就是公司独立财产的重要来源。在公司用来占有和使用的财产之中，一部分是自有也就是自己所拥有的财产，另一部分是通过借贷得来的财产。基于此，经济学和会计学就产生了所谓的自有资本和借贷资本的分别，对于公司法中的资本而言，其仅仅指代公司自己所拥有的，同时不会受到他人支配的独立的财产。而资本同时也属于公司的原始财产，多种财产来源会出现在公司成立之后，但公司的资本永远都是最初的财产。

2. 资本的本质是一种抽象的财产金额,资本的外在表现永远都是资本额,也就是一定量的财产金额。资本不是一种具体的财产形式,而是一种抽象的价值金额,虽然作为资本构成的财产的存在总是有各种具体的形式,包括货币、实物、知识产权或者土地使用权等,但资本作为财产金额是不受到任何具体财产形式影响的,即使这些财产形式之间同样会发生频繁的转换。

3. 股东的出资是资本的来源。公司全体股东所进行的永久性的投资就是公司资本,其构成只能是股东出资,股东出资的总额就是公司资本的总额。而财产来源为经营积累或者接受赠与等,虽然也属于公司的自有资产,但由于其并不属于股东的出资所以无法直接计入公司资本。

需要强调的是,资本作为公司股东出资的总和,在某些特殊情况下可能会有例外发生。例如,当公司对股份进行溢价发行时,此时公司以高于股份面值进行定价,而公司资本额却是按照全部股份的票面金额计算,此时公司实际收到的股东出资总额可能会超过,甚至远远超过公司的资本额。在这种情况下,超出的部分被归入公司的资本公积金。

4. 资本是通过章程在公司成立时确定的。公司的章程,作为成立时的基本文件,必须明确记录资本额。这个金额是由公司的发起人或未来的股东协商决定并记录在章程中的。

5. 资本也被视为一个固定且不可随意改变的财产数额。一旦公司资本被确定,就不能随意改变了。公司的资产会因公司的盈利或亏损而发生变化,但这并不意味着公司资本会相应变动。若要改变公司资本,必须按照法定程序,通过股东会决议,修改章程,并进行注册资本的变更登记。

二、公司资本的不同含义和形式

在公司法领域,不同国家在立法、理论和实践中对“资本”这一术语有着各异的理解和使用。资本的多种含义和形式主要表现为:

1. 注册资本,亦称额面资本,部分国家称其为核定资本。这是公司成立时在注册登记中所记录的资本总额。在全球范围内,并非所有国家的公司法都明确使用“注册资本”这一术语。例如,我国对注册资本有严格的定义,而在其他国家,虽然公司法规定资本是登记注册的重要内容,却并未专门用“注册资本”来称呼。不同国家对于注册资本是否必须为实缴资本、是否可以用授权资本或发行资本登记注册，有着不同的法律规定。

2. 授权资本，亦称名义资本。这指的是公司章程中授权可以发行的全部资本。在英美公司法中，公司章程必须明确标明授权资本额，否则公司无法登记。公司成立时无须发行全部授权资本，只需发行部分即可，其余部分由董事会根据需要分批发行。值得注意的是，授权资本的概念仅在授权资本制度下适用，在法定资本制度下，则不允许存在授权资本。

3. 发行资本，也称为已发行资本。这指的是公司在一次或多次发行股份时，已经发行的资本总额。对公司来说，这是其已发行的资本；对股东来说，则可称作认购资本，即股东承诺支付的股本。发行资本可以是授权资本的一部分或全部，这取决于公司资本的发行安排。值得注意的是，股东不必一次性全额支付已发行的股份，发行资本由已缴资本和待缴资本共同构成。在公司发行所有股份之前，发行资本通常低于公司总资本。

4. 实缴资本，又可以称作已缴资本或者实收资本。这是指股东已经实际缴纳给公司的资本。重要的一点是，资本的发行并不意味着股东已经全部缴纳。在法定资本制度下，股东可以选择分期缴纳其认购股份的款项，而已缴纳的部分就构成了实缴资本。如果股东已经全额缴纳了发行的资本，那么实缴资本与发行资本将等同。

5. 待缴资本，也被称作催缴资本。这指的是公司已经发行、股东已经认购但尚未缴纳的资本部分。公司有权利要求股东按照约定或公司法的规定缴纳这部分资本，而股东也有义务根据约定或公司法的规定进行缴纳。因此，待缴资本实际上已经成为公司应得到的财产，同时也构成了股东对公司的一种债务担保。

6. 保留资本，也称为储备资本。这部分资本指的是公司在正常运营期间，从发行和待缴资本中划出的一部分，这部分资本不会要求股东在常规情况下缴纳。只有在公司面临破产时，这部分待缴资本才可能被催缴，因此被称作保留资本。

从这些分类中可以看出，资本是一个非常复杂的法律概念，在全球范围内没有一个普遍适用的统一资本概念。实际上，不同国家对于不同类型的公司，在法定资本制和授权资本制下，都赋予了资本不同的含义和表现形式。即使在同一个国家，由于公司法的改革和修订，资本的含义也会随时间而变化。例如，在英国,从实行授权资本制到后来为了适应欧盟公司法的统一要求而转向折中资本制,这一过程中引入了公司最低资本额的规定和注册资本的概念。英国的注册资本并不基于实缴资本或授权资本,而是以发行资本为基准。而在美国,直至目前,公司法中也并没有注册资本的概念和相应规定。

三、公司资本与相关概念的比较

1. 资本与资产

公司资产,也称作公司实有财产,这指的是公司实际拥有的全部财产,既包括有形财产,也包括无形财产。资产在形态上可以分为多种类型,如流动资产(包括货币、债权、某些实物)、长期投资、固定资产(如土地、房屋)、无形资产(如工业产权)和递延资产等。资产的来源主要有三个方面:股东的出资(公司资本)、公司的外部负债、公司的资产收益和经营收益。在公司资产负债表中,资产与负债是两个关键组成部分,它们之间存在互动的对应关系。由于负债是资产的一种来源,因此公司负债的增减会直接影响资产的相应增减。

从概念的范围来看,公司资产的范围要大于资本,因为资本仅仅是资产的一部分。但从实际金额来看,资本与资产之间的对应关系会因公司的经营状况而有所不同。例如,公司成立初期,若无外部负债,其资本等同于全部资产。但随着公司负债的产生和经营活动的展开,资产一般会高于资本,虽然也存在由于亏损或资产价值剧烈变动导致资产低于资本的情况。

在公司法人的独立财产责任方面,公司对外债务的责任由公司的全部实有资产来承担。基于此,在公司法和公司实务中,资产的总额、资产的构成以及资产具有的变现和支付能力,都具有重要的意义。

2. 资本与资金

公司的资金这一概念,在解释上并不十分明确,且在不同领域中存在不一致的理解。重要的是要认识到,公司的资金并非严格意义上的公司法概念,而更多地出现在会计学和管理学等领域。在这些领域中,“资金”通常是指公司所拥有的财产,这在本质上类似于或等同于公司法中的“资产”。

公司法中的资产概念范围可能更为广泛,包括一些在会计上不易入账的特殊资产,如未变现的工业产权和商誉等。资产或资金的来源可以分为自有资金和借贷资金,这仅仅是表明资产来源的一种分类方式。重要的是,我们不应将公司的资金仅理解为货币形式的资产，也不应仅将其视为以货币价值计算的资产。

在我国的企业立法历史中，由于历史习惯和观念意识的影响，曾长期使用“资金”和“注册资金”的概念。其中，“资金”在法律含义上与现在所用的“资产”基本一致，“注册资金”则与现在所用的“注册资本”在法律含义上基本相同。1993年《公司法》颁布以来，公司法立法和企业立法已基本上改用“资产”和“注册资本”的概念。

3. 资本与净资产

净资产，指的是公司的全部资产与全部负债相减之后的余额。公司的资产从实质上可以分为自有资产和借贷资产。借贷资产虽然形式上或暂时属于公司所有，但一旦相关债务被清偿，公司的资产就会相应减少。公司真正拥有的是其中的自有资产，而净资产实际上反映了公司自有资产的价值，是其财务实力和资产信用的基础。

公司成立初期，若无外部负债，其资本等同于其全部资产，同时也等同于其净资产。随着公司经营活动的盈利或亏损，以及资产本身价值的增值或贬值，资产和净资产的价值会持续变动。因此，净资产有可能高于或低于资本。当公司的资产等于负债时，净资产等于零；而当公司资不抵债时，净资产则呈现负值。

4. 资本与股东权益

股东权益，也称为所有者权益，指的是股东对公司净资产享有的权利。股东权益可以分为四个部分：资本、资本公积、盈余公积和可分配利润，其中资本只是其中的一部分。因此，在一般情况下，股东权益的总额要大于资本。但是，如果公司没有资本收益，也从未实现盈利，因而未曾提留资本公积和盈余公积，那么股东权益可能仅等同于资本。若公司出现亏损，可分配利润为负值，股东权益甚至可能低于资本。需要注意的是，股东权益仅代表对公司净资产抽象价值的权利，而不是对任何具体资产的直接权利。无论股东权益大小，股东都无权直接控制或处置公司的财产。

5. 资本与投资总额

公司的投资总额指的是为公司设立和运营所投入的全部财产总额，这包括股东出资形成的注册资本以及注册资本之外的其他投入。投资总额的概念主要用于外商投资企业法中，但在内资设立的有限公司中也会约定或规定投资总额。对于投资总额中超出资本的投资部分，其法律性质尚无明晰、统一的定义。一些观点认为这部分属于股东对公司的借贷，而其他观点则认为它应被视为出资性投入或资本性投入，应当作为公司的自有财产或资本溢价，而非对外负债。

四、公司资本的法律意义

1. 资本作为公司成立的基本条件

公司是按照法律规定成立的企业法人，而要获得法人资格和地位，必须满足包括资本在内的一系列条件。根据我国《民法典》和《公司法》，企业法人和公司法人的成立都有明确的条件，其中资本是核心条件之一。在公司成立的多个条件中，资本既是实体条件又是财产条件。没有满足这个条件的公司无法获得注册登记，已注册的公司也可能因不满足这一条件而被撤销或失去法人地位。

2. 资本作为公司进行经营活动的基本物质条件

公司作为营利性的经济组织，拥有从事商业性经营的权利和能力。这种能力的实现依赖一定的物质条件，包括固定的生产经营场所、适合的从业人员，以及与经营活动相匹配的其他资金。这些条件的形成都需要资本的支撑。缺乏足够资本的公司无法参与任何财产关系，也不能展开经营活动，这种情况下的公司通常被称为“皮包公司”。因此，公司法对公司资本的规定在形成和维持公司经营能力方面起到了至关重要的作用。

3. 资本作为公司承担责任的基本保障

公司作为法人组织，其独立于股东的责任是以全部资产来承担责任的。公司的资产规模直接影响其清偿债务的能力及对债权人的保护程度。资本不仅是公司资产的基础和来源，也是最原始和基本的资产部分。资本的规模对公司的资产规模和清偿能力有着直接影响。基于此，将资本确定并且维持在一定数额上，在确保公司对债务的基本清偿能力、为债权人利益提供担保以及交易的安全性上都有着一定的意义。许多学者认为，公司资本是对债权人利益的一种财产担保，也是公司对外信用的基础。

4. 资本作为股东对公司债务承担责任的界限

所谓有限责任，主要是指对于公司债务而言股东所负有的责任，而不是公司本身负有的责任。股东对公司债务所负有的责任限度是根据其认缴的出资额确定的。对所有股东来说,这实际上意味着以公司资本为限对公司债务负责。公司的资本额就成为全体股东对公司债务承担责任的上限。新《公司法》第4条第1款对此作出了规定,有限责任公司的股东以其认缴的出资额为限对公司承担责任,而股份有限公司的股东则以其认购的股份为限对公司承担责任。

第二节 公司资本三原则

为了实现股东与债权人之间的利益平衡,新《公司法》的公司资本制度仍旧遵循公司资本三原则。这些原则作为以大陆法系为主的国家或地区公司资本制度的立法指导思想,是这些国家和地区公司法共同认可和实行的资本原则,新《公司法》中许多公司资本的相关规定都体现和反映了这三个原则。

一、资本确定原则

资本确定原则是指公司在设立时,必须在章程中对公司的注册资本作出明确规定,并须全部认足或募足,否则公司不能成立。公司成立后,决定新增资本,必须在章程中确定新增的注册资本,并修改公司章程中的注册资本。资本确定原则为传统大陆法国家所采用,是法定资本制所遵从的原则。但是,即便多数大陆法系国家在法定资本制的基础上都吸收授权资本制的规则,改采折中资本制,但各国公司法并未放弃资本确定原则的基本精神,折中资本制依然保留和体现了资本确定原则的基本要求。即使在实行授权资本制的国家,也要求公司章程对注册资本或股份总数予以明确规定。

资本确定原则是关于公司资本形成的基本原则。资本确定原则的目的是保证公司设立时资本的真实可靠,使公司形成稳固的财产基础和健全的财务结构,并防止公司的滥设,维护经济秩序的稳定和交易安全。但其不足则是大大限制了公司的设立,公司资本如果数额很大,不易尽快认足,如果数额较少,又会遇到其后增加资本时的烦琐法律程序。同时,公司成立之初,业务活动少,即使缴纳了资本,也会造成资金在公司中的闲置和浪费。因此,我国的认缴制改革对资本确定原则作出修正,有限公司的资本确定从实缴资本转为认缴资本,有限公司的公司章程只需明确规定认缴资本,以此克服公司设立的资本限制和公司资金的闲置。

我国新《公司法》实行资本确定原则，新《公司法》关于有限责任公司、股份有限公司的注册资本应由全体股东认缴的出资额或已发行股份的股本总额的规定（第47条、第96条），关于有限责任公司、股份公司分别在公司登记机关登记应载明公司注册资本的规定（第32条、第95条），关于有限责任公司营业执照应载明公司注册资本的规定（第33条），关于有限责任公司向股东签发出资证明书应载明公司注册资本、认缴和实缴的出资额、出资方式和出资日期的规定（第55条）都体现了资本确定原则的要求。

二、资本维持原则

资本维持原则，通常是指公司在其存续过程中，应经常保持与其资本额相当的财产。但是，《欧盟第二号公司法指令》明确资本维持原则是约束股东通过违法利润分配、回购股份等方式取回投入的资本，以确保股东缴纳的资本全部用于公司经营，确立了约束公司向股东流出资产的警戒线。在股东履行完出资义务，公司形成资本后，公司要确保公司资本被用于公司经营，而非不当地流向股东。因此，资本维持原则的立法目的是防止资本的实质减少，保护债权人利益，同时也防止股东对盈利分配的不当要求，确保公司本身业务活动的正常开展。

资本维持原则是针对资本流出的重要原则，新《公司法》围绕资本制度建立的资本流出规则是资本维持原则的直接或间接体现。

1. 股东不得抽逃出资。新《公司法》第53条第1款规定，公司成立后，股东不得抽逃出资。

2. 利润弥补亏损前，不得分配。"无盈不分"是公司股利分配的基本规则，公司的利润首先应用于弥补亏损，只有在公司盈利的状态下，才能向股东分配股利。新《公司法》第210条第4款规定，公司弥补亏损和提取公积金后所余税后利润，公司才能按照股东实缴的出资比例或持有股份比例分配利润，公司章程另有规定的除外。

3. 限制公司回购本公司的股份。公司回购自己的股份，变相地让公司资本流向股东，从而导致公司资产减少。因此，公司除满足法定特定条件外，原则上不许回购自己的股份。新《公司法》第162条第1款规定，除6种特殊情形外，公司不得收购本公司股份。

4. 按规定提取和使用公积金。在商事实践中,存在违法将公积金分配给股东的问题,公司提取和使用公积金的规则也体现了资本维持原则。

5. 不得接受本公司的股份作为质权的标的。公司若能接受本公司股份的质押,无异于变相地回购自己的股份,新《公司法》第 162 条第 5 款对此类质押予以禁止。

三、资本不变原则

资本不变原则是指公司的注册资本一经确定,即不得随意改变,如需增减,必须严格按法定程序进行。资本不变原则不是指与资本相关的资产不得变化,也不是指公司的注册资本绝对不得变化,而是指公司的注册资本不得随意变化,公司增加注册资本或者减少注册资本,必须依照法定程序进行。

资本不变原则的立法意图是防止注册资本的随意减少导致公司财产流出和责任范围缩小,以保护债权人利益。如果没有资本不变原则的限制,公司注册资本可以随意减少,资本维持原则就失去了意义,一旦股东先要分配公司财产就可以通过随意减少注册资本的方式绕过资本维持原则。

新《公司法》的资本不变原则主要体现在对公司增减资本法定条件和程序的严格规定上,要求必须经股东会议决议通过,并依法办理变更登记等。而且,对于减少资本,特别规定了债权人保护程序。新《公司法》第 224 条第 1、2 款规定:“公司减少注册资本,应当编制资产负债表及财产清单。公司应当自股东会作出减少注册资本决议之日起十日内通知债权人,并于三十日内在报纸上或者国家企业信用信息公示系统公告。债权人自接到通知之日起三十日内,未接到通知的自公告之日起四十五日内,有权要求公司清偿债务或者提供相应的担保。”

第三节　公司资本形成制度

公司资本形成制度是公司通过资本(也指股份公司的股份)的发行或认缴并确保股东将出资真实地注入公司形成公司资本的制度。各国公司法基于不同的立法目标和社会国情等因素对公司资本形成方式有着不同的立法设计。公司资本形成制度可以类型化为三种,包括法定资本制、授权资本制和折中资本制。法定资本制因缴纳制度立法设计的不同可进一步区分为实缴制和认缴制。

一、法定资本制

法定资本制主要被大陆法系国家所采用。法定资本制,是指在公司设立时,必须在章程中明确规定公司资本总额,并一次性认足、全部发行资本,否则公司不得成立,公司成立后,公司需要增加资本,必须经股东会决议、变更公司章程等增资程序。公司资本形成可以区分为发行和缴纳两个阶段。就发行而言,无论有限公司的认足出资还是股份公司的认购发行股份都是广义上的发行资本。法定资本制分别对发行和缴纳进行制度设计。法定资本制下,公司设立时必须一次性发行资本,发起人或认股人必须一次性认足出资或者认购发行股份。就缴纳而言,法定资本制存在两种缴纳股款的方式:其一为一次性缴纳,即发起人或认股人在公司成立前必须一次性缴纳认足的出资额或者认购发行股份的股本额,不得分期缴纳;其二为分期缴纳,即发起人或认股人可以分期缴纳认足的出资额或者认购发行股份的股本额而不必一次缴纳,但公司法可以对首次缴纳的最低数额或者比例和分期缴纳的最长期限作一定程度的限制。

针对分期缴纳方式,大陆法系各国的法定资本制都允许分期缴纳股款,只是对首次缴纳最低数额或比例、分期缴纳最长期限设置上有所不同。例如,法国商法规定首次缴纳最低比例为25%,且分期缴纳期限最长不得超过5年。但是,在各国立法例中,分期缴纳为少数情况,一次性缴纳是常态。

法定资本制的优缺点都十分显著。其优点是有利于提高市场交易的安全性,尤其采用一次性缴纳方式时,在公司设立阶段,公司资本就能真实地注入公司,起到保护交易安全的作用。但是,法定资本制在融资的便捷性方面存在重大弊端。公司增资,必须履行烦琐的程序,无法回应公司尤其大型公司及时融资的需求。因此,大陆法系国家,如德国、法国等,借鉴英美法系的授权资本制改造法定资本制,形成了折中资本制。

二、授权资本制

授权资本制主要被英美法系国家所采用。授权资本制,是指在公司设立时,虽然应在章程中载明公司资本总额,但公司不必发行全部的资本,发起人或认股人只要缴足资本总额的一部分,公司即可成立。其余资本额为授权资本,授权董事会根据公司经营或财务上的需求,可以一次或分次发行。在授权资本的数额内,由董事会作出发行新股的决议,无须股东会作出相关决议。在授权资本制下,才有授权资本与发行资本的概念区分,授权资本是公司章程记载的公司最多可发现的资本总额,而发行资本是公司已发行的资本额。

授权资本制与法定资本制区分聚焦资本的发行,两者差异首先表现在发行方式上的不同,授权资本制采用资本分期发行的方式,而法定资本制采用一次发行的方式。在授权资本制下,董事会可以在授权的资本额内自治决定分期发行的次数。更进一步,两者更为本质的区别在于资本发行控制权的分配,法定资本制由股东会决定资本的发行,授权资本制在股东会或公司章程授权之后,由董事会决定资本的发行,而资本的发行又会导致公司股权结构及公司控制权的调整和变化。因此,不同资本形成制度的确立又涉及公司法对股东会与董事会控制权配置的制度安排。

授权资本制显著优势具体表现在两方面:其一,降低了公司设立阶段资本形成的难度,公司不必一次发行全部资本总额,设立时可在发起人或认股人财力承受范围内发行资本。其二,提升了公司融资的灵活性和便利性,董事会可以根据公司自身需求及时自行决定发行资本而不需要经过股东会作出新股发行和增资的决议。但是,授权资本制也存在弊端,如增加债权人利益的风险,授权资本只是名义上的资本,实际上未注入公司,导致公司资本与公司资产的严重脱节,如果债权人因误信公司资本与公司发生交易,可能会危害债权人的利益。

授权资本制更契合现代商业社会的发展,各国公司资本形成制度的整体发展趋势是朝授权资本制靠拢,大陆法系各国纷纷对法定资本制进行改革,改采授权资本制或者折中资本制。

三、折中资本制

折中资本制，是部分大陆法系国家在舍弃法定资本制弊端和借鉴授权资本制优势的基础上演变而成的资本制度，具体分为两种类型：许可资本制和折中授权资本制。

(一)许可资本制

许可资本制，或称认许资本制，是指在公司设立时，章程中必须规定公司资本总额，并一次性发行、全部缴足。同时，公司章程可以授权董事会在公司成立后的一定期限内，在授权时公司资本一定比例的范围内，发行新股，增加资本，无须股东会的相关决议。部分大陆法系国家，如德国、法国、奥地利等，从法定资本制改为许可资本制。如《德国股份公司法》第202条第1款和第3款规定，公司章程可以授权董事会，在公司成立后5年内，通过发行新股增加注册资本，但授权资本不能超过授权时公司资本的一半。

许可资本制的基础是法定资本制而非授权资本制。在许可资本制下，对公司设立时的资本形成适用法定资本制，公司资本必须一次发行、全部缴足。许可资本制是在资本总额之外发行，对公司成立后的增资程序进行了改造，通过授权董事会自主决定发行新股和增加资本，简化了增资程序，吸收了授权资本制融资灵活性的优点。

(二)折中授权资本制

折中授权资本制是指公司设立时，章程必须载明公司资本总额，并只发行和缴足部分资本，公司即可成立，未发行资本可以授权董事会自行决定发行，但授权的资本额必须低于一定比例的公司资本。

折中授权资本制的基础是授权资本制而非法定资本制。在折中授权资本制下，公司设立时的资本形成适用授权资本制，公司只需发行部分资本，即可成立，剩余的资本可授权董事会在公司成立后发行。所以，折中授权资本制是资本总额内发行，不需要通过增资发行新股。但是，折中授权资本制对董事会授权发行的资本额数和发行期限予以限制，保留授权资本制融资灵活性的优点，吸收了法定资本制控制债权人风险的优势。

四、新《公司法》资本形成制度的界定

根据各国公司资本制度的相关规定和学理阐述，资本形成制度存在“二分法”和“三分法”两种分类模式。“二分法”将资本形成制度分为法定资本制和授权资本制。“三分法”将资本形成制度分为法定资本制、授权资本制和折中资本制。相较授权资本制下对授权董事会发行股份数量的完全自治，折中资本制对授权董事会发行的股份数量加以限制。根据各国折中资本制呈现的不同类型，又可以进一步分为许可资本制和折中授权资本制。

2021年12月20日，全国人大常委会在《关于〈中华人民共和国公司法(修订草案)〉的说明》中明确指出：本轮《公司法》修订为股份公司引入了授权资本制。这是全国人大常委会在“二分法”语境下对新《公司法》第152条确立的资本形成制度的界定。授权资本制与法定资本制的核心区别在于资本发行的控制和权利分配，授权资本制在股东会或章程授权发行股份之后，由董事会控制和决定股份的发行，无须再经过股东会决议。新《公司法》第153条规定，公司章程或者股东会授权董事会决定发行新股的，董事会决议应当经全体董事2/3以上通过。因此，按照“二分法”，新《公司法》第152条所确立的资本形成制度属于授权资本制。

如果按照“三分法”界定新《公司法》第152条的资本形成制度，新《公司法》第152条对授权董事会股份数量予以限制，授权董事会在3年内决定发行不超过已发行股份50%的股份，故属于折中资本制。进一步，属于何种折中资本制，学界产生了不同的观点，许可资本制和折中授权资本制均有支持者。许可资本制和折中授权资本制的核心区别在于授权董事会发行股份的股本额是否在公司设立时公司章程载明的注册资本额范围内，换言之，董事会在授权发行股份的股本额内发行新股是否需要增资，如果需要增资才能发行新股则属于许可资本制，如果不需要重新增资即可发行新股则属于折中授权资本制。根据新《公司法》第96条第1款的规定，股份公司的注册资本是在公司登记机关登记的已发行股份的股本总额。授权董事会发行的新股不属于已发行股份，发行新股的股本额不属于注册资本，董事会在授权发行股份的股本额范围内发行新股需要完成增资程序。因此，新《公司法》第152条资本形成制度属于许可资本制。

遵循立法机关所采用的“二分法”，不采用“三分法”，将新《公司法》第152条的资本形成制度界定为授权资本制。

五、资本形成制度与我国资本缴纳制度的改革

（一）资本形成制度与资本缴纳制度的关系

资本形成制度是根据资本发行方式的差异将其区分为法定资本制、授权资本制和折中资本制。资本缴纳制度与资本发行方式无关，不是一种新的资本形成制度。资本缴纳制度是法定资本制在缴纳方式上演进而形成的制度。资本缴纳制度围绕资本缴纳方式的变革和优化属于法定资本制度的改革。

资本缴纳制度根据一次性缴纳和分期缴纳方式可以分为实缴制和认缴制。实缴制是指公司设立时、成立前或者已设立公司增资时，发起人、认股人或股东必须一次性缴纳认足的出资额或者认购发行股份的股本额，不得分期缴纳的法定资本制度。认缴制是指公司设立时、成立前或已设立公司增资时，发起人、认股人或股东承诺在一定期限内缴足出资额或者认购发行股份的股本额，可以分期缴纳不必一次缴纳的法定资本制度。从实缴制到认缴制是我国资本缴纳制度的重大变革。

我国认缴制在不同阶段形成了三种认缴制的类型：有限制的认缴制、完全认缴制和限期认缴制。有限制的认缴制是指2005年《公司法》规定的认缴制，即股东可以分期缴纳，但必须在2年内分期缴足，受到两年缴纳期限和首次出资额限（注册资本的20%）制的认缴制。完全认缴制是指2013年《公司法》规定的认缴制，即股东可以分期缴纳，且可以约定缴纳期限，没有首次缴纳比例限制的认缴制。限期认缴制是指新《公司法》规定的认缴制，即股东可以分期缴纳，但受到5年缴纳期限限制的认缴制。

（二）我国资本缴纳制度的改革历程

从2005年开始，我国法定资本制度在缴纳方式上展开了变革，从单一实缴制，到有限制的认缴制与实缴制并行，再到完全认缴制与实缴制并行，最后到限期认缴制与实缴制并行。

1993年《公司法》对有限公司和股份公司均采用了实缴制，要求全体股东必须一次性缴纳出资或股本总额。当时，只有中外合资经营企业有所例外，允

许中外双方出资的分期缴纳。2005 年《公司法》部分缓和了实缴制,采取了实缴制和有限制的认缴制并行的做法。有限公司以全体股东登记的“认缴的出资额”为注册资本,发起设立型股份公司以全体股东登记的“认购的股本总额”为注册资本,且这两种公司的全体股东在公司设立时必须实缴至少 20% 的注册资本,且首次实缴资本必须高于法定的注册资本最低限额,其余出资必须自公司成立时起 2 年内缴足,投资公司可以延长至 5 年。募集设立型股份公司仍以公司“实缴股本总额”为注册资本。

2013 年《公司法》,在有限制的认缴制的基础上,再次放松限制,有限公司和发起设立型股份公司均采用完全认缴制。完全认缴制是在 2014 年 2 月的《国务院注册资本登记制度改革方案》中提出的概念,是指公司以股东认缴的出资总额或者发起人认购的股本总额,登记为公司的注册资本。注册资本可以只反映认缴的出资总额或者认购的股本总额。此外,除法律、行政法规和国务院决定另有规定外,一般性地取消了注册资本最低限额要求、首次实缴出资的比例要求、实缴全部出资的期限要求、货币出资的比例要求及强制验资要求。

新《公司法》并行采用了限期认缴制和实缴制。针对有限公司,新《公司法》采用限期认缴制,其第 47 条第 1 款中规定,有限公司全体股东认缴的出资额由股东按照公司章程的规定自公司成立之日起 5 年内缴足。依据新《公司法》的规定,有限公司采用限期认缴制,在一定程度上修正和完善了有限公司采用完全认缴制产生的弊端。限期认缴制仅对认缴期限予以法定限制,但对其他缴纳条件设置得非常宽松,没有恢复注册资本最低限额要求、首次实缴出资的比例要求、货币出资的比例要求及强制验资要求。但是,针对股份公司,新《公司法》第 98 条和第 101 条规定,发起设立型股份公司和募集设立型股份公司均采用实缴制。

(三)完全认缴制的正反效果

完全认缴制下,公司和股东对资本缴纳的比例和期限享有自由裁量权,但对于股东、公司乃至社会而言具有正反两面的效果。其中,完全认缴制的正面效果如下:

第一,完全认缴制降低了公司设立的准入门槛,推动了公司创设数量的快速增长。认缴制的改革是为了呼应 2014 年“大众创业、万众创新”的经济政策。据统计,截至 2023 年 6 月底,我国存续的有限责任公司总计已近 4600 万户。这一统计数据也证实了完全认缴对激发市场活力和增加市场主体的巨大作用。

第二,完全认缴制解决了创业公司的企业家无法实缴出资的困境。在商事实践中,很多设立创业公司的企业家有很好的创业理念和技术,但缺乏初始资金。在实缴制或有限制的认缴制下,这些企业家因缺少实缴资本而无法设立公司展开经营活动,他们的创业理念和技术没有机会运用到商事实践中,创造商业价值。但是,在完全认缴制下,这些企业家可以先认缴出资设立公司,将创业理念和技术用于公司经营,等公司产生营业收入后,再以报酬实缴出资,实现自身的商业价值。

第三,完全认缴制可以让股东和公司根据实际情况和需求安排资本缴纳数额和期限等相关事宜,避免资金闲置。对于投资者而言,进行股权投资只是个人财产的使用方式之一,在投资数额及投资期限方面享有完全的意思自由意味着股东可以根据个人在不同时期的投资能力和投资意愿对个人财产作出灵活安排,无须即刻将大额财产全部转到公司名下。对于公司而言,资本是公司进行经营活动的基本物质条件,但是公司所处的经营阶段不同对资本需求也不同,一律要求公司资本必须在公司设立时就缴足难免导致资金闲置的问题。相反,允许公司根据生产经营的实际需求制定符合公司发展计划的资本缴纳方案则可以最大限度地避免这一问题的发生,提高资金的使用效率。

第四,完全认缴制弱化公司法中的资本信用,向商事实践中的资产信用靠拢。长期以来,公司法以资本信用为基础理念,创设了公司资本制度。但商事实践中,资本信用并不是商事主体发生交易主要信赖的基础,公司法中的资本信用在很大程度上与现实脱节。完全认缴制使得注册资本仅反映公司设立时股东认缴的出资额或股本总额,甚至已经不能反映公司设立时的实际资产状况,其在商事实践中进一步弱化了注册资本的信用。

但是,完全认缴制在实践中亦产生不少反面效果,具体表现为以下三个方面:

第一,完全认缴制危害交易安全。有部分创业者利用完全认缴制的规则,设立"无赖公司",这些"无赖公司"随意增加注册资本、承诺巨额的注册资本和过长的认缴期限,但从始至终不缴纳。这类"无赖公司"以良好的资本信用获取贷款,但很容易导致债务违约,危及相对人的交易安全。

第二,完全认缴制缺少实缴资本充当"缓冲垫",让债权人的资金直接承担风险,不利于保护债权人的合法权益。实缴资本在一定程度上具有吸收经营损失、预防企业破产的功能,股东认缴而未实际缴纳的出资额,由于未实际进入公司,无法发挥吸收损失的“缓冲垫”作用。因此,一旦股东以设置较长的认缴期限等方式不落实出资,债权人的资金就会直接面对公司亏损,提升了债权人的贷款风险。

第三,完全认缴制的配套制度并不成熟,产生了很多新型问题。为了保护债权人的利益,我国公司法为完全认缴制设置了很多配套制度,产生了一系列富有争议的问题。如股东认缴期限加速到期制度,《公司法司法解释(二)》第22条提出了股东认缴期限的加速到期裁判规则,在公司符合破产清算条件的情况下,强制股东在约定缴纳出资的日期届满之前履行出资义务,以此缓解股东的出资期限利益和公司债权人利益的冲突。进一步,《九民纪要》第6条规定,一般情形下,法院不支持股东出资责任的加速到期,两种情形除外:(1)公司作为被执行人的案件,人民法院穷尽执行措施无财产可供执行,已具备破产原因,但不申请破产的;(2)在公司债务产生后,公司股东(大)会决议或以其他方式延长股东出资期限的。新《公司法》第54条取消了“已具备破产原因”加速到期的前置性条件,只要公司不能清偿到期债务,公司或已到期债权人就可以请求已认缴出资但未届出资期限的股东提前缴纳出资。新《公司法》对股东认缴期限加速到期的前置性条件规定的变动之大,也侧面说明了这一问题的争议之大。

(四)五年限期认缴制

依据新《公司法》规定,有限公司采用限期认缴制,其第47条规定,有限责任公司全体股东认缴的出资额由股东按照公司章程的规定自公司成立之日起五年内缴足。法律、行政法规以及国务院决定可以对股东出资期限作出特别规定。新《公司法》的这一规定针对有限公司在一定程度上修正了完全认缴制产生的弊端,但仅适用于有限公司,股份公司适用实缴制。为何设置5年的缴资期限,主要理由包括:

第一,5年缴资期限符合我国有限公司的生命周期。原国家工商总局在2013年注册资本认缴登记制即将实施前,曾发布《全国内资企业生存时间分析报告》,通过综合分析2000年以来全国新设企业、注吊销企业生存时间等数据发现,多数地区企业生存危险期为第3年,企业成立后第3年死亡数量最多,死亡率达到最高；而寿命在5年以内的接近6成。认缴制实施以来，企业的生命周期并未发生多大变化，大多数有限公司的生命周期为5年之内。

第二，5年与私募股权投资的周期以及公司经营规划的周期相匹配。我国私募股权投资的周期为3—7年，平均投资周期为5年。不仅私募股权的投资周期如此，个人投资者的平均投资周期也是5年。因此，在一个投资周期结束时，投资人在退出目标公司前应当缴足全部出资。此外，民营公司的经营者经营规划周期常常为5年，在经营者完成一个周期的经营规划后，应当缴纳出资，保证下一个经营规划周期推进。

但是，新《公司法》第47条对5年认缴期限作了例外规定，即法律、行政法规以及国务院决定可以对股东出资期限作出特别规定，为设定短于5年的认缴制期限预留立法空间。

新《公司法》采用的限期认缴制在学界引发了一定争议，新《公司法》确立限期认缴制的主要理由包括：

第一，督促股东在确定认缴出资额时更理性地评估未来经营需求、投资风险。在完全认缴制下，公司法规定股东可以自行约定出资额和认缴期限，股东常常利用这一制度便利，认缴一个超出自己财务能力的出资额，仅仅为了增强公司的资本信用。但是，这不仅大幅提升自身的投资风险，也不符合公司的经营需求。限期认缴制设置5年的认缴期限，威慑股东在确认出资额时要更理性地考量公司经营需求和自身投资风险。

第二，恢复了债权人对注册资本的信赖，减少了完全认缴制带来的虚高资本，控制了完全认缴制带来的超长认缴期限。完全认缴催生了“无赖公司”的乱象，注册资本虚高和认缴期限过长的公司屡见不鲜，往往增加债权人给公司贷款的风险，辜负了债权人对注册资本的信赖，危害了债权人的交易安全。限期认缴制能迫使股东认缴合理出资，缓解注册资本虚高的乱象，恢复公司资本的信用。

第三，减少因完全认缴制引发的加速到期、未届期股权转让后股东出资责任等颇有理论争议的商事案件。完全认缴制赋予股东自行约定认缴期限的权利，让股东享有合法的期限利益，这也产生了股东期限利益与债权人利益的冲突。公司法为平衡这一利益冲突，出台了股东认缴期限加速到期、未届期股权转让的股东出资责任等规则，但在司法实践中产生了争议。在限期认缴制下，公司法为有限公司股东设置了5年法定认缴期限,司法实践中这类案件将大幅度减少。

(五)股东出资义务的加速到期

1. 制度概述

加速到期是要求未届认缴期限的股东提前履行出资义务的制度。2013年我国实行完全认缴制改革,股东可以自行决定认缴出资的期限,因此实践中出现了公司债权人的到期债权无法得到公司的有效清偿,而股东的出资期限却远未届满的情形。为保护债权人利益,实现公司资本的充实,新《公司法》新增股东出资义务加速到期制度,其第54条规定:"公司不能清偿到期债务的,公司或者已到期债权的债权人有权要求已认缴出资但未届出资期限的股东提前缴纳出资。"

在新《公司法》颁布以前,我国仅在《企业破产法》第35条、《公司法司法解释(二)》第22条规定了破产情形、解散情形的加速到期制度。但对于非破产、非解散的一般情形中能否要求股东出资加速到期,并未有明确规定。

《九民纪要》第6条规定:"注册资本认缴制下,股东依法享有期限利益。债权人以公司不能清偿到期债务为由,请求未届出资期限的股东在未出资范围内对公司不能清偿的债务承担补充赔偿责任的,人民法院不予支持。但是,下列情形除外:(1)公司作为被执行人的案件,人民法院穷尽执行措施无财产可供执行,已具备破产原因,但不申请破产的;(2)在公司债务产生后,公司股东(大)会决议或以其他方式延长股东出资期限的。"《九民纪要》以保护股东期限利益为由,确立了原则上不允许加速到期,只在满足破产条件而不申请破产、延长出资期限时方可加速的审判立场,"法院穷尽执行措施无财产可供执行,已具备破产原因"这种情形本质上是公司破产时的加速到期,而"公司债务产生后延长股东出资期限的"情形则属于债权人撤销权制度的适用范围。由此可见,《九民纪要》实际上并不支持在非破产情形中要求股东出资义务加速到期。

2. 制度原理

是否应确立非破产情形的加速到期制度,社会各界对此争议较大。该问题实质上关乎债权人、股东、公司等各主体的利益平衡。

非破产情形加速到期制度的正当性基础在于,公司利益应优先于股东期限利益。新《公司法》第1条明确规定公司法的立法宗旨在于规范公司的组织和行为，保护公司、股东、职工和债权人的合法权益。公司利益作为组织利益，是公司法首先需要考量的利益类型，也是公司法上的决定性利益。由此，公司利益目标是解决利益相关者矛盾冲突的衡量标尺，出资义务加速到期中应当首先考量其是否契合公司利益。

当公司无法清偿到期债务时，可以预见的是债权人将以提起诉讼或者申请破产的方式实现权利救济。公司将不得不面对债权人的权利行使行为乃至正常经营受到影响，公司利益将因股东出资未届期而受到现实损害。若有加速到期规则，即可要求股东提前实缴出资，公司则可恢复正常经营。出资义务加速到期规则应当以公司利益为本位而展开。加速到期规则的全面引入，本身是基于公司利益，债权人利益和股东利益则处于次顺位。比如，股东出资自由与期限利益代表的是股东的个体利益和股东群体的利益，应置于公司利益之后。

3. 具体适用

该条款的具体适用应注意：其一，适用要件为公司不能清偿到期债务，其二，权利主体为公司或已到期债权人，其三，法律后果为股东出资期限加速到期，适用入库规则。

(1)公司不能清偿到期债务

在一般情形下，股东的期限利益需要被尊重，只有满足特定条件时才可以要求股东提前出资。新《公司法》将该特定要件表述为“公司不能清偿到期债务”。我们认为，应将新《公司法》的“公司不能清偿到期债务”与《企业破产法》的“不能清偿到期债务”作相同理解。

通常而言，“不能清偿到期债务”在破产法理论上被称为支付不能或无支付能力。不同于支付不能，停止支付是任何可归责于债务人的行为并且使合同相对方产生因无支付能力而不能支付的印象，停止支付推定为支付不能。[①]

我国破产法上的“不能清偿到期债务”应与停止支付这一概念作同等理解。根据《企业破产法司法解释(一)》第 2 条规定，同时具备债权债务关系依法成立、债务履行期限已经届满、债务人未完全清偿债务三个要件的，人民法院应当认定债权人不能清偿到期债务。在我国破产法中，不能清偿到期债务是指债务人以明示或默示的形式表示其不能支付到期债务，其强调的是债务人不能清偿

① 参见[德]乌尔里希·福尔特斯：《德国破产法》，张宇晖译，中国法制出版社 2020 年版，第 70 页。

债务的外部客观行为,而不是债务人的财产客观状况。①

新《公司法》第 54 条中所规定的“不能清偿到期债务”,与《破产法司法解释(一)》中的停止支付(第 2 条)作同一解释较为妥当,这一解释更契合商事法律体系的一致性。由于停止支付并非支付不能,无论是主观意愿上的停止支付,抑或客观能力导致的停止支付,均可适用加速到期制度。

(2)二元主体:债权人和公司

依照新《公司法》第 54 条,在公司不能清偿到期债务的情况下,可要求股东提前缴纳出资的主体有二:公司和已到期债权的债权人。

结合入库规则可知,在加速到期的情形中,公司已到期的债权人只能要求股东向公司履行出资义务,并不能以《公司法司法解释(三)》第 13 条为规范依据,要求未届出资期限的股东直接向自己履行补充清偿责任。并且在数额上,债权人所能主张的数额应以其债权为限,若股东未届期出资数额大于债权人已到期债权数额,则债权人无权要求股东提前缴纳所有出资。

(3)法律后果:入库规则

我们认为,股东出资义务加速到期后,股东需向公司履行出资义务,该出资并不直接由个别债权人受偿,而应适用入库规则,归入公司的整体财产中。

首先,从法理逻辑上而言,债权人与公司之间、公司与未出资股东之间的关系存在明显的相对性,股东承担的出资义务对象系公司而非债权人。未届期股东的出资义务一旦触发加速到期条件,可因债权人或公司的要求而即时到期,成为一项履行期届满的义务。

其次,需要考量公司作为独立法人主体的利益,这一点不同于民法上的代位权行使。股东对公司的出资形态是多元的,对于公司而言股东出资的价值并不局限于债权担保,加速到期后的股东出资完全有可能成为盘活公司资产、恢复公司清偿能力的“救命稻草”。若要求股东向债权人直接清偿,有可能浪费公司资本的经营价值。

最后,入库规则可以最大范围地实现全体债权人公平清偿的目的,如果多个债权人提起加速到期,入库规则还可以避免诉讼竞争和讼累。虽然加速到期

① 《依法受理审理案件充分发挥企业破产法应有作用——最高人民法院民二庭负责人就〈破产法司法解释(一)〉答记者问》,载《人民法院报》2011 年 9 月 26 日,第 2 版。

的适用要件与破产程序明显有别，不需要遵循公平清偿规则，但是，加速到期情形毕竟属于清偿异常形态，已经触发了破产界限的要素之一，实际上“半条腿已经迈进了破产的门槛”。即使在《民法典》第 537 条中，债务人虽未破产但其债权被采取保全、执行措施的，亦需要适用限定入库规则以保障清偿公平。

第四节　股份发行

股份是股份公司股东持有的、公司资本的基本构成单位，也是划分股份公司股东权利义务的基本构成单位。股份发行是指股份公司发起人、认股人对股份的认购。由于股份公司股份发行条件的严格性和发行程序的复杂性，各国公司法为股份公司的资本募集专设了股份发行制度，区别于有限公司的资本募集制度。同时，公司法关于股份发行的许多规则，在没有冲突的情形下，也直接或参照适用于有限公司。本节仅介绍股份公司的股份发行。

一、股份发行分类

(一) 设立时发行与成立后发行

根据股份发行的公司阶段不同，可以分为设立时发行与成立后发行。

设立时发行，是指公司在设立时发行股份，目的是募集公司所需的资本。股份公司的设立方式有发起设立和募集设立两种，均属于设立时发行。

成立后发行，是指公司在成立之后再次发行股份。成立后发行的主体是成立后的公司，目的是增加公司资本、改变股东持股结构。

(二) 直接发行与间接发行

根据股份发行是否需要借助承销机构，可以分为直接发行与间接发行。

直接发行，是指公司直接向投资者发行股份，而不需要借助证券承销机构代销或者包销。直接发行可以降低发行费用，但需要公司自行联系投资者，通常发行时间较长，发行风险较大，公开发行实践中较少采用，直接发行主要用于私募发行。

间接发行，是指公司委托证券承销机构发行股份，并由其办理有关发行事宜。根据承销机构的股份承销方式不同,具体又分为股份代销和股份包销,其中包销的发行风险由承销机构承担。间接发行是公募发行中较为普遍的发行方式,新《公司法》第155条规定,股份有限公司向社会公开募集股份,应当由依法设立的证券公司承销,签订承销协议。股份公司公开发行股份必须采用间接发行方式,间接发行增加了公司股份发行的成本,但是证券承销机构可以充分利用其在发行渠道、信息及资金等方面的优势,确保股份发行的迅捷和成功。

(三)公开发行与不公开发行

根据股份发行是否面向公众投资者公开募集,可以分为公开发行与不公开发行。

公开发行,是指公开面向社会、向不特定对象发行股份,包括首次公开发行并上市和上市公司公开增发。首次公开发行让一家公司从非上市公司变为上市公司,对于公司而言,意义重大。由于公开发行涉及社会公众利益和投资者保护,各国立法对其规定了较为严格的条件和程序,公开发行需要经过主管机关的核准或者注册。新《公司法》第154条第1款规定,公司向社会公开募集股份,应当经国务院证券监督管理机构注册,公告招股说明书。

不公开发行,是指采取不公开的方式向特定的投资者发行股份。我国证券法明确规定,非公开发行证券,不得采用广告、公开劝诱和变相公开方式。此外,根据《证券法》第9条的规定,如果特定投资者数量超过200人,则属于公开发行,因此不公开发行面向的投资者数量需少于200人。不公开发行的特定对象通常包括原有股东和公司的董事、高级管理人员及公司员工等个人投资者以及私募股权基金、公募基金、产业投资者等专业投资机构。相比公开发行,不公开发行具有发行条件门槛较低、易于保密、操作便捷、发行成本低等优点,但也存在投资者数量有限、股份流通性差、不容易获得高估值等缺点。

(四)增资发行与非增资发行

根据股份发行是否增加公司资本,可以分为增资发行与非增资发行。

增资发行,是指公司在增加资本的情况下发行股份,即公司章程所定的资本总额全部发行完毕后,为增加资本而再次发行股份并修改公司章程关于资本总额的记载。此种发行须履行增资程序,即由股东会决议增资并相应修改公司章程、办理公司变更登记。在我国法定资本制和新《公司法》规定的授权资本制下,新股发行均为增资发行。

非增资发行,是指在不增加公司资本总额的情况下发行股份。非增资发行包括两大类:一类是一些外公司法规定的授权资本制之下,公司章程记载的资本总额包括已发行股份和未发行已授权的股份,授权的董事会可以作为发行新股的决议,在资本总额内的发行,属于非增资发行。另一类是资本总额不变的情况下,每股面值减少而股份数量同比例增加的股份发行。根据资本总额 = 每股面值 × 股份数量的等式关系,公司如发行的股份为面额股,则可以通过减少每股面值并同比例增加股份数量的方式进行股份发行,这种情况也称为股份分拆,由于每股面值降低,购买相同数量的股份所需资金减少,有利于增加公司股份流动性。与股份分拆相对的是股份合并,或者称为缩股,即减少股份数量的同时等比例提高每股面值,在境外资本市场中常用于避免公司股票退市及维持公司高价股形象。

(五)募资发行与特别目的发行

根据股份发行的目的不同,可以分为募资发行及特别目的发行。

募资发行,是指以募集资金为目的而发行新股,募资发行的结果是既增加公司的股份数量和资本,也增加公司的资产。

特别目的发行,是指不以募集资金为目的,而是基于其他特殊目的而发行新股,如为将公积金转增股本、可转换公司债券转股、换股吸收合并其他公司等目的而发行股份。除与其他公司合并而置换股份的情况外,特别发行的结果通常只会增加公司的资本总额,而不增加公司的资产总量,因为用于认购新股的价款是以公司已实际占有支配的财产进行支付的,这种发行只改变公司资产的性质和结构,而不改变其价值总额。但从将公司盈余或借贷资金留在公司、防止公司资金减少的角度看,特别发行亦具有募集资金的间接作用。特别发行在我国被广泛采用,实践中,以向股东送股、配股的方式分配公司盈余已成为许多上市股份有限公司的做法。

(六)平价发行、折价发行与溢价发行

根据股份发行价格不同,可以分为平价发行、折价发行与溢价发行。

平价发行,也称面额发行,是指按股份的票面价额发行股份。平价发行多适用于私募发行。我国实践中国家股、法人股的发行一般都是平价发行,而平价发行的费用有的是通过向投资者加收一定比例手续费的方式弥补的。

折价发行,是指按低于股份票面价额的价格发行股份。折价发行意味着公司实际获得的股款低于其发行的资本数额,这违反了资本确定和资本维持的原则,因而各国公司法一般禁止股份的折价发行。我国公司法亦明确禁止。

溢价发行,是指按高于股份票面价额的价格发行股份。溢价发行是广泛采用的发行方式,在我国,所有上市股份有限公司发行的社会公众股,都是溢价发行。公司股份公开发行的高额费用,通常靠股份溢价发行的收益来支付或填补。在公司财务处理上,股份发行的溢价收益属于公司全体股东的共同权益,列为公司的资本公积金,并可用于扩大生产经营或转增资本,但不得用于弥补公司亏损。

中间价发行,是指按股份票面价额与市场价格之间的某一中间价格发行股份。股份发行或上市后,其市场价格通常会高于发行价格,中间价发行是给予投资者的一种利益。我国实践中,上市股份有限公司对现有股东的配股通常都采用中间价发行方式。

(七)其他发行分类

除上述分类外,在学理和实践中,还有其他各种分类。如按发行地域范围不同,分为国内发行和国外发行;按发行条件确定方式不同,分为议价发行和招标发行;按股份是否采用实物券形式,分为有纸化发行和无纸化发行;按发行者的身份和发行的先后次序不同,分为初次发行和二次发行;按是否借助交易系统发行,分为网上发行和网下发行等。

二、股份发行原则

新《公司法》第143条规定:“股份的发行,实行公平、公正的原则,同类别的每一股份应当具有同等权利。”《证券法》第3条规定,证券的发行、交易活动,必须遵循公开、公平、公正的原则。由此,形成了股份发行的基本法律原则。

(一)公开原则

公开原则,是指发行公司必须依照法定要求将与其发行股份相关的一切重要信息和情况公之于众。公开原则的目的在于防止欺诈行为,最大限度地保护投资者的利益，使投资者在获悉公司及其股份真实信息的情况下作出投资判断和决策。同时，公开原则的实行，形成了公众和投资者对公司行为的监督，也在一定程度上对公司的发起人或管理者以及公司本身的行为起着约束性的作用。

股份发行需公开的具体内容较为广泛，大体可分为两类，一类是关于公司及其发行股份的基本概况，包括发起人的情况、股份发行可行性、募集资金的用途、公司经营业绩、未来效益预测等；另一类是关于股份发行操作安排方面的情况，包括发行的数量、方式、对象、价格、条件、程序等。新《公司法》第 154 条和第 209 条特别对公司公告招股说明书、财务会计报告作了具体规定。

股份发行的公开必须符合法律的要求，在内容上必须真实、全面、准确，不得进行虚伪或误导性的陈述，不得有重大的遗漏。在方式上，必须将股份发行的有关文件在指定的报刊上刊载，必须保证投资者通过合法途径能够及时、有效地获得信息和有关资料。

（二）公平原则

公平原则，是指股份发行对所有投资者应给予平等的对待，一视同仁，不得歧视。其一，投资者有权获得平等的投资机会；其二，同次发行的同类股份，发行的条件和价格应当相同；其三，公司发行的同类股份应具有相同的权利或利益，同股同权，同股同利。

股份发行的公平原则是民商法自愿、公平、等价有偿的一般法律原则在股份发行中的具体要求，也是投资者利益保护和股东法律地位平等在股份发行中的具体体现。公平，既是法律的原则，又是投资者追求的目标。公开与公平之间，公平是目标和结果，公开是手段和方法。由于公平原则的确立使法律调整的手段更具有灵活性，使股份发行制度能够适应不断变化的现实，适时地建立和修订各种具体规则，保障执法和司法机关能够对股份发行中出现的各种复杂争议和纠纷作出适当处理。

（三）公正原则

公正原则，是指对股份发行活动的监管和对股份发行争议或纠纷的处理应正确适用法律，对当事人公正对待，处理结果客观公正。公正原则与公平原则历来不易区别，二者确有密切联系，但公平原则应是适用于当事人之间交易关系并确定其实体权利义务的法律原则。公正原则则应是执法和司法机关监管当事人行为和处理权益争议时适用的法律原则。如此而言,公正同样是手段和方法,而当事人之间的实体公平则是追求的目标和结果。

公正原则的确立是在股份发行中正确适用法律的必然要求。股份发行中虚假陈述、内幕交易、操纵市场、欺诈客户等违法、违规行为的存在是客观现实,当事人之间的利益冲突和权益纠纷也难以避免。行政机关对股份发行活动的监管和司法机关对发行纠纷的处理过程中,只有正确适用法律,不偏不倚,才能有力地制止和防范各种不正当行为,保护投资者的合法权益,化解各种矛盾和冲突,增强投资信心,维持市场稳定。

三、股份公开发行条件

股份的公开发行,也称股票的发行,是指适格的股份公司为募集资金或调整股权架构,依法定程序以一定条件向不特定对象出售股票的行为。在商事实践中,股份公开发行是股份公司募集设立和增资扩股的重要手段,有助于公司融资,也可以让更多的投资者分享公司发展利益。

从证券监管机构的角度,为股份公开发行设置法定条件,并对股份公开发行是否满足法定条件进行审查和监督是证券监管机构的基本职责。从各国证券市场的实践来看,股份公开发行的监管可分为三种类型:审批制、核准制和注册制。2019 年《证券法》修订后,我国开始适用股份公开发行的注册制。

根据《证券法》第 9 条的规定,公开发行证券,必须符合法律、行政法规规定的条件,并依法报经国务院证券监督管理机构或者国务院授权的部门注册。未经依法注册,任何单位和个人不得公开发行证券。证券发行注册制的具体范围、实施步骤,由国务院规定。《证券法》第 12 条规定,公司首次公开发行新股,应当符合下列条件:

(1)具备健全且运行良好的组织机构;

(2)具有持续经营能力;

(3)最近 3 年财务会计报告被出具无保留意见审计报告;

(4)发行人及其控股股东、实际控制人最近 3 年不存在贪污、贿赂、侵占财产、挪用财产或者破坏社会主义市场经济秩序的刑事犯罪;

(5)经国务院批准的国务院证券监督管理机构规定的其他条件。

上市公司发行新股,应当符合经国务院批准的国务院证券监督管理机构规定的条件，具体管理办法由国务院证券监督管理机构规定。

公开发行存托凭证的，应当符合首次公开发行新股的条件以及国务院证券监督管理机构规定的其他条件。

四、股份公开发行程序

股份公开发行根据公司阶段的不同分为募集设立时股份公开发行和已设立的股份公司新股公开发行。募集设立时股份公开发行的程序已在第三章“公司设立制度”中介绍。这里概括介绍新股公开发行的程序。

（一）审议通过发行决议

发行新股的必然增加注册资本，根据新《公司法》第67条的规定，需由董事会制订公司增加注册资本的方案，并需要提交股东会审议，经代表2/3以上表决权的股东通过。

在授权资本制下，公司章程或者股东会决议授权董事会发行股份，在授权的股份总数范围内发行新股只需董事会作出决议。但如果授权股份已发行完毕，需要额外发行新股，则应由股东会作出决议。

新股发行的决议应包含的法定事项，新《公司法》第151条第1款规定：“公司发行新股，股东会应当对下列事项作出决议：（一）新股种类及数额；（二）新股发行价格；（三）新股发行的起止日期；（四）向原有股东发行新股的种类及数额；（五）发行无面额股的，新股发行所得股款计入注册资本的金额。”

（二）预先披露

《证券法》第20条规定，发行人申请首次公开发行股票的，在提交申请文件后，应当按照国务院证券监督管理机构的规定预先披露有关申请文件。预先披露的好处在于，发挥市场及舆论监督力量，让市场监督注册文件的真实性。实行注册制后，股份有限公司作为发行人应当按规定，将招股说明书、发行保荐书、上市保荐书、审计报告和法律意见书等文件在证券交易所网站预先披露。

（三）证券交易所审核

《证券法》第21条第2款规定，按照国务院的规定，证券交易所等可以审核公开发行证券申请，判断发行人是否符合发行条件、信息披露要求，督促发行人完善信息披露内容。《首次公开发行股票注册管理办法》第5条规定，首次公开发行股票并上市,应当符合发行条件、上市条件以及相关信息披露要求,依法经交易所发行上市审核,并报证监会注册。因此,在注册制下,证券交易所履行审核主体责任。

《证券法》第13条规定,公司公开发行新股,应当报送募股申请和下列文件:(1)公司营业执照;(2)公司章程;(3)股东大会决议;(4)招股说明书或者其他公开发行募集文件;(5)财务会计报告;(6)代收股款银行的名称及地址。依照本法规定聘请保荐人的,还应当报送保荐人出具的发行保荐书。依照本法规定实行承销的,还应当报送承销机构名称及有关的协议。

交易所设立独立的审核部门,负责审核发行人的公开发行并上市申请;设立科技创新咨询委员会或行业咨询专家库,负责为板块建设和发行上市审核提供专业咨询和政策建议;设立上市委员会,负责对审核部门出具的审核报告和发行人的申请文件提出审议意见。交易所主要通过向发行人提出审核问询、发行人回答问题方式开展审核工作,判断发行人是否符合发行条件、上市条件和信息披露要求,督促发行人完善信息披露内容。

交易所按照规定的条件和程序,形成发行人是否符合发行条件和信息披露要求的审核意见。认为发行人符合发行条件和信息披露要求的,将审核意见、发行人注册申请文件及相关审核资料报证监会注册;认为发行人不符合发行条件或者信息披露要求的,作出终止发行上市审核决定。

(四)证监会注册

证监会收到交易所审核意见及相关资料后,基于交易所审核意见,依法履行发行注册程序。在20个工作日内对发行人的注册申请作出予以注册或者不予注册的决定。证监会认为交易所对新增事项的审核意见依据明显不充分,可以退回交易所补充审核。交易所补充审核后,认为发行人符合发行条件和信息披露要求的,重新向证监会报送审核意见及相关资料。

(五)发行与承销

证监会的予以注册决定,自作出之日起一年内有效,发行人应当在注册决定有效期内发行股票,发行时点由发行人自主选择。发行人和主承销商应当签订承销协议,在承销协议中界定双方的权利义务关系,约定明确的承销基数。采用包销方式的,明确包销责任;采用代销方式的,约定发行失败后的处理措施。发行人和主承销商在招股说明书和发行公告中披露本次发行证券的定价方式,首次公开发行证券,可以通过询价的方式确定证券发行价格,也可以通过发行人与主承销商自主协商直接定价等其他合法可行的方式确定发行价格。发行人和主承销商可以自主协商确定有效报价条件、配售原则和配售方式,并按照事先确定的配售原则确定配售证券的对象。投资者申购证券获得配售后,按时足额缴付认购资金。投资者申购缴款结束后,发行人和主承销商应当聘请符合《证券法》规定的会计师事务所对申购和募集资金进行验证,并出具验资报告。

(六)履行上市程序

发行人在首次公开发行股票经证监会予以注册并完成公开发行后,向证券交易所提出上市申请,并提交上市申请书、证监会予以注册的决定、首次公开发行股票结束后发行人全部股票已经结算公司登记的证明文件、验资报告,以及控股股东、董监高等出具的证明、声明及承诺等文件,交易所收到发行人完备的上市申请文件后5个交易日内,作出是否同意上市的决定。

第五节 公司资本的变动

现代公司法虽然确立了资本确定、资本维持和资本不变原则,但实际上,公司资本并非绝对不变,会随着公司自身经营状况和外部市场环境不断调整。此外,公司的实有资产和净资产在公司成立之后也处在不断变化之中。因此,公司资本需要作出相应的调整反映公司净资产状况。为此,公司法对公司资本的增加和减少作出了系统性规定。

一、增加资本

(一)增资的目的和意义

增加资本,简称增资,是指公司基于筹集资金,扩大经营等目的,依照法定的条件和程序增加公司资本总额的法律行为。公司增资通常具有如下目的和意义:

1. 为满足经营需要筹集资金,拓宽投资渠道,扩大经营规模。实践中,公司常见的获取经营资金的方式包括借贷、发行公司债券、发行新股等。其中,发行新股可直接增加公司资本,系公司融资的重要途径之一。

2. 减少股东权益分配,保持现有经营资金。股东的利润分配需求与公司经营的资金需求之间往往存在冲突,将利润转为资本可以停止或减少公司向股东分配收益产生的影响,使公司仍在具有较为充足的资金条件下维持现有经营规模。

3. 调整现有股东结构和持股比例,改变公司管理机构的构成。增资的典型方式是新股发行,如果对外发行,吸纳新股东当然会改变公司股东成分和股权结构;如果在现有股东范围内增资,现有股东的持股比例也会发生变化,大股东可能因增资而变成小股东。一般情形下,股东的持股比例将决定其对公司管理层成员结构的表决权大小,公司管理机构和管理人员可能因股权结构变化而重新调整,包括更换公司董事、经理、法定代表人等。

4. 公司吸收合并。在吸收合并情形下,被合并公司将其资产全部注入另一家公司,使得该公司净资产增加,而被合并公司的所有者也可能获得该公司相应的股权,合并公司的资本即会增加。

5. 提高公司信用,增强公司实力。公司资本是公司信用的重要体现,其直接反映了公司初设时的资产实力和规模,资本较大的公司更易率先获得交易相对方的信赖。公司增加资本的行为无疑会成为显示和提高公司信用,使其获取更多竞争优势的重要方式之一。

(二)增资的方式

有限责任公司与股份有限公司皆存在增资需求,但二者因公司资本和股东出资形式不同导致其增资方式亦存在形式差异。其中,有限责任公司增资时须由原股东或新股东认足出资,股份有限公司则通过认购和发行新股而增资。一般而言,公司的增资方式可以分为以下几种:

1. 内部增资与外部增资。内部增资是指公司仅向现有股东发行新股,由现有股东认购新增的公司资本。外部增资则是指公司向现有股东以外的投资者发行新股,由其认购新增的公司资本。公司可以在一次增资中同时采用内部增资与外部增资两种方式。

2. 追加性增资与分配性增资。追加性增资,是指通过现有股东或者其他投资者对公司新的投入而增加资本,不仅增加了公司资本,也增加了公司的资产或运营资金。分配性增资仅适用于内部增资情形,是指在现有股东不作新的投入的情况下,直接将未分配利润用于股东出资缴纳或者把公积金转为公司资本的增资方式。该种方式将仅改变公司资产的性质和结构,但不会改变公司总的价值金额,换言之,仅增加了公司资本总额,但并不会导致公司资产总量的增加。

3. 等比增资与非等比增资。等比增资与非等比增资皆仅适用于内部增资情形。其中,等比增资,是指内部增资时现有股东按其原本的出资比例或持股比例同步认缴或实缴新增股权或股份,增资后各股东的股权比例或持股比例保持不变。非等比增资,是指内部增资时现有股东不按照其原本的出资比例或持股比例同步认缴或实缴新增股权或股份,有的股东可能不增加出资,增资后各股东的股权比例或持股比例将会改变。

4. 公司债转换增资与债转股增资。这两种增资方式都具有特殊性。其中,公司债转换增资是上市公司特有的增资方式,具体是指公司发行的可转换为股票的公司债券到期后,债券持有人对转换股票或者不转换股票享有选择权,如果债权人要求转换,则相应的债券金额即转换为公司资本,使得公司资本增加。债转股增资则是我国商业银行改革和资产重组的过程中所实行的特殊增资方式,目前尚未形成系统规定,而仅是实践中出现的情况。债转股增资是指银行依照约定方法,将对债务人公司享有的债权折抵为公司一定金额的股权,银行即从公司债权人转变为公司股东,这亦可导致公司资本增加。

5. 配股增资与送股增资。我国上市公司普遍采用这两种增资方式,且皆针对现有股东。其中,配股增资,亦称增资配股,是指上市公司根据现有股东的持股数量按照一定的比例向其发售股份。配股仅指向上市公司现有股东,实践中,配股条件往往优于公司对外发行条件。送股增资,亦称送股或送红股,是指上市公司根据现有股东的持股数量按照一定比例向其无偿分配股份。该行为本质属于公司向股东进行收益分配,但其分配的是公司股份而非货币,实质上是一种分配性增资。

(三)增资条件和程序

增加资本可以起到提高公司信用,增强公司实力的作用,且对保障交易安全和公司债权人利益具有诸多益处,因此,不少国家不会对公司增资条件设置强制性要求,而将其归为公司自治事项。但是,为满足公司法的其他立法目的,公司法也会对公司增资予以必要调整。譬如,为尊重有限责任公司人合性,新《公司法》第227条第1款规定:“有限责任公司增加注册资本时,股东在同等条件下有权优先按照实缴的出资比例认缴出资。但是,全体股东约定不按照出资比例优先认缴出资的除外。”但股份有限公司不需要优先考虑人合性问题,因此,第227条第2款规定:“股份有限公司为增加注册资本发行新股时,股东不享有优先认购权,公司章程另有规定或者股东会决议决定股东享有优先认购权的除外。”此外,法律也会对具有公众性特点的公司增资予以必要限制。

对公司现有股东而言,增资不仅会导致股权结构调整,还可能稀释股权,系对现有股东利益产生重大影响甚至可能引发严重利益冲突的事项。不同股东对公司增资的需求也存在差异。为此,公司法一般会明确增资程序,必须经过股东会决议并变更公司章程,其后完成公司相应变更登记的手续。根据新《公司法》第66条第3款的规定,有限责任公司的增资应当经代表2/3以上表决权的股东通过。其第116条第3款规定,股份有限公司的增资应当经出席会议的股东所持表决权的2/3以上通过。

公司增资的主要程序如下:

1. 公司决议。根据新《公司法》第59条和第112条、第67条和第120条规定,公司增资方案由公司董事会制订,提交股东会决议。

2. 认缴出资或认购股份。依照新《公司法》第228条规定,有限责任公司增加注册资本或股份有限公司为增加注册资本发行新股时,股东认缴新增资本的出资或认购新股,分别依照该法设立有限责任公司缴纳出资或股份有限公司缴纳股款的有关规定执行。

3. 变更登记。根据新《公司法》第35条规定,变更公司章程,并办理相应的变更登记手续。

4. 特别程序。根据新《公司法》第151条和《证券法》第12、13条规定,按照股份公司公开发行新股的程序,且须在证券交易所和证券监管机构完成注册程序。

违反上述增资条件和程序的,理论上应该导致增资行为的无效或被撤销。

二、减少资本

(一)减资的目的和意义

减少资本,简称减资,是指公司基于某种情况或需要,依照法定条件和程序,减少公司的资本总额。依照现代公司法的资本不变原则,公司资本不得随意减少,公司减资必须符合法定条件并经过法定程序。减资的目的和意义在于:

1. 减少资本过剩,提高资产利用率。如果公司资本远超其经营需要,就会产生资产闲置、资本过剩问题,使得资本在公司中停滞和浪费,未能充分发挥社会财富的经济效益。

2. 缩小资本与净资产差距,如实反映公司资本信用状况。当公司发生严重亏损时,越高的公司资本与公司净资产间差额越大,此时公司资本已不能如实反映公司信用状况,甚至会误导交易相对方或债权人对公司的信用评价。只有通过减资,才可使公司资本与净资产间保持基本一致。

3. 实现股利分配,保障股东利益。依据公司法的规定,公司盈利必须率先用于弥补之前的亏损,如果公司此前亏损较为严重,那么公司很可能没有盈余向股东分配,长此以往,显然不利于调动股东积极性。通过减资,不仅可以改变当前公司的亏损状态,也可以使其尽快满足向股东分配股利的条件。

4. 公司分立。公司派生分立或分拆分立后,虽然原公司的主体法律地位没有改变,但是其公司资产减少,公司资本亦会随之相应减少。

(二)减资的方式

1. 实质减资与形式减资。实质减资,是指在公司资本过剩时,为了避免资本的闲置和浪费,公司通过减少注册资本的方式,将该部分资产退还股东。在实质减资的情况下,公司资产向股东流出,导致公司偿债能力降低,因此必须严格履行普通减资程序,编制资产负债表及财产清单、通知债权人、向债权人清偿债务或提供担保等。形式减资,是指在公司亏损的情况下,在会计处理上减少注册资本,用减少注册资本数额冲抵亏损数额,但公司资产并不向股东流出,也不免除股东的出资义务。在形式减资的情况下,公司偿债能力没有降低,因此可以适用简易减资程序。

2. 等比减资与非等比减资。等比减资，是指公司股东按照原本的出资比例或持股比例同步减少出资，减资后公司股东的出资比例或持股比例不变。非等比减资，是指公司股东不按照原本的出资比例或持股比例减少出资，可能仅是部分股东减资，减资后各股东的出资比例或持股比例将发生改变。

3. 减少股份数额与减少股份金额。这两种皆系股份有限责任公司的典型减资方式。其中，减少股份数额，是指不减少每股金额而只是减少股份总数。具体包括销除股份和合并股份，销除股份是指取消一部分或者特定的股份，如果需要征得股东同意，则为任意销除，如果不需要则为强制销除。合并股份是指合并两股或两股以上的股份为一股。减少股份金额，是指在不改变股份总数的前提下，减少每股的金额。公司在一次减资中可以同时采用减少股份数额和减少股份金额的减资方式。

(三)减资条件和程序

公司减少注册资本对股东及公司债权人影响较大。这不仅关乎股东利益，也会实质减少公司资产，缩小公司责任范围，对公司债权人的利益具有直接影响。因此，法律对公司减资规定了比增资更为严格的法律程序。根据新《公司法》第224、225条等相关规定，公司减资的条件和程序如下：

1. 公司必须编制资产负债表及财产清单。

2. 公司决议。根据新《公司法》第59条和第112条、第67条和第120条的规定，公司减资方案由公司董事会制订，提交股东会决议。

3. 通知债权人和对外公告。公司应当自股东会作出减少注册资本决议之日起10日内通知债权人，并于30日内在报纸上或者国家企业信用信息公示系统公告。

4. 债务清偿或担保。债权人自接到通知之日起30日内，未接到通知的自公告之日起45日内，有权要求公司清偿债务或者提供相应的担保。

5. 办理减资变更登记手续。公司须变更公司章程，并办理减资登记手续。

违反上述减资条件和程序的，理论上应该导致减资行为的无效或被撤销。

(四)非等比减资

非等比例减资也称定向减资，是指对于公司不按照各股东的持股比例进行减资的，可以针对特定股东进行减资。原《公司法》未区分等比减资和非等比减资，未对非等比减资设置额外的程序性要件。新《公司法》第224条第3款区分了等比减资和非等比减资，规定公司减资应当按照各股东持股比例进行，仅在有限责任公司全体股东另有约定或者股份有限公司章程另有规定的情况下公司才可以进行非等比减资，对非等比减资设置了额外的程序性要件。新《公司法》第224条第3款规定："公司减少注册资本，应当按照股东出资或者持有股份的比例相应减少出资额或者股份，法律另有规定、有限责任公司全体股东另有约定或者股份有限公司章程另有规定的除外。"

非等比减资将导致公司财产流向特定股东、公司股权比例变化乃至特定股东完全退出的后果，产生了股东间的利益冲突。基于"维护股权平等原则和完善中小股东保护"两大立法理由，新《公司法》第224条第3款明确规定公司原则上应当进行等比例减资、不允许公司进行非等比减资，立法理由具体如下：

第一，维护股权平等原则。大股东或多数股东能以资本多数决的方式通过非等比减资改变设立公司时全体股东约定的股权结构，实际上破坏了股东平等原则。股权结构是公司设立时各个股东协商一致的结果，但允许非等比减资意味着可以仅针对特定股东进行减资，特定股东减资后会改变此前全体股东合意形成的股权结构，反对股东只能被迫接受新的股权结构，侵害了反对股东的利益，违反了股东平等原则。

第二，完善中小股东保护。实务中确实存在控股股东为谋求个人利益滥用非等比减资而损害中小股东利益的情形。在公司盈利时，控股股东排挤中小股东，利用非等比减资减少中小股东的出资比例，甚至将中小股东挤出公司，多享或独享公司利润；在公司亏损时，控股股东又利用非等比减资，让自己退出公司，让中小股东承担亏损的不利后果。

但是，绝对不允许非等比减资会产生两大弊端。其一，绝对不允许非等比减资与合理正当的商业需求相冲突，封堵风险投资机构的退出渠道。非等比减资在商业实践中主要涉及风险投资机构在小微企业和初创企业的退出。在商业实践中，风险投资机构的投资是小微企业和初创企业发展的重要资源。但是，风险投资机构通常以私募股权基金的形式设立，需要定期获取回报，完成周期性的业绩目标，法律应为其保留相应的退出机制，满足其合理的商业需求。风险投资机构常常以股权回购作为常见的保底退出机制。非等比减资是实现股权回购的合法途径。绝对禁止非等比减资将为风险投资机构的退出制造巨大的法律障碍,从而对私募投资行业造成重大的负面影响。其二,绝对不允许非等比减资与受到股东压迫的中小股东的保护也存在一定程度的冲突。非等比减资是中小股东退出公司的主要路径之一,从原《公司法》及其配套的司法解释来看,异议股东回购请求权是公司僵局中受压迫股东保护自身利益的重要法律手段。在实务中,公司回购异议股东的股份,注销该股份,往往需凭借非等比减资制度,以协同公司注册资本的变动。假如绝对禁止非等比减资,公司回购股份要以转让等其他方式处理该股份,无疑会增加公司成本。

为实现投资者正当的商业需求和中小股东利益保护的价值目标,新《公司法》第 224 条第 3 款为非等比减资设置额外的程序性要件,在保障中小股东利益的基础上允许非等比减资,即允许有限责任公司全体股东约定或者股份有限公司章程规定非等比减资的事由作为非等比减资的前置性要件。

(五)形式减资

按照是否有公司资产流向股东,减资可以分为实质减资与形式减资。实质减资,是指在公司资本过剩时,为了避免资本的闲置和浪费,公司通过减少注册资本的方式,将该部分资产退还股东的减资。在实质减资的情况下,公司净资产向股东流出,因此必须严格履行编制资产负债表及财产清单、通知公告债权人、向债权人清偿债务或提供担保等一系列减资程序。形式减资,是指在公司亏损的情况下,在会计处理上减少注册资本,用减少注册资本数额冲抵亏损数额,但公司资产并不向股东流出,也不免除股东出资义务的减资。在形式减资的情况下,根据公司的亏损数额相应地减少公司的资本额,从而反映出公司的真实资本情况。形式减资不发生资本向股东的流动,仅仅表现为一种会计处理,用资产负债表中"实收资本"账户的数额冲抵因亏损而呈负数的"未分配利润"账户的数额,从账面上抵销亏损,从而改善公司的财务报表数据。这种减资仅涉及所有者权益项下相关科目之间的数额调整,所有者权益的总额并不发生变动。换言之,用资本弥补亏损不会发生公司资产向股东返还。可见,形式减资情况下公司真实持有的资产并没有减少,公司的偿债能力也没有发生实质变化,因此可以适用简易减资程序。

2005 年《公司法》第 178 条没有区分实质减资和形式减资,所有减资都要统一适用严格的债权人保护程序。新《公司法》区分了形式减资和实质减资,形式减资可以适用简易减资程序,发挥其独特的制度功能,为有偿债能力但账面亏损的公司清除公司分红的严重障碍,且不损害债权人利益。在无盈不分的原则下,若经营亏损的公司没有赚取足够的利润填补亏损,将无法向股东进行分红。但是,其中一些处于账面亏损状态的公司,尽管仍有充足的偿债能力,能确保债权人利益,但是公司因不符合无盈不分原则导致长期无法分红,进而致使股东投资公司的目的无法实现。但是,形式减资能够用资产负债表中"实收资本"账户的数额冲抵因亏损而呈负数的"未分配利润"账户的数额从账面上消除亏损,使得公司在账面上有盈余,在符合其他法定条件后可以尽早地向股东分红,帮助实现股东获取收益的投资目的。同时,因为形式减资本身并没有导致公司资产流向股东,公司偿债能力不受影响,不会损害债权人利益。此外,形式减资还能避免注册资本传递出错误的偿债能力信息进而误导债权人,根据公司的亏损数额相应地减少公司的"实收资本"数额,从而反映出公司的真实资本情况。

新《公司法》第225条规定简易减资的适用条件:

第一,减资补亏的劣后顺位。公司首先应该用当年利润、任意公积金与法定公积金补亏,不足的才能用资本公积金补亏,仍有亏损的,可以减少注册资本弥补亏损。

第二,简易减资非强制适用。满足弥补亏损的前置条件之后,公司只是"可以进行简易减资",而不要求强制适用。

第三,不得分配或者免除股东出资义务。新《公司法》第225条规定公司从事简易减资"不得向股东分配,也不得免除股东缴纳出资或股款的义务"。形式减资的核心特征是公司减少注册资本但公司资产不流向股东,公司偿债能力不受影响。但是,将减少的注册资本用来免除股东出资义务或向股东进行分配都导致公司资产流向股东,从而影响公司的偿债能力,成为实质减资,必须适用普通减资程序。

公司在完成账面上的简易减资程序后,仍有两项法定程序需遵守。其一,公司应当自股东会作出减少注册资本决议之日起30日内在报纸上或者统一的企业信用信息公示系统公告。但是,公司作出弥补亏损的减资决议后,无须通知和公告债权人,债权人也无权要求公司立即清偿或提供担保。其二,在法定公积金和任意公积金累计额达到公司注册资本50%前,不得分配利润。形式减资不会直接损害债权人利益,也能清除一些不必要的分配利润的障碍,但为进一步保护债权人利益,新《公司法》第225条第3款制止了简易减资后的立即分配利润，为分配利润设置了相应的法定条件。公司用减资弥补亏损后，如果公司开始盈利，不必再弥补亏损，但在法定公积金和任意公积金累计超过注册资本 50%之前，必须将利润留存公司。

（六）违法减资责任

新《公司法》第 226 条规定："违反本法规定减少注册资本的，股东应当退还其收到的资金，减免股东出资的应当恢复原状；给公司造成损失的，股东及负有责任的董事、监事、高级管理人员应当承担赔偿责任。"公司违法减资时，股东及负有责任的董事、监事、高级管理人员应当承担法律责任。其构成要件一般为：违反《公司法》的减资规定、相关人具有过错、减资给公司造成了损失、减资与公司的损失之间具有因果关系。新《公司法》对公司减资作出了一系列规定：首先，新《公司法》明确规定公司可因股东未按期履行出资义务而丧失股权进行减资；其次，新《公司法》规定了减资程序：董事会制定减资方案、股东会特别决议作出减资决议、公司编制资产负债表及财产清单、通知债权人；最后，《公司法》规定了非等比减资的前置性要件。根据《公司法时间效力司法解释》第 1 条第 2 款第 5 项规定，违法减资行为发生新《公司法》施行后或发生新《公司法》施行前但适用新法更有利于实现其立法目的，适用新《公司法》第 226 条。若公司的减资违反相关规定，即可以认定相关人员应当承担违法减资责任，可分为两种类型：

1. 违法减资的返还或恢复责任

违法减资的返还或恢复责任，是指公司违法减资时，收回资金的股东应当退还其收到的资金，减免股东出资的应当恢复原状，继续承担出资责任。

该责任的适用主体仅为股东，原因在于违法减资的返还或恢复责任是基于股东违反出资义务产生的，适用主体只能是股东。

该责任的表现形式有二：一是股东退还收取的资金，若股东从公司抽回了出资，必须将其返还，实现原物返还的法律效果；二是股东的出资义务恢复原状，即使股东实际并未从公司退回出资，其出资义务的减免也会损害公司的偿债能力，必须将其出资义务恢复原状。

该责任是一种无过错责任，其内涵是行为人对自己行为所造成的损害后果，不论是否具有故意或者过失的心理，都应当承担民事责任，无过错责任不以主观过错（故意或者过失）为构成要件。该条规定了股东在违法减资程序中的无过错责任。股东在违法减资过程中，无论是获得资金，还是被减免出资义务，都是实际受益人。即使是在股东会决议上投出反对票的股东，只要其因减资从公司中获得了利益，就会造成公司责任财产流失，也需要承担返还财产、恢复原状的责任。

2. 违法减资的赔偿责任

违法减资的赔偿责任，是指违法减资给公司造成损失的，股东及负有责任的董事、监事、高级管理人员应当承担赔偿责任。

该赔偿责任的适用主体是股东及负有责任的董事、监事、高级管理人员。其中，股东为公司违法减资承担责任的观点广为接受，但董事、监事、高级管理人员是否应当承担赔偿责任一度存在争议。在原《公司法》规定中，公司减资不需追究董事、监事、高级管理人员的法律责任，新《公司法》对此进行了规定，原因在于：(1)董监高的权责应当相统一。董监高负责公司的日常运营，深入了解公司的经营情况，能够对公司是否符合减资条件作出判断。基于权责相统一的原则，董监高应当在职权范围内承担相应的责任。(2)公司减资离不开董监高的协助，董监高在协助进行违法减资的过程中常常是存在过错的，应当追究其相应的法律责任。

该赔偿责任是一种过错责任。对于股东来说，承担过错责任的股东可能是通过减资程序从公司中取得财产的股东，该股东常常是直接责任人，也可能是协助其他股东作出减资决议的股东，若对股东会违法减资决议的作出存在故意或重大过失，即使自身并没有从公司取回资本，也可能要对公司承担赔偿责任。对于董监高来说，在减资过程中，董监高的过错主要表现为提出的减资方案违反法律规定、未核实公司通知债权人情况、协助公司违法办理减资登记等。

| 本章法考和考研练习题 |

一、单项选择题

1. 选择授权资本制的发起设立型股份公司，公司章程会规定已发行股份。已发行股份(　　)。

A. 小于注册资本

B. 大于注册资本

C. 等于实缴资本

D. 等于认缴资本

2. 有限责任公司的资本形成制度是(　　)。

A. 限期认缴制

B. 授权资本制

C. 折中资本制

D. 法定资本制

二、名词解释

1. 公司资本

2. 授权资本

3. 资本确定原则

4. 资本维持原则

5. 资本不变原则

6. 法定资本制

7. 授权资本制

8. 折中资本制

9. 增资

10. 减资

三、简答题

1. 简述公司资本的特征。

2. 公司资本与公司资产有何区别?

3. 比较法定资本制、授权资本制和折中资本制的不同。

4. 如何理解我国公司法关于股东出资形式的规定?

5. 简述公司减资的条件和程序。

CHAPTER 07

第 七 章

股东出资制度

本章导读

本章主要介绍了股东出资的概念、意义、形式、股东未履行出资义务所应承担的出资责任、未出资股权转让后的出资责任等问题。本章的学习重点和难点是股东的法定出资形式、股东出资责任、股权转让后的出资责任制度。

第一节　股东出资概述

一、股东出资的含义

出资是指公司股东在公司设立或者增加资本时,根据法律和公司章程的规定,按照认股协议的约定向公司交付财产或履行其他给付义务以取得股权的行为。出资是公司设立中的重要步骤,也是股东最基本的义务。

二、股东出资的意义

关于股东出资的各种法律规定和要求构成了股东出资制度,股东出资制度在整个公司制度中具有重要的意义。

1. 股东出资是形成公司资本的基础

公司资本来源于股东的出资,全体股东的出资总和就是公司的资本总额,因此,股东出资是形成公司资本的基础。为保证公司资本的确定和充实,各国公司法一般规定了严格的股东出资制度。股东按时出资的义务保证了公司资本的确定,股东不得抽逃出资的规则体现了资本维持的要求,法定出资形式将容易影响资本稳定性的出资方式排除在外。这些都确保了股东及时、有效地出资,也在一定程度上保证了公司资本的确定、稳定和充实。

2. 股东出资是股东承担有限责任的前提

公司法上的有限责任与无限责任是以股东的出资额为界限的,有限责任就是股东以其出资额为限对公司承担责任,无限责任就是股东不以其出资额,而以其全部财产对公司债务承担无限连带责任。而股东承担有限责任的前提就是股东按照公司法和章程的规定履行了出资义务,如果股东未能依法履行出资义务,则应当承担相应的出资责任,甚至还有可能导致公司人格被否认而丧失有限责任的基础。

3. 股东出资是股东取得股权的依据

股权是股东就股东身份所享有的权利,而取得股东身份的前提就是按照法律规定和约定履行出资义务。股东出资实质上是股权的对价,也是股东取得股权的依据。股东享有股权尤其是表决权和股利分配权的大小取决于其出资的比例或数额。

第二节　股东出资的形式

一、股东出资形式的法定性

股东的出资对于公司而言具有重要意义,因此在出资形式上,实行出资形式法定主义。股东以何种形式的财产出资,由法律直接规定。

在立法沿革上,股东出资形式的法定性原则在我国经历了由严到宽的转变。1993 年《公司法》实行严格的出资形式法定主义,只规定了货币、实物、土地使用权、工业产权和非专利技术五种出资形式,并规定了工业产权等无形资产出资的最高比例限制,而排除了股权、债权、劳务、信用等其他经营要素和条件的出资,不允许当事人对出资形式作另外的约定。这种出资形式的严格限制是与当时严格的法定资本制相适应的。

我国 2005 年《公司法》在出资形式上作出了很大的改变。法律不再严格限制股东的出资形式,在原本五种出资形式的基础上新增了可用作出资财产的一般性标准,非货币财产满足“可以用货币估价并可以依法转让”条件的,评估作价后可用作出资。但当时对非货币出资作出了限额规定,全体股东的货币出资金额不得低于有限责任公司注册资本的30%,此后2013年《公司法》删除了该比例限制规定。

新《公司法》在出资形式问题上基本沿袭原有规定,但在出资形式列举上新增了股权、债权这两种出资形式。第48条规定:“股东可以用货币出资,也可以用实物、知识产权、土地使用权、股权、债权等可以用货币估价并可以依法转让的非货币财产作价出资;但是,法律、行政法规规定不得作为出资的财产除外。对作为出资的非货币财产应当评估作价,核实财产,不得高估或者低估作价。法律、行政法规对评估作价有规定的,从其规定。”

由上述制度变迁可见,我国逐渐扩大了股东出资形式的范围,制定了更加灵活的出资制度。这体现了我国对公司资本制度认识的深化,也体现了公司信用观念的转变。

二、公司法列举的股东出资形式

我国法律采用列举加概括的方式规定了股东的出资形式。首先,对股东出资的典型形式加以列举,如货币、实物、知识产权、土地使用权等。其次,以抽象的出资标准对其他非货币财产进行概括,作为出资的非货币财产应该具备的条件是:第一,可估价性。股东用于出资的财产不仅需要具有财产价值,而且这种财产价值必须能够通过货币确定。只有以货币能够反映其价值的标的出资,才能保证由股东出资构成的公司资本额的真实、确定。第二,可转让性。公司资本除具有维持公司正常经营秩序的作用外,还应当对公司的债务起担保作用。因此,股东的出资应当交付公司,为公司经营所用;在公司清偿债务时,该财产还应具备从公司转移到公司债权人的可能性,能为债权人所用。第三,合法性。股东不得用法律、行政法规规定不得作为出资的财产出资。换言之,除了可以用货币估价并且可以依法转让以外,作为股东出资的财产还应符合另一个条件,即不属于其他法律、行政法规规定不得作为出资的财产。如果股东用法律、行政法规规定不得作为出资的财产出资,则其出资行为会因违反法律、行政法规规定而无效,股东的出资义务视为没有履行。

就新《公司法》所列举的实物、知识产权、土地使用权、股权、债权这五种非货币出资形式,可做如下考察。

(一)实物

实物包括房屋、车辆、设备、原材料等。用于出资的实物首先应具有财产价值,才能转化为金额形态的资本。实物出资在实践中十分普遍,在许多情况下,实物出资都是根据公司经营需要缴纳的,在作价合理的情况下,可以降低公司的购买成本。我国许多国有企业和集体企业改制组建的公司中,国有或集体投资主体都是以原国有或集体企业的实物资产作为出资。实物出资易于估价,通常都可以转让,是最主要的非货币出资方式。

(二)知识产权

按照《世界知识产权公约》的界定,知识产权的范围包括著作权(版权)、表演权、专利权、发现权、商业标记权及关于制止不正当竞争的权利。而《与贸易有关的知识产权协议》(Trips)则采取了更为宽泛的界定,包括版权与邻接权、商标权、地理标志权、工业品外观设计权、专利权、集成电路布图设计权和未公开的信息专有权。这些是知识产权的广义界定,而从狭义上来说,知识产权是指专利权、商标权和著作权(版权)。依我国《民法典》第123条规定,知识产权是权利人依法就作品、发明、实用新型、外观设计、商标、地理标志、商业秘密、集成电路布图设计、植物新品种及法律规定的其他客体所享有的权利。《公司法》所称的"知识产权"应参照《民法典》确定的范围。

知识产权属于无形资产,并且具有一定的财产价值。对于许多公司尤其是智力密集型的高科技公司,知识产权甚至具有超过货币、实物等有形资产出资的价值,成为公司赖以经营的重要手段和条件,同时也适应了投资者资源互补和科技人员的特殊投资需求。因而,《公司法》将其作为一种重要的出资形式予以规定。

我国1993年《公司法》使用的是"工业产权"一词,而自2005年开始《公司法》即变更为"知识产权"一词。这意味着著作权(版权)也可以作为公司股东的出资形式。主要是考虑到在某些公司中,版权也具有重要的意义可以用于出资,如计算机软件开发公司,软件的版权具有相当的财产价值,为经营所必需,因而应当将其作为法定出资形式。

（三）土地使用权

在我国，除少部分集体所有土地外，其他土地都归国家所有，私人不允许拥有土地所有权，而只能拥有土地使用权。土地使用权可以提供最基本的经营生活场所，而且具有高度的保值增值性。因此，以土地使用权出资既可以降低公司经营成本，还可以提高公司财产能力，具有重要的意义。对我国来说，许多国有企业长期以来经营效益低下，土地使用权成为其财产中最有价值的部分，当这些企业在改制中进行合并、投资时，土地使用权就成为最重要的可支配财产，因此，我国《公司法》将土地使用权作为一种重要的出资形式。

但是在以土地使用权出资时须注意，只有国有土地使用权可以转让，而且只有以出让方式获得的国有土地使用权才可以转让。因此，对于集体土地使用权只有先通过国家征用的途径变为国有土地，才能进一步以出让方式获得土地使用权进行投资。而以划拨方式获得的土地使用权也只有先向国家补交土地出让金后才能对外投资。除此之外，作为出资的土地使用权上不得设有权利负担，如抵押等，否则将影响出资的真实性和有效性。《公司法司法解释（三）》第8条即规定："出资人以划拨土地使用权出资，或者以设定权利负担的土地使用权出资，公司、其他股东或者公司债权人主张认定出资人未履行出资义务的，人民法院应当责令当事人在指定的合理期间内办理土地变更手续或者解除权利负担；逾期未办理或者未解除的，人民法院应当认定出资人未依法全面履行出资义务。"

（四）股权

股权包含股利请求权等财产权利内容，因而具有财产价值。以股权出资，实际上是出资者将其对另一公司享有的股权转让给公司。在旧有严格的法定资本制下，股权出资被认为是难以评估而且价值不稳定的，因而被排除在法定出资方式之外，而实际上，我国经济体制改革中早就出现了类似股权出资的做法，许多企业改制、资产重组和上市公司组建都是以股权的置换完成对新公司的出资。随着资本制度的放松管制，可以进行评估作价且依法转让的股权逐渐可以被股东用作出资。

新《公司法》在法律层面正式将股权列为出资形式的一种。《公司法司法解释（三）》第11条第1款规定，作为出资的股权需要满足一定条件："出资人以其他公司股权出资,符合下列条件的,人民法院应当认定出资人已履行出资义务:(一)出资的股权由出资人合法持有并依法可以转让;(二)出资的股权无权利瑕疵或者权利负担;(三)出资人已履行关于股权转让的法定手续;(四)出资的股权已依法进行了价值评估。”

(五)债权

债权出资,即股东以其对他人享有的债权投入公司。理论上,作为股东出资的债权包括两种,一种是股东对公司的债权,另一种是股东对他人的债权。当股东以其对公司的债权出资时,股东实质上是以债务抵销的方式出资,而不是以债权本身出资,公司所享有的债权与其所负担的债务相抵销,公司的消极财产减少,公司享受即时的经济利益。而在股东以其对他人的债权出资的情况下,由公司对第三人享有债权,此时的债权出资本质上属于债权转让,转让人取得的对价是公司的股权,公司需待该债权实现之时,公司的积极财产才能增加。

债权价值可能受各种因素影响而处于风险之中,但是,在充分考察债权风险和合理定价的基础上,债权也可以作为出资。国外立法中,英国和美国对债权出资未做任何限制,而大陆法系的意大利虽允许以债权出资,但要求股东对债务人的偿付能力提供担保。在我国,《市场主体登记管理条例实施细则》第13条第3款即肯定了股东以债权出资的合法性,债权出资实际上已经在实践中被广泛采用,最典型的就是国有商业银行的“债转股”,即将银行对债务人公司所享有的债权按约定的方法折抵为对资产管理公司一定金额的股权,资产管理公司受让债权,这就是一种债权出资。新《公司法》在法律层面正式将债权列为出资形式的一种,只要可以用货币估价并依法转让的债权,都可以作为出资财产。并且,《公司法时间效力司法解释》也规定了新法关于债权出资有效的溯及适用。

三、其他股东出资形式

(一)劳务出资

劳务出资,即以已经或将要对公司付出的劳动作为出资。企业生产经营仅仅有物的要素还是不够的,还需要有人的要素,过去企业中人的要素仅仅体现为雇工,即“资本雇佣劳动”。然而随着科技的发展,经济形式越来越丰富,人力资本地位日益上升。优秀的人力资本可以为企业带来先进的技术、科学的管理,从而最大化利用物质资源,创造出同类企业无法比拟的效益。因此,为了吸引优秀人才,调动人力资本的积极性,劳务出资方式正成为一种日益迫切的需求。

然而,由于劳务具有人身依附性,且价值难以评定,因此,大陆法系国家仅部分国家允许无限公司和两合公司劳务出资,对有限责任公司和股份有限公司,大都否定劳务出资。而美国、爱尔兰、法国等国则允许劳务出资,但对出资条件和股权的获得施加一定的限制,如《美国标准商事公司法》第6.21(e)条规定,在劳务提供完毕之前,公司可以将股票暂存他处,或限制该股票的转让,直至劳务被提供完毕为止。在我国,劳务出资虽然一直没有被公司法承认,但是,现实中公司常常会给高级管理人员一些“干股”,其实质就是高级管理人员以劳务作为出资。目前广泛实行的职工持股和股票期权制度也都有劳务出资之意。但由于劳务难以估价,且因具有人身性而不能转让,我国《公司法》目前仍未明确将劳务作为出资的形式。

(二)信用出资

信用出资是指通过特定方式,将股东的商业信用作为出资,使公司能够利用股东的商业信用并从中受益。公司利用股东商业信用的方法有股东允许公司对外使用股东的名义进行商事交易,或者公司签发汇票,股东予以承兑等。由于信用难以确定价值并且无法有效移转,因而不被公司法所允许。但作为一种商业评价和信誉,信用是商事主体所拥有的一项重要无形资产,也是其开展营业活动的重要条件,甚至可以为公司带来数十倍、数百倍于其资产的利润。而对于某些从事特殊经营的公司而言,良好的信用甚至较之雄厚的资本更为重要。

我国现实中存在以信用作为出资的现象,例如,从前广泛存在的挂靠现象中,即存在挂靠企业对被挂靠单位信用的利用。但是,由于信用难以评估,且不能转让,因此要想作为出资可能还存在法律上的障碍。

第三节 股东出资的责任

一、股东的出资义务

(一)股东出资义务概述

责任来源于义务,因此出资义务是出资责任的前提。出资是股东最基本最重要的义务,这种义务既是一种约定义务,同时也是一种法定义务。出资条款是股东签订的发起人协议或设立协议的重要内容,股东受该协议约束,应当按照约定履行出资义务;同时,出资又是公司法规定的股东的法定义务,具体确定于公司章程之中,股东不能以约定排除法定出资义务。股东应当按照法律规定和约定履行出资义务。

新《公司法》第49条规定,股东应当按期足额缴纳公司章程规定的各自所认缴的出资额。股东以货币出资的,应当将货币出资足额存入有限责任公司在银行开设的账户;以非货币财产出资的,应当依法办理其财产权的转移手续。第98条规定:"发起人应当在公司成立前按照其认购的股份全额缴纳股款。发起人的出资,适用本法第四十八条、第四十九条第二款关于有限责任公司股东出资的规定。"

(二)股东出资义务的违反

如果股东不按上述要求履行,就可能违反了股东的出资义务。股东违反出资义务的行为可表现为完全不履行、未完全履行和不适当履行。

1. 完全不履行

完全不履行是指股东完全未履行出资义务。具体包括以下四种形态:

(1)拒绝出资,是指股东明确拒绝履行出资义务,或以自己的行为表明其拒绝履行出资义务。

(2)不能出资,指因客观条件发生了变化,导致股东出资义务履行不能。如股东用作出资的房地产在变更财产登记前发生了毁损灭失等。

(3)虚假出资,指股东通过虚假手段表明其已经出资,但事实上股东并未出资。虚假出资本质上是一种欺诈行为,具体的表现形式有以虚假凭证骗取验资报告等。

(4)抽逃出资,是指在公司成立或资本验资之后,将缴纳的出资抽回。抽逃出资属于股东对公司财产权的侵害,是一种侵权行为。根据《公司法司法解释(三)》第12条,抽逃出资的具体表现包括:制作虚假财务会计报表虚增利润进行分配;通过虚构债权债务关系将其出资转出;利用关联交易将出资转出以及其他未经法定程序将出资抽回的行为。

2. 未完全履行

未完全履行,又称未足额履行,是指股东只履行了部分出资义务,包括货币出资的不足、非货币出资的价值显著低于章程所确定的价额等。

3. 不适当履行

不适当履行是指股东的出资存在时间、形式或手续上的不当。主要包括:迟延出资、瑕疵出资。迟延出资是指股东未及时按认缴期限交付出资,如未及时交付货币或办理非货币财产的转移手续;瑕疵出资是指股东用作出资的非货币财产存在权利或质量上的瑕疵,如该财产是第三人所有、股东无权处分该财产,又或者该财产并不符合事先约定的质量等,依《公司法司法解释(三)》第7条第1款规定,出资人以不享有处分权的财产出资,当事人之间对于出资行为效力产生争议的,可参照善意取得的规定予以认定。

二、股东出资责任

股东出资责任是股东违反出资义务的法律后果。以上不履行出资义务的行为都可能导致股东承担相应的出资责任。

出资责任可分为出资违约责任与资本充实责任。股东未按章程或出资协议约定如期履行出资义务,是合同法上的违约行为,应承担继续履行、采取补救措施、损害赔偿的违约责任。资本充实责任适用于发起人股东,因发起人之间存在相互督促的出资担保关系,在股东未能如期出资时,发起人股东需承担出资责任,以此达成充实公司资本的目的。除此以外,股东向公司履行出资义务后抽逃出资的,也需要承担相应的责任。结合新《公司法》与《公司法司法解释(三)》,我国出资责任的规范体系可概括如下:

(一)股东出资违约责任

其一,股东向公司足额缴纳的出资责任。新《公司法》第49条第3款规定:

"股东未按期足额缴纳出资的,除应当向公司足额缴纳外,还应当对给公司造成的损失承担赔偿责任。"股东未按期足额缴纳出资,应向公司承担继续履行、补足补缴的违约责任。根据新《公司法》第49条、第107条,有限责任公司的股东与股份有限公司的股东均需承担该足额缴纳的出资责任。

其二,股东向公司的赔偿责任。损害赔偿责任是违约责任的其中一种责任类型,因股东未如期如约出资,可能给公司带来损害,股东需向公司承担损害赔偿责任。损害赔偿责任是新《公司法》修订新增的责任内容,但即便没有实证法的规定,依民法一般原理亦可推导得出赔偿责任的存在。就具体规范而言,新《公司法》第49条第3款规定:"股东未按期足额缴纳出资的,除应当向公司足额缴纳外,还应当对给公司造成的损失承担赔偿责任。"该规范仅适用于有限责任公司,股份有限公司缺少参照适用的引致条款,但这并不意味着股份有限公司的股份无须承担赔偿责任。在抽逃出资领域亦有赔偿责任的规范,第53条规定:"公司成立后,股东不得抽逃出资。违反前款规定的,股东应当返还抽逃的出资;给公司造成损失的,负有责任的董事、监事、高级管理人员应当与该股东承担连带赔偿责任。"

其三,股东对其他股东的违约责任。股东不仅需要向公司承担违约责任,还需要向其他股东承担违约责任。2013年《公司法》第28条规定瑕疵股东应当向已按期足额缴纳出资的股东承担违约责任,本次公司法修订的过程中《公司法(修订草案二审稿)》第50条亦曾规定,"按照股东之间的约定向已按期足额缴纳出资的股东承担违约责任",第99条曾规定:"发起人不按照其认购的股份缴纳股款或者作为出资的非货币财产的实际价额显著低于所认购的股份的,应当按照发起人协议对其他发起人承担违约责任。"但正式颁布的新《公司法》删除了该规定。这并不意味着股东无需再向其他股东承担违约责任,而是股东之间的违约责任更多依照股东之间的合同关系调整即可,无需由公司法进行规制。

(二)发起人股东的资本充实责任

发起人股东是设立公司的原始股东,区别于一般股东,发起人股东还具有发起人这一特殊身份。为了保障公司资本的充实,发起人股东需要承担资本充实责任。所谓资本充实责任是指发起人股东之间的所建立的一种横向担保责任,发起人股东需对其他发起人股东的出资承担连带补足责任,发起人之间存在互相监督的出资担保关系。

新《公司法》规定了发起人股东的资本充实责任。第 50 条规定:“有限责任公司设立时,股东未按照公司章程规定实际缴纳出资,或者实际出资的非货币财产的实际价额显著低于所认缴的出资额的,设立时的其他股东与该股东在出资不足的范围内承担连带责任。”第 99 条规定:“发起人不按照其认购的股份缴纳股款,或者作为出资的非货币财产的实际价额显著低于所认购的股份的,其他发起人与该发起人在出资不足的范围内承担连带责任。”可见,无论是有限责任公司还是股份有限公司,只要发起人股东存在未完全履行出资义务的情形,其他发起人股东均需对此承担连带责任。还需注意的是,发起人股东承担连带责任后,依照发起人协议,享有对真正未出资发起人股东的追偿权,此时的连带责任在理论上可归属于不真正连带责任的范畴。

(三)抽逃出资的责任

在性质上,抽逃出资是指股东未经法定程序,从公司抽回相当于已缴纳出资数额的财产的行为,属于股东对公司财产的侵权行为。根据《公司法司法解释(三)》第 12 条,抽逃出资的具体表现包括:制作虚假财务会计报表虚增利润进行分配;通过虚构债权债务关系将其出资转出;利用关联交易将出资转出以及其他未经法定程序将出资抽回的行为。结合新《公司法》第 53 条、第 253 条的规定,股东抽逃出资后产生的法律责任可概括如下:

第一,返还出资的责任。新《公司法》第 53 条规定:“公司成立后,股东不得抽逃出资。违反前款规定的,股东应当返还抽逃的出资;给公司造成损失的,负有责任的董事、监事、高级管理人员应当与该股东承担连带赔偿责任。”可见,实施了抽逃出资行为的股东,应承担将其抽逃的出资返还给公司的责任。在性质上,该责任本质上属于侵权中的返还财产责任。在返还范围上,应仅限于返还被抽逃的出资,不包括其被抽逃期间的利息,也不包括公司遭受的其他损失。在责任主体上,结合《公司法司法解释(三)》第 14 条,“股东抽逃出资,公司或者其他股东请求其向公司返还出资本息、协助抽逃出资的其他股东、董事、高级管理人员或者实际控制人对此承担连带责任的,人民法院应予支持”,可见,除了股东以外,协助抽逃出资的其他股东、董事、高级管理人员或者实际控制人,因共同侵权原理也应承担连带返还责任。

第二,向公司进行损害赔偿的责任。新《公司法》第 53 条第 2 款规定,“给公司造成损失的,负有责任的董事、监事、高级管理人员应当与该股东承担连带赔偿责任”。在性质上,该责任也属于侵权责任。在赔偿范围上,损失赔偿责任范围的确定须遵循损失填平原则,即损害赔偿的范围以弥补被侵权人的损失为限,被侵权人损失多少,侵权人就赔偿多少,被侵权人不得从侵权行为中获利,股东已经承担返还出资责任后,公司仍因抽逃出资行为受有损失时的赔偿责任,赔偿范围包括股东不返还出资或股东返还部分出资时公司遭受的损失。在责任主体上,如果公司内部其他人员对股东抽逃出资行为“负有责任”,即公司内部其他人员帮助股东抽逃出资,按照共同侵权责任原理,公司内部其他人员应当与股东就公司损失承担连带赔偿责任。

第三,因抽逃出资而产生的行政责任。新《公司法》第253条规定:“公司的发起人、股东在公司成立后,抽逃其出资的,由公司登记机关责令改正,处以所抽逃出资金额百分之五以上百分之十五以下的罚款;对直接负责的主管人员和其他直接责任人员处以三万元以上三十万元以下的罚款。”

(四)股东对债权人的责任

出资违约责任、资本充实责任、抽逃出资责任都是股东向公司或向公司股东承担的责任。但除此以外,公司股东还存在需要向公司债权人承担责任的可能。具体存在以下三种情形:

第一,《公司法司法解释(三)》第13条第2款规定了债权人对股东的补充清偿请求权:“公司债权人请求未履行或者未全面履行出资义务的股东在未出资本息范围内对公司债务不能清偿的部分承担补充赔偿责任的,人民法院应予支持;未履行或者未全面履行出资义务的股东已经承担上述责任,其他债权人提出相同请求的,人民法院不予支持。”可见,股东对债权人的责任,一是次位的补充责任,只有当公司无法清偿公司债务时,债权人方可请求股东承担;二是有限额的,股东对债权人的该责任仅限于股东本人出资的本息范围,并不绝对包含债权人的全部债权;三是一次性的,当股东已经承担了其认缴出资范围内的责任后,其他债权人无权再向股东主张。

第二,《公司法司法解释(三)》第13条第3款规定了债权人对发起人股东的补充清偿请求权:“股东在公司设立时未履行或者未全面履行出资义务,依照本条第一款或者第二款提起诉讼的原告,请求公司的发起人与被告股东承担连带责任的,人民法院应予支持;公司的发起人承担责任后,可以向被告股东追偿。”可见，债权人对承担资本充实责任的发起人股东也有补充清偿请求权，发起人股东需承担补足出资的连带责任，则债权人也有权要求发起人股东在未出资股东未出资的本息范围内，向债权人承担公司所不能清偿债务的补充责任。该责任同样具有次位性、限额性、一次性这三个特征。

第三，《公司法司法解释（三）》第14条第2款规定：“公司债权人请求抽逃出资的股东在抽逃出资本息范围内对公司债务不能清偿的部分承担补充赔偿责任、协助抽逃出资的其他股东、董事、高级管理人员或者实际控制人对此承担连带责任的，人民法院应予支持；抽逃出资的股东已经承担上述责任，其他债权人提出相同请求的，人民法院不予支持。”可见，公司债权人有权请求抽逃出资的股东在抽逃出资数额内对公司债务不能清偿的部分承担补充赔偿责任，也有权要求协助抽逃出资的其他人员承担连带责任。该责任同样具有次位性、限额性、一次性这三个特征。

值得注意的是，股东对债权人的责任目前仍仅存在于司法解释，该规范并未被本次公司法修订上升为法律，后续何去何从尚未可知。但应该认为，债权人对瑕疵股东的补充清偿请求权具有存续上的正当性，该权利早已为实践认可，亦有明显的学理支撑。

（五）股东的行政责任

公司股东还可能需要承担因虚假出资而产生的行政责任。新《公司法》第252条规定：“公司的发起人、股东虚假出资，未交付或者未按期交付作为出资的货币或者非货币财产的，由公司登记机关责令改正，可以处以五万元以上二十万元以下的罚款；情节严重的，处以虚假出资或未出资金额百分之五以上百分之十五以下的罚款；对直接负责的主管人员和其他直接责任人员处以一万元以上十万元以下的罚款。”对于上述行政责任，应做如下理解：

其一，可以对公司处以5万元以上20万元以下的罚款，该罚款数额高于新《公司法》第251条的规定，原因在于虚假出资的可苛责性强于未依法公示，应当有更严重的法律后果。其二，情节严重的，可以对公司处以虚假出资或未出资金额5%以上15%以下的罚款。其三，可以对直接负责的主管人员和其他直接责任人员处以1万元以上10万元以下的罚款。后两种罚款主要是借鉴《市场主体登记管理条例》的规定并与之进行了衔接，其第45条第2款规定：“实行注册资本实缴登记制的市场主体的发起人、股东虚假出资，未交付或者未按期交付作为出资的货币或者非货币财产的，或者在市场主体成立后抽逃出资的，由登记机关责令改正，处虚假出资金额5%以上15%以下的罚款。”

三、未出资股权转让后的出资责任

以股权转让时股东出资义务的履行期限是否届满为标准，可将未出资股权分为瑕疵股权与未届期股权，瑕疵股权是指股权转让时股东出资期限已经届满、股东仍未履行出资义务的股权，未届期股权是指股权转让时股东认缴出资期限尚未届满的股权。在未出资股权发生转让时，被转让的不仅是股东的个人财产，还包括对公司的出资义务与出资责任。新《公司法》第88条对未届期股权、瑕疵股权转让后的出资责任问题作出了明确规定，下文详述。

（一）未届期股权转让后的出资责任

新《公司法》第88条第1款规定：“股东转让已认缴出资但未届出资期限的股权的，由受让人承担缴纳该出资的义务；受让人未按期足额缴纳出资的，转让人对受让人未按期缴纳的出资承担补充责任。”对于该条款，应作如下理解。

首先，被转让的是已认缴但未届出资期限的股权。在尚未届出资期限时，转让股东也可以将股权转让给受让人，未出资股权具有可转移性，此时随未届期股权转移的还有如期向公司缴付出资的出资义务。受让股东在继受取得股东资格后，在后续出资期限届满时需向公司履行如期缴纳出资的义务。

其次，当受让股东在出资期限届满后未能如期缴纳出资时，由此产生的出资责任也应由受让股东承担。出资责任是违反出资义务而产生的责任，理论上出资义务的违反有完全未履行、未完全履行、不适当履行三种可能，其中完全未履行包含拒绝出资、出资不能、抽逃出资，未完全履行主要是指货币或非货币的实物出资不足额，不适当履行主要是指迟延出资、标的物瑕疵、出资行为瑕疵等情形。[①] 出资责任即出资违约责任，受让股东应向公司足额缴纳出资。

最后，转让股东应对出资责任承担补充责任。现行规定要求转让股东在转让未届期股权后需承担补充出资责任，补充责任的典型特征是次位性，仅当受让股东不能承担出资责任时，公司方可向转让股东主张。应该说，转让股东承担补充责任的制度设计体现了立法者所作出的价值选择，债权人保护的目标优

① 参见赵旭东主编：《公司法学》（第4版），高等教育出版社2015年版，第190—191页。

胜于股东的退出自由与期限利益，这一制度设计赋予了公司与债权人更多的博弈筹码，在受让股东无法履行出资义务时，转让股东需以其先前认缴承诺为限充实公司资本。但转让股东的责任也并非当然的、无条件的，而是次位性的、有条件的。结合新《公司法》改革的其他制度，如加速到期制度、催缴失权制度、五年实缴期限改革等可观察到，加强对债权人的保护力度是本次修法的重点，体现了立法者优化营商环境、构建良好市场秩序的决心。并且，根据《公司法时间效力司法解释》第 4 条第 1 项的规定，发生在新《公司法》实施之前的转让未届出资期限的股权争议，关于转让人、受让人出资责任的认定适用新《公司法》第 88 条第 1 款规定。

还需要说明的是，新《公司法》第 88 条第 1 款本质上确立了转让股东无过错、无期限的补充责任。只要受让股东无法按期履行，转让股东就要无过错地承担次位的补充责任，无论转让股东的主观状态如何，且时间上转让股东存在一直承担后续补充责任的可能，没有最长责任期限。结合股权多次转让考虑，若存在多位前手转让股东，转让股东之间承担责任的顺序存在两种解读可能，一种是多位转让股东并没有承担责任的顺序之别，公司可以选择转让链条中的任意转让股东进行追偿，另一种可能是转让股东之间需以时间先后为顺序，公司只能由后往前追责，这一种责任顺序的解读与比较法类似。[①] 本书认为，第二种解读更为合理，公司若要主张未届期股权转让后的出资责任，需由后往前进行主张，第一位的责任主体是受让股东，第二位的责任主体是受让股东的前手转让股东，再者才是由后往前的其他转让股东。

（二）瑕疵股权转让后的出资责任

瑕疵股权转让后的出资责任问题，早在 2011 年《公司法司法解释（三）》即已有所规定，新《公司法》总体上沿袭了 2020 年修正后《公司法司法解释（三）》第 18 条的连带责任，第 88 条第 2 款规定："未按照公司章程规定的出资日期缴纳出资或者作为出资的非货币财产的实际价额显著低于所认缴的出资额的股东转让股权的，转让人与受让人在出资不足的范围内承担连带责任；受让人不知道且不应当知道存在上述情形的，由转让人承担责任。"对该条款，应作如下

① 如《德国有限责任公司法》第 22 条。参见《德国商事公司法》，胡晓静、杨代雄译，法律出版社 2014 年版，第 35 页。

理解。

其一,被转移的是瑕疵股权,移转的债务是出资责任而不是出资义务。相比起未届期股权,瑕疵股权在转让发生时即已经发生义务违反情况。作为出资债务人的转让股东“未按照公司章程规定的出资日期缴纳出资”,又或者“作为出资的非货币财产的实际价额显著低于所认缴的出资额”。相比 2011 年《公司法司法解释(三)》第 18 条所表述的“股东未履行或者未全面履行出资义务”,新《公司法》对义务违反形态的表述更为精确细致。

其二,转让股东与主观恶意的受让股东对出资责任承担连带责任。在对外关系上,作为出资之债的债权人,公司可以向受让股东或转让股东中的一人或两人主张全部未给付的出资。原则上,受让股东因其继受取得股东身份,需对外承担责任,但考虑到受让股东对瑕疵股权存在善意不知的可能,立法赋予受让股东抗辩权,在受让股东不知道且不应该知道存在瑕疵时,由转让股东单独承担出资责任。而转让股东虽然不再是股东,但仍然要承担对公司的出资责任。原因在于,在股权转让时该股权即已然处于瑕疵状态,转让股东已届期而未实缴的行为是出资违约行为,违反了与公司的出资约定。既然股权的出资瑕疵源于转让股东的违约行为,若转让股东还能通过转让该瑕疵股权而逃脱责任,无疑有违自己责任的理念。因此,转让股东即便不再是公司股东,也需要继续承担对公司的出资责任。

其三,在对内关系上,新《公司法》删除了原本第 18 条所规定的追偿权,应该认为,追偿权的有无依股东间关系调整即可,第 88 条主要解决的是对外出资责任的承担问题,现行法删除了司法解释的冗余表述,体现了立法技术上对旧有规定的调整与优化。在受让股东与转让股东没有关于追偿权的特殊约定时,是否赋予受让股东对转让股东的追偿权,需要结合内部股权转让关系的对价、受让股东的主观状态、转让股东是否履行告知义务等因素综合判断。

本章法考和考研练习题

一、名词解释

1. 股东资本充实责任

2. 瑕疵股权转让后的出资责任

二、简答题

1. 如何理解我国公司法关于股东出资形式的规定?

2. 请简述股东的出资责任规则。

3. 请简述未届期股权转让后的责任规定。

三、案例分析题

1. A、B、C、D 签订合同决定共同投资设立一家生产性的科技发展有限责任公司。其中,A 以高新技术成果出资,作价 15 万元;B 以厂房出资,作价 20 万元;C 以现金 17 万元出资,后 C 因资金紧张实际出资 14 万元;D 以其对另一家公司的股权出资。请问:

(1)该有限责任公司能否有效成立?为什么?

(2)以非货币形式向公司出资,应满足什么条件,办理什么手续?

(3)A 的出资是否符合法律规定?为什么?

(4)C 承诺出资 17 万元,实际出资 14 万元,应承担什么责任?

(5)D 的出资是否符合法律规定?该出资需要满足什么条件?

2. 江城公司和乘龙公司一起设立了热电公司,其中江城公司出资比例为 98%,认缴出资 980 万元。热电公司于 2 月 2 日曾向百华公司借了 100 万元,还款日期为 12 月 10 日。同年 8 月 1 日,江城公司将股权转让给了第三方田姿公司。12 月 10 日,百华公司向热电公司主张债权,热电公司无法清偿该笔债务。请问:

(1)百华公司是否可向田姿公司主张该笔债权?请求依据是什么?

(2)若田姿公司无法清偿,百华公司是否可以向江城公司主张债权?请求依据是什么?

(3)百华公司是否可以向乘龙公司主张权利?为什么?

(4)若经调查,发现热电公司在当年 7 月即无法清偿对百华公司的该笔债权,百华公司可向谁主张什么权利?为什么?

CHAPTER 08

第八章

公司股东与股权

本章导读

本章从股东的概念出发,介绍了公司股东的概念与类型,股东资格的取得、限制与丧失,股东的法律地位,股东的权利和义务,股东代表诉讼,股权的法律性质及股权法律关系,有限责任公司的股权和股份有限公司的股份以及股权的行使和救济,股权转让及股权变动模式,股份公司的股份分类和类别股,对赌协议,禁止财务资助等。本章的学习重点主要在于股东资格的取得、股东的权利和义务、股权变动模式、股权的救济制度、股份的类型、类别股、对赌协议。本章的学习难点在于理解股东的权利和义务、股权变动模式、对赌协议、禁止财务资助。

第一节　股东与股东资格

一、股东的概念与构成

(一)股东的概念

股东是组成公司并在其中享有股东权利的人。凡是基于对公司的投资或者基于其他的合法原因而持有公司资本的一定份额并享有股东权利的主体均是公司的股东。但由于公司的类型、投资人向公司投资的时间以及取得股权的方式等不同,股东的含义有不同表述。需要注意的是,并非任何对公司进行投资的人都是公司股东。例如,购买公司债券的人以及向公司贷款的银行并非公司股东而是公司的债权人。

根据新《公司法》第 4 条的规定,有限责任公司的股东,是指因在公司设立时认缴公司资本或在公司存续期间依法继受取得股权而对公司享有权利和承担义务的人;股份有限公司的股东,是指在公司设立时认购公司股份或在公司成立后合法取得公司股份并对公司享有权利和承担义务的人。新《公司法》关于“股东”的概念界定,是围绕投资人向公司投资的时间进行的。其中值得注意的是,在公司设立阶段,“股东”通常指向的是公司的“发起人”和“设立时的股东”。在股份有限公司中,由于法律规定发起人必须认足一定比例的股份,因此发起人是成立后公司的当然股东;同理,在有限责任公司中,由于法律规定发起人都负有出资义务,所以发起人在公司成立后即成为公司的首批股东。新《公司法》分别用“设立时的股东”和“发起人”的概念,指称设立有限责任公司和股份有限公司的主体,但这两个概念本质上并无差异,均是指为设立公司而签署公司章程、向公司认购出资或者股份并履行公司设立职责的人。

(二)股东的类型

公司可能由下列三种类型的股东构成:

1. 参与公司设立或者认购公司首次发行股份或出资的原始股东。凡是符合《公司法》规定的条件,参与公司的最初设立活动,在公司章程上签名、盖章且实际认购出资的发起人,或者认购公司首次发行股份的其他人,均可成为公司的原始股东。公司的原始股东对公司的重要意义在于,其制定了公司章程,决定了公司的基本构架,也承担保证公司资本真实的责任。

2. 公司成立后的继受股东。继受股东是指在公司存续期间依法继受出资或股份而取得股东地位的人,继受出资或股份的方式包括转让、继承、赠与或法院强制执行等。继受股东也受公司初始章程的约束,并且其取得的股东权利亦受其前手权利状态的影响,继受股东不仅取得股东权利,而且也应承担前手股东的义务。

3. 公司成立后因公司增资而加入的新股东。增资是公司为扩大生产经营规模经常使用的一种资本运作方式。公司增资可以通过向原始股东筹集的方式进行,也可以向原始股东以外的投资人筹集,公司增资时通常涉及股东新股优先认购权的“选出或选入”的配置模式问题。如果公司向原始股东以外的投资人发行新股,公司就会有新的股东加入。

二、股东资格的取得、限制与丧失

(一)股东资格的取得

投资人通过认购公司的出资或股份而获得股东资格。就取得股东资格的时间及原因而论,可将股东资格的取得方式分为原始取得和继受取得。

1. 原始取得。在公司成立时,因创办公司或认购公司首次发行的出资或股份而成为公司股东的,属于股东资格的原始取得,这些股东属于公司的原始股东。在有限责任公司及发起设立的股份有限公司中,原始股东主要包括公司的发起人或创办人,而在募集设立的股份有限公司中,还包括在公司设立时即认购公司股份的其他人。此外,在公司成立后,因认购公司新增资本而取得公司股东资格的,也属于股东资格的原始取得。

2. 继受取得。凡因转让、继承、公司合并等方式取得公司出资或股份并成为公司股东的,属于股东资格的继受取得,这类股东即为继受股东。继受股东主要包括受让原始股东的出资或股份的人以及因其他事由继受他人的出资或股份的人。

(二)股东资格的限制

理论上,股东的个性特征与其能否获得股东资格关系并不紧密,无论是自然人、法人还是非法人组织,均可以通过投资取得公司股份成为股东。这是商法中的"营业自由"的体现。但是,各国公司法也会对股东的具体资格作出一定限制,限制程度与股东的性质及其取得股权的时间密切相关。一般而言,公司法对继受股东的资格限制较少,对发起人的限制较多。这些限制主要体现在以下方面:

1. 自然人担任发起人应当具备完全民事行为能力

设立行为的性质属于法律行为,会直接产生实体上的权利义务关系,因此在自然人担任公司的发起人时,应当适用《民法典》关于自然人民事行为能力的规定,无民事行为能力人和限制民事行为能力人一般不得参与公司设立。

2. 法人作为发起人应是法律上允许设立公司的法人

法人是否可以以及哪些法人可以作为公司的发起人,取决于一国的社会经济、政治等因素。域外也有关于仅公司等私法人可以成为发起人的规定,党政机关等公法人不可以设立公司。原因在于,公法人通常从事公共管理活动,而投资活动本质属于私人活动,两者的性质相悖。我国相关法律法规中也禁止党政机关、军队等单位设立公司从事投资经营活动,以避免其以权经商、强买强卖、垄断经营,损害党和政府的形象。当然,这并不排除经国家授权的国有资产管理机构在必要时作为发起人参与某些公司的设立活动,以实现国有资产增值保值的目标。

3. 原则上公司不得自为股东

新《公司法》第 162 条第 1 款规定,“公司不得收购本公司股份。但是,有下列情形之一的除外”。据此,在我国,公司只有在少数例外情形下可以购买本公司的股份,但回购的股权也应当在一定期限内处理完毕。这些例外情形系为公司解决减资、合并、员工股权激励、维持上市公司股价等特殊问题所设,其目的并非使公司最终成为自己的股东。作此限制的主要原因在于,避免公司、股东的法律地位合二为一,混淆公司与股东的法律关系,造成公司对外公开的公司内部关系与实际状态不符,导致公司的自我控制和过度投机,从而损及公司其他股东和债权人的利益。

4. 对发起人的国籍和住所的限制

为了防止发起人利用设立公司来损害广大社会公众的利益,一些国家或地区的公司法对发起人的国籍和住所作出一定限制,我国亦是如此。新《公司法》第 92 条规定,“设立股份有限公司,应当有一人以上二百人以下为发起人,其中应当有半数以上的发起人在中华人民共和国境内有住所”。

5. 公司章程对股东资格的取得作出限制

有限责任公司中,为保持公司的人合性,公司章程往往对股东资格的取得加以严格限制,例如,新《公司法》第 84 条第 3 款规定,“公司章程对股权转让另有规定的,从其规定”。此时,应尊重股东的约定,维护公司章程约定内容的效力,除非这种约定违反法律的强制性规定。

6. 法律对股东资格的取得作出限制

除了章程可以对股东资格的限制取得作出约定之外,法律也可明确禁止特定主体成为公司股东。如我国有关法律中规定,检察官、法官等国家机关的公职人员不得成为公司的股东。

（三）股东资格的认定规则

认定股东资格需要注意程序和实体方面的规则。根据新《公司法》和《公司法司法解释（三）》的相关规定，认定股东资格需要遵循下列规则：

1. 股东资格诉讼中诉讼主体的确认规则

公司有义务为股东出具出资证明，并将其记录于股东名册。因此，如果对股东资格的取得产生争议，当事人向人民法院起诉请求确认其股东资格的，应当以公司为被告，此时系对公司履行上述义务提出异议。至于与案件争议股权等裁判结果有利害关系的人，则应列为第三人参加诉讼。

2. 股东权属争议的举证责任分配规则

根据确认之诉中举证责任分配的一般性原则，请求确认股权的股东应当举证证明其有权取得股权。具体而言，主张股东权益的一方，应当证明其或者已经依法向公司出资或者认缴出资或者已经受让或者以其他形式继受公司股权，且均不违反法律法规强制性规定。

3. 隐名投资情形中的股权确认规则

对于隐名投资与名义持股的合法性，以及隐名投资与名义持股中的股权确认问题，一直存在较大争议。在司法实践中，对于隐名投资与名义持股的法律效力，通常视个案情况而论：如果隐名投资是为了规避法律、行政法规的强制性规定，应当认定无效，实际出资人不具有股东资格；如果隐名投资并未违反法律、行政法规之强制性规定，实际出资人只是基于各种原因不愿显名而已，则应当认定有效。

在合法有效的情形下，如何认定股权的归属，理论和实务中历来有不同看法。有观点认为应当采用实质要件标准，以实际出资人为股东；也有观点认为应当采用形式要件标准，以出资证明书、股东名册、公司章程或股权登记来确认股东。公司法相关司法解释及《九民纪要》采取了"区分内外"的裁判思路：当处理公司内部股东资格确认纠纷时，以实际出资、出资证明书、股东名册、股东会会议记录等作为确认股权的依据；当与公司之外第三人发生涉及股东资格确认的纠纷时，以股权登记作为确认股权的依据。

（四）股东资格的丧失与催缴失权制度

正常情况下，股东资格一直保留，但出现下列情况之一的，股东将丧失其

资格:

1. 所持有的股权已经合法转让的。新《公司法》第 84 条、第 85 条规定,有限责任公司的股东可以将股权依法转让给其他股东,也可以将股权依法转让给股东之外的人。股东转让所持有公司的全部股权的,丧失股东资格。

2. 未依公司章程约定履行出资义务,被催缴失权。新《公司法》特别规定了有限责任公司催缴失权制度,分为催缴和失权两个环节。

(1)催缴。根据新《公司法》第 51 条:"有限责任公司成立后,董事会应当对股东的出资情况进行核查,发现股东未按期足额缴纳公司章程规定的出资的,应当由公司向该股东发出书面催缴书,催缴出资。未及时履行催缴义务,给公司造成损失的,负有责任的董事应当承担赔偿责任。"需要注意的是,从文义上看,该条的适用范围为"股东未按期足额缴纳公司章程规定的出资"这一种情形,但从理论上而言,非货币出资的实际价额显著低于所认缴的出资额、未按期足额缴纳、股东抽逃部分或者全部出资也应参照适用新《公司法》第 51 条。还需注意的是,未履行催缴义务给公司造成损失的,由负有责任的董事承担个人责任,而不是一概由全体董事承担集体责任。

(2)失权。根据新《公司法》第 52 条,股东未按照公司章程规定的出资日期缴纳出资,公司依照新《公司法》第 51 条第 1 款的规定发出书面催缴书催缴出资,可以载明缴纳出资的宽限期;宽限期自公司发出催缴书之日起,不得少于 60 日。宽限期届满,股东仍未履行出资义务的,公司经董事会决议可以向该股东发出失权通知,通知应当以书面形式发出。自通知发出之日起,该股东丧失其未缴纳出资的股权。股东丧失的股权应当依法转让,或者相应减少注册资本并注销该股权;6 个月内未转让或者注销的,由公司其他股东按照其出资比例足额缴纳相应出资。股东对失权有异议的,应当自接到失权通知之日起 30 日内,向人民法院提起诉讼。

新《公司法》第 52 条的主要内容包括:第一,股东未按照公司章程规定的出资日期缴纳出资,公司可以发出载明不少于 60 日宽限期的催缴书,也可以发出载明少于 60 日宽限期或者不载明宽限期的催缴书,公司具有选择发出何种类型催缴书的权利。第二,在公司发出载明不少于 60 日宽限期的催缴书的前提下,宽限期满后,对于是否要发出失权通知,由公司董事会决议决定。第三,若公司发出失权通知的,被通知的股东自通知发出之日起失权,即失权通知的生效采发出主义。第四,失权股东丧失的股权,将作为公司库存股进行管理,由公司依法转让或者减资,6 个月内未实现转让或者减资的,为维护公司资本充实,由公司其他股东按出资比例缴足相应出资。第五,本条规定了一个全新诉讼——股东失权异议之诉,即失权股东对失权有异议的,应当自收到失权通知之日起 30 日内起诉。另需要注意的是,部分出资的催缴失权并不使股东丧失全部的股权,从而不会失去股东资格;只有全部出资的催缴失权,才会使股东丧失股东资格。

3. 因未履行出资或者抽逃全部出资而被除名。根据《公司法司法解释(三)》第 17 条第 1 款的规定:"有限责任公司的股东未履行出资义务或者抽逃全部出资,经公司催告缴纳或者返还,其在合理期间内仍未缴纳或者返还出资,公司以股东会决议解除该股东的股东资格,该股东请求确认该解除行为无效的,人民法院不予支持。"该款的适用情形有二,一是股权完全未履行出资义务,二是股东抽逃全部出资。

股东除名和催缴失权制度存在以下不同:第一,适用情形不同。除名适用于股权完全未履行出资义务、股东抽逃全部出资两种情形。第二,决定机构不同。除名决定由股东会决议作出,而催缴失权决定由董事会决议作出。第三,法律效果不同。除名的法律效果是股东丧失股东资格;催缴失权的法律效果需要区分讨论,当股东失去部分股权时,仍保有股东资格,当股东失去全部股权时,同时丧失股东资格。

4. 因违法受到国家处罚而被剥夺股权的。典型者如股东使用犯罪所得资金投资公司取得股东资格,而后,其取得的股权,被司法机关依照《刑法》第 64 条"犯罪分子违法所得的一切财物,应当予以追缴或者责令退赔",予以追缴。

5. 法律规定的其他事由。如根据《民法典》第 13 条规定,股东死亡的,失去民事权利能力和行为能力,自然丧失股东资格和股权。

三、股东的法律地位

就投资人成为公司股东的动机而言,理论上可将公司股东分为三类,即投资股东、经营股东和投机股东。投资股东出资取得股份,以获得股利等收益为主要目的;经营股东投资则以取得经营企业权利为首要目的,获得股利等收益为次要目的;投机股东大多是短线投资,其通过买进卖出股权,伺机牟取暴利。

尽管股东因投资动机不同,其股权内容可能会存在差异(如投资股东多为优先股股东,经营股东多为普通股股东),但各类股东的法律地位一律平等。股东的法律地位既表现在股东与公司之间的法律关系中,也表现在股东之间的法律关系中。通过对具体法律关系的分析,可以描述股东的法律地位,其主要表现如下。

(一)股东享有股权

股东享有股权,这是股东与公司间法律关系和股东法律地位的集中体现。公司是由股东出资组成的法人组织。股东将自己的财产交由公司经营管理,按其投资份额对公司享有一定权利并承担一定义务,这种权利和义务的总称就是股权。股权既是股东法律地位的具体化,又是对股东具体权利义务的抽象概括。新《公司法》第 4 条第 2 款即规定,“公司股东对公司依法享有资产收益、参与重大决策和选择管理者等权利”。

在不同类型的公司中,股权的内容不尽相同,股权与所有权联系的紧密程度也有所差异。一般而言,有限责任公司所有权与经营权相对合一,股权与所有权的联系较为紧密;股份有限公司由于所有权与经营权相对分离,股东不再享有直接支配其投入到公司的财产的权利,股权与所有权的联系也较为疏远,股权甚至成为与所有权迥然有别的一种新型权利。然而,无论在何种类型的公司中,无论股权的具体内容表现如何,其作为股东向公司出资的“对价”,仍然是各种类型公司的股东所普遍享有的权利。股东在行使股权的过程中,表现了其在公司中的法律地位,并揭示了其与公司之间的法律关系。

(二)股东平等原则

股东平等原则,是指公司中每个股东所享有的权利与应承担的义务是平等的。各股东依其所持有的股权比例或股份数享有平等的权利,负担平等的义务,不得对任何股东予以歧视。在现代各国或地区的公司法中,股东平等原则是维系公司内部关系的重要原则,美国的普通法规则、《德国股份公司法》第 53a 条以及《日本公司法》第 109 条等均明确规定股东平等原则。

股东平等原则具有以下两层含义:(1)只要具有股东身份,不论股东有何个体差异,均可以该身份在公司中享有平等的权利,如出席股东会、行使知情权等。从这个意义上说,股东平等原则具有绝对性。(2)股东平等原则并不排除股权具体内容的差异。恰恰相反，股权不仅有普通股和优先股等类型划分，在同类型股份下，股东的出资额和所持有的股份也有多寡之别，大股东因其持有多数股份而拥有更多的控制权。但这绝不是对股东平等原则的违背或否定。公司法中的股东平等是一种在资本平等基础上的平等，或者说是一种按比例的平等，它以每一股东所持有的股权或股份的比例作为衡量标准。"一股一表决权"制度就集中体现了这种比例上的平等。从这个意义上看，股东平等原则又具有相对性。正因为如此，各国或地区的公司法对股东平等原则都有例外的规定，对中小股东与大股东在事实上的不平等多采取一定保护措施，以维护中小股东的利益。新《公司法》中亦有体现股东平等原则的规定，如一股一表决权（第65条）、同类别股同权和同类别股同价（第143条）、同比例分配利润（第210条第4款）、同比例减资（第224条第3款）、同比例优先认缴出资（第227条第1款）、按出资比例或者持有的股份比例分配剩余财产（第236条第2款）等。

第二节 股东的权利与义务

一、股东的权利

股东的权利通常简称为股东权或股权，是指股东基于其对公司的出资，在法律上对公司所享有的权利。因为股东权利的具体内容因公司的类型及股权的性质不同而不尽一致，所以大多数国家或地区的公司法通常都不会在某个单独条款中直接罗列具体的股东权利。我国《公司法》也不存在详列股东权利的条款，新《公司法》第4条第2款仅对股东权的主要内容作出概括规定，即公司股东对公司依法享有资产收益、参与重大决策和选择管理者等权利。其他关于股东权的规定散见于新《公司法》的其他条文中。总体来看，公司法对股东权，尤其是中小股东的权利作出了较为完善的规定。

（一）出席或委托代理人出席股东会行使表决权

股东对由股东会议决的事项，有通过参与表决表示同意或者不同意的权利，这是股东的固有权利。一方面，在现代公司中，所有权与经营权通常相互分离，股东并不直接管理公司，而是通过行使表决权来对董事会作出的具体经营决策发表意见。另一方面,表决权也反映股东之间的内部关系,是不同股东之间争夺公司控制权的工具。股东在行使表决权时,通常应遵循股权平等原则、多数决原则等原则。

股权平等原则通常情况下体现为“一股一权”或者按照出资比例行使表决权。比如,依新《公司法》第 65 条规定,除公司章程另有规定外,有限责任公司的股东按照出资比例行使表决权,即股东有多少出资就有多少表决权。依新《公司法》第 116 条规定,股份有限公司股东所持每一股份有一表决权,但类别股股东除外。依新《公司法》第 144 条、第 145 条规定,类别股股东的表决权,依照公司章程确定。

多数决原则一般是指,形成一项决议需要多数股东或者经出席会议的股东所持表决权多数通过。多数决原则有简单多数和绝对多数之分。依据简单多数表决的,决议通过的比例是 1/2;依据绝对多数表决的,决议通过的比例是 2/3。通常法律规定一般事项的决议需要简单多数通过即可,特别事项则需要绝对多数通过。

原则上,股东的表决权不应被剥夺或者受到限制,但也存在一些例外情形,主要包括:(1)公司持有自己股份的情况下,其往往没有表决权。如新《公司法》第 116 条第 1 款规定,“股东出席股东会会议,所持每一股份有一表决权,类别股股东除外。公司持有的本公司股份没有表决权”。(2)利害关系股东持股的情况下,表决权应受限制。比如,依新《公司法》第 15 条的规定,当公司为公司股东或者实际控制人提供担保时,必须经股东会决议,这时该股东或者受实际控制人支配的股东不得参加规定事项的表决。(3)在相互持股的情况下,表决权的行使也应限定在一定比例范围之内。

(二)选举权和被选举权

股东有权通过股东会选举公司的董事、监事,同时,公司股东只要符合《公司法》规定的公司董事和监事的任职资格,就可依法定的议事规则被选举为公司的董事或者监事。选举权和被选举权是股东通过股东会参与公司经营管理的一项重要权利。

新《公司法》对股东的选举权予以明确规定,股东可以依自己的出资额或持有的股份的比例对决议事项投赞成票、反对票或弃权票。在选举权的行使方法上,为保护中小股东的利益,我国《公司法》还在股份有限公司中引入了累积投票制,改变了传统的投票规则。新《公司法》第117条第1款规定,“股东会选举董事、监事,可以按照公司章程的规定或者股东会的决议,实行累积投票制”。第2款规定,“本法所称累积投票制,是指股东会选举董事或者监事时,每一股份拥有与应选董事或者监事人数相同的表决权,股东拥有的表决权可以集中使用”。采用累积投票制,增加了中小股东选出代表其利益的董事、监事的机会,有利于保护其合法权益。

(三)依法转让出资或股份的权利

依法转让出资或股份的权利,是指公司的股东将自己所持有的出资额或者股份转让给他人,使他人成为公司的股东。按照公司资本维持原则,股东一旦向公司出资获得股权,即被禁止抽逃出资。但是,为了维护股东转移投资风险或者收回本金的需要,法律也允许其转让出资或股份。新《公司法》第四章对有限责任公司的股权转让作出全面规定,根据第84条,股东既可以依法向其他股东转让股权,也可以依法向股东之外的人转让股权。新《公司法》第六章对股份有限公司股份转让作出明确规定,根据第157条,股份有限公司的股东持有的股份可以向其他股东转让,也可以向股东以外的人转让;公司章程对股份转让有限制的,其转让按照公司章程的规定进行。

由于有限责任公司客观上尚存在一定的人合性,一般而言,较之股份有限公司的股东转让股份,有限责任公司的股东转让出资受到更多限制。根据新《公司法》第84条的规定,有限责任公司股东向股东以外的人转让股权的,应当将股权转让的数量、价格、支付方式和期限等事项书面通知其他股东,其他股东在同等条件下有优先购买权。

(四)股东知情权

股东知情权,即股东请求查阅其具有公司股东身份之前或者之后的公司档案材料,获取公司信息、了解公司情况的权利。股东参与公司重大事项的决策的前提是充分了解公司的经营状况和相关信息。因此,各国或地区的公司法都赋予股东知情权,以便于其全面掌握公司经营管理状况,更好作出决策判断。

1. 有限责任公司股东知情权

依新《公司法》第57条的规定,(1)有限责任公司股东有权查阅、复制公司章程、股东名册、股东会会议记录、董事会会议决议、监事会会议决议和财务会计报告。(2)股东可以要求查阅公司会计账簿、会计凭证。股东要求查阅公司会计账簿、会计凭证的,应当向公司提出书面请求,说明目的。公司有合理根据认为股东查阅会计账簿、会计凭证有不正当目的,可能损害公司合法利益的,可以拒绝提供查阅,并应当自股东提出书面请求之日起15日内书面答复股东并说明理由。公司拒绝提供查阅的,股东可以向人民法院提起诉讼。(3)股东查阅前款规定的材料,可以委托会计师事务所、律师事务所等中介机构进行。(4)股东及其委托的会计师事务所、律师事务所等中介机构查阅、复制有关材料,应当遵守有关保护国家秘密、商业秘密、个人隐私、个人信息等法律、行政法规的规定。(5)股东要求查阅、复制公司全资子公司相关材料的,适用前四款的规定。

新《公司法》关于股东知情权修改的亮点有二:一是将会计凭证纳入有限责任公司股东知情权的范围;二是允许股东知情权"穿越"行使,即赋予股东对公司全资子公司的知情权,此举也是为了配合双重股东代表诉讼制度的实施。另需注意的是,根据前述规定,有限责任公司股东对公司章程、股东名册、股东会会议记录、董事会会议决议、监事会会议决议和财务会计报告有复制权,但对会计账簿、会计凭证没有复制权,而仅有权在合理范围内摘抄、誊抄相关内容。

2. 股份有限公司股东知情权

依新《公司法》第110条的相关规定,(1)股份有限公司股东有权查阅、复制公司章程、股东名册、股东会会议记录、董事会会议决议、监事会会议决议、财务会计报告,对公司的经营提出建议或者质询。(2)连续180日以上单独或者合计持有公司3%以上股份的股东要求查阅公司的会计账簿、会计凭证的,适用新《公司法》第57条第2款、第3款、第4款的规定。公司章程对持股比例有较低规定的,从其规定。(3)股东要求查阅、复制公司全资子公司相关材料的,适用前两款的规定。(4)上市公司股东查阅、复制相关材料的,应当遵守《证券法》等法律、行政法规的规定。新《公司法》修改的一大亮点,就是将会计账簿、会计凭证纳入了股份有限公司股东知情权的范围。

3. 有限责任公司和股份有限公司股东知情权的异同

二者的相同之处:(1)均有权查阅、复制公司章程、股东名册、股东会会议记录、董事会会议决议、监事会会议决议、财务会计报告。(2)均可以委托会计师事务所、律师事务所等中介机构查阅会计账簿和会计凭证。

二者的差异之处:(1)在具备正当目的的情形下,有限责任公司的所有股东均有权要求查阅公司会计账簿和会计凭证;而股份有限公司中,只有连续180日以上单独或者合计持有公司3%以上股份的股东,才有权要求查阅公司会计账簿和会计凭证。(2)股份有限公司章程可以降低对有权要求查阅公司会计账簿和会计凭证的股东持股比例的要求;有限责任公司则不存在该问题。

4. 股东知情权的正当目的限制

(1)正当目的的说明。为了避免股东滥用查阅权而影响公司的正常经营活动,或由于股东泄漏公司商业秘密而损害公司的利益,有些国家或地区的公司法对股东查阅权作出某些限制,如对查阅的时间、地点和查阅的目的等方面作出规定。我国《公司法》对股东查阅公司会计账簿、会计凭证,也有所限制。根据新《公司法》第57条、第110条及《公司法司法解释(四)》的相关规定,查阅股东应当向公司提出书面请求,说明目的;公司有合理根据认为股东查阅会计账簿、会计凭证有不正当目的,可能损害公司合法利益的,可以拒绝提供查阅,并应当自股东提出书面请求之日起15日内书面答复股东并说明理由;当公司拒绝提供查阅时,股东可以提起诉讼要求公司配合查阅。

(2)不正当目的的类型。根据《公司法司法解释(四)》第8条的规定:"有限责任公司有证据证明股东存在下列情形之一的,人民法院应当认定股东有公司法第三十三条第二款规定的'不正当目的':(一)股东自营或者为他人经营与公司主营业务有实质性竞争关系业务的,但公司章程另有规定或者全体股东另有约定的除外;(二)股东为了向他人通报有关信息查阅公司会计账簿,可能损害公司合法利益的;(三)股东在向公司提出查阅请求之日前的三年内,曾通过查阅公司会计账簿,向他人通报有关信息损害公司合法利益的;(四)股东有不正当目的的其他情形。"

(3)股东知情权的执行。如果公司不能提供证据证明股东查阅目的不正当的,人民法院应当支持原告的诉讼请求,在判决中明确查阅或者复制公司特定文件材料的时间、地点和特定文件材料的名录。股东依据人民法院生效判决查阅公司文件材料的,在该股东在场的情况下,可以由会计师、律师等依法或者依据执业行为规范负有保密义务的中介机构执业人员辅助进行。

(4)未依法置备公司文件的法律责任。公司董事、高级管理人员等未依法履行职责,导致公司未依法制作或者保存相关公司文件材料,给股东造成损失,股东依法请求负有相应责任的公司董事、高级管理人员承担民事赔偿责任的，人民法院应当予以支持。

5. 股东知情权诉讼的适格原告

根据《公司法司法解释(四)》第7条的规定，原告在提起知情权诉讼时原则上应具有股东资格，但原告有初步证据证明在持股期间其合法权益受到损害，请求依法查阅或者复制其持股期间的公司特定文件材料的除外。

(五)建议和质询权

股东的建议和质询权与其知情权密切相关，事实上也属于广义的知情权的一部分。在股东通过行使知情权充分了解公司信息和经营情况的基础上，如果其认为某种经营决策的选择更有利于公司，可以直接向公司提出自己的意见，建议公司如此行事；当股东对公司的某些行为存有疑问，或者认为公司的经营不善时，可以口头或者书面向负有责任的公司机关提出疑问并要求其予以解答。依新《公司法》第110条的规定，股份有限公司的股东有权对公司的经营提出建议或者质询。依新《公司法》第187条的规定："股东会要求董事、监事、高级管理人员列席会议的，董事、监事、高级管理人员应当列席并接受股东的质询。"该条位于新《公司法》第八章"公司董事、监事、高级管理人员的资格和义务"，其中的"股东会"，既包括有限责任公司股东会，也包括股份有限公司股东会。由此，有限责任公司的股东也可向公司董事、监事及高级管理人员行使质询权。

(六)股利分配请求权

股利分配请求权，是指股东按照其所持出资额或股份的比例请求分取利润的权利。通常情形下，股东均期望自己的投资得到回报。在公司盈利并存有盈余的情况下，股东可通过公司盈余分配获得股利。公司作为营利法人，系以取得利润并分配给股东等出资人为目的而成立，向投资者分配利润，也贴合其营利法人的特性。股利分配请求权是股东权的核心。

股东的股利分配请求权是否可得实现，取决于公司经营是否已经产生利润。如果公司没有盈利，就无股利分配可言。而且，各国或地区的公司法对股利的分配也作不同程度的限制，即使公司存有盈利，也不必然分配股利。比如，依新《公司法》第210条第4款、第5款规定，公司弥补亏损和提取公积金后所余税后利润,有限责任公司按照股东实缴的出资比例分配利润,全体股东约定不按照出资比例分配利润的除外;股份有限公司按照股东所持有的股份比例分配利润,公司章程另有规定的除外。公司持有的本公司股份不得分配利润。

此外,实践中,公司股东是否可以请求人民法院强制进行利润分配,存在较大争议。有观点主张,如果有限责任公司中小股东请求分配利润并提供证据证明公司有盈利但长期不分配,且大股东利用其控制地位滥用多数表决权,压榨小股东利益的,人民法院应判决公司依照《公司法》或者公司章程的规定分配利润。而且,人民法院由此作出的判决、裁定,对未参加诉讼的股东应同样发生法律效力。根据《公司法司法解释(四)》第 15 条的规定,股东未提交载明具体分配方案的股东会决议,请求公司分配利润的,人民法院应当驳回其诉讼请求,但违反法律规定滥用股东权利导致公司不分配利润,给其他股东造成损失的除外。该规定在一定程度上,承认了股东强制利润分配请求权。

(七)公司发行新股时的新股认购优先权

新股优先认购权,又称股东优先认购权或增资优先认缴权,系指在公司增资或发行新股时,公司原股东所享有以确定的价格按其持股比例优先购买公司所发行新股的权利。这种优先权只限于认购顺位上的优先性,而非发行价格或者其他认购条件上的优先性。

公司发行新股,可能会稀释原有股东的经济利益或者表决权,损害原股东之间的比例性利益。为了维护原股东的这一利益,彰显股东平等原则,《公司法》赋予原股东以新股优先认购权。当然,公司发行新股时的新股认购优先权实际上是一种选择权,股东可以行使,也可以不行使。

新股优先认购权有助于维护原股东的比例性利益,但在公司发行新股时,先行确认原股东是否行使新股优先认购权,也可能耽搁公司融资效率。新股优先认购权的配置模式,需平衡原股东的比例性利益与公司的融资需求。因此,新《公司法》对于有限责任公司和股份有限公司采取了不同的配置模式。根据新《公司法》第 227 条规定:“有限责任公司增加注册资本时,股东在同等条件下有权优先按照实缴的出资比例认缴出资。但是,全体股东约定不按照出资比例优先认缴出资的除外。股份有限公司为增加注册资本发行新股时,股东不享有优先认购权,公司章程另有规定或者股东会决议决定股东享有优先认购权的除外。”

(八)提议召开临时股东会的权利

股东提议召开临时股东会的权利,是指公司股东提议召开股东会会议决定股东会职权范围内事项的权利。股东会由全体股东组成,是公司的权力机关,股东通过召开股东会会议决定公司事务。股东会会议有定期会议和临时会议之分。定期会议召开的频率一般不高,根据新《公司法》的规定,有限责任公司的股东会定期会议按照公司章程规定的时间召开,股份有限公司的股东会应当每年召开一次年会。但是,当公司遇有重大情事并可能有损股东利益时,对于作为最终的剩余所有权人的股东,应当允许其提议召开临时股东会会议。依新《公司法》第 62 条第 2 款的规定,有限责任公司中代表 1/10 以上表决权的股东,可以提议召开临时股东会会议。依新《公司法》第 113 条第 3 项的规定,在股份有限公司中,单独或者合计持有公司 10% 以上股份的股东有权请求召开临时股东会。

(九)股东会的召集和主持权

股东会的召集和主持权,是指相关权利主体召集股东参加股东会会议,并在会上主持工作的一项程序性权利,具体包括决定股东会会议召开的时间和地点、通知股东并公告、负责相关议案的提交、主持决议的进行并作成会议记录等一系列工作内容。召集权与主持权作为一种程序性权利,其对于保障公司股东会的正常召开与进行具有重要的意义。离开召集权的行使,将难以把股东召集在一起,股东会会议也难以召开,因而不能如期地启动相关工作;离开主持权的行使,股东会将不能按照正常的召开程序进行下去。

一般而言,股东会应由董事会召集,由董事长主持;董事会不履行或不能履行召集和主持职责的情况下,监事会也可以及时召集和主持股东会。若公司董事会或监事会均未及时召集股东会,可能延误公司股东会进行相关决议,以至阻碍股东依法行使其权利,股东应同时享有股东会的召集和主持权。对于股东提议召开临时股东会,也应作此解读。否则,在董事会不召集、董事长不主持或监事会不召集和主持时,股东提议召开临时股东会的权利可能会变得毫无意义。

鉴于此,依新《公司法》第 63 条的规定,在有限责任公司中,董事会不能履行或者不履行召集股东会会议职责的,由监事会召集和主持;监事会不召集和主持的,代表1/10以上表决权的股东可以自行召集和主持。新《公司法》第114条规定,在股份有限公司中,董事会不能履行或者不履行召集股东会会议职责的,监事会应当及时召集和主持;监事会不召集和主持的,连续90日以上单独或者合计持有公司10%以上股份的股东可以自行召集和主持。

此外,新《公司法》第114条第3款还新增董事会、监事会对股东请求召开临时股东会会议的答复规则,即单独或者合计持有公司10%以上股份的股东请求召开临时股东会会议的,董事会、监事会应当在收到请求之日起10日内作出是否召开临时股东会会议的决定,并书面答复股东。这一规则系为了确保股东能够及时自行召集,有助于避免临时股东会会议的召集权纠纷,减少因召集临时股东会会议所产生的争议。

(十)临时提案权

股东临时提案权,是股东向股东会提出议题或议案的权利。股东提案权的确立可以使股东得以将其关心的问题提交股东会讨论,实现其对公司决策和经营的参与、监督,从而提高股东对股东会的参与积极性,有助于实现公司治理中的制约平衡。但是,股东不当行使临时提案权,也有可能影响股东会的正常运行。

新《公司法》第115条第2款规定了股份有限公司股东的临时提案权。根据该款规定,单独或者合计持有公司1%以上股份的股东,可以在股东会会议召开10日前提出临时提案并书面提交董事会。公司不得提高提出临时提案股东的持股比例。新《公司法》为股东设置了较低的提出临时提案的持股比例门槛,并暗含公司可以降低股东提出临时提案的持股比例要求,更有利于对中小股东的权益保护。

此外,本款亦指出,临时提案应当有明确议题和具体决议事项。董事会应当在收到提案后2日内通知其他股东,并将该临时提案提交股东会审议;但临时提案违反法律、行政法规或者公司章程的规定,或者不属于股东会职权范围的除外。这一规定通过法律或者章程规定的方式,防范中小股东恣意行使临时提案权,造成公司股东会会议无法正常进行,损害公司的规范运作并将风险外溢至全体股东。

(十一)异议股东股份收购请求权

异议股东股份收购请求权,是指当股东会作出对股东利害关系产生实质影响的决定时，对该决定持有异议的股东有权要求公司以公平的价格回购其所持股份，从而退出该公司的权利。公司是股东投资获取收益的工具，股东在投资后，应当有权依照自己的合理判断，对影响自己实质利益的公司重大经营决策事项作出判断。然而，对于一些重大经营决策事项，不同股东的态度可能存在差别。此时，应基于资本多数决的原则，尊重持股占多数的股东的选择，使多数股东对于公司经营方针的判断得以贯彻。但是，鉴于决策的结果与股东尤其是中小股东的利益密切相关，在决议中明确表明异议的股东，其利益亦应当得到尊重。再者，在一些封闭性相对突出的有限责任公司或股份有限公司中，控股股东时常利用资本多数决的决策机制假意贯彻经营方针，实则排挤中小股东或损害其合法权益。此时，为了平衡公司各方面的利益，应当允许公司中小股东在特定情况下要求公司回购其股份，从而退出公司。

关于异议股东提起股份收购请求权的理由，新《公司法》第 89 条和第 161 条分别对有限责任公司和股份有限公司作出规定。新《公司法》第 89 条第 1 款主要为有限责任公司确立了三种回购事由，具体包括：(1)公司连续 5 年不向股东分配利润，而公司该 5 年连续盈利，并且符合《公司法》规定的分配利润条件；(2)公司合并、分立、转让主要财产；(3)公司章程规定的营业期限届满或者章程规定的其他解散事由出现，股东会通过决议修改章程使公司存续。新《公司法》第 161 条所规定的回购事由也与有限责任公司相一致，仅是将其中“合并、分立”时的回购事由转移至第 162 条予以规定。另外，新《公司法》还特别对股东压迫情形下的受压迫股东回购请求权作出了规定。新《公司法》第 89 条第 3 款规定，公司的控股股东滥用股东权利，严重损害公司或者其他股东利益的，其他股东有权请求公司按照合理的价格收购其股权。

关于异议股东股份收购请求权的行使条件，根据新《公司法》第 89 条第 2 款、第 161 条第 2 款的相关规定，应当同时符合下列几点条件，具体包括：(1)对新《公司法》第 89 条第 1 款、第 161 条第 1 款投反对票；(2)自股东会决议作出之日起 60 日内，原告股东与公司不能达成收购协议书；(3)自股东会决议作出之日起 90 日内，原告股东向人民法院提起诉讼。原告起诉不符合上述条件的，人民法院应裁定不予受理。

(十二)特殊情形下申请法院解散公司的权利

公司经营管理陷入僵局，并且继续存续会使股东利益受到重大损失时，股东享有向法院申请解散公司的权利。此时股东会和董事会通常已难以召开,公司治理结构完全失灵,公司处于事实上的瘫痪状态,对外通常也难以正常进行经营活动,公司继续存续已无意义,故而应当允许股东提起诉讼解散公司,维护自身的合法权益。新《公司法》第 231 条对此规定,公司经营管理发生严重困难,继续存续会使股东利益受到重大损失,通过其他途径不能解决的,持有公司 10% 以上表决权的股东,可以请求人民法院解散公司。

(十三)公司终止后对公司剩余财产的分配请求权

公司解散时,股东对于公司清理债权债务后所剩余的财产有请求进行分配的权利。依新《公司法》第 236 条第 2 款的规定,公司财产在分别支付清算费用、职工的工资、社会保险费用和法定补偿金,缴纳所欠税款,清偿公司债务后的剩余财产,有限责任公司按照股东的出资比例分配,股份有限公司按照股东持有的股份比例分配。由此可知,产生公司剩余财产分配请求权的前提条件是,公司向其全体债权人清偿债务之后尚有剩余财产。从公司“生老病死”的视角观之,公司剩余财产分配请求权也是股东向公司得以主张的最后权利。

(十四)向人民法院提起诉讼的权利

股东的诉讼权,是指公司股东针对侵害自己利益的行为,所享有的向人民法院提起诉讼以保护自己合法权益的权利。股东的诉权可以分为直接诉讼和代表诉讼两种类型。直接诉讼是指股东基于股权,针对权利侵害人直接对其个人造成的损害提起诉讼。代表诉讼,也称为派生诉讼,是指当公司权利受到侵犯,但由于各种原因公司自身不能或怠于行使诉权,股东有权为了公司的利益、代表公司并以其自己的名义向侵害公司的人提起诉讼。本部分主要讨论股东提起直接诉讼的权利,提起代表诉讼的权利于下文详细展开。现行公司法规定的股东直接诉讼主要体现在下列方面:

1. 依新《公司法》第 25 条,公司股东会、董事会的决议内容违反法律、行政法规的,股东有权请求人民法院确认该股东会、董事会决议无效。

2. 依新《公司法》第 26 条,公司股东会、董事会的会议召集程序、表决方式违反法律、行政法规或者公司章程,或者决议内容违反公司章程的,在起诉时具有公司股东身份的股东,可以自决议作出之日起的法定期限内,以公司为被告,请求人民法院撤销股东会、董事会决议。但是,股东会、董事会的会议召集程序或者表决方式仅有轻微瑕疵,对决议未产生实质影响的除外。

3. 依新《公司法》第 27 条,公司股东会、董事会未召开会议作出决议、未对决议事项进行表决、出席会议的人数或者所持表决权数未达到公司法或者公司章程规定的人数或者所持表决权数、同意决议事项的人数或者所持表决权数未达到公司法或者公司章程规定的人数或者所持表决权数的,股东有权请求人民法院确认该股东会、董事会决议不成立。

4. 依新《公司法》第 57 条、第 110 条,股东要求查阅公司会计账簿、会计凭证的,公司无正当理由拒绝提供查阅的,股东可以请求人民法院要求公司提供查阅。

5. 依新《公司法》第 89 条第 2 款、第 161 条第 2 款,在法律规定的条件下,对股东会的某些决议投反对票的股东可以请求公司按照合理的价格收购其股权。自股东会会议决议作出之日起的 60 日内,股东与公司不能达成股权收购协议的,股东可以自股东会会议决议作出之日起的 90 日内向人民法院提起诉讼。这一规定实际上是确定了有限责任公司中小股东在特定条件下的退出机制。

6. 依新《公司法》第 190 条,董事、高级管理人员违反法律、行政法规或者公司章程的规定,损害股东利益的,股东可以向人民法院提起诉讼。

7. 依新《公司法》第 34 条、第 55 条、第 56 条及相关司法解释,股东向公司依法缴纳出资后,公司应当向股东签发出资证明书、记载于股东名册并向公司登记机关申请登记等。公司未尽上述义务时,股东有权提起诉讼要求公司履行该义务。

二、股东的义务

权利与义务总是相对的,股东享有权利,也要承担义务。各国或地区的公司法对股东义务的规定大同小异,基本上共同确认了股东应承担以下主要义务。

(一)遵守公司章程

公司章程是公司必须具备的文件,其由发起设立公司的投资者制定,是用以调整公司内部组织关系和经营行为的自治规则,对公司、股东、董事、监事及公司高级管理人员具有约束力。股东应当依照公司章程的规定享有权利和承担义务，遵守公司章程应是其最基本的义务。新《公司法》第5条规定："设立公司应当依法制定公司章程。公司章程对公司、股东、董事、监事、高级管理人员具有约束力。"

（二）向公司缴纳出资或者股款

股东认购出资或股份后，就负有缴纳出资或股款的义务，包括按照规定的方式、条件、比例和期限缴纳。股东如不履行缴纳出资或股款的义务，给公司造成损失的，应当承担赔偿责任。从出资义务与股东资格的关系上看，出资义务的承担是取得股东资格的前提条件。投资者只有通过签订出资协议、承认公司章程、承担出资义务之后，才有可能成为公司股东；至于出资义务具体是否已经履行，取决于公司所选用的资本缴纳制度是认缴制抑或实缴制。在通常采用认缴制的有限责任公司中，其出资义务可能已经履行，也可能尚未履行，但都不改变股东本来应承担的出资义务。而且，未尽出资义务的股东转让股权时，知道该未尽出资义务事由仍受让股权的受让人应当与该股东承担连带责任。

（三）对公司所负债务承担责任

这一义务因公司类型不同而有差异。在域外存在无限公司及两合公司的制度中，其公司股东对公司所负债务承担无限责任，即不以股东的出资额为限。在我国仅存在有限责任公司及股份有限公司的立法模式下，股东原则上仅以其认缴的出资额或认购的股份为限，对公司的债务承担有限责任，不负其他财产责任。

（四）不得抽回出资

公司成立后，股东不得抽回出资。依新《公司法》第53条、第105条第2款、第253条以及相关司法解释的规定，公司成立后，股东不得抽逃出资；发起人、认股人缴纳股款或者交付抵作股款的出资后，除未按期募足股份、发起人未按期召开成立大会或者成立大会决议不设立公司的情形外，不得抽回其股本。抽逃出资的股东，应当返还抽逃的出资；给公司造成损失的，负有责任的董事、监事、高级管理人员应当与该股东承担连带赔偿责任。此外，抽逃出资还有行政责任，公司的发起人、股东在公司成立后，抽逃其出资的，由公司登记机关责令改正，处以所抽逃出资金额5%以上15%以下的罚款；对直接负责的主管人员和其他直接责任人员处以3万元以上30万元以下的罚款。

(五)发起人的资本充实责任

新《公司法》第50条规定:"有限责任公司设立时,股东未按照公司章程规定实际缴纳出资,或者实际出资的非货币财产的实际价额显著低于所认缴的出资额的,设立时的其他股东与该股东在出资不足的范围内承担连带责任。"第99条规定:"发起人不按照其认购的股份缴纳股款,或者作为出资的非货币财产的实际价额显著低于所认购的股份的,其他发起人与该发起人在出资不足的范围内承担连带责任。"根据上述规定,有限责任公司设立时的股东和股份有限公司发起人,对公司资本具有担保责任。有限责任公司设立时的股东仅对公司设立时的其他股东的实缴出资不足部分承担连带责任,无须对设立时的其他股东的认缴出资负责。股份有限公司的发起人对其他发起人出资不足部分承担连带责任。

在公司法实践中,尤其需要注意的是,冒用他人名义出资并将该他人作为股东在公司登记机关登记、但冒名登记行为人并未实际履行出资义务的情形,对此,根据《公司法司法解释(三)》第28条的规定,"公司、其他股东或者公司债权人无权以未履行出资义务为由,请求被冒名登记为股东的承担补足出资责任或者对公司债务不能清偿部分的赔偿责任"。

三、股东代表诉讼

(一)代表诉讼的含义

代表诉讼,又称派生诉讼,是指当公司的董事、监事、高级管理人员等主体侵害公司权益,而公司怠于追究其责任时,符合法定条件的股东可以自己的名义代表公司提起诉讼。

股东代表诉讼起源于19世纪,其目的是保护公司和少数股东免受居于管理地位的董事、高级管理人员等公司内部人的欺诈或者侵害行为。公司利益受到公司内部人等主体的侵权行为的损害时,只允许代表公司执行事务的公司董事等主体以公司名义提起诉讼,无异于要求他们自己起诉自己。为了弥补这一公司治理结构的缺陷,有必要允许公司股东,在公司利益受损而无法获得充分救济之虞,对董事等侵害公司合法权益的主体提起诉讼。这一制度在保护中小股东权益等方面发挥着重要作用。新《公司法》第189条对股东代表诉讼的主体、提起诉讼的理由、诉讼前置程序及其例外等作了规定。

(二)股东代表诉讼原告资格的限制

1. 股东代表诉讼中的原告资格

在股东代表诉讼中,为了防止股东滥诉,一般都对起诉股东的资格从持股期限、持股数量上进行限制。如《美国标准商事公司法》第7.41条对股东的持股期限作出限制,其采取“同时拥有股份”原则,要求提起代表诉讼的股东必须从被告对该公司实施侵害行为时起至诉讼判决之时都持续拥有公司的股票,防止有人在获知公司遭受侵害之后,故意买入股票而进行诉讼牟利。我国台湾地区“公司法”第214条则同时对提起代表诉讼的股东的持股期限和持股数量提出要求,规定股东必须连续6个月以上持有该公司已发行股份总数1%以上的份额。

对股东代表诉讼原告资格的限制程度,应当与本国或本地区公司治理现实中,对中小股东权利救济的程度和派生诉讼案件发生的数量相适应。现阶段,我国中小股东在公司中极易受到来自控股股东、实际控制人等主体直接或间接的压迫,现实中也鲜少出现利用代表诉讼牟利的现象,因此,有必要放松对股东代表诉讼原告资格限制,以激活股东代表诉讼这一制度,提高股东的维权意识。循此,我国《公司法》对原告资格的限制作出较为宽泛的规定。依新《公司法》第189条的规定,可以提起股东代表诉讼的适格原告可以分为下列两类:(1)有限责任公司的任一股东。(2)股份有限公司中持股时间连续180日以上、单独或合计持有公司1%以上股份的股东。依据《公司法司法解释(一)》第4条的规定,这里的“180日以上”连续持股期间,是指股东向人民法院提起诉讼时,已期满的持股时间;这里的“合计持有公司1%以上股份”,是指两个以上股东持股份额的合计。

2. 股东代表诉讼中公司的法律地位

在股东代表诉讼中,股东是以自己的名义代表公司起诉,因此,在诉讼中,公司本身将处于一个微妙的地位。对于股东代表诉讼中公司的法律地位问题,有的国家将公司规定为原告,有的国家则规定为被告,还有的国家规定为第三人。

根据《公司法司法解释(四)》第24条的规定,在我国司法实践中,人民法院受理股东代表诉讼案件后,应列公司为第三人参加诉讼,即法院应通知公司以第三人身份参加诉讼。此外,若被告反诉的,应列公司为反诉被告,但公司的诉讼权利由原告股东行使。从实践的情况看,公司多作为无独立请求权的第三人参加诉讼,其可以不主张任何实体权利,只是提供证据,协助法院查清案件事实。公司参与诉讼的目的主要在于为诉讼提供证据,使公司知晓诉讼进程、承受诉讼结果,同时防止原告股东的不当诉讼行为。此外,基于新《公司法》第189条第4款引入双重股东代表诉讼制度,未来在双重股东代表诉讼中,应将母公司和全资子公司同时列为无独立请求权的第三人。

(三)股东代表诉讼的被告及可诉行为的范围

1. 股东代表诉讼中被告的范围

股东代表诉讼的被告可能是任何侵害公司利益的第三人。仅从该制度产生的背景以及建立这一机制的根本目的来看,股东代表诉讼的被告主要是公司的董事、高级管理人员和监事等公司内部人。但是,域外的股东代表诉讼制度多立足于其股东与董事等公司内部人的激烈利益冲突之上,而我国的股东代表诉讼制度则可能更被运用于解决股东之间利益冲突。因此,对于股东代表诉讼中的被告范围作广义理解,从而将控股股东、实际控制人等代表性的损害中小股东利益的群体纳入规制范围,就显得至关重要。

依新《公司法》第189条的规定,股东代表诉讼的适格被告为董事、监事、高级管理人员和“他人”。现行立法没有对“他人”的范围予以明确,理论上,公司的控股股东、实际控制人以及其他侵害公司合法权益的主体都包含在“他人”概念之中。因此,凡是对公司实施了不正当行为而对公司负有民事责任的人,在公司怠于对其行使诉权的情形下,都可以成为股东代表诉讼的被告。同样,在该条款引入双重股东代表诉讼制度的背景下,股东双重代表诉讼的适格被告,还应包括公司全资子公司的董事、监事、高级管理人员和他人。这些人员侵犯公司全资子公司利益的,有限责任公司的股东、股份有限公司连续180日以上单独或者合计持有公司1%以上股份的股东,可以依法书面请求全资子公司的监事会、董事会向人民法院提起诉讼或者以自己的名义直接向人民法院提起诉讼。

2. 股东代表诉讼中可诉行为的范围

根据新《公司法》第188条、第189条的规定,股东代表诉讼的可诉行为为所有损害公司利益的行为,具体包括两种情形:(1)董事、监事、高级管理人员执行公司职务时违反法律、行政法规或者公司章程的规定，给公司造成损失，应当承担赔偿责任的情形；(2)他人侵犯公司合法权益，应当承担赔偿责任的情形。

(四)诉讼的前置程序

股东代表诉讼案件，本质上是一种代位诉讼，是对原公司内部监督体制失灵设计的补充救济。股东代表诉讼中的前置程序，系指股东在公司遭到违法行为损害后，不能立即直接提起诉讼，而必须先向公司提出由公司进行诉讼的请求，只有在请求已落空或注定落空、救济已失败或注定失败时，才可以代表公司提起诉讼。公司诉权本属于公司，股东仅在公司内部救济手段用尽后方得以自己的名义起诉，这实际也是尊重公司独立人格的体现。

域外公司法中，通常均存在股东代表诉讼的前置程序，但因彼此的公司组织机构设置模式和治理结构存在差异，其前置程序的模式也各不相同。比如，美国大多数州的公司立法要求代表诉讼的起诉股东必须先请求公司董事会起诉，待此请求无效果后，才可以提起代表诉讼，也有部分州的公司立法将股东会作为救济的诉诸对象。然而，《日本公司法》规定，股东在提起代表诉讼之前必须先请求公司监事会进行诉讼。

依新《公司法》第69条、第83条、第121条、第133条、第189条等的相关规定，一般的股东代表诉讼的前置程序包括：(1)如果是董事、高级管理人员侵害公司权益，原告股东需首先书面请求监事会或监事、或不设监事会的公司的董事会审计委员会，向人民法院提起诉讼；如果是监事侵害公司权益，则向董事会或不设董事会的董事提出上述请求。(2)监事会、监事、董事会审计委员会、董事会、董事收到前述书面请求后拒绝提起诉讼，或者自收到请求之日起30日内未提起诉讼。符合上述两个条件时，股东方可提起代表诉讼。

但与此同时，为避免僵化的前置程序可能带来的消极影响，法律又规定了前置程序的免除条件，即当“情况紧急、不立即提起诉讼将会使公司利益受到难以弥补的损害”时，股东可以不受前述前置条件的限制，直接提起代表诉讼。《九民纪要》第25条也指出，如果查明的相关事实表明，根本不存在公司有关机关提起诉讼的可能性时，人民法院不应当以原告未履行前置程序为由驳回起诉。

此外，对于双重股东代表诉讼应履行的前置程序，新《公司法》第189条第4款特别规定，有限责任公司的股东、股份有限公司连续180日以上单独或者合计持有公司1%以上股份的股东,可以按照一般股东代表诉讼的程序性规定,书面请求全资子公司的监事会、董事会向人民法院提起诉讼或者以自己的名义直接向人民法院提起诉讼。

(五)股东代表诉讼的法律后果

1. 一般原则

首先,法院审理股东代表诉讼纠纷案件,公司其他股东可以凭借其与原告股东存在相同的事实和请求,申请参加诉讼。已经进行的诉讼程序,亦对其发生法律效力。

其次,在股东代表诉讼中,股东个人的利益并没有直接受到损害,只是由于公司的利益受到损害而间接受损。因此,尽管股东为了公司的利益而以个人的名义直接提起诉讼,但是胜诉后的利益原则上归于公司。也正因为代表诉讼的本质是为了维护公司利益,在调解结案的场合下,应避免原告股东与被告通过调解损害公司利益。对此,《九民纪要》第27条规定,人民法院应当审查股东代表诉讼的调解协议是否为公司的意思,只有在调解协议经公司股东(大)会、董事会决议通过后,人民法院才能出具调解书予以确认。至于具体决议机关,取决于公司章程的规定。公司章程没有规定的,人民法院应当认定公司股东(大)会为决议机关。

最后,人民法院对股东代表诉讼案件作出的判决生效后,公司可以申请再审。持股时间和比例符合《公司法》规定的公司股东,有权代表公司利益以自己的名义申请再审。

2. 具体后果

股东代表诉讼制度,需在保护小股东利益和防止滥诉二者之间寻找平衡点。在诉讼结束后,对于遭受损害的一方,法律有必要平衡原告与被告两者的利益,规定给予一定赔偿或补偿。各国或者地区对此态度不尽一致,新《公司法》对此未予明确,对此,可以区分原告胜诉、败诉而加以讨论:

(1)原告胜诉。股东代表诉讼中原告胜诉则意味着公司确实遭到了损害,公司应是被告履行赔偿义务的直接对象,这在各国或者地区相关规定中大多不存在异议。不过,在诉讼中花费精力和金钱的仅仅是原告股东,因此,各国或者地区相关规定中也多规定此时应对原告股东进行赔偿或补偿,只不过在补偿主体上的规定有所不同。根据《公司法司法解释(四)》第26条的规定,原告诉讼请求部分或者全部得到人民法院支持的，公司应当承担股东因参加诉讼支付的合理费用。

（2）原告败诉。股东代表诉讼中原告败诉的情况下，作为被告的董事等主体自然有向原告获得损害赔偿的权利，域外规定的差别主要在于规定的赔偿前提条件不同。如日本等规定，原告起诉事实显属虚构时，其应对董事负赔偿责任。在美国，如果股东代表诉讼中的原告败诉，则被告在诉讼中所受到的损失，通常由原告在诉前提供的担保资金予以支付。

在我国公司法实践中，人民法院审理股东代表诉讼案件，公司董事、监事或者高级管理人员在答辩期间内提供证据证明原告可能存在恶意诉讼情形，并请求原告提供诉讼费用担保并予以赔偿的，人民法院应予准许。人民法院判决原告股东败诉的，应同时判决原告提供的诉讼费用担保向被告董事、监事或者高级管理人员支付。

3. 关于原告的举证责任

在股东代表诉讼中，提起诉讼的股东与侵害人之间的法律地位是平等的，按照一般民事诉讼程序，股东需就其提起诉讼的侵权事实与后果向法庭负举证责任。但是，在我国的股东代表诉讼中，原告多为利益受损的中小股东，其在公司中处于相对弱势地位，而被告又通常是受控于公司控股股东的董事、高级管理人员甚至控股股东本人，被告往往掌握重要证据并可以轻易转移、修改甚至销毁相关证据。公司中小股东在整个诉讼的起因与过程当中都处于被动状态，如果仍由他们负举证责任，则显然难谓公平。因此，我们认为，此时宜适用举证责任倒置规则，由被告负举证责任证明自己没有实施侵害行为，或侵害结果与自己没有因果关系。

第三节　股权与股份

一、股权及其分类

股权是股东享有的权利，股权法律关系实质上是股东基于其持股地位而与公司形成的法律关系。不同类型公司中股东的股权，或者同一公司中不同类型的股权,其权利内容及表现形式均有所区别。

(一)自益权和共益权

这是以行使股权的目的为标准进行的划分,是公司法理对股权所作出的最基本的分类。自益权,是指股东仅以其个人的利益为目的而行使的股东权利,如要求公司协助办理股权转让过户的请求权、股利分配请求权以及剩余财产分配请求权等。共益权,是指股东以自己的利益并兼以公司的利益为目的而行使的股东权利,如出席股东会的权利,在股东会上对审议议案的表决权,针对股东会的提案权,任免董事等公司管理人员的请求权,要求法院宣告股东会、董事会决议无效、可撤销或者不成立的请求权,以及对公司董事、监事提起派生诉讼权等。

从权利性质上看,自益权主要是财产权,共益权则主要是管理权。自益权与共益权间的界限并不是泾渭分明的。某些共益权如知情权,是作为自益权的手段而行使,此类权利兼具共益权和自益权的特征。

(二)固有权和非固有权

这是依其性质和内容是否可以被剥夺或者限制为标准进行的划分。固有权又称不可剥夺权,是公司法赋予股东当然享有的、不得以公司章程或股东会决议予以剥夺或者限制的权利。固有权多为共益权。非固有权又称可剥夺权,是指可以通过公司章程规定或股东会决议剥夺或限制的权利。非固有权多为自益权。

固有权与非固有权的划分,主要在于明确公司自治的边界,以及公司章程涉及限制股东权利条款的强制性与任意性的边界。公司通过公司章程规定或者股东会决议对股东固有权加以限制的,股东可依法向法院主张固有权利受到限制而违反公司法强制性规定,请求宣告其限制行为无效。

(三)单独股东权和少数股东权

这是以股权行使所需的持股数量及占比为标准进行的划分。单独股东权是指不考虑持股时间且仅持有一股即可以单独行使的权利,如股东在股东会上的表决权、宣告股东会决议无效的请求权等。普通股股东持有一股即可享有这种权利,且每一股东均可单独行使。少数股东权是指持有已发行股份一定比例以上或者持股时间达到一定日期以上的股东才能行使的权利,多存在于股份有限公司。譬如,新《公司法》第 113 条规定的单独或者合计持有公司 10% 以上股份的股东提请召开临时股东会的请求权。再譬如,根据新《公司法》第 110 条规定,股份有限公司股东行使查阅权,要求查阅公司会计账簿、会计凭证的,需要满足连续 180 日以上单独或者合计持有公司 3% 以上股份的要求。

设少数股东权的目的主要是防止部分持股时间特别短或者持股特别少的股东滥用股东权利干扰公司正常经营甚至勒索公司的情况发生。

(四)财产权、经营权、救济权

这也是以权利行使的目的为标准进行的划分。其中,财产权与前述自益权相当;经营权是指有关参与公司经营管理方面的权利,除在股东会上行使的表决权外,还包括提名任命或者罢免公司董事的请求权等;救济权是指从手段上保障前两种权利得以充分实现的权利,如直接诉讼和派生诉讼的权利等共益权均属此类。

(五)普通股股东权与类别股股东权

这是以股东持有股份种类为标准进行的划分。普通股股东权是指公司的普通股东可行使的权利;而类别股股东权是指专属持有特定类型种类股股东的权利。新《公司法》第 144 条规定了公司可以发行的类别股包括:优先或者劣后分配利润或者剩余财产的股份、每一股的表决权数多于或者少于普通股的股份、转让须经公司同意等转让受限的股份以及国务院规定的其他类别股。

需要说明的是,类别股股东权也并不违反股东平等原则。这是因为:其一,类别股股东的权利与义务是对等的,在某些方面的利益优先于其他股东,但在其他方面的利益相应的劣后于其他股东,如无表决权的优先股股东。其二,类别股的设定源于公司章程,这符合股东意思自治原则。其三,属于同一类别的股东间仍适用股东平等原则。

二、股权的法律性质

(一)主要学说

各国或地区的公司法对股权内容的规定大同小异,但对股权性质的认识在学理上却大相径庭。在近代,学理界出现了股东地位说和新债权说等种种不同的学说。在大陆法系早期的公司法理论上,对股权性质认识的通说是股权既非物权,也非债权,而是基于股东的地位所形成的多数权利义务的集合体说。我国法学界对股权性质的争论主要包括以下观点。

1. 所有权说

该学说认为,股权属于所有权,即股东对其出资投入公司的财产仍享有支配权。公司财产属于全体股东按份共有,各股东按照自己的份额对公司财产享有所有权。该学说下,在公司中同时存在两类所有权,即公司法人所有权和股东所有权,公司法人所有权不能否定股东所有权,只是使股东所有权表现为收益权及处分权。因为公司是股东共同设立的,股东对其出资所形成的公司财产理应享有所有权,股东行使所有权的法定途径就是股东会。

持这一学说的学者认为,具有所有权性质的股权与民法中典型的所有权有一定差异:传统所有权的客体为有形物,股权的客体为公司。股权是变态所有权,区别于常态所有权。传统民法所有权中所有人对物享有直接支配权,股权中表现为对公司财产的间接支配权,即由股东授权董事会对公司财产行使权利,是所有权权能与所有权的分离。

2. 债权说

该学说认为,公司法人是公司财产所有权的主体。股东认缴出资,获得股权的目的是获取股利分配。所以,股权的实质是民法中的债权,是以请求股利分配为目的的债权。因此,股东与公司的关系也就属于债权人与债务人之间的关系。自20世纪后期以来,随着现代公司的发展,大量股东持股占比越来越小,其对公司的权利和影响越来越小,股东只关心能否按期分配股利,无意参与决策及介入公司经营管理。与此同时,董事会和经理层的权利不断增强,股东与公司之间的关系已经演化为以股利分配为主的债权债务关系。

这一学说难以自洽之处在于,债权是纯粹的财产权,而股权是兼具财产权和管理权的权利,二者之间的本质区别非常明显。尽管在大公司中,中小股东权利弱化、董事会与经理层权利增强是事实,但这并不影响债权与股权各自的本质属性。

3. 社员权说

该说认为股权是股东基于其在社团法人中的社员身份而享有的权利,属于社员权的一种,包括财产权和管理权。股东因出资创办公司这一营利性社团法人,成为该法人成员,在法人内部享有股东权利。

1875年,德国学者雷纳德(Renaud)首倡社员权说,该学成为德国、日本学界的通说,我国也有部分学者坚持这一主张。不过,持该主张的学者也认识到,股权作为一种社员权,与传统公益社团法人中的社员权有着很大区别:一是股权的主要目的在于营利并向股东分红,而公益社团法人社员权的主要目的却在于实现公益社团法人章程所确定的公共利益。二是股权具有较高的流通性,而社员权一般不具有可转让性。

4. 股东地位说

该学说认为,股权是股东因出资而在公司取得的法律地位,以此法律地位为基础获得的权利和义务的集合体是股权的内容。因此,股权是股东具体权利和义务的抽象概括,并非一种单一的具体权利。

5. 独立民事权利说

该学说认为股权是一种独立的权利类型。股权作为独立民事权利兼有请求权和支配权的属性,具有目的权利和手段权利相结合以及团体权利和个人权利辩证统一的特征,具有资本性和流转性。

我们认为,前四种学说虽然有一定的合理因素,但各自存在不能自圆其说的理论缺陷。从股权内容来看,股权以财产权为主要内容,但又不同于债权和所有权,它还包含管理权等非财产权内容。股权既体现股东与公司之间的法律关系,又体现股东与股东之间的法律关系。

我们赞同股权是独立的民事权利的观点。我们研究股权的性质不应对原有法律所规定的传统权利存在路径依赖,而应以公司这种现代企业制度关于股东人格与公司人格彼此独立、股东财产与公司财产相互分离的实际情况为出发点来探讨股权的性质。

(二)股权与公司法人财产权

对于公司法人财产权的性质,在理论上有所有权说、经营权说、结合权说、双重结构说四种观点。所有权说认为公司法人财产权是具有所有权性质的物权;经营权说认为公司法人财产权是法人经营权;结合权说认为公司法人财产权是经营权与法人制度的结合;双重结构说认为公司财产权是双重结构,即公司财产由公司享有,公司本身由股东共有。我们认为,公司法人财产权应包括公司对物的财产的所有权和对其他财产享有的财产权。新《公司法》第3条第1款规定,"公司是企业法人,有独立的法人财产,享有法人财产权。公司以其全部财产对公司的债务承担责任”。

股权与公司法人财产权是公司成立后股东和公司各自享有的法定权利,它们因出资行为的完成和公司的正式成立而同时产生。没有股东出资及股权的存在,公司就没有财产,法人财产权也就无从谈起。股权的享有者是股东,公司法人财产权的享有者是公司,二者相互独立。股东不能因为拥有股权而直接干涉公司对法人财产权的行使,公司也不能因为拥有法人财产权而妨碍股东对股权的行使。

因此,股东为了使公司听取自己的意见,便利自己获取更多的经济利益,可以行使股权,特别是行使对公司管理者的选择权和对公司重大事项的决策权,实现对公司的影响甚至控制。公司独立于股东,拥有法人财产权,有权拒绝股东对公司经营管理活动的直接干涉和对公司的不正当要求。

三、股权法律关系

股权产生于股东的直接投资行为。从产生方式上看,股权既可以产生于原始出资,也可以继受他人股权转让或者继承等原因而取得。

(1)股权的主体。股权的主体是股东。股权的主体可以是单数,也可为复数,即所谓股权的共有。股权虽可共有,但依据“股权/股份不可分原则”,不存在“半股”之说。我国台湾地区“公司法”第160条即规定,股份为数人共有者,其共有人应推定1人行使股东之权利。股份共有人,对公司负连带缴纳股款之义务。

(2)股权的内容。股权的内容具有综合性,既有财产权的一面,如股利分配请求权和剩余财产分配请求权等;又有非财产权的一面,如表决权、派生诉讼权等。股权并非单一性的民事权利,各国或地区的公司法中对股权的具体内容多有明确的规定。

(3)股权的客体。股权的客体是指股权的作用对象,公司本身就是股权的客体。虽然公司本身多以权利主体身份出现,但权利主体在有些情况下可以作为其他权利的客体,如自然人可以作为亲权的客体,公司同样也可作为股权的客体。

四、股权的委托行使

一般而言,自然人股东的股权可由其本人亲自行使,本人因故不能亲自行使时,可委托他人代理行使。法人股东的股权除可由法人股东的法定代表人行使外,一般由法人指定代理人行使。尤其是在股份有限公司中,由于股东人数众多,加上各股东地处分散、持股较少,实际上很少有股东有足够的时间、精力和意愿参加股东会,股东也往往不愿意承担参加股东会的费用,这使委托代理人行使股权已经成为股份有限公司股东参与公司决策程序的重要形式。

(一)代理人的资格

股权委托行使的代理人主要包括两类:一是英美公司立法多采用委托董事等经营者为代理人。此类委托会助长董事会专权,不利于保护股东权益。二是以德国公司法为代表,委托银行这种中间人来行使股东权利。股东寄存股票时签订的寄存契约往往约定除股东对股权的行使有特别约定外,银行作为公司与股东的中间人,可以为股东的最大利益代理行使股权,但在股东会开会前,必须将代理文件转交给董事会。

上述两种股权委托代理的共同缺陷是都强化了董事会的权利,弱化了股东监督作用。以银行为代理人的方式收到更多批判:一是认为银行无投资却拥有实际的股东权利,不够合理;二是银行利益有时与股东利益存在冲突,银行往往并非无利害关系的第三人,容易损害股东利益。

目前,我国《公司法》未对股东代理人的资格作限制性规定。新《公司法》第118条规定,"股东委托代理人出席股东会会议的,应当明确代理人代理的事项、权限和期限;代理人应当向公司提交股东授权委托书,并在授权范围内行使表决权"。在确定代理人时,既不宜由董事作为代理人,也不宜选定一个中介机构作为代理人,而应以最大限度维护股东利益、尊重股东个人意愿和方便代理权行使为原则。我们认为,具有完全民事行为能力的人,不论是否为股东,均可接受股东的委托作为股东的代理人行使股权。

(二)代理权招揽制度

代理权的招揽,是指股东等主体有偿或者无偿招揽其他股东,委托其行使股权的委托书。部分国家或地区基于契约自由原则,允许招揽代理权;有的国家或地区禁止招揽代理权，因为招揽代理权可能导致持股很少的小股东通过获得远超出其表决权比例的投票权，决定公司的前途与命运，风险与收益不匹配，存在较大道德风险。

有学者主张，股权委托行使应对一人代理他人委托股权总额进行限制，以防止代理权招揽行为导致公司决策权集中于持股极少甚至不持股的人手中，损害公司利益。如我国台湾地区"公司法"规定，除信托事业外，1 人同时受 2 人以上股东委托时，其代理的表决权不得超过已发行股份总数表决权的 3%，超过部分不予计算。此规定具有一定的借鉴价值。

五、股权的救济

（一）救济的方式

股权的救济是指在股东权利无法实现或者其合法权益受到侵犯时，对股东的救济。法律所确认的权利与当事人现实享有的权利并不总是一致的。我国新《公司法》以保护股东合法权益作为其立法宗旨之一。股东权利可能面临来自控股股东、实际控制人、董事、监事、高级管理人员及公司外部人等各个方面的侵害。

公司法对股权的救济方式可以分为两大类：一是事前预防救济，即股东可以积极行使公司法赋予的各项股东权利来使自己的股权得以实现；二是事后保护救济，即股东在行使上述权利后仍不能得到有效保护时，可以向法院寻求司法救济。

（二）股东权利事先预防救济制度体系

各国或地区公司立法规定的事先预防救济方式主要有以下 4 种。

1. 限制控股股东表决权制度

对控股股东表决权的限制，是指对持有公司股份一定比例以上，能有效地影响甚至单方可以控制公司决策的股东所持有股份的表决权进行限制的制度，如规定不论公司股东持股比例高低，其能最大行使的表决权是 49%。这一制度的作用主要在于防止控股股东操纵股东会损害公司和中小股东利益。

此种制度与公司的资本多数决原则相违背，较少国家或地区采用。新《公司法》亦未对控股股东的表决权限制作具体规定。

2. 股东表决权排除制度

股东表决权排除制度又称股东回避表决制度，是指当某一股东与股东会决议事项有特别的利害关系时，该股东及其代理人不得行使表决权。这一制度在很多国家或地区得到广泛采用，新《公司法》也延续了这一制度。

新《公司法》第15条第2、3款规定了公司为股东提供担保时被担保股东的表决回避或表决权排除，即“公司为公司股东或者实际控制人提供担保的，应当经股东会决议。前款规定的股东或者受前款规定的实际控制人支配的股东，不得参加前款规定事项的表决。该项表决由出席会议的其他股东所持表决权的过半数通过”。

控股股东及实际控制人往往通过控制董事会来控制公司，因此新《公司法》延续了董事表决权排除制度。新《公司法》第139条规定，“上市公司董事与董事会会议决议事项所涉及的企业或者个人有关联关系的，该董事应当及时向董事会书面报告。有关联关系的董事不得对该项决议行使表决权，也不得代理其他董事行使表决权。该董事会会议由过半数的无关联关系董事出席即可举行，董事会会议所作决议须经无关联关系董事过半数通过。出席董事会会议的无关联关系董事人数不足三人的，应当将该事项提交上市公司股东会审议”。无独有偶，新《公司法》第185条规定，“董事会对本法第一百八十二条至第一百八十四条规定的事项决议时，关联董事不得参与表决，其表决权不计入表决权总数。出席董事会会议的无关联关系董事人数不足三人的，应当将该事项提交股东会审议”。

3. 股东的特别调查权

股东的特别调查权，即股东有权要求相关主体对公司事务进行特别调查以判断公司权益是否受到侵害，如调查公司财务状况、公司资产情况、股票交易情况等。例如，《法国商法典》第226条规定：“代表1/10以上公司资本的一名或若干名股东，可单独或以任何形式组成集体，请求法庭指定一名或若干名专家，负责对一项或若干项经营活动提出一个报告。”我国新《公司法》第57条、第110条也规定了有限责任公司股东和股份有限公司股东的知情权。

4. 董事解任请求权

为及时罢免不为公司和股东谋利益甚至侵害公司和股东利益的经营者，应当赋予股东以董事解任请求权，而且侵害股东利益的不称职监事、经理、清算人也在被请求解任之列。新《公司法》新增了董事无因解任制度。新《公司法》第71条规定,“股东会可以决议解任董事,决议作出之日解任生效。无正当理由,在任期届满前解任董事的,该董事可以要求公司予以赔偿”。

(三)股权的司法救济

若股东实体法上的权利受到侵犯时不能获得司法救济,实体权利就无法得到保障。所以,股权的救济不仅要注重对股东实体权利的建构,还须对股权的司法救济程序进行设计。各国或地区的公司立法均有对股权进行司法救济的规定。

我国对股东的代表诉讼和直接诉讼制度均作了明确规定。股东代表诉讼是较为特殊、复杂的诉讼类型,为使这一制度得到恰当、充分的适用,除公司法的原则性规定外,尚需司法机关通过大量司法判例形成通用性的司法裁判标准和规则。

六、有限责任公司的股权

(一)股权与出资的概念

我国公司法上对“出资”的概念使用不统一,有时是指有限责任公司股东认缴公司资本后所形成的相应出资份额,有时是指股份有限公司股东认购或者实缴的股份,有时是指有限责任公司及股份有限公司的股东对公司进行的直接投资。比如,新《公司法》第53条、第98条、第252条中所称的“出资”即分别指向这三种不同的含义。除非特别指出,本书所称“出资”均指第一种含义,与股份有限公司的“股份”概念相对应。

我们认为,“出资”作为与“股份”相对应的概念,容易引起歧义,建议以“股权”来代替,理由主要如下:(1)用“股权”替代“出资”更符合汉语语法要求。出资既可作名词使用,也可作动词使用,而与股份有限公司的“股份”相对应的,应是名词,但这种表述经常与作为动词的“出资”混在一起,如出资义务。用“股权”代替,可以避免混淆。(2)法律实务中在有限责任公司的股东转让股权时,一般也使用“股权”而非“出资”。(3)股份有限公司将公司资本划分为等额股份,有限责任公司一般不按等额划分,因此“股份”与“股权”有区分的必要。除此之外,“股份”、“股票”与“股权”的流通性也不一样。(4)国外立法例中对不同类型的公司股份大多也加以区别,使用不同的称谓,如在《日本商法典》和《日本有限责任公司法》中,将股份和出资分别称为“株式”和“持份”。

(二)出资证明书

1.概述

出资证明书是一种权利证书,是股东出资的凭证,是有限责任公司成立后应当向股东签发的文件。

(1)法律特征。作为有限责任公司股东出资或持股的证明,出资证明书的法律特征主要包括:

①出资证明书是证权证书而非设权证书。

②出资证明书证明出资主体、出资金额和出资比例。

③出资证明书是要式证书,须记载法定必要事项,由法定代表人签名,并由公司盖章。

④区别于股票,出资证明书不能用于交易和流通。

⑤出资证明书只有在公司成立以后才能向股东签发。

(2)出资证明书与股票的区别。

①票面金额的表现不同。在一般情况下,出资证明书的票面金额不一定相等,视实际情况而定;而股票的票面金额是相同、统一的。股票有面额股和无面额股之分,无面额股不记载每股面额,而出资证明书均需记载出资额。

②出资证明书都是记名的,而股票分类中有记名股票和无记名股票之分。

③股票作为有价证券是可以上市交易的,而出资证明书在股东依法转让股权后,由公司向新股东出具。

(3)出资证明书与验资证明书的区别。

出资证明书是确定并记载股东与公司之间发生投资与被投资关系的凭证,出资证明书只有在公司成立以后才能向股东签发。验资证明书是在股东全部缴纳出资后,由法验资机构出具的出资到账证明。需要注意的是,虽然2013年《公司法》的认缴登记制改革取消了强制验资程序,但公司发起人或者股东可以自行安排验资。

2.记载事项

依新《公司法》第55条第1款的规定,出资证明书记载下列事项:(1)公司名称;(2)公司成立日期;(3)公司注册资本;(4)股东的姓名或者名称、认缴和实缴的出资额、出资方式和出资日期;(5)出资证明书的编号和核发日期。

3. 效力

新《公司法》第55条第2款规定,出资证明书必须加盖公司的印章,并由法定代表人签字。在无相反证明的情形下,出资证明书的效力主要表现在以下两个方面。(1)证明股东已履行出资义务。由于出资证明书是有限责任公司成立后向股东签发的证明其出资的证书,出资证明书可以表明股东已履行了缴付所认缴出资的义务。这种证明作用类似于表面证据,当其与其他证据不一致时,应根据证据规则加以认定,如虽然股东提供了出资100万元的出资证明,但公司提供银行流水证明该股东实际仅缴纳10万元出资,则100万元的出资证明效力将可能被推翻。(2)证明股东权利范围的效力。出资证明载明实缴出资额情况,依照公司法的规定,有限责任公司分红权等以股东实际缴纳出资比例为准,依据出资证明书可以确定公司分红权大小。

(三)股东名册

股东名册,是指有限责任公司依据公司法的规定必须置备的,用以记载股东及其所持股份数量、种类等事宜的簿册。股东有权亲自查阅股东名册,也可以委托律师或其他人代为查阅。债权人可以通过合同约定,要求债务人公司许可其查阅股东名册。依新《公司法》第56条第1款的规定,有限责任公司应当置备股东名册。公司置备股东名册的作用主要在于:确定股东身份和股权归属、便于查询股东信息、向股东发放股利、记录股权变动情况、与股东进行联络及接受有关部门的审查监督。

1. 记载事项

有限责任公司股东名册的记载事项采取法定主义原则。依新《公司法》第56条第1款的规定,有限责任公司的股东名册应记载下列事项:(1)股东的姓名或者名称及住所;(2)股东认缴和实缴的出资额、出资方式和出资日期;(3)出资证明书编号;(4)取得和丧失股东资格的日期。

2. 效力

公司股东名册的效力主要在于以下两个方面。(1)具有确定股东身份的效力。新《公司法》第86条第2款规定,“股权转让的,受让人自记载于股东名册时起可以向公司主张行使股东权利”。因此,只有记载于股东名册上的股东才享有股东对公司的各项权利。因此,即使出资证明书发生变更,但未将受让人的姓名或名称及住所记载于股东名册，也不得以此向公司主张股东权利。(2)具有公司免责的效力。公司依法对股东名册上记载的股东履行了通知、公告、送达、支付股利、分配公司剩余财产等义务后，即可免除其相应的责任，因为公司股东名册记载了股东名称及住所等信息。

(四)股东与股权登记

依新《公司法》第32条、第34条的规定，公司应当将有限责任公司股东、股份有限公司发起人的姓名或者名称向公司登记机关登记；公司登记事项发生变更的，应当依法办理变更登记；公司登记事项未经登记或者未经变更登记，不得对抗善意相对人。需要注意的是，新《公司法》仅对公司登记原则上具有公示效力作出规定，但并未明确规定哪些事项的登记具有生效效力。关于有限责任公司股东的登记，是否是股权取得或者变动的生效要件，理论和实践中存在争议。

七、股份有限公司的股份

(一)股份的概念和特征

新《公司法》第142条第1款规定："公司的资本划分为股份。公司的全部股份，根据公司章程的规定择一采用面额股或者无面额股。采用面额股的，每一股的金额相等。"股份是股份有限公司股东持有的、公司资本的基本构成单位，也是划分股东权利义务的基本构成单位。

股份的主要法律特征可以概括为以下3个方面。

1. 股份是公司资本构成的最小单位，具有不可分性。任何股份有限公司的资本均被划分为股份，股份不可再分。股份的不可分性并不排除某一股份为数人所共有。当股份为数人所共有时，股权应由共有人推定一人行使，但共有人对股份利润的分享不是对股份本身的分割。

2. 股份是对公司资本的等额划分，具有数额的等额性。根据新《公司法》第142条第1款规定，对于面额股，表现为每一股的金额相等；对于无面额股，则表现为每一股在资本总额中所占比例相等。这种划分的优点是便于计算股东权利义务。但也有的国家规定公司股份不必等额。股份是股权的基础，具有权利上的平等性。股份是股东法律地位的表现形式，同一类别股份所包含的权利义务一律平等，每一股份代表一份股权。股东权利义务的大小，取决于其拥有的股份种类及股份数额的多少。除法律另有特别规定外(如对特别股股东权利的特别赋予或者限制等),公司不得以任何理由剥夺股东的固有权利。

3. 股份表现为有价证券,具有可自由转让性。股份往往体现为股票形式,股票是股份有限公司成立后以公司名义发行的,代表股份的一种有价证券。因为股份表示股权,所以股票也是代表股权的有价证券。除法律另有规定外,股份可以自由转让和流通,合法取得股票者即合法取得股份,从而也取得股权。

(二)股份的表现形式

股份的表现形式是股票。股份与股票形同表里,股票不能离开公司股份而存在。新《公司法》第147条第1款规定:“公司的股份采取股票的形式。股票是公司签发的证明股东所持股份的凭证。”股票的主要法律特征可以概括为如下:

1. 股票是股份有限公司成立后以公司名义签发的。公司未正式登记成立前,尚无法人资格,无权发行股票。但公司在设立过程中及正式登记成立前,却必须发行并认购股份,若未认购股份或者认购股份不足一定金额,则该公司不得成立。

2. 股票是一种证权证券。证权证券和设权证券相对应。两者的区别主要在于:证权证券以证明权利的存在为目的;而设权证券是以设定权利为目的。股票不是设权证券,而只是一种证明股权已存在的证券,即股权并不因股票的签发而创设,股权实因股份的认缴或者实缴而产生,股票只是股份的一种外在表现。

3. 股票是一种有价证券。股票的价值在于股份的价值,即在于该股份所代表的资本金额及股权的大小。对于上市公司而言,其还代表市场对公司价值的定价。股票与一般有价证券的不同之处主要在于它不是单纯的财产权证券,当然更不是单纯的人格权证券,它是多种权利的集合体。凡有价证券,其所代表的权利与对证券的占有一般是不可分离的,证券转移则权利也随之转移。股票也是如此,股票持有人有权取得该股票所表示的权利。

4. 股票是一种要式证券。新《公司法》第149条规定,股票采用纸面形式或者国务院证券监督管理机构规定的其他形式。股票采用纸面形式的,应当载明下列主要事项:公司名称;公司成立日期或者股票发行的时间;股票种类、票面金额及代表的股份数,发行无面额股的,股票代表的股份数。股票采用纸面形式的,还应当载明股票的编号,由法定代表人签名,公司盖章。发起人股票采用纸面形式的,应当标明发起人股票字样。

5. 股票是一种流通证券。以上市公司为例,其股票是可以公开发行并自由转让的,即可以在证券交易所内自由流通。

6. 股票是一种永久性证券。股票没有固定期限,除非公司终止,否则它将一直存在。股票的持有者可以依法转让股票,却不能要求到期还本付息,因为股票没有到期日。

(三)股东名册

股份有限公司特别是上市公司,股东众多,为了掌握股东的基本情况,保障股东的权益,各国或地区的公司立法一般都规定股份有限公司应置备股东名册。

1. 股东名册的记载事项

新《公司法》第102条规定:"股份有限公司应当制作股东名册并置备于公司。股东名册应当记载下列事项:(一)股东的姓名或者名称及住所;(二)各股东所认购的股份种类及股份数;(三)发行纸面形式的股票的,股票的编号;(四)各股东取得股份的日期。"

2. 股东名册的封闭

股东名册的封闭,是指公司为了确定行使股东权的股东而在一定时期停止股东名册的记载和变更。股东名册封闭的意义主要体现在以下方面:(1)股东名册的封闭有时是因为公司要实施重大事项前需要确定具体股东名单,以便于股东行使权利,避免股东一直处于变动状态而无法确定行权股东。例如,新《公司法》第159条第2款规定,"股东会会议召开前二十日内或者公司决定分配股利的基准日前五日内,不得变更股东名册。法律、行政法规或者国务院证券监督管理机构对上市公司股东名册变更另有规定的,从其规定"。(2)封闭股东名册后,封闭当时在股东名册上的股东就被确定为可以行使股东权的股东。股份有限公司的股份转让频繁,股权随时都有可能发生变动,即使在股东权利的行使过程中,股权仍有可能发生变动。因此,有必要在一定期间停止股东名册的记载,以便公司确定股东权利的行使者。

(四)股份分类

各国或地区的公司立法对股份的分类比较灵活,并根据实际的需要而有所变化和发展。具体的股份分类如下所示。

1. 普通股和特别股

这是以股东承担的风险和享有的权益的大小为标准进行的分类。

(1)普通股

普通股是股份有限公司最基本、最重要的股票种类,也是发行量最大的股票种类。普通股的股东一般都享有表决权,即参与公司重大问题决策的权利。普通股的股东在分配股利时,不享有特别利益,均按持股参加分配,分配与否及分配金额大小依据当年公司盈利状况确定,存在不确定性,且只能在公司支付债息和优先股股东权益后才可参加分配。在公司进行清算时,持有普通股的股东有权分得公司剩余财产,但普通股股东必须在公司的债权人、优先股股东获得偿债之后才能分配剩余财产。

(2)特别股

特别股是有某种特别权利或者某种特别义务的股份。特别股主要有下列分类。

①分配公司盈余的特别股

分配公司盈余的特别股包括分红权优先于普通股股东的优先股和劣后于普通股东的劣后股。公司有可分配的盈余时,应先分配给优先股;如有剩余,再分配给普通股;再有剩余,才分配给劣后股。分配公司盈余的优先股按其优先的内容可分为两种情况:其一,累积性优先股与非累积性优先股。前者是指公司本年度可分配的盈余不足以支付优先股利息时,计入应付款由以后年度盈余补足,公司只有在历年积欠的优先股利息支付完毕以后,才能向普通股股东分红;后者是指公司本年度盈余不足以支付优先股利息时,其差额不得累积到下一年度,视为优先股股东免除相关差额利息支付。依我国现行做法,优先股为累积性优先股。其二,参与优先股与非参与优先股。参与优先股是指优先股股东除了获得优先股利息之外,还能再同普通股一道分配其余的利润;否则即为非参与优先股。

②分配公司剩余财产的特别股

分配公司剩余财产的特别股指公司解散清算时,可以优先或者劣后于普通股分配公司剩余财产的特别股。

③行使表决权的特别股

行使表决权的特别股是指投票权高于一股一票或者低于一股一票的特别股。德国较早实行表决权股,将此种股份售给公司董事、监察人,使其每一股享有多数表决权。英国也有与之类似的管理股。此类董事多数表决权股份增加了董事特权,导致董事内部人控制公司,所以很少被各国或地区的立法采用。美国于20世纪初采用过发行限制或取消表决权股份的做法,迎合了众多中小股东只追求优厚的股利而无意参与公司管理的心理,但造成大量中小股东不关心公司治理,便于少数大股东操纵公司事务的局面。目前,较常见的是公司上市前发行的赋予创始人股东超级多数表决权股份。

④可赎回的特别股

一般的股份在发行之后不得由公司随意赎回。但公司可以发行可赎回的特别股。公司在发行这种股份后的一定时期内,可以将其赎回。比如,英国公司法规定,发行这种可赎回的优先股,必须在公司章程中加以核准;赎回股份所需款项来源和其他条件与方式必须符合公司条例的规定;在赎回或准备赎回旧股时,公司可以发行不超过该旧股票票面金额的新股。我国当前并无发行可赎回股的做法。

2. 记名股和无记名股

记名股票和无记名股票是以是否在股票票面上记载股东姓名为标准进行的分类。

记名股是在股票票面和股东名册上记载股东姓名或者名称的一类股票;否则,即为无记名股。记名股的优点在于有利于公司对股东信息和股票流通的全面掌握,可以有效地防止股票投机行为。而无记名股最显著的优点是便于股份的流通。各国或地区的公司立法一般均对记名股和无记名股的转让方式作不同的规定。

新《公司法》废除了无记名股。新《公司法》第147条第2款规定,公司发行的股票,应当为记名股票。一方面,废除无记名股与股票无纸化密切相关。区分记名股票和无记名股票是股份采用纸质股票的产物,股票无纸化使这一区分逐渐失去现实意义。1993年开始,上海、深圳证券交易所全面实施股份电子化,此后建立的全国中小企业股份转让系统也采用电子记账形式,这使上市公司和非上市公众公司的股份都须集中登记、存管于证券登记结算机构。证券登记结算机构的实名制股东账户可以视为对投资者账户内股票的记名。另一方面,废除无记名股票的缘由是国家强化反洗钱、反恐怖融资监管。不法分子可以通过设置空壳公司、多层级复杂的所有权和控制权架构,发行无记名股票,使用名义股东、董事等方式隐匿法人的股权受益人,达到洗钱和恐怖主义融资的目的。为了提升反洗钱、反恐怖主义、反腐败融资的监管力度,新《公司法》取消了无记名股票。

3. 面额股和无面额股

面额股和无面额股是以股票是否载有票面金额为标准进行的分类。

(1)面额股

面额股是指股票票面记载票面金额的股份。许多国家或地区的公司法对公司股票的最低票面值作了规定。

(2)无面额股

无面额股是指股票票面不记载金额的股票。

①无面额股的主要法律特征

第一,股份数量与资本总额相分离。在公司发行无面额股情况下,公司的股份数量与资本总额关系分离。因为,无面额不存在股票面额,公司资本总额无法沿用"资本总额=股份发行总数×股票面额"的计算公式,所以股份数量与资本总额不存在对应关系。

第二,无面额股发行价没有最低价限制。新《公司法》第148条规定,面额股股票的发行价格可以按票面金额,也可以超过票面金额,但不得低于票面金额。但是,在公司发行无面额股时,因股票没有票面金额,不适用禁止折价发行规则,为公司制定股票发行价格带来了灵活性。

②无面额股的核心制度价值

无面额股的核心制度价值是便利公司融资,提高公司融资效率。经营不善、股价低于股票面值的公司可以不受禁止折价发行规则的限制,通过发行新股获得新的融资,帮助公司走出困境。公司如选择发行面额股,股价低于票面金额,就适用禁止折价发行规则,不能发行新股。只能先缩股减少股份数量,在公司净资产不变的情况下,提高每股净资产价值及股价,使股价高于股票面额,才能避免因为股价连续20个交易日低于股票面值而退市,进而公司可发行新股融资,改善公司经营。但是,处于困境的公司往往无法完成召开股东会并进行缩股的程序。此外,目前证券监管规则对于上市公司缩股没有明确规定,从退市监管的角度来看,也往往不鼓励公司通过缩股来避免面值退市。因此,处于股价持续低于面值困境的上市公司往往最终面临退市及无法融资的结果。

③新《公司法》规定了无面额股制度

新《公司法》第142条创设了股份有限公司面额股和无面额股择一模式,股份有限公司可以在设立时的章程中明确选择采用面额股或者无面额股,也可以在公司运行过程中根据公司章程的规定将已发行的面额股全部转换为无面额股,或者将无面额股全部转换为面额股。需要注意的是,公司可以自主选择采用面额股或者无面额股,但公司不能同时设置面额股和无面额股。

新《公司法》对无面额股票与注册资本之间的联系作出了明确的规定。新《公司法》142条第3款规定,采用无面额股的,应当将发行股份所得股款的1/2以上计入注册资本。新《公司法》第213条规定,"公司以超过股票票面金额的发行价格发行股份所得的溢价款、发行无面额股所得股款未计入注册资本的金额以及国务院财政部门规定列入资本公积金的其他项目,应当列为公司资本公积金"。

4. 其他特殊类型的股份

(1)国家股、法人股、社会公众股和外资股

这是以投资主体为标准对股份进行的分类。

第一,国家股是指国家以国有资产向股份有限公司投资所形成的股份。在我国股份制改造过程中,根据各地的不同做法,国家股曾经主要有这样3种代表模式:一是由政府国有资产管理部门来代表国家;二是由国家授权的其他政府部门来代表国家;三是由国家专门成立的国有资产经营公司来代表国家。

第二,法人股是指具备法人资格的社会组织向股份有限公司投资而形成的股份。

第三,社会公众股是指社会个人投资人向股份有限公司投资而形成的股份。在我国公司法实践中,社会公众股包括一般社会公众股和公司职工股,区分是投资者是否属于股份有限公司员工。

第四,外资股有狭义和广义之分。狭义的外资股是指外国投资人所持有的我国股份有限公司的股份;广义的外资股还包括我国香港、澳门特别行政区和我国台湾地区的投资人所持有的我国内地(大陆)股份有限公司的股份。

值得注意的是,因为上述分类采取了混合标准,所以在国家股与法人股、法人股与外资股、社会公众股与外资股之间存在交叉关系。

(2)流通股与非流通股

按照上市公司股份能否在证券交易所交易,股份可以分为流通股和非流通股。流通股是指上市公司股份中,可以在证券交易所交易的股份。非流通股是指暂时不能上市流通的股份。2007 年后的股权分置改革,基本实现上市公司股份的全流通。非流通股在目前上市公司中已几乎不存在。

(3)有限售条件股份和无限售条件股份

有限售条件股份是指依法律、法规或者依持有股人的承诺,有转让限制的股份。例如,新《公司法》第 160 条第 2 款规定,公司董事、监事、高级管理人员所持本公司股份自公司股票上市交易起 1 年内不得转让。《证券法》第 75 条规定,在上市公司收购中,收购人持有的被收购的上市公司的股票,在收购行为完成后的 18 个月内不得转让。无限售条件股份是指没有限售条件,在证券市场上流通转让不受限制的股份。一般情况下,中小投资者通过竞价交易买入的股票不存在限售限制。

(4)境内上市股和境外上市股

这是以上市交易地不同为标准对注册地在中国境内的上市公司所发行股票进行的分类。

在中国境内上市交易的股票分为 A 股和 B 股。

①A 股,又称人民币股票,是指在上海、深圳及北京证券交易所上市交易,以人民币标明股票面值,由中国境内投资者以人民币认购和交易的股票,我国香港、澳门特别行政区和我国台湾地区及其他国家境外投资者不能直接开户买卖。

②B 股,又称人民币特种股票。B 股同样在上海、深圳及北京证券交易所上市交易,是以人民币标明股票面值,由外国和我国港澳台地区投资者以外汇认购和买卖的股票,我国内地(大陆)投资者不能购买。2001 年以后,B 股市场对我国内地(大陆)投资者开放,买卖 B 股需将现汇存款或外币现钞存款存入股票资金账户。

境外上市股依据上市地的不同分为 H 股、N 股、S 股等。H 股是指注册在我国内地的股份有限公司获得香港联合交易所批准上市的人民币特种股票,即以人民币标明股票面值,以港币认购和进行交易。国内外投资者均可以购买 H 股。境内投资者多通过在 A 股账户中开通“港股通”的权限来交易 H 股。依此类推,N 股是指在纽约交易所注册上市的股票,S 股是指在新加坡交易所注册上市的股票等。这些均是以外币认购和进行交易的股票,境内外投资者均能参与交易。

(五)类别股制度

新《公司法》第 143 条至第 146 条正式引入类别股制度。类别股是股权的各项子权利可以分离并重新进行排列组合,从而得到股东权利差异化安排的不同类别的股份。例如,普通的财产性权利与加强的管理性权利结合形成超级表决权股,如一股享有 10 份表决权的股份。再如,优先性的财产性权利和较弱的管理性权利相结合形成无表决权的优先股。

长期以来,我国公司法奉行同股同权的原则,公司中往往只有普通股,每一股份承载的股东权利也相同。但是,随着资本市场的发展,单一股份类别难以满足公司发展和治理的需求,引入类别股制度可以很好地平衡融资方和投资者各自利益诉求,实现共赢。对于融资方创始人而言,其既希望让企业获得巨额融资实现跨越式发展,又希望继续掌控公司控制权。对于投资者而言,其希望投资入股到有巨大升值潜力的公司以期望公司上市后获利退出,而对于是否拥有管理权并不在意。因此,原有普通股模式下,一股一权的强制性安排显然不能契合创始人与投资者的需求,也不利于资本市场的创新融资。类别股应运而生,能够较好平衡上述利益主体的需求。

新《公司法》第 143 条至第 146 条对类别股作了相关规定,主要包括:类别股的发行主体、类别股的法定种类、章程强制记载公示、分类表决制度等方面的内容。

1. 类别股的发行主体

在新《公司法》中,类别股相关的条文主要被放置在第六章,即“股份有限公司的股份发行与转让”章节中。可见,当前类别股制度仅适用于股份有限公司,有限责任公司并无类别股制度的适用空间。换言之,只有股份有限公司才能够发行类别股,有限责任公司不能发行类别股。

2. 类别股的法定种类

根据新《公司法》第 144 条第 1 款规定,股份有限公司有权发行的类别股种类有且仅有优先或劣后分配利润或者剩余财产的股份、每一股的表决权数多于或少于普通股的股份、限制转让的股份及国务院规定的其他类别股 4 种。公司无权自行创设新的类别股种类。由此可见,我国本次《公司法》修订采用了类别股种类法定的立法模式。该种立法模式在比较法上为以德国、日本、韩国为代表的大陆法系国家广泛采用,要求公司必须按照法律规定的种类发行类别股。以英、美两国为代表的英美法系国家则更多采取章程自治的立法模式,授予公司章程创设并发行法律规定类型之外的其他类别股的权利。但是,在采取类别股种类法定模式的大陆法系国家中,法律大多提供了丰富的类别股种类供公司自由选择。以日本为例,《日本公司法》明确股份有限公司可发行 9 种不同类型的类别股,亦可将法律规定的数种类别股内容重新组合后发行。此种规定在保证类别股在法律规定框架下平稳运行的同时,较大程度地保障了公司意思自治。因此,在我国类别股制度平稳运行后,可以以国务院出台行政法规的形式增加类别股的种类。

新《公司法》规定的 4 种法定种类具体如下:

其一,优先或劣后分配利润或剩余财产的股份。与普通股相比,这类股份在利润和剩余财产的分配上具有优先性或劣后性。公司应按照公司章程的规定优先满足优先股东的分配需求。在公司清算时,按照法定清偿顺序清偿完毕后,若公司还有剩余财产可供分配,则按照公司章程的规定优先向优先股股东分配,再按普通股股东的出资比例或普通股股东之间的约定向普通股东分配。

其二,每一股的表决权数多于或少于普通股的股份。早在《关于在上海市证券交易所设立科创板并试点注册制的实施意见》相关规定中,证监会已允许科技创新企业发行具有特别表决权的类别股份。每一表决权股份拥有的表决权数量多于或少于每一普通股份拥有的表决权数量,形成了差异化表决权。差异化表决权结构系一种灵活化的公司控制权的安排,通过赋予每股特别表决权股份多数表决权的方式实现公司创始人在上市后对公司的持续控制。需要注意的是,新《公司法》第 144 条第 3 款对特别表决权股份作出了一定限制,即特别表决权股份对于监事或者审计委员会成员的选举和更换,与普通股每一股的表决权数相同。

其三,限制转让的股份。依据新《公司法》第 157 条规定,“公司章程规定转让受限的股份,其转让按照公司章程的规定进行”。一般而言,股份有限公司股东转让其持有股份的,不存在有限责任公司中的其他股东优先购买权等限制,但公司法允许公司章程对其作出例外规定,如转让需经过公司同意。较之可自由转让的普通股份,转让受限的股份也属类别股。

其四,国务院规定的其他类别股。譬如,国务院于2015年发布的《关于国有企业发展混合所有制经济的意见》中,允许国有股东在特定事项上行使否决权。这一兜底性规定为日后法律扩展类别股类型预留了空间。

此外,新《公司法》第144条第2款明确规定,公开发行股份的公司不得发行每一股的表决权数多于或少于普通股的股份和限制转让的股份,除非这两类股在公司公开发行前已发行。

3. 章程强制记载公示

新《公司法》第145条规定发行类别股的公司,应当将类别股的相关事项记载于公司章程。应当载明的类别股事项包括:(1)类别股分配利润或者剩余财产的顺序;(2)类别股的表决权数;(3)类别股的转让限制;(4)保护中小股东权益的措施;(5)股东会认为需要规定的其他事项。章程强制记载的意义在于公示,通过告知外界公司的类别股份具体权利配置,避免公司通过发行类别股的方式损害投资者或债权人的利益,保护交易安全。值得注意的是,目前新《公司法》规定的公司应当按照规定通过国家企业信用信息公示系统公示的事项并不包括章程内容,只有上市或者新三板挂牌的股份有限公司,根据证券监管法规才需要披露公司章程内容。

4. 分类表决制度

类别股分类表决制度是保护类别股股东的重要制度。根据新《公司法》第146条第1款的规定,发行类别股的公司需要对"修改公司章程""增加或者减少注册资本""公司合并、分立、解散""变更公司形式"等事项作出决定时,若"可能损害类别股股东权利",那么,除了需要经过出席普通股股东会的股东所持表决权的2/3以上表决通过外,还应当经出席类别股股东会的股东所持表决权的2/3以上通过。此外,新《公司法》第146条第2款规定,公司章程可以对需经类别股股东会决议的其他事项作出规定。

八、对赌协议

(一)对赌协议概述

1. 对赌协议的含义

对赌协议,又称"估值调整协议",是指投资方与融资方在达成股权融资协议时,同时对目标公司未来经营业绩或公司上市等事项作出约定,在目标未能达到或实现时,由目标公司或其股东按约定比例或数额,对投资方进行现金补偿或按约定条件回购股权的合同。

在我国实践中,对赌协议主要应用于风险投资领域,是在普通投资合同基础上特别约定和设置对赌条款的投资合同。对赌协议既降低了投资者的投资亏损风险,又便利了融资方的融资,很快发展为当下商事交易十分常见的投资安排。

2. 对赌协议的类型

(1)以交易主体划分

以交易主体为划分依据,可将对赌协议的类型分为投资方与目标公司对赌、投资方与目标公司股东或实际控制人对赌、投资方与目标公司和目标公司股东对赌三种主要形式。

实践中争议最大的是投资方与目标公司对赌的情形。若满足对赌触发条件时目标公司履行回购或现金补偿等义务,则涉及公司的资本流出,需要受到资本维持原则的规制,公司回购限制、利润分配等强制性规范可能影响对赌协议的效力判断。在行政监管层面,与目标公司进行对赌的条款通常而言需要在上市之前进行清理。

若投资方单纯与公司股东进行对赌,则应视为投资方与股东之间的合意安排,并不损害目标公司与目标公司债权人的利益。司法实践中,投资方与股东之间的对赌协议通常被认定为有效。

(2)以对赌内容划分

作为实践中广受欢迎的投资工具,对赌协议赋予了投资者更多的权益保障手段。对赌协议的核心条款是估值调整条款。在商事实践的灵活发展下,以对赌内容为划分依据,常见的对赌安排有以下 3 种:

①现金补偿型

现金补偿条款是实践中最为常用的一项对赌条款。在约定的对赌目标不能实现时,由目标公司及其原股东对投资主体进行现金补偿,补偿数额的具体计算公式由当事人在协议中事先约定。

例如,在"海富案"中,投资者与目标公司签订的增资协议书中约定,对赌目标为目标公司 2008 年净利润不低于 3000 万元人民币。如果低于该数额,则投资方有权要求目标公司予以补偿,补偿金额＝(1－2008年实际净利润÷3000万元)×本次投资金额。如果目标公司未能履行补偿义务,则投资方有权要求目标公司股东履行补偿义务。

②股权回购型

股权回购条款是指当约定的对赌目标不能实现时,投资方有权要求目标公司或目标公司股东回购投资人所持有的目标公司股权。相比现金补偿条款,股权回购条款为投资者提供了退出渠道。股权回购条款的核心为触发条件、回购价格的约定。

例如,在"华工案"中,当事人的补充协议约定,若目标公司在2014年12月31日前未能在境内资本市场上市,或目标公司方的主营业务、实际控制人、董事会成员发生重大变化,投资方就有权要求目标公司回购其所持有的全部股份,目标公司应以现金形式收购,收购价款按以下公式计算:回购股权价款＝投资额＋(投资额×8%×投资到公司实际月份数÷12)－累计对投资者进行的分红。

③股权补偿型

股权补偿条款是将目标公司的股权作为筹码,根据约定对赌目标业绩的实现程度,调整投资者所持股权比例的条款。相较于现金补偿条款与股权回购条款,股权补偿条款更像是一种双向激励机制。[①] 若达成对赌目标,那么不光是投资者受益,目标公司管理层通常也能受让更多股份,获得更多实质管理权。

我国早期的著名对赌实例很多将股权补偿条款作为对赌筹码。例如,在永乐电器对赌中,目标公司与投资者将净利润作为对赌目标,并约定若两年后净利润高于7.5亿元,投资方就将4697.38万股份转让给目标公司原股东;但若净利润等于或低于6.75亿元,目标公司管理层则需向投资方转让4697.38万股,并且当净利润低于或等于6亿元时,目标公司需向投资方转让最多9394.76万股。

上述三种条款是最为常见的估值调整条款。除此之外,实践中的对赌协议通常还为强势的投资方配套其他的保护制度,如优先清算权、优先分红权、优先购买权、领售权、随售权、知情权、反稀释条款等。

---

① 参见刘燕:《对赌协议与公司法资本管制:美国实践及其启示》,载《环球法律评论》2016年第3期。

(二)对赌协议的性质界定

对赌协议最为核心的争议是其效力与可履行性问题。因对赌协议既涉及交易法层面的权利义务安排,也涉及组织法层面的资本维持等强制性原则,其性质界定将影响后续效力的判断。因此,有必要先探讨对赌协议的性质认定问题。

1.合同性质定性

第一种研究进路是合同思维下的对赌协议性质认定。这种思路遵循传统的民法合同性质认定原理,试图根据对赌协议的特性将其划分为特定类型的合同,并根据合同法的效力性强制性规定判断合同效力。我国在对赌协议合同性质认定问题上主要存在射幸合同说、附生效条件合同说、期权合同说、担保合同说四种观点。

射幸合同说认为,对赌目标是否能实现具有不确定性,并且对赌协议当事人之间的对价不具有对等性,这两种特征符合射幸合同的定义。

附生效条件合同说认为,当对赌目标实现时,投资方可能承担的股权给付义务生效;当对赌目标没能实现时,融资方的股权给付、股权回购、现金补偿义务生效。①

期权合同说认为,对赌合同与期权购买者在有利价格时执行期权可以获得更高的收益,但仍需支付额外的期权费十分相似,对赌协议隐含对企业未来价值的评估,具备权利义务的不对等的期权合同特征。②

担保合同说认为,对赌协议虽无担保之名,但有担保之实,其通过估值调整担保了私募股权投资中投资者的股权出资价值,因此应将对赌协议看作隐名担保的一种。③

2.投资性质之争

与合同性质之争不一样的是,关于对赌协议的投资性质之争更多聚焦于对赌安排中权利义务的特殊性,讨论投资者依照对赌协议所取得的身份更接近于

---

① 参见杨明宇:《私募股权投资中对赌协议性质与合法性探析——兼评海富投资案》,载《证券市场导报》2014 年第 2 期。

② 参见刘冰、杨明国:《基于期权理论的企业并购估值调整协议——对永乐案例的再思考》,载《现代管理科学》2009 年第 11 期。

③ 参见李岩:《对赌协议法律属性之探讨》,载《金融法苑》2009 年第 1 期。

股东还是债权人。

(1)股权投资说

股权投资说认为,对赌协议本质上仍然是一种股权投资,投资者依照对赌协议取得了股权,进行了股东变更登记,履行了股东的出资义务,投资者应该被认定为股东。根据股权投资说,投资者一开始的投资、后续触发对赌条款的股权回购或现金补偿,均应受到资本制度的规制。在资本形成阶段,投资者向公司的投资属于出资义务,若未能如期履行需承担出资责任,在资本分配阶段,公司向投资者所支付的现金补偿、股权回购等均需满足资本维持原则的要求,不得违反抽逃出资的强制性规范。

(2)债权投资说

相较于股权投资说,债权投资说主张对赌协议的投资者实则并非股东,无须实质性地承担公司经营的风险,其投入的本金由目标公司或目标公司股东进行兜底保障。在特定条件下,投资者有请求公司返还投资款的权利,该权利与股东分红权存在本质差别,与债权投资到期还本付息的特性更为相似。

(3)第三种投资说[①]

我们认为,应该将对赌协议的投资属性看作不属于债权也不属于股权的第三种投资。

其一,在投资利益上,对赌协议投资者按股权比例参与公司利润分配,但所获收益不应低于约定比例,否则应给予相应的现金补偿或股权补偿。其二,在投资风险上,对赌协议投资者一方面不分担公司经营亏损,另一方面可以根据公司经营情况选择继续投资或请求按约定价款回购其股权而退出,后种选择类似投资返还或债权的还本付息。因此,投资者只承担类似债权人的风险,即目标公司无力履行业绩补偿和股权回购承诺的风险。其三,在投资权利上,对赌协议投资者享有股东的共益权,有权参与目标公司决策与管理,但亦可放弃某些权利。

由此观之,对赌协议对投资利益、投资风险和投资权利等投资要素进行了重新配置,并形成了新的组合。从投资利益和投资权利来看,对赌协议投资者参与公司利润分配“上不封顶”,并可参与公司决策管理,具有股权投资的属性。

---

① 参见赵旭东:《第三种投资:对赌协议的立法回应与制度创新》,载《东方法学》2022年第4期。

从投资风险来看，其收益保底、可以还本付息，又具有债权投资的属性。相对于股权投资利益和风险的最大化、债权投资利益和风险的最小化，它寻求的是投资的中位利益和中位风险，处于两极中的中间状态，是一种既有股权收益利益又有债权限定风险的“两全”投资。

（三）对赌协议的法律效力与可履行性

对赌协议最具争议的问题，是对赌协议的法律效力。就投资者与目标公司股东或实控人的对赌效力而言，通常实务界与理论界都承认此类对赌协议的有效性。但就投资者与目标公司对赌的合同效力而言，我国实践立场经历了从无效说到有效说的转变。2019 年《九民纪要》不再聚焦于对赌合同的效力判断，而是确立了对赌协议的可履行性判断规则。

1.《九民纪要》所确立的效力与可履行性分开判断说

2012 年，被誉为“中国对赌第一案”的“海富案”就对赌协议的效力问题作出了否定判断，[①]实务界由此形成了对赌协议效力的否定评价趋势。认为对赌协议无效的主要理由有三：其一，对赌协议形式上是股东出资，实质上属于资金借贷，投资者享有固定回报，是类似于“名为联营、实为借贷”的违法行为，属于法律禁止的“保底条款”。其二，对赌协议违反公司法的股东平等原则、风险共担原则，损害了其他股东的合法权益。其三，对赌协议违反了资本维持原则，违反了不得抽逃出资的强制性规范，现金补偿条款、股权回购条款可被认定为固定回报，违反“无盈不分”的利润分配规则。

2012 年的“海富案”判决引发了社会各界的广泛讨论，很多学者对对赌协议无效说进行了反思与重构。2019 年 4 月，对赌协议的效力判断问题迎来了司法转向，“华工案”中江苏省高级人民法院推翻了一审、二审的判决，支持了对赌协议的有效性。[②] 对赌协议有效说认为，对赌协议是当事人自愿协商、合意形成的合同，在意思表示真实的前提下该合同应被尊重。从公共利益的角度而言，对赌协议并不违反法律法规的效力性强制性规定、不损害社会公共利益，也不违背公序良俗。

---

① 苏州工业园区海富投资有限公司与甘肃世恒有色资源再利用有限公司、香港迪亚有限公司、陆某增资纠纷案，最高人民法院（2012）民提字第 11 号民事判决书。

② 江苏华工创业投资有限公司与扬州锻压机床股份有限公司、潘某虎等请求公司收购股份纠纷案，江苏省高级人民法院（2019）苏民再 62 号民事判决书。

2019年11月，最高人民法院印发了《九民纪要》，其中第5条就对赌协议的效力问题作出了专门规定。对于《九民纪要》就对赌问题所作出的3款规定，应作如下理解。

首先，《九民纪要》强调了处理对赌协议纠纷的原则。人民法院在审理对赌协议纠纷案件时，不仅应当适用合同法的相关规定，还应当适用公司法的相关规定；既要坚持鼓励投资方对实体企业特别是科技创新企业投资原则，从而在一定程度上缓解企业融资难问题，又要贯彻资本维持原则和保护债权人合法权益原则，依法平衡投资方、公司债权人、公司之间的利益。

其次，《九民纪要》第5条第1款确立了对赌有效、履行判断替代效力判断的原则。目标公司仅以存在股权回购或者金钱补偿约定为由，主张对赌协议无效的，人民法院不予支持；但投资方主张实际履行的，人民法院应当审查是否符合公司法关于"股东不得抽逃出资"及股份回购的强制性规定，判决是否支持其诉讼请求。

再次，《九民纪要》第5条第2款就回购条款作出了单独规定。投资方请求目标公司回购股权的，人民法院应当依据《公司法》第35条（新《公司法》第53条）关于"股东不得抽逃出资"或者第142条（新《公司法》第162条）关于股份回购的强制性规定进行审查。经审查，目标公司未完成减资程序的，人民法院应当驳回其诉讼请求。据此，回购型对赌以减资程序的履行为前置要件。新《公司法》第162条规定了股份有限公司回购的6种法定情形，对赌本质上并不属于这6种情形中的任何一种，《九民纪要》采用类推解释的方法将对赌回购等同于减资回购。减资程序既包含股东会的决议，也包含新《公司法》第224条所规定的编制资产负债表及财产清单、通知债权人、提前清偿或担保，《九民纪要》所规定的对赌回购时的减资程序，依文义来讲应包含上述所有减资程序，审判实践也持相同观点。①

最后，《九民纪要》第5条第3款就金钱补偿条款作出单独规定。投资方请求目标公司承担金钱补偿义务的，人民法院应当依据《公司法》第35条关于"股东不得抽逃出资"和第166条（新《公司法》第210条）关于利润分配的强制性规

① 北京银海通投资中心、新疆西龙土工新材料股份有限公司股权转让纠纷案，最高人民法院（2020）最高法民申2957号民事裁定书。

定进行审查。经审查,目标公司没有利润或者虽有利润但不足以补偿投资方的,人民法院应当驳回或者部分支持其诉讼请求。今后目标公司有利润时,投资方还可以依据该事实另行提起诉讼。据此,现金补偿型对赌则需满足利润分配规则的限制。依新《公司法》第 210 条所规定的利润分配规则,利润分配需遵循“弥补亏损→提取公积金→可分配利润”的顺序。对赌协议中的现金补偿实际上也并非真正的利润分配,《九民纪要》出于资本维持的考虑,适用利润分配的规则对现金补偿进行规制,旨在防止因履行现金补偿义务而导致公司未能及时弥补亏损,损害公司外部债权人利益。

《九民纪要》区分判断对赌协议的效力与可履行性,将资本维持原则、债权人保护理念等法律障碍后置于履行层面考虑,不在效力层面否定合同效力,有效兼顾了商事实践中的意思自由与公司法的特定规范目的,在一定程度上减少了实践中的机会主义行为。

2. 新《公司法》的发展

新《公司法》虽然没有直接就对赌协议问题作出规定,但也有一些关联制度可能为对赌协议提供制度供给,如类别股制度,对赌在性质上存在被认定为附回赎条件优先股的可能。《公司法》本次修订也在资本领域作出了诸多革新,就法律规范的体系适用而言,亦可能对未来对赌协议的法律裁判产生新的影响。我们认为,新《公司法》的非等比减资禁止制度、资本公积金制度需要引起关注。

新《公司法》新增非等比减资禁止制度。非等比减资是指各股东不按原出资比例减资。在本次《公司法》修订以前,非等比减资的效力与决议比例在实践中存在较大争议,有观点认为非等比减资并不为公司法所禁止,属于依照多数决即可决定的减资事项;相反的观点则认为非等比减资会导致各股东股权比例发生明显变化,大股东容易滥用多数决制度非等比减资,从公司取回自己的出资资本,中小股东利益容易受到损害,因此非等比减资应被禁止,或只有经过全体股东一致同意的非等比减资决议方才有效。新《公司法》第 224 条第 3 款规定:“公司减少注册资本,应当按照股东出资或者持有股份的比例相应减少出资额或者股份,法律另有规定、有限责任公司全体股东另有约定或者股份有限公司章程另有规定的除外。”由此,《公司法》正式禁止了非等比减资。该规则的确定将给对赌协议的履行带来新的适用难度:依《九民纪要》规定,回购型对赌需与减资程序捆绑,而此类减资是仅面向对赌协议投资者的减资,对应的法律后果是仅投资者的股权比例变动或者投资者退出公司,这显然属于非等比减资。虽然《公司法》第224条第3款有但书条款,如异议回购的减资、股份有限公司的回购减资不受第224条第3款规制,但对赌的回购毕竟并不完全符合股份有限公司的法定回购情形,由此公司若要与投资者签订回购型对赌协议,需要经有限责任公司全体股东另有约定或者股份有限公司的章程另行规定,同时符合减资条件的,才能如约回购股权。

另一个值得关注的制度是资本公积金制度的修改。原《公司法》明确规定,资本公积金并不允许被用来弥补亏损,但新《公司法》第214条第2款规定,资本公积金可按照规定,在任意公积金与法定公积金以后弥补亏损。与对赌协议相关的问题是,资本公积金既然可以被用来弥补亏损,那么是否有可能被用来履行对赌协议中的现金补偿义务或者支付股权回购价款。在新《公司法》修改以前,实践中曾有法院确实支持过该做法,但该做法并未得到审判实践的普遍认可,[①]原因是资本公积金具有不同于其他公积金的资本性质。[②] 但新《公司法》取消了资本公积金不得补亏的限制,在用途上,资本公积金是否有可能在满足资本维持或者清偿能力标准测试后得以作为履行现金补偿义务的资本,有待后续相关配套制度的出台与进一步的实践探索。

第四节 股权转让

一、股权转让及其分类

股权转让是指股权权利主体的变更。从股权转让的客体来看,狭义的股权转让仅指有限责任公司股权的转让,广义的股权转让还包括股份有限公司股份的转让。广义的股权转让中的股份有限公司可以是普通的股份有限公司,也可以是新三板的挂牌股份有限公司,还可以是在上海证券交易所、深圳证券交易

---

① 参见最高人民法院民事审判第二庭编著:《〈全国法院民商事审判工作会议纪要〉理解与适用》,人民法院出版社2019年版,第119页。

② 参见刘燕:《"对赌协议"的裁判路径及政策选择——基于PE/VC与公司对赌场景的分析》,载《法学研究》2020年第2期。

所、北京证券交易所上市的上市公司,不同类型的股份有限公司的股份转让遵循的规则并不完全一致。从股权转让的发生原因来看,可以将股权转让区分为基于法律行为的股权转让和非基于法律行为的股权转让两类,其中基于法律行为的股权转让有股权转让合同,而非基于法律行为的股权转让并无股权转让合同。

股权转让的主要法律特征可概括如下:(1)股权转让是一种股权买卖行为。对公司而言,股权是股东出资形成的对公司的一种权利,股权转让方转让的正是这种权利。(2)股权转让不改变公司的法人资格。股权转让完成后,公司股东发生变化,在股权全部转让的情况下,出让方的原股东地位被受让方取代,受让方成为公司的股东。但就公司本身而言,除了因股东变更而发生若干登记事项的改变外,公司法人资格没有任何改变。(3)股权转让是要式行为。这主要表现为股权转让除须符合实体条件外,还应完成法律规定的股权转让的法定程序。

(一)有限责任公司股权转让与股份有限公司股份转让

新《公司法》第 2 条将我国的公司区分为两类,一类为有限责任公司,另一类为股份有限公司。新《公司法》第 4 条规定,有限责任公司的股东以其认缴的出资额为限对公司承担责任;股份有限公司的股东以其认购的股份为限对公司承担责任。易言之,对于有限责任公司而言,股东认缴出资额的对价,是公司向股东交付股权;对于股份有限公司而言,股东认购股份的对价,是公司向股东交付股份。对于股权转让和股份转让,新《公司法》规定了不同的规则。

1. 有限责任公司股权转让

对于股权转让,新《公司法》第四章(第 84—90 条)专章规定了“有限责任公司的股权转让”,规定了股东优先购买权、章程对股权转让的限制、股权司法强制执行、出资证明书的换发、瑕疵股权转让、异议股东回购请求权、股权继承等问题。

2. 股份有限公司股份转让

对于股份转让,《公司法》第六章第 2 节规定了股份有限公司股份转让规则。根据新《公司法》第 157 条的规定,股份有限公司的股东持有的股份可以向其他股东转让,也可以向股东以外的人转让;公司章程对股份转让有限制的,其转让按照公司章程的规定进行。依新《公司法》第 158 条规定,股份有限公司股东转让股份有两类规则,一类是在依法设立的证券交易所进行交易,如在上海证券交易所、深圳证券交易所、北京证券交易所等进行交易;另一类是依照国务院规定的其他方式进行。

另外,根据股份交易市场的不同,可以将股份有限公司分为非公众股份公司、公众股份公司、上市股份公司三类。其中,非公众股份公司,即其股份并未在全国中小企业股份转让系统("新三板")挂牌交易,也未在证券交易所上市交易的股份有限公司。公众股份公司,主要是指股份在全国中小企业股份转让系统挂牌交易的股份公司。上市股份公司,即股份在证券交易所上市交易的股份公司。

(二)基于法律行为的股权转让与非基于法律行为的股权转让

法律行为,是指能够产生特定法律效果的私人意思表示。[①] 以是否是以法律行为为原因发生股权转让,可以将股权转让行为区分为基于法律行为的股权转让与非基于法律行为的股权转让。

1. 基于法律行为的股权转让

基于法律行为的股权转让,就是指股权转让是根据当事人的意思表示而发生的股权转让,可被细分为基于双方法律行为的股权转让和基于单方法律行为的股权转让。

第一,基于双方法律行为的股权转让。此类的典型为股权转让合同。在合同中,当事人的意思表示和所欲达成的法律效果是,转让方将股权转让给受让方,受让方将股权转让款支付给转让方。从法律构造上看,股权转让合同是双方转让股权和支付股权转让款的负担行为,而后转让方将股权转让给受让方,受让方将股权转让款交付给转让方是处分行为。在这个过程中,作为负担行为的股权转让行为本身并不能直接使股权和股权转让款发生变动,但它是当事人双方依照法律有关权利变动的规定进一步履行权利变动义务的依据,它为当事人双方设定了权利变动的负担和义务。类比房屋所有权买卖可以清晰地揭示上述问题。在房屋所有权买卖中,买卖双方签订房屋买卖合同,进一步再通过依法办理房屋所有权过户手续,交付房款价金的方式,实现房屋所有权和房款价金的变动,但房屋买卖合同本身并不能发生使房屋所有权和房款价金所有权

---

① 参见[德]维尔纳·弗卢梅:《法律行为论》,迟颖译,法律出版社 2013 年版,第 26 页。

变动的法律效力。[①]

第二,基于单方法律行为的股权转让。单方法律行为是指仅由一方当事人的意思表示所构成的法律行为,遗嘱是最为典型的单方法律行为之一。[②]《民法典》第125条规定,民事主体依法享有股权。《民法典》第1133条规定,自然人可以通过遗嘱处分个人财产,既可以立遗嘱将财产指定法定继承人中的一个或数人继承,即遗嘱继承;也可以立遗嘱将财产赠与国家、集体或者法定继承人以外的组织、个人,即遗赠;还可以依法设立遗嘱信托。因而,自然人可以通过立遗嘱这样一种单方法律行为,将股权转让给他人。

2. 非基于法律行为的股权转让

与基于法律行为的股权转让相对,非基于法律行为的股权转让,是指股权转让的发生不是基于法律行为,即股权转让不是根据当事人意思表示而发生,也不是根据当事人意思表示所设立的义务而引发。比照非基于法律行为的物权变动,非基于法律行为的股权转让可以存在如下具体类型:

第一,基于生效法律文书或者征收决定发生的股权转让。新《公司法》及其他相关法律法规并没有直接规定。参照适用《民法典》第229条,股权可以因人民法院、仲裁机构的生效法律文书或者人民政府的征收决定等,而直接发生权利的变动。

(1)基于生效法律文书发生的股权转让。

《民法典》第229条规定,人民法院、仲裁机构的生效法律文书可以发生物权设立、变更、转让或者消灭的法律效力。需要注意的是,这里的人民法院、仲裁机构的生效法律文书,是指人民法院的判决书、调解书,仲裁机构的裁决书、调解书。[③] 对于人民法院的裁定书能否产生使物权发生变动的效力,最高人民法院《关于适用〈中华人民共和国民法典〉物权编的解释(一)》第7条规定了3类裁定书,即拍卖成交裁定书、变卖成交裁定书、以物抵债裁定书。除此之外的裁定书均没有使物权发生变动的效力。特别需要指出的是,判决可以分为给付判决、确认判决和形成判决。给付判决是指判令被告履行义务的判决;确认判

---

① 参见尹田:《物权法》(第2版),北京大学出版社2017年版,第77页。

② 参见王泽鉴:《民法总则》,北京大学出版社2022年版,第255—256页。

③ 参见黄薇主编:《中华人民共和国民法典物权编释义》,法律出版社2020年版,第43页。

决是确认当事人之间某项法律关系存在或不存在的判决；形成判决是变动既有法律关系的判决。[①] 从这 3 类判决来看，给付判决是判决一方当事人履行义务，仅具有债法上的效力，因而能够具有使物权发生变动的判决是确认判决和形成判决。随之而来的问题是，人民法院、仲裁机构的生效法律文书是否可以具有使股权发生转让的效力？新《公司法》第 85 条规定，人民法院强制执行股权时，需要通知其他股东行使优先购买权。由此可以推论，履行了优先购买权通知程序的执行裁定书，具有使股权发生变动的效力。

(2)基于征收决定发生的股权转让。

还需要讨论的是，基于人民政府征收决定而发生的股权转让问题。《民法典》第 229 条规定了基于人民政府征收决定而发生的物权变动规则。我们认为，人民政府征收决定也应具有使股权变动的效力。

第二，基于继承的股权转让。新《公司法》第 90 条规定，"自然人股东死亡后，其合法继承人可以继承股东资格；但是，公司章程另有规定的除外"。《民法典》第 1121 条第 1 款规定，继承从被继承人死亡时开始。由于死亡是一个事件而不是行为，因继承而发生的股权转让属于基于非法律行为的股权转让。

二、股权变动模式

股权变动模式借鉴于物权变动模式，即股权的发生、变更和消灭的规范模式。基于使股权发生变动的法律事实的不同，股权变动模式可以分为基于法律行为和非基于法律行为(事实行为和其他事实)的股权变动。

(一)我国学界对股权变动模式的主张

公司法学界对我国股权变动模式提出了不同的主张，主要可归纳为以下 5 种。

1. 纯粹意思主义，该说认为当事人双方达成转让合意时，股权即发生变动。[②]

2. 修正意思主义，主张在转让人和受让人之间，股权在股权转让合同生效时即发生变动，经公司认可后方可对抗公司，经变更登记后方可对抗第三人。[③]

---

① 参见张卫平：《民事诉讼法》(第 4 版)，法律出版社 2016 年版，第 414 页。

② 参见李建伟：《公司法学》(第 2 版)，中国人民大学出版社 2011 年版，第 241 页。

③ 参见李建伟：《有限责任公司股权变动模式研究——以公司受通知与认可的程序构建为中心》，载《暨南学报(哲学社会科学版)》2012 年第 12 期。

3. 记载形式主义，该说认为股权转让合同生效后，还需将受让人记载于股东名册方可发生股权变动，未经变更登记不得对抗第三人。[①]

4. 登记形式主义，该说认为仅有股权转让合意尚不足以发生股权变动的效力，在股权转让合同签订后、变更登记之前，受让人仅享有基于股权转让合同的债权性权利，待到变更登记后，方发生股权变动，[②]即将股权变更登记作为股权变动的生效要件。

5. "综合"说，该说主张要综合考虑出资认股、出资证明书、公司章程、股权转让合同、股东名册、股权变更登记、股东行权、其他股东态度等事项后，对股权是否发生变动作出判断。[③]

（二）域外股权变动模式

鉴于美国、英国、德国和日本在公司法立法、执法、司法和理论研究方面的重大影响和公司经济活动体量之巨，本书特选取其股权变动模式为考察对象。

1. 美国。根据《美国特拉华州普通公司法》《美国特拉华州统一商法典》的相关规定，特拉华州封闭公司发行的登记式股票证券变动的要件为"合意 + 背书"，变动后还需转让双方申请公司变更股东名册（变更注册所有权人）；无票股票证券变动的要件为"合意 + 登记"，即由转让股东（注册所有权人）向公司或其代理人发出"指示"，由后者对证券的权利人进行变更登记，在登记完成后，受让人成为股东（注册所有权人）。股东名册仅有股东、债券持有人等投资人可以查询。

2. 英国。根据《英国 2006 年公司法》《英国 1963 年股票转让法》以及公司法相关实施条例的相关规定，英国私人公司股份的变动区分两个阶段：第一个阶段，股份的衡平法所有权（equitable title）变动，即股份转让协议生效后，股份衡平法上的所有权即时转让给受让人；第二个阶段，股份的普通法所有权（legal title）变动，即当股份的衡平法所有权人同意成为股东，并且其姓名被登记在公

① 参见赵旭东主编：《公司法学》（第 4 版），高等教育出版社 2015 年版，第 250 页；《九民纪要》"8.【有限责任公司的股权变动】"。

② 参见刘凯湘：《股东资格认定规则的反思与重构》，载《国家检察官学院学报》2019 年第 1 期；赵旭东、邹学庚：《股权变动模式的比较研究与中国方案》，载《法律适用》2021 年第 7 期；邹学庚：《股权变动模式的理论反思与立法选择》，载《安徽大学学报（哲学社会科学版）》2023 年第 6 期。

③ 例如，最高人民法院民事判决书，（2014）民提字第 00054 号；上海市高级人民法院民事裁定书，（2019）沪民申 1899 号。

司的成员登记册上后,其取得股份的普通法所有权。成员登记册向社会公众公开,并以刑事责任作为公开之保障。

3. 德国。根据《德国有限责任公司法》《德国商法典》的相关规定,德国有限责任公司股权变动的要件为“债权合意 + 物权合意 + 公证”。股权变动后,只有受让人被记载于公司的股东名册并且被不迟延地纳入商事登记簿,受让人才能成为公司认可的股东。记载于股东名册和商事登记不是股权变动的生效要件,而只是对公司和第三人的对抗要件。纳入商事登记簿的股东名册可供社会公众查询。

4. 日本。根据《日本公司法》的相关规定,日本股份有限公司股份变动需区分两种情形:在不发行股票的股份有限公司中,其股份变动的要件为“合意”,该合意既包括债权合意,也包括变动准物权性质的效果意思合意,后者一般和债权性效果意思结合为一体被同时表示;在发行股票的股份有限公司中,其股份变动的要件为“合意 + 交付”。股份变动后,转让双方还需要请求公司变更股东名册,股东名册变更不是股权转让的生效要件,而是对抗公司和第三人的要件。股东名册仅供股东和债权人查询。

(三)新《公司法》的规定

新《公司法》并未对股权变动模式作出明确规定。值得关注的是,新《公司法》第 86 条第 2 款规定,“股权转让的,受让人自记载于股东名册时起可以向公司主张行使股东权利”。该规定仅是明确受让人何时可向公司主张权利,并未如《民法典》第 209 条第 1 款“不动产物权的设立、变更、转让和消灭,经依法登记,发生效力;未经登记,不发生效力,但是法律另有规定的除外”明确不动产物权变动模式一般,明确股权变动模式。从法律适用逻辑上看,该规定仅是将记载于股东名册作为股东行使股东权利的充分条件,而非必要条件。这意味着,立法并不排斥其他股权变动的形式要件。

三、有限责任公司股权转让

(一)股权转让的方式及限制

股权转让有两种方式,一是在公司内部发生的股权转让,即股东将股权转让给现有股东;二是向公司外部进行的股权转让,即股东将股权转让给现有股东以外的其他投资者。

1. 各国或地区公司立法的一般限制

从各国或地区公司立法的规定来看,无论何种类型的公司,股东的股权均可转让,但因公司的性质不同,法律对股东股权转让的限制也有不同。一般而言,各国或地区的立法对无限公司的股东,无论全部或部分转让股权,都规定了严格的限制条件,即非经其他股东全体同意,股权不得转让。之所以作出如此严格的规定,是因为无限公司以人合为基础,股东转让股权难以找到其他股东所信任的受让人。同时,也是为了防止无限公司的股东在公司经营欠佳时,以转让股权的方式来逃避连带的无限责任。有限责任公司虽在性质上属于资合公司,但因股东人数不多,股东又重视相互间的联系,具有人合公司的因素,为了维持公司股东彼此信赖的需要,股权的转让也受到较严格的限制。例如,《德国有限责任公司法》第 15 条就规定股东的股权转让要以合同协议或公证方式进行,同时要附加一定条件,来限制股东转让股权,如经公司同意,并且规定转让的股权应保持其独立性等。

一般而言,在公司内部进行的股权转让通常并不涉及第三人的利益,因此对重视人合因素的有限责任公司来说,其存在基础即股东之间的相互信任也没有变化;而向公司外部进行的股权转让则会因吸收新股东加入公司而影响股东间的信任基础,所以各国或地区的公司法对在公司内部进行的股权转让限制较松,对向非股东进行的股权转让限制较严,一般要求股东向非股东转让股权须经股东会一定比例以上的股东同意。如此限制的目的主要在于防止因新股东的加入影响股东之间的关系。

2. 新《公司法》的限制

新《公司法》第 84 条、第 85 条对有限责任公司股东之间的股权转让的限制条件作了规定。依照该规定可以看出,我国立法将有限责任公司的股权转让区分为在公司内部进行转让、向公司外部进行转让和人民法院强制执行股权。具体而言:(1)有限责任公司的股东之间可以互相转让全部或者部分股权,没有任何限制。(2)若股东拟向第三人转让股权,其他股东在同等条件下有优先购买权。所谓"同等条件",根据《公司法司法解释(四)》第 18 条的规定,是指对股权转让合同的达成有实质影响的因素,如转让股权的数量、价格、支付方式及期限等因素。(3)两个以上股东行使优先购买权的,协商确定各自的购买比例;协商不成的，按照转让时各自的出资比例行使优先购买权。(4)公司章程另有规定的，从其规定。

需要特别关注的是，新《公司法》删除了其他股东的同意权，将原《公司法》中的“其他股东同意权＋优先购买权”的双层模式，修改为“其他股东的优先购买权”的单层模式。新《公司法》作此修改的理由在于，在原《公司法》第71条之下，不同意转让的股东，若不购买拟转让股权，就视为同意转让。由此，股东不同意转让就需要行使优先购买权，不同意转让其实质就等同于放弃优先购买权，同意权存在的意义和价值甚微，徒增程序性负担，影响股权对外转让的效率。另外，根据《公司法司法解释(四)》第20条的规定，当其他股东行使优先购买权时，转让股东享有“反悔权”，即可以拒绝转让股权，但由此给其他股东造成损失的，应当承担相应的赔偿责任。

此外，对于人民法院依照法律规定的强制执行程序转让股东的股权的情形，新《公司法》第85条规定，应当通知公司及全体股东，其他股东在同等条件下有优先购买权。其他股东自人民法院通知之日起满20日不行使优先购买权的，视为放弃优先购买权。

另外，还需要讨论的是，损害优先购买权股权转让合同的效力问题。股东优先购买权问题，牵涉股东处分股权的自由、有限公司人合性的维持以及受让人交易安全的保护，三方利益纵横交错，冲突激烈。司法实践中，对于损害优先购买权的股权转让合同的效力问题，理论与实务中存在不同意见，有效力待定说、附生效条件说、无效说、有效说等多种意见。① 效力待定说认为，损害优先购买权的股权转让合同为效力待定合同，待其他股东放弃优先购买权后，合同生效。附生效条件说认为，其他股东放弃优先购买权是股权转让合同的法定生效要件，待其他股东放弃优先购买权后，合同生效。无效说认为，公司法关于股东优先购买权的规定是效力性强制性规定，违反该条规定的合同无效。有效说认为，损害优先购买权的股权转让合同为有效，但不产生履行的效力。在《公司法司法解释(四)》《九民纪要》《民法典》通过并施行后，应当说，该问题无论在理论还是实务中，均有一个较为明确的结论，即采有效说。区分股权转让合同与股权变动，分别认定效力——损害有限购买权的股权转让合同，若无其他无效

① 参见赵旭东：《股东优先购买权的性质和效力》，载《当代法学》2013年第5期。

事由,当为有效。在法律适用上,根据《民法典》第646条规定,股权转让合同作为一种无名合同,参照适用买卖合同的有关规定。进一步,根据《民法典》第597条规定,损害有限购买权的股权转让合同,属于一种处分权瑕疵的合同,若无其他无效事由,原则上应为有效。

(二)股权转让的程序

1. 公司内部股东名册变更

股权转让应由出让方和受让方签订股权转让合同。关于有限责任公司的股权转让,依新《公司法》第86条、第87条的规定,股东转让其股权的,应当书面通知公司,请求变更股东名册;公司应当及时变更股东名册,并注销原股东的出资证明书,向新股东签发出资证明书,并相应修改公司章程和股东名册中有关股东及其出资额的记载。对公司章程的该项修改不需再由股东会表决。这就是通常所称的公司内部股东变更登记。

新《公司法》规定了公司不办理内部股东变更登记的股东救济措施。依新《公司法》第86条规定,公司拒绝办理内部股东变更登记的,或者在合理期限内不予答复的,转让人、受让人可以依法向人民法院提起诉讼。在诉讼中,应区分以下情况分别对待:(1)如因股权转让不符合公司法及公司章程的规定,公司因此而拒绝登记,则应认为股权转让无效,公司不承担任何法律责任,转让方与受让方之间的纠纷依股权转让合同处理;(2)若股权转让符合公司法及公司章程的规定而公司拒绝变更登记,则公司侵犯了股东依法转让股权的权利,应责令公司办理变更登记,并由公司承担相应的法律责任。

2. 公司登记机关的变更登记

有限责任公司股权转让后,公司须向公司登记机关办理股东姓名变更登记。依新《公司法》第86条第1款规定,股东转让其股权的,需要办理变更登记的,有权请求公司向公司登记机关办理变更登记。新《公司法》第34条第1款规定,公司登记事项发生变更的,公司应当依法向公司登记机关办理变更登记。

《市场主体登记管理条例》第24条第1款规定,“市场主体变更登记事项,应当自作出变更决议、决定或者法定变更事项发生之日起30日内向登记机关申请变更登记”。这就是通常所称的工商变更登记。一般而言,公司变更登记应由转让方(原股东)向董事会或公司章程规定的公司内部组织机构(以下简称公司内部登记机构)申请股东变更登记,再由公司内部登记机构依新《公司法》

及公司章程规定进行审核。若转让符合新《公司法》及公司章程规定，公司内部登记机构就应同意变更并记载于股东名册，然后到公司登记机关办理工商变更登记手续。

四、股份有限公司股份转让

（一）股份转让的意义

股份的转让，是指股份有限公司的股东依照一定的程序将自己的股份转让与受让人，由受让人取得股份成为公司的股东。一般而言，股份有限公司是典型的资合性公司。投资者向股份有限公司投资后，该投资即构成公司财产，股东不得自由支配，亦不得要求公司返还。股东自由转让其持有的股份是股东保护自身利益最重要的手段之一。如果公司法不赋予股东自由处分其所持股份的权利，则股东会因为利益无法保障而放弃购买股份这种投资方式，股份有限公司也将不复存在。因此，允许股份有限公司的股份自由转让已成为各国公司法的共识，这也是股份有限公司区别于有限责任公司的重要标识之一。股份有限公司股东无论是向其他股东转让，还是向股东以外的人转让，原则上皆可自由转让其持有股份，无须经过其他股东同意，其他股东也没有优先购买权，投资者可以通过自由转让其持有的股份转移投资风险。对此，新《公司法》第 157 条明确规定，“股份有限公司的股东持有的股份可以向其他股东转让，也可以向股东以外的人转让；公司章程对股份转让有限制的，其转让按照公司章程的规定进行”。

股份自由转让是证券交易所建立的基础，证券交易所让股份成为股东的流动性资产，保持股东的资金流动性。此外，股份自由转让也促成公司并购市场的建立，对公司管理层行为形成制约，由资本市场产生的压力会促使管理层不断提高经营管理水平。除此之外，股份流转会引致社会资金在全社会范围内，包括各公司、各行业部门、各地区之间不断地流动，为调节投资结构和经济结构创造条件。

（二）股份转让的限制

虽然股份自由转让是股份有限公司的重要特征之一，但实践中，部分股份有限公司具有封闭性，其与有限责任公司一样存在人合性需求。除此之外，股份转让亦会影响公司财产的稳定性,甚至产生股票投机行为。为了保护公司、股东及公司债权人的整体利益,许多国家或地区的公司法、证券法多对股份转让作出一些必要限制,以便将股份转让可能产生的弊端限制在尽可能小的范围内。依新《公司法》第 157 条至第 160 条的规定,股东持有的股份可以依法公开、公平、公正转让,但要受到下列限制。

1. 公司章程对股份转让的限制

公司章程是公司的自治宪章,可以对股份转让作出限制。新《公司法》第 157 条规定,公司章程对股份转让有限制的,其转让按照公司章程的规定进行。

2. 对股份转让场所的限制

新《公司法》第 158 条规定,"股东转让其股份,应当在依法设立的证券交易场所进行或者按照国务院规定的其他方式进行"。这里所说的证券交易场所,包括证券交易所、全国中小企业股份转让系统、证券公司柜台市场、区域性股权市场等。我国的上海证券交易所、深圳证券交易所和北京证券交易所,是最具有代表性的全国性证券交易场所。

由于股份转让的具体情形复杂,为避免阻碍股份流动,维护股权自由转让原则,股份有限公司的股份转让除在依法设立的证券交易场所进行外,还可以按照国务院规定的其他适当的方式进行。实践中,有的非上市公司股份也通过私下协议的方式进行转让。

3. 对公司董事、监事、高级管理人员持有本公司股份的转让限制

公司的董事、监事、高级管理人员是公司重要的经营管理人员。对其持有本公司股份作出转让限制,主要基于两个理由:一方面,保持公司的董事、监事、高级管理人员与公司利益的一致性。公司公开发行股份融资,其主要目的在于谋求公司更好的发展,而不是为公司董事、监事高级管理人员减持套现提供便利。另一方面,公司的董事、监事、高级管理人员在公司中处于控制地位,相对于外部投资者具有信息优势,为保护公众投资者合法权益,防止董事、监事、高级管理人员利用控制权和信息优势牟取不正当利益,对其转让减持行为作出适当限制,也是必要的。

新《公司法》第 160 条第 2 款即规定了这种限制,"公司董事、监事、高级管理人员应当向公司申报所持有的本公司的股份及其变动情况,在就任时确定的任职期间每年转让的股份不得超过其所持有本公司股份总数的百分之二十五;

所持本公司股份自公司股票上市交易之日起一年内不得转让。上述人员离职后半年内,不得转让其所持有的本公司股份。公司章程可以对公司董事、监事、高级管理人员转让其所持有的本公司股份作出其他限制性规定”。

此外,新《公司法》还新增“法律、行政法规或者国务院证券监督管理机构”可对上市公司的股东、实际控制人转让其所持有的本公司股份另行规定的规则。实践中,如上海证券交易所、深圳证券交易所的股票上市规则中还规定了承诺锁定期制度,即发行人提出首次公开发行股票上市申请时,其控股股东和实际控制人应当承诺,自发行人股票上市之日起 36 个月内,不转让其直接或者间接持有的发行人公开发行股票前已发行的股份。

4. 我国《公司法》对公司收购自身股份的限制

各国公司法对公司持有自身股份问题的态度不尽相同。譬如,美国允许公司自由回购自身股份;也有国家采用“原则禁止,例外允许”的立法模式,如法国原则上禁止公司持有自身股份,但在以下 3 种情形允许公司持有自身股份:其一,通过减少资本的方式取消股份;其二,依照利润分配方案将股份分配给雇员;其三,在证券交易所注册的公司,在遵守相关支付价格的某些限制条件下,可用自由储备金购买相当于其资本额 10% 以下的自身股份。事实上,公司收购自身股份将减少公司资产,使其财产不足以偿付公司债务,进而危及公司债权人利益。公司收购自身股份的行为除损害资本维持原则外,还存在诸如损害股东平等原则、损害公司控制权的公正性、损害交易的公平性等弊端。但是,允许公司收购自身股份亦有合理性,如可减少资本冗余、保持股本结构、维持公司控制权等。因此,新《公司法》第 162 条也采用了“原则禁止,例外允许”的立法模式,具体详见本书第五章第三节“公司的权利能力与行为能力”中“六、公司回购”的内容。

5. 对接受本公司股份作为质权标的的限制

新《公司法》第 162 条第 5 款规定:“公司不得接受本公司的股份作为质权的标的。”公司的股份具有的财产性权益属性,可以成为质权的标的,但是公司法禁止公司接受本公司的股份作为质权的标的。这是因为公司接受本公司股份设置质权的,形同于以自身财产担保自己的债权,当债务人不能清偿债务,公司拍卖股份又无人应买时,公司即成为该部分股份的持有人,违反了上述公司法对公司收购自身股份的限制规则。

6. 股东在法定的“停止过户期”的时限内不得转让股份

新《公司法》第 159 条第 2 款规定，“股东会会议召开前二十日内或者公司决定分配股利的基准日前五日内，不得变更股东名册。法律、行政法规或者国务院证券监督管理机构对上市公司股东名册变更另有规定的，从其规定”。只有在股东会或公司决定分配股利之前公司股东是确定的，才能保证相关事项能够顺利进行。因此，股份有限公司在股东会召开前 20 日内或公司决定分配股利的基准日前 5 日内，不得变更股东名册。在此期间，即使发生了股份转让，受让人也不得要求公司在股东名册上对有关事项进行变更，仍由原股东参加股东会，行使股东权利；或者由原股东接受股利分配，在股东会结束后或股利分配结束后，股票的受让人才可以主张变更股东名册，其也可以向原股东请求返还该部分股利。值得注意的是，这并不意味着在此期间不得进行股份转让。但是，如果受让人在此期间申请股东名册的变更登记，公司应当拒绝；如果公司接受其申请，并办理过户手续，应属于无效。

（三）股份转让的方式

可以依据股份转让的程序的不同对股份转让进行分类。

1. 记名股的转让

新《公司法》第 159 条第 1 款规定，“股票的转让，由股东以背书方式或者法律、行政法规规定的其他方式进行；转让后由公司将受让人的姓名或者名称及住所记载于股东名册”。

此前，我国公司实践中的股票可以分为实物券式股票和簿记式股票，前者转让时须经背书，并将受让人姓名及住所记载于股东名册才能生效。而簿记式股票转让则无法采取背书方式。新《公司法》删除了无记名股，要求股份有限公司皆应发行记名股，因而也将不存在无记名股的转让问题。

2. 上市股份的转让

新《公司法》第 165 条规定：“上市公司的股票，依照有关法律、行政法规及证券交易所交易规则上市交易。”对于上市公司而言，其股票采取的是簿记券式，无法采用背书方式转让，通常应由交易者在证券公司开户、委托证券公司买卖，由证券登记结算机构根据成交结果，按照清算交收规则，与证券公司进行证券和资金的清算交收，并为证券公司客户办理证券的登记过户手续，即对买入证券的投资者在其证券账户内增加证券数量，同时在卖出证券投资者的账户内减少相应证券数量。

3. 国有股权转让

国有股权因国家持股而具有特殊性。依照《企业国有资产监督管理暂行条例》第23条规定,国有资产监督管理机构决定其所出资企业的国有股权转让。其中,转让全部国有股权或者转让部分国有股权致使国家不再拥有控股地位的,报本级人民政府批准。在国有股权转让纠纷的案件中,转让国有股权未经履行批准手续或其他法定程序的,案涉股权转让合同不生效,但是在诉讼中办理了相关手续或者履行了其他法定程序的,股权转让合同发生法律效力。未对转让的国有股权价值进行评估的,法院应当委托中介机构进行评估;合同约定的转让价格显著低于评估价值的,以评估价值确定股权转让的价格。

(四)记名股票被盗、遗失或者灭失的处理

依新《公司法》第164条的规定,股票被盗、遗失或者灭失,股东可以依照《民事诉讼法》规定的公示催告程序,请求人民法院宣告该股票失效。人民法院宣告该股票失效后,股东可以向公司申请补发股票。

1. 依公示催告程序宣告股票无效

结合《民事诉讼法》第十八章规定的公示催告程序,内容如下:(1)以背书转让的股票持有人,因股票被盗、遗失或者灭失,可以向票据支付地的基层人民法院申请公示催告。申请人应当向人民法院递交申请书,写明记名股票的主要内容和申请的理由、事实。(2)人民法院决定受理申请,应当同时通知公司停止该记名股票所代表股东权利的行使;并在3日内发布公告,催促利害关系人申报权利。公示催告的期间,由人民法院根据情况决定,但不得少于60日。(3)公示催告期间转让该股票的行为无效。(4)利害关系人认为股东的公示催告请求与事实不符合的,如申报该记名股票并不是被盗、遗失或者灭失,而是被合法转让给自己的,应当在公示催告期间向人民法院申报。在公示催告期间,没有利害关系人申报的,人民法院应当根据申请人的申请,作出判决宣告该记名股票无效。判决应当公告,并通知公司。(5)利害关系人因正当理由不能在判决前向人民法院申报的,自知道或者应当知道判决公告之日起1年内,可以向作出判决的人民法院起诉。

2. 申请补发股票

依照公示催告程序,人民法院宣告该股票失效后,股东可以向公司申请补发股票。

(五)禁止公司财务资助行为

公司财务资助行为,是指公司为他人取得本公司股份或者其母公司股份而提供财务资助的行为,包括赠与、借款、担保等使公司资产向他人流出的行为。认定公司财务资助行为构成要件包括:其一,他人购买本公司或其母公司股份;其二,公司为他人提供了财务资助;其三,公司提供财务资助目的是帮助他人取得本公司或其母公司的股份。

1. 制度功能

我国公司法引入禁止财务资助行为制度主要有三大制度功能。

第一,规制公司控股股东、实际控制人、管理层对公司资产的滥用行为。所谓滥用行为是指不是为了公司利益,而为了自身利益或者他人利益不当使用公司资产,损害公司、债权人利益。具言之,控股股东、实际控制人、管理层控制公司向他人提供财务资助,被资助人再高价购买控股股东、实际控制人、管理层手中的股份,变相地掏空公司资产。维持公司资产是这一制度功能的底层逻辑。

第二,防范公司虚假增资。公司通过向特定第三人发行新股,同时向该第三人提供财务资助支付股款,股款最后又回到发行新股的公司,完成虚假增资,如此循环往复,又称循环增资。对于虚假增资,相关资助的财产仍属于公司,未损害公司利益,但因严重冲击公司的资本信用,损害了债权人利益。

第三,防止公司不当影响股价。当公司股价下降时,公司为了稳定甚至提升股价,向他人提供财务资助,让其在二级市场购买该公司股票,以此抬升该公司股价。禁止财务资助行为可以规制这类行为,维护证券市场化定价机制,让证券交易市场价格真实反映公司价值,禁止公司利用自身资产去操纵股价。

2. 原则禁止

各国立法例上,对禁止财务资助行为规则一般采用“原则禁止,例外允许”。新《公司法》第163条禁止财务规则也采用了这种规则体系。只有在原则上禁止财务资助行为,才能够实现立法者对禁止财务资助规则所预设三大制度功能。假如采用“原则允许,例外禁止”,资助公司和被资助人都很容易绕开例外的禁止情形,架空这一规则。

新《公司法》第163条第1款是财务资助的原则禁止规则,涉及适用问题具体如下。

第一,适用主体。新《公司法》第 163 条仅适用股份有限公司,不适用有限责任公司,具体是指为他人提供资助行为的公司。

第二,财务资助形式的界定。帮助他人取得本公司或母公司的股份的任何形式财务资助形式的实质标准是公司行为是否导致公司资产减损。其主要表现形式包括积极资助行为和消极资助行为。积极资助行为包括赠与、借贷、发行公司债券、提供担保或补偿等。消极资助行为包括公司承担他人的债务,免除他人债务等。

第三,财务资助目的。财务资助目的是帮助他人购买本公司或其母公司的股份。如果被资助对象购买了其他公司的股份,则因不符合资助目的,不构成财务资助行为。

第四,被资助对象的界定。新《公司法》第 163 条中作为被资助对象的“他人”,主要是指公司潜在股东。为了防止本规定被轻易规避,“他人”也可以指公司股东。

3. 例外允许

但是,财务资助行为并非绝对不利于公司,相当一部分的财务资助行为对公司有利。例如,公司资助有商业才华的企业家收购公司,该企业家收购公司后,不仅改善了公司治理效率,而且研发了有价值的产品,让公司市值实现了大幅度增长,公司和债权人都能从中受益。又如,公司将资金借贷给他人在二级市场购买本公司股份,公司通过借贷收回了本金并获得丰厚利息,该财务资助行为也使公司和债权人从中获利。因此,各国禁止财产资助规则都有一般例外规定,如《澳大利亚公司法》第 260A 节规定两类一般例外:其一,没有实质损害到公司利益、其他股东的利益或者公司的偿付能力的财务资助行为;其二,经股东会批准的财务资助行为。

此外,域外也有关于禁止财务资助具体例外的规定。不同于一般例外,具体例外是为财务资助行为规定了具体的事由与情形。根据是否对具体事由设定额外条件,具体例外分为两类:无条件的例外和附条件的例外。无条件的例外是指形式上具有财务资助特点但是已经有针对性的立法或司法行为进行规制的交易行为,如股份分红、股份回购等。附条件的例外是指公司法允许公司在某些具体事由情形下提供财务资助,但必须满足基本的资产维持要求。例如,金融机构经营正常业务例外与员工持股计划例外。

新《公司法》第 163 条第 2 款是禁止财务资助的一般例外规则，涉及适用问题具体如下。

第一，一般例外的实质要件：为了公司利益。实质要件标准分为正面界定标准和反面界定标准。正面界定标准是指财务资助行为是否为了公司利益。反面界定标准是指财务资助行为是否未对公司、股东、债权人造成实质损害。新《公司法》第 163 条第 2 款采用正面界定标准，使用了“为公司利益”的表述。司法实践中，被告往往很难证明财务资助行为有利于公司利益。因此，被告可以通过证明财务资助行为不损害公司利益、股东利益或者公司偿债能力符合反面界定标准来证明其符合为了公司利益的实质要件。一般例外的实质要件主要起到事后司法监督作用，要配合以董事、监事、高级管理人员的赔偿责任，才能起到事前司法威慑作用。也就是说，在允许有益的财务资助行为的同时，一般例外的实质要件既起到事后司法监督作用，也起到督促管理层事前管理监督作用。

第二，一般例外的程序要件。一般例外程序要件是事前监督必备配套规定。新《公司法》第 163 条第 2 款规定，财务资助行为只有经过股东会决议，或者董事会按照公司章程或者股东会的授权作出决议，才能构成一般例外。其中，董事会决议应当经过全体董事的 2/3 以上表决通过。

第三，一般例外的资本比例要件。新《公司法》第 163 条第 2 款规定，财务资助的累计总额不得超过已发行股本总额的 10% 。财务资助资本比例要件是进一步事前监督，程序要件监督和资本比例控制，体现了立法者极其谨慎允许例外财务资助行为的立场。

值得注意，新《公司法》第 163 条第 1 款还规定禁止财务资助的一种具体例外。新《公司法》第 163 条第 1 款规定了一种无条件的具体例外情形：公司实施员工持股计划。与域外相关规定精神不同，本条款并没有附加资本维持的条件。

4. 法律责任

在“原则禁止，例外允许”的体系之下，新《公司法》第 163 条第 3 款规定，公司违法为他人提供财务资助，给公司造成损害，负有责任的董事、监事和高级管理人员应当承担赔偿责任。一方面，为了禁止财务资助行为规则形成司法威慑；另一方面，为因财务资助行为受损害的公司提供法律上的救济。

五、股权继承

新《公司法》第 90 条、第 167 条规定，自然人股东死亡后，其合法继承人可以继承股东资格；但是，公司章程另有规定的除外。由于死亡是一个事件而不是行为，因继承而发生的股权转让属于基于非法律行为的股权转让。需要讨论的是，当继承发生时，股权是自动变动至继承人名下，还是继承人须办理相关股东变更手续后，方取得股权？有观点认为，在自然人股东死亡后，只要公司章程没有相反的规定，其继承人就可以立即向公司申请办理股东变更手续，进而取得股权和股东资格。另有观点认为，在自然人股东死亡后，只要公司章程未禁止或限制股东资格继承，其继承人就可以立即取得股权。我们赞成第一种观点。此外，《民法典》第 1121 条第 1 款规定，继承从被继承人死亡时开始。该条中的“继承”并非指向遗产的变动，而是指办理遗产继承相关事务的开始。因而，股权的继承人若欲取得股权，还需履行股权变动的手续。但与一般的股权对外转让不同的是，根据《公司法司法解释（四）》第 16 条规定，在股权发生继承时，其他股东不享有新《公司法》第 84 条规定的优先购买权。

另外，2005 年《公司法》修改时，对股权继承问题规定了“但书”条款，即公司法章程另有规定的除外，允许公司对股权继承作自治性规定，为困扰司法实践多年的股权继承纠纷在立法上画上了句号。在立法进程中，关于股权继承的法律默示条款，应当是默示允许继承、公司章程有权禁止或限制，还是默示不允许继承、公司章程有权限制或允许，存有不同意见。这两种意见在规范上并无优劣之分，各国须根据各自的国情确定。譬如，《德国有限责任公司法》第 17 条规定了“默示不允许，例外允许”的规则，即股份继承原则上应取得其他股东的同意，但公司章程另有规定的除外。德国学者认为，阻止不受欢迎的继承人进入公司是许多公司的愿望。[①]《法国商法典》第 L223 - 13 条则选择了相反的路径，规定股份原则上可以继承，但公司章程另有规定的除外。[②] 考虑到我国的文化传统和实践需求，立法者最终选择了“默示允许，例外禁止”的规范思路。另

① 参见[德]托马斯·莱赛尔、[德]吕迪格·法伊尔：《德国资合公司法》（第 6 版），高旭军等译，上海人民出版社 2019 年版，第 631—632 页。

② 参见《法国商法典》，罗结珍译，北京大学出版社 2015 年版，第 217—218 页。

外,在被继承人为一人,而继承人为多人时,股权继承的发生将可能导致有限责任公司股东人数超过法定人数。如果继承后对股权进行分割将导致股东人数超过《公司法》规定的有限责任公司股东人数,那么应当禁止分割。

| 本章法考和考研练习题 |

一、单项选择题

1. 甲公司成立于2017年2月,张三持有公司80%的股权,并担任董事长,李四持有公司7%的股权。公司章程规定,公司召开股东会,应该提前7天以书面形式通知全体股东。为了扩大公司规模,张三认为,甲公司应当与乙公司合并,并提议召开股东会。但因准备匆忙,在会议召开前7天仅以电话形式通知李四。甲公司股东会以代表90%表决权的股东同意,代表3%表决权的股东反对,李四拒绝在决议上签字的情况下,通过了与乙公司合并的决议,下列说法正确的是(　　)。

A. 该次股东会议的召集程序违反法律规定,李四可以主张该决议无效

B. 该次股东会议的召集程序违反法律规定,李四可以主张撤销该决议

C. 若李四针对股东会决议提起相关诉讼,应当以公司为被告,其他股东列为第三人

D. 李四有权要求公司以合理的价格回购其所持有的甲公司的股权

2. 甲持有乙公司5%的股权,丙是乙公司的股东同时担任公司董事。乙公司章程规定股东不能查阅公司会计账簿,但公司章程未登记。2019年1月,甲将股权转让给丙后,公司经营立即变好,甲觉察异样,担心自己作为股东期间被丙"套路",欲查阅公司会计账簿,下列有关说法正确的是(　　)。

A. 甲有权向公司书面申请查阅作为股东期间的公司账簿

B. 甲有权向公司书面申请查阅并复制公司的会计账簿

C. 公司可以根据公司章程的规定拒绝甲的查阅请求

D. 甲不再是公司股东,无权查阅公司的会计账簿

二、名词解释

1. 股东

2. 股权

3. 出资

4. 股份

5. 自益权

6. 共益权

7. 股东名册

8. 派生诉讼

9. 出资证明书

10. 优先股

11. 累积投票制

三、简答题

1. 股东资格的取得方式有哪些?

2. 公司的股东与公司的发起人的关系如何?

3. 如何理解股东的法律地位?

4. 股东的主要权利义务有哪些?

5. 股权可以作哪些分类?各种分类的意义是什么?

6. 如何理解股权的法律性质?

7. 如何理解股东平等原则?

8. 有限责任公司的出资和股份有限公司的股份有何区别?

9. 有限责任公司的出资证明书和股份有限公司的股票有何区别?

10. 试述公司法关于有限责任公司股权转让的规定。

11. 公司的股份与公司的资本是否同一含义?

12. 对股份或股票可以作哪些分类?各种分类的区别有哪些?

13. 试述公司法关于股份有限公司股份转让的规定。

14. 股份有限公司股份自由转让的意义是什么?

15. 试述公司法限制公司回购自身股份的原因。

CHAPTER 09

第九章

公司治理与公司组织机构

本章导读

本章主要介绍了公司治理与公司组织机构的相关内容。主要涉及了公司治理的概念和基本模式、公司组织机构的含义和模式、股东会、董事会、监事会及高级管理人员的职权、公司决议的效力体系、董事、监事、高级管理人员、控股股东、实际控制人的义务及需要承担的责任等问题。本章学习的重点在于理解公司治理的基本价值和公司组织机构的权力配置，掌握公司股东会、董事会等主要组织机构的职权和功能，以及掌握公司决议效力的层级体系和董事、监事、高级管理人员、控股股东、实际控制人的义务和责任。本章学习的难点在于对公司主要组织机构间权力配置的掌握以及对董事、监事、高级管理人员、控股股东、实际控制人的义务和责任体系的掌握。

第一节　公司治理概述

一、公司治理的概念

公司治理，也称公司治理结构，其概念不仅在法学角度具有重要意义，管理学、经济学等多个学科均对公司治理问题从不同侧面开展研究，但到目前为止，尚未能够形成一个公认的定义。

从法学角度分析，在制度功能方面，公司治理的概念有广义、狭义之分。狭义的公司治理仅仅解决因“两权”分离而产生的代理问题，即调整股东与管理层之间的“委托—代理”问题；广义的公司治理解决公司诸利益相关者之间的利益冲突,调整股东、管理层、债权人、雇员等相互之间的利益关系。同时,公司治理也是确保公司在法律框架内遵守法规、避免管理风险、提高决策透明度和追求长期经济价值的关键机制之一。在制度构成方面,公司治理可以进一步分为内部治理与外部治理两方面内容。

内部治理是公司治理的核心部分,强调公司内部的管理机制和制度安排。它包括董事会、高级管理人员所组成的公司内部结构,主要的目标是确保公司以合法、透明和有效的方式运营。一般而言,董事会在内部治理中发挥关键作用,负责制定公司政策、监督管理层、决策制定和战略规划。内部治理通过制定公司内部规则、道德准则、风险管理策略和内部审计程序来确保公司的健康经营。外部治理是指外部利益相关者和监管机构对公司的监督和干预。外部治理主体主要包括投资者、政府、金融监管机构、市场监管机构和其他第三方监管主体。外部治理通过法律、法规、市场机制和监管来确保公司遵守法律法规,从而保护公司和股东权益。外部治理机构可以对公司进行审计、调查、惩罚,以确保公司遵守法规。

内部治理和外部治理之间存在密切联系,因为它们共同致力于确保公司合法运营和股东权益的保护。但两者同样存在显著的区别,具体而言:(1)内部治理主要由公司自身的管理机构负责,而外部治理主要由外部机构和利益相关者来执行;(2)内部治理关注公司内部结构和管理实践,外部治理关注公司在市场中的行为和对外披露;(3)内部治理更加强调董事会和公司管理层的作用,而外部治理强调监管机构和法规。

二、公司治理的不同模式

公司事务谁当家?哪个机构说了算?这是公司治理最直白而又要害的问题,而针对这一问题的不同解答便衍生出了公司治理的不同模式。股东会和董事会是公司最主要的组织机构,是法定的公司治理主体,公司治理的分权制衡主要是股东会与董事会的权力分配和相互牵制,公司治理是以股东会为中心还是以董事会为中心的制度选择分化出了公司法中最具代表性的两类公司治理模式,即股东会中心主义模式和董事会中心主义模式。随着公司法理论和实践的发展,又进一步衍生出了经理层中心主义以及利益相关者导向型等新型的治理模式,但从世界范围上看,当前总体上仍展现出股东会中心主义和董事会中心主义的"分庭抗礼",本书也将重点围绕此两种制度加以讨论。

(一)股东会中心主义与董事会中心主义的界定与区分

股东会中心主义和董事会中心主义的评价和取舍早已是公司治理老生常谈的话题,但在任何国家的公司法条款中,却并不存在股东会中心主义和董事会中心主义的文字规定,它纯属是对公司法进行学理注释形成的理论概念,然而,虽然专注或提及这一概念的理论著述汗牛充栋,但对于股东会中心主义、董事会中心主义概念本身的含义却始终处于中外公司法学者们的众说纷纭之中。概括而言,理论界主要是从以下六方面视角来对股东会中心主义和董事会中心主义加以界定和区分。

1. 公司治理终极目标的视角

公司治理以股东利益最大化为目标还是以公司自身的整体利益为目标是探究股东会中心与董事会中心时涉及的深层次本质问题。股东利益最大化是传统公司治理立法和学理天经地义的目标,公司虽然是独立的法人实体,但本质上它同独资企业和合伙企业一样,都是投资者进行营利活动的工具和组织形式,是股东为获取投资收益而设立的营利性组织,就此而言,公司的全部经营活动当以股东利益最大化为目标,因此公司治理的法律原则应是股东会中心主义。然而,在以德国银行家拉兹诺(Rathenau)为代表的"企业自体"理论看来,公司企业本身具有经济上、法律上及社会上的固有性及继续性价值,它是多方主体利益和意志的聚合,具有独立的法律地位也有独立的利益,[①]公司法不仅要实现股东的投资利益,也要寻求对所有利益相关者,包括雇员、债权人、社会等利益的兼顾和保护。而董事会是公司利益的主要代表者,因此,股东会中心已经让位于董事会中心。主张董事会中心的玛格丽特(Margaret)教授以及"团队生产"(team production)理论认为,董事会在行使职权时没有追求股东利益最大化的合同或者道德义务,也没有义务在股东利益之前考虑公司雇员以及其他组成部分的利益诉求,董事会实际上只是一个居中调解、协调包括股东在内各方参与者利益的机构或"中立裁判者"。[②] 如此,在公司经营应追求股东还是公司

① 参见钱玉林:《股东大会中心主义与董事会中心主义——公司权力结构的变迁及其评价》,载《学术交流》2002 年第 1 期。

② 参见赵渊:《"董事会中心说"与"股东中心说":现代美国公司治理学说之辩》,载《比较法研究》2009 年第 4 期。

本身最大利益的理论探究中,公司治理的终极目标成为股东会中心主义和董事会中心主义的分野。

2. 股东会与董事会之间法律关系性质的视角

股东会与董事会之间法律关系的性质是公司法学者观察股东会中心主义和董事会中心主义的又一个视角。主张股东会中心的核心论据是股东会与董事会之间构成代理法律关系,其认为,公司最初被视为是私人合同的内在产物,剥去设立独立法人公司所蕴含的意义,公司的权力被理解为是由股东直接向董事授权。按照公司法的合同理论,董事是股东的代理人,其权力源于股东授权,董事应当为股东价值最大化服务,这就是股东中心说的根本要义。“股东中心说”主张机构投资者们通过在一些关键决策中掌握话语权来对公司施加决定性的影响,使股东与董事会之间的关系重新回到“被代理人与代理人”的关系之中。

3. “主要事项”和“重大事项”决策权归属的视角

在提及股东会或董事会中心的著述中,许多论者是以决定公司“主要事项”或“重大事项”的权力来进行辨识的。有学者在主张股东会中心并未被推翻时,提出了公司“主要事项”决定权问题,认为作为最高决策机构的股东会,其“最高性”意味着股东的意愿决定组织的框架,同时也意味着对主要事项的最终决策具有法定效力。另外,支持“股东中心说”的学者们主张在现代公司治理中应当尊重股东的诉求,并倡导重新确认股东作为公司重大事务的最终决策者的地位。根据这些著述所阐释的标准,股东会或董事会中,谁有权决定公司的“主要事项”或“重大事项”,谁就是公司治理的中心。

4. “公司基本事项”与“业务执行事项”相区分的视角

与“主要事项”或“重大事项”甚为接近的是“公司基本事项”与“业务执行事项”的辨识标准。根据美国公司法(含各州公司法),公司的业务是由董事会经营,这是董事会中心主义的标志性内容,其认为董事会为公司最高业务执行机关,若章程别无规定,则股东会之决议事项仅限于章程的变更、资本的减少、合并、全部营业财产的转让等公司组织基本事项,股东会亦不能拘束业务执行的方针。此种“以董事会为业务执行机关”的制度,被称为“董事会中心主义”。在这里,论者实际上把公司治理事项分为“公司组织基本事项”与“业务执行事项”两大类,决定何者作为公司治理中心的不是诸如章程变更、增资减资、公司合并等“公司基本事项”的决定权，而是“业务执行事项”的决定权，哪个机构负责业务执行，哪个机构就是公司治理的中心。

5. 最终决定权归属的视角

在各种学说中，最具主流影响力、更受广泛认同的应是最终决定权标准，依此标准，对于公司治理中的各种事项，虽然股东会和董事会分别享有法定职权，但如果股东会对董事会分工负责的公司事项享有否决或最终决定的权力，则属于股东会中心，如果董事会可以完全独立行使其法定职权，股东会无权干涉或否决董事会依职权作出的决议，则属于董事会中心。通常是以“最高权力机构”“董事会权力独立”等术语表达最终决定权在股东会还是董事会，并以此判断何者为公司治理的中心。近现代公司法的演进对公司权力结构产生了深远影响。最初，宪政主义形式被赋予公司制度，股东会被确立为公司的最高权力机关。在大陆法系国家的近代公司立法中，股东会一度被视为具有至高且无限权力的机构。相比之下，传统的英美公司法则不认同董事会独立于股东会拥有法定权力的观念，董事会执行公司业务决策必须完全遵循章程规定和股东会的决议，这形成了股东会中心主义的权力分配模式。然而，随着时间推移，英国判例法逐渐开始承认董事会权力的独立性。德国股份法也不再将股东会视为最高权力机构，而将公司经营的业务执行问题一般交由董事会决定，股东会仅在董事会要求时才能发挥决策作用。此外，日本商法规定董事会为公司决策和业务执行的最高机关，股东会的决议范围受商法和公司章程规定的限制。这些变革逐渐打破了传统股东会中心主义的观念，公司法经历了向更加重视董事会权力的转变。以别布丘克(Bechuk)教授为代表的“股东中心论”支持者认为，对于公司的一系列重要决策和交易，股东、而非董事会应当拥有最终的决定权，股东才是公司的最终主宰者。①

6. 剩余权力归属的视角

界定公司治理中心还有一个较为特殊的识别根据是公司治理剩余权力的归属。公司法或公司章程对股东会和董事会职权划分的规定不可能包罗万象，

---

① See Bebchuk, Lucian A., *The case for facilitating competing tender offers*, Harvard Law Review, p. 1028 - 1056(1982); Bebchuk, Lucian A., *The myth of the shareholder franchise*, Virginia Law Review, p. 675 - 732(2007).

总会出现未能涵盖的特殊事项，由此形成所谓公司治理的剩余权力，如果此项剩余权力归属股东会则为股东会中心，如果归属董事会，则为董事会中心。剩余权力是公司治理和权力分配中出现的一个不确定权力空间，在这个空间，股东会和董事会分别拥有多大的权限，没有一个定量，而是一个变量，可变因素在于章程的规定，而章程属于股东会决议的事项。因此，在这个变量中，完全由股东会掌握主动权。为了达到平衡，在立法上的基本反应，就是将这些可变的权限暂定为董事会的权限，但不具有专属的性质，股东会可通过章程予以保留，从而剥夺董事会的这些权限，如《日本公司法》《韩国商法》中的新股发行权就属于这种情况。

（二）我国公司治理模式的现状识别

几十年来，我国公司的治理模式保持了长期的稳定，公司法虽经多次修订，但基本未触动初始的设计。公司法对公司的经营者权力主要是在董事会和经理之间进行分配，而就股东会、董事会和经理三个机构拥有的经营者权力进行比较，首先，就权力的独立性而言，公司法除对各个机构的职权分别予以规定外，并未特别规定哪个机构对所有事项享有绝对的最高权力或最终决定权。其次，公司法也未对剩余权力，即对未列明事项的权力归属作出明确规定，虽然在机构职权中有“公司章程规定的其他职权”的弹性兜底条款，但因几个机构都兼有此项条款，因此公司剩余权力的归属依然不明。而从经营者权力的基本分配来看，无论从经理组织实施董事会决议并对董事会负责的基本从属关系定位，还是从经营计划和投资方案事项上董事会有权决定、经理组织实施的具体主从工作关系，无论从内部管理机构设置与公司基本管理制度两大事项上经理负责拟定、董事会有权决定的先后拟决关系，还是在经理、副经理、财务负责人等被任免公司高管人员的层级上，都较为清晰地显示，董事会较之经理的综合权力优势还是比较突出的，其处于明显的主导和核心地位，我国公司法上的公司治理无疑应属董事会中心，学界认为或主张我国公司法属于股东会中心的学术论断殊值商榷。

将我国的公司治理模式归类为董事会中心只是对现行公司法规范条款的客观注解，但应观察和意识到的是，我国公司治理中心的立法设计和安排与现实公司实践并不吻合和统一，相反，立法与现实的背离和脱节已经达到相当严重的程度，董事会作为法定的公司治理中心在许多公司中已经名不副实，其在公司经营管理中的主导或核心地位实际上已经被经理机构或控股股东取而代之，准确地说，许多公司的真正治理模式不是董事会中心主义，而是经理层中心主义或者是控股股东中心主义。

长期以来，我国的公司治理就广受各方面批评和诟病，而公司治理深陷困境的深层原因和症结之一则在于公司治理的法律设计与现实运行严重脱节。首先，公司治理的法定主体与实际主体脱节。公司法规定的法定公司治理主体是股东会、董事会、监事会和经理这四个确定的机构，所谓的分权制衡也是这几个机构之间的权力分工和相互制约。但实际上，很多公司的治理主体却是控股股东、董事长、总经理，甚至公司董事会秘书等，这些角色有的虽然不属公司法规定的治理主体，其在法律上也不享有具体的管理职权，但它们却经常成为公司重大事项和具体事务实际的管理者和控制人。其次，公司治理的法定权力分配与公司运行中实际的权力分配脱节。依照公司法的设计，经理只是一个任意设定的管理机构，看起来法律地位最为卑微、“人微言轻”，但实际上却“一言九鼎”，在许多公司中它成为掌握实权，甚至权倾公司的真正控制者，对公司的营业和事务有着巨大影响力的公司高级管理人员已经取代董事会成为公司决策的中心角色。公司的各种重大和一般公司事项形式上由董事会和股东会决定，但实际上不仅这些决定的初始动议来源于经理，而且其后的程序安排和表决也往往受到经理机构的实际操控。在相当多的公司中，董事会的许多职能实际上由管理层行使。我国上市公司的管理层所拥有的实际权力远远超出了书面文件所规定的范围。与此类似，控股股东依法享有的只是普通股东的权利，并没有直接管理公司事务的任何权利，但它却是公司的无冕之王，是公司终极的控制者和真正的治理主体，实际上执掌和行使着公司主要的管理权。虽然在公司法上，股东会享有公司重大事项的决定权，但实际上许多公司的股东会不过是徒有其名的形式，真正决定和左右公司重大事项的可能是控股股东，也可能是公司的董事长；虽然董事会享有对公司重大事项提出建议、方案和决定公司经营计划和投资方案等经营者权力，但由于董事会系由股东提名选任等原因，许多公司的董事会不过是控股股东或董事长支配操纵的机构，董事会所作的许多决议本质上不过是控股股东或董事长作出的决定，甚至对于经理这一专司经营者权力的业务管理机构，因其由董事会聘任，股东会控制了董事会也就延伸控制了经理，因而经理权力终究还是无法独立于控股股东的权力范围。

公司治理立法与现实的严重脱节造成了我国公司治理的特别情景和扭曲状态，虽然公司法贯穿董事会中心主义，对于严格遵循公司法分权制衡规范的公司，董事会也的确成为公司治理的中心，但在经理机构权力不断扩张和膨胀、实权在握的公司，经理层成为公司的治理中心；对于控股股东过度控制、直接干预或决定公司经营事务的公司，控股股东则成为公司的治理中心。由此，公司法为所有公司设计和提供的统一治理模式在无数公司的实际运行中演化和变异为法外的模式，不同公司类型、不同经营规模、不同股权结构、不同治理理念的公司会在公司经营需求和内外环境驱使下自觉选择或顺乎自然地确定或形成自己的治理中心。总体而言，在不同类型公司中，上市股份公司因统一外部市场监管和严格上市规则约束，法定的董事会中心地位基本上能够得到有效实现，而对于其他类型公司，公司治理中心则会呈现多样的变化。在股权较为分散、经营规模巨大、高度重视职业化和专业管理的公司，经理层中心常常会得到认同和选择，而在股权高度集中或经营规模不大的中小型公司，更容易走向控股股东中心。由此，法定董事会中心主义与某些公司事实上的经理层中心主义或控股股东中心主义构成了我国公司治理模式的特殊状态。

（三）不同治理模式的价值评价与我国公司治理模式的选择

在各种公司治理模式中，股东会中心主义无疑有其难以取代的终极价值，尽管学术主张上确有他见，但以股东利益最大化为公司治理的目标依然是古往今来公司法理论的基本共识和定论，“资本中心”和“股东本位”的法律理念在公司法上的统治地位从未被真正撼动。公司虽有其法律地位上的独立存在，但公司利益的独立终究只具有法律形式和过程性的意义，其实际的、终极的归属依然是公司的全体股东。对其他利益相关者的利益维护虽然已成为现代公司法新的理念和价值取向，但其也只是公司治理所要追加和兼顾的目标，而非对股东利益最大化的取而代之。而欲实现股东利益最大化，股东会中心主义自然会有其固有优势，股东为寻求自身利益而亲自进行管理的利益驱动通常会远胜于合同和法律义务对专门管理人施加的外部压力。

董事会中心主义作为后起的治理模式在许多方面表现出特有的制度优势和更为充分的法理根据。其一，在公司经营效率化和企业管理专业性追求方面的优势。现代市场竞争和技术进步以及商事交易的复杂多变对公司管理形成更强的外部压力，提出了更高的专业化要求，具有投资财力，甚至实力雄厚的股东不一定具有专业化的管理能力和素养，将公司经营事务交由具有专业知识和丰富经验的职业管理人进行管理成为最具效率性的现代企业管理方式，公司董事会通常是以职业经理人和专业人士以及擅长经营管理的股东代表组成，由此董事会中心较之股东会中心更能反映和体现公司专业化和高效管理的目标和要求。其二，从法律制度间的相互连接和功能互补而言，将公司主要的经营者权力赋予董事会更尊重和符合公司法人地位、人格独立及其法人人格权及其财产权的内在要求，更能为公司人格的真正独立提供权力配置的有效保障。由股东之外的管理者组成的董事会较之股东会显然更有基础和条件完成此一人格独立的法律任务，在股东意志和利益与公司意志与利益之间，尽管股东会的集体意志不等同于股东的个人意志，但股东会毕竟是股东直接议决的组织，并且在资本多数决表决机制之下控制股东更有决定性主导作用，因此股东会的隔离作用有着较大局限性和不足。而董事会因其董事多不具有股东身份且其实行董事表决权平等、按人头表决的机制，更能摆脱股东，尤其是个别股东对董事会决议的影响，从而可以发挥更有效的隔离作用。其三，公司股东消极冷漠、“用脚投票”和“搭便车”的权力态度和行为趋向也使董事会顺乎自然地成为公司的权力中心。现代公司因其规模巨大，尤其是因公众性股份公司股东人数众多和股权高度分散，单个或少数股东对股东会决议影响甚微，股东间又难以进行有效的意见协调和统一，因此形成普遍的“搭便车”心态，只关注公司股票涨跌和市场交易回报，而对公司经营事务消极冷漠。其结果自然导致股东会地位下降、权力旁落和虚化，公司权力向董事会逐渐转移和集中，最终使董事会在公司治理中的核心和枢纽地位水到渠成，因此，各国公司法从股东会中心主义转采董事会中心主义不过是尊重现实、顺势而为的立法调整。

以上分析表明，股东会中心主义和董事会中心主义两种不同公司治理模式各有其形成和发展的历史原因，各有其实现的主要价值目标和法律功能，对于公司经营管理各有其特别优势，因而能够适应和满足不同公司和投资者的差异化需求。公司法定类型、公司规模以及公司的股东和股权结构与股东会中心和董事会中心的取舍有着十分紧密的关联，有限公司或封闭性公司、股东人数较少、规模较小的公司、股权较为集中的公司更适宜实行股东会中心。而上市股份公司或公开性公司、规模较大、股东众多、股权结构高度分散的公司则更适宜于采取董事会中心。十分看重和强调股东利益至上和对公司经营“代理成本”

容忍度较低的公司,股东会中心应是其理想的治理模式,而特别重视公司独立人格维持和利益相关者权益保护的公司,董事会中心无疑是其更好的选择,甚至特定的股东关系也会对公司治理模式产生决定性影响,由彼此熟知的亲属、朋友、同学、同事、同乡共同投资、主要基于人合和因素合作设立的公司,其公司经营并不希望外部人参与,其密切的社会关系和高度的人身信赖会使其更趋向于股东会中心模式,而在关系松散、缺少相互了解和信赖的陌生人之间、主要基于资金聚合需求而组成的公司,董事会中心可能更容易得到一致认同。

至此,我国公司治理模式选择的方向和思路已经清晰和明了,面对股东会中心主义和董事会中心主义及经理层中心主义或控股股东中心主义的多种模式,公司法修订改革和公司治理模式优化选择的使命和任务不是对其进行“二选一”或“多选一”、择其一种并定于一尊的排他性选择,而是回应公司客观需要进行的适当性或适配性安排。应在设计和肯定多种治理模式的基础上,赋予治理模式规范以法律的任意性,允许公司当事人根据自身需求和不同情况进行自主决定,由此,公司法将彻底摆脱在股东会中心和董事会中心之间的纠结和彷徨,不必再在二者之间进行艰难的权衡和取舍,概言之,公司法对公司治理模式最具立法智慧的最佳选择就是让当事人自己选择。

第二节　公司组织机构概述

一、公司组织机构的含义及构成

公司作为法人组织,具有法人的权利能力和行为能力。与自然人不同,公司法人不具有自然人的生理基础,它的意思决定和实现是通过公司组织机构来完成的。因此,股份有限公司组织机构是维持其法人资格和进行法律行为的基础和条件,而完善的公司组织机构则是公司实现有效运行的制度前提。公司的组织机构就是为了适应公司的组织机能而依法设立的实现其民事权利能力和民事行为能力的有机统一的组织系统。

一般地,公司是由复数股东投资形成的以营利为目的的企业法人。在公司运行上,一方面公司股东间存在利益的一致性,公司运行良好,每个股东都可以获得高额回报。而另一方面作为独立的个体,股东间又存在利益上的冲突或矛盾。公司的决策和行为如何体现其股东的利益呢?如果每个股东都参加公司的生产经营和管理活动,则可保障每个股东都有发言权,也可保障股东对公司利益及自己利益的照顾。但这也必然会导致公司决策效率低下甚至无法形成决策,在激烈的市场竞争环境下必然会坐失市场机会。况且,也并不是每个股东都有公司的管理经验和参与意愿。因此,如何设置公司组织机构既能保障公司有效地运营,也能保障公司股东的利益成为公司制度发展中必然要面对的问题。

现代公司的组织机构大致由以下四个机关构成:

1. 权力机关。公司由股东投资形成,由股东组成的股东会或股东大会当然成为公司的权力机关。除特殊情形外,各国均将股东会作为公司的必设机构,负责决定公司最重要的事务,保障股东及股东会在公司中的权力至今仍是公司法最核心的任务。

2. 决策机关。公司的决策机关为董事会。董事会由股东会选举产生,由若干名董事组成,负责行使公司经营决策权和管理权。

3. 监督机关。监督机关的设置在不同国家有所不同。英美法系国家的传统是单轨制,即只设董事会而不设监事会,公司的监督机关是董事会中的外部董事或独立董事。而日本则设立监察人作为公司监督机构。在德国,公司股东会和工会选举产生监事会,监事会负责监督,还负责产生董事会,因此其权力较大。监督机关的主要职责是监督董事、董事会和经理的经营行为,对其违法和不当的经营行为和其他侵犯公司利益、股东利益的行为进行监督和纠正。

4. 业务执行机关。业务执行机关是决策机关下负责具体事务执行和日常经营管理的机关,主要的代表即为经理。由于现代公司所有权与经营权的分离和效率性要求,公司经理的权力日益膨胀。

二、公司组织机构的不同模式

尽管各国在公司组织机构设置上都遵循着“权力制衡”原则,但由于不同的经济、政治、人文历史等背景,在不同的国家的具体做法并不尽相同。纵观世界各国公司组织机构设置,可分为三种模式,即双层制、单层制和选择制。

(一)双层制模式

此种模式以德国为代表,因此亦被称为德国模式。除德国外,奥地利、荷兰等国也采用此模式。在此模式下,公司组织结构包括股东会、监事会和董事会。股东会之下设监事会,监事会由股东会选举产生并向股东会负责并报告工作。董事会则由监事选任或辞任,并接受监事会的监督。股东会是公司的权力机关,根据《德国股份公司法》第119条规定,股东会的权力为:任命监事会成员;决定结算盈余的使用;减免监事董事的责任;任命结算审计员;修改章程;决定筹集资本及削减资本的措施;任命审查公司设立和业务经营过程的审计员;决定解散公司。除此之外,其他权力归董事会,尤其是公司经营权完全归董事会。因此,德国股东会的权力被限定,剩余权力归董事会,实行了“董事会中心主义”。董事会为公司经营决策机关,业务执行机关及公司代表机关,当然董事会的业务执行权与代表权可被授权给董事以及代理人行使。与其他模式不同,作为公司的监督机关的监事会,由于能够任免董事,并且有重大业务批准权,因此,监事会在此模式中权力很大。由于德国模式之下股东会、监事会与董事会之间存在明显的垂直选任和领导关系,故此种模式也称为“垂直双层制”。

日本在2005年公司法修订前实施一种特殊的双层制,可称为“平行双层制”。在当时的日本公司中,股东会是最高权力机关,有权选举产生公司董事会和监事会。1950年后,日本也采取了“董事会中心主义”,股东会决议范围限于商法及公司章程所规定的事项。因此,股东会的权力受到削弱,并且实际上已呈现出形式化的趋势。董事会是公司的执行决定机关并享有业务监督权。董事会与监事会并列存在,互不隶属,但监事会拥有监督权,对公司董事、经理和财务人员等进行业务的妥当性和合法性进行监督。

(二)单层制模式

采单层制模式最典型的是美国,此外还有英国等英美法系国家。在单层制下,股东会下只设董事会,股东会是公司的权力机关,董事由股东会选举产生。由于已实现从“股东会中心主义”向“董事会中心主义”的过渡,因此股东会的权力限于公司法及章程明文列举的部分,未列举的部分全部都归董事会。相反,公司董事会却拥有极大的权力,董事会是集业务经营与业务监督于一身的机关。具体地说,董事会是公司经营决策机关、业务执行机关、公司监督机关及对外代表机关。在董事会内部一般设立各种专业的委员会,如执行委员会、提名委员会、薪酬委员会及监督委员会等。由于没有专门的监督机关的设置,在美国公司中的监督功能是由董事会中监督委员会来完成的。除执行委员会外,其他委员会大都由独立董事构成。

(三)选择制模式

此模式又被称作法国模式,但意大利2003年修改后的民法典也采用这种选择制。在此模式中,法律允许公司自由选择采用单层制还是双层制。实现单一委员会制的公司,股东会之下只设董事会;实行双层委员会制的公司,其公司体制类似德国。公司立法对不同体制下公司机关的组成、权力、责任、议事规则等分别作了规定。2005年日本公司法修改后,也转而采取选择制的组织机构模式。

以上各种模式只是各国公司法根据本国的不同内外部环境所作出的制度选择。而且,现实运行中的公司组织机构仍然处于不断演进之中。从实际权力的配置上看,发生了所谓从股东会中心主义向董事会中心主义的过渡,甚至是从董事会中心主义向经理层中心主义的过渡,体现着现代公司中所有权与经营权日益分离的规律。而另一种现象也是值得我们关注的,那就是随着经济全球化的不断扩展和深化,公司制度包括公司组织机构制度领域也发生了全球性的综合和融合趋势。英美法的独立董事制度被大陆法国家普遍引入和关注就是这种趋势最好的一个说明。

从组织机构的构成上看,我国公司法也贯彻了权力制衡的思想,长期以来确立了类似于并列双层制的结构,有限责任公司和股份有限公司设置股东会作为权力机关,董事会和高级管理人员作为公司决策执行机构,监事会则为公司的监督机构,在权力位阶上董事会与监事会相互并列。但经过2023年《公司法》的最新修订后,我国也确立了选择制的模式,主要表现为允许公司自行选择是否设立监事会。新《公司法》规定在有限责任公司和股份有限公司中,公司可以选择在董事会之下设立审计委员会,行使监事会的职权,而不设监事会或监事。此般规定便允许公司自行根据实际情况选择适合自身的组织机构模式,可以在仅设董事会的单层制模式与"董事会+监事会"的双层制模式之间自由选择。此外,新《公司法》也规定股东人数较少和规模较小的公司,可以不设董事会,只设一名董事行使董事会职权,同时可不设监事会,设立一监事行使监事会职权。

第三节 股 东 会

一、股东会的概念、地位

股东会作为由全体股东依法组成的公司权力机构,其定义涵盖了三个重要方面。

1. 股东会作为公司的最高权力机构

作为公司组织结构的一部分,股东会承担着公司的最高权力机构的角色。这一地位体现在《公司法》的相关规定中。例如,第 58 条对有限责任公司股东会的组成方式作出了规定,认为其是由全体股东所构成,同时公司的权力机构也包括股东会,股东会依照法律行使其自身职权;第 111 条则是对股份有限公司股东会的类似规定。法律通常赋予股东会广泛的职权,包括选举和罢免董事、监事,修改公司章程,决定公司的经营方针和投资计划等。董事会和监事会都需要对股东会负责。由此可见,股东会是公司的最高权力机构。然而,股东会的权力并不是无限的,它不能对公司的所有重要决策独揽大权。各国的公司法都对股东会与董事会的职权进行了相应的分配,确保股东会在法定范围内行使其职权。

2. 股东会是公司依法必须设立的机构

作为公司形式的企业,股东会的设立是受到法律的强制性约束的。但对于某些特殊类型的公司,公司法可能会作出灵活的特殊规定。例如,在我国,对于外商投资设立的有限责任公司,法律规定仅设立董事会来代行股东会的职权。而对于国有独资公司,则不设立股东会,其职权由国有资产监督管理机构行使,或授权给董事会行使部分股东会职权。

3. 股东会必须由全体股东组成

在股东会的构成上,不应排除任何一个股东,无论股东持股多少。需要区分的是,作为公司机构的股东会与作为会议的股东会在内涵上有所不同。虽然通常都称为股东会,但前者是由全体股东组成的公司权力机构,而后者则是股东行使权力和形成统一意志的平台,包括年度会议和临时会议。在股东会议上，并不要求所有股东必须出席。

二、股东会会议的种类

由于股东会由众多股东组成且人数众多，为了表现其作为组织结构能够形成统一的意志，股东会必须通过会议来作出决策。这种会议方式不仅是股东会的表现形式，也是股东行使对公司控制权的主要途径。股东会的会议通常分为两种类型：定期会议和临时会议。

(一) 定期会议

定期会议，也称为普通会议、股东常会或股东年会，是根据法律和公司章程规定必须且在一定时间内召开的会议。这类会议主要用于决定股东会职权范围内的常规重大事项。各国对定期会议之间的最长间隔期限有不同的规定。例如，我国公司法规定每年至少召开一次；英国公司法则规定两次会议间的间隔不得超过 15 个月；而美国许多州的公司法规定间隔不超过 13 个月。定期会议的召开时间由公司章程确定。在我国，一般有限责任公司股东会年会通常在每个会计年度结束后召开；股份有限公司的股东年会则通常在会计年度结束后的 6 个月内召开。

(二) 临时会议

股东会临时会议，也被称为特别会议，是在定期会议之外，由于特定法定事由或者根据法定人员或机构的提议而召开的股东会议。在各国的公司法中，一般规定了以下几种情况可以召开临时会议：

1. 由持有一定比例股份的股东提出申请。在我国，公司法规定如果有限责任公司中代表超过 1/10 表决权的股东提出，或者股份有限公司中单独或合计持有超过 10% 股份的股东提出请求，就可以召开股东会临时会议。在这种情况下，股份有限公司应在两个月内召开临时股东会。

2. 根据董事或董事会的提议或认为必要时。我国公司法规定，若有限责任公司中超过 1/3 的董事提议，或者股份有限公司的董事会认为必要时，也可召开股东会临时会议。在这种情况下，股份有限公司应在两个月内召开临时股东会。

3. 根据监事或监事会的提议或认为必要时。我国公司法规定，有限责任公司的监事会或不设监事会的公司的监事可以提议召开股东会临时会议；股份有限公司在监事会提议时，也应在两个月内召开临时股东会。

4. 发生法定事由时。不同国家的公司法对于召开股东会临时会议的法定事由有着不同的规定。例如，在英国，1967 年的公司法规定，在需要临时撤换董事、任命年逾 70 岁的董事，或任命新的审计员等情况下，均需召开股东会临时会议。我国新《公司法》第 113 条规定，股份有限公司在董事人数不足法定人数或公司章程所定人数的 2/3，或公司未弥补的亏损达到实收股本总额 1/3 时，应在两个月内召开临时股东会。对于有限责任公司，我国公司法并未设定此类规定。

5. 其他情形。英国公司法规定，法院可责令召开股东会临时会议。在我国，公司法允许股份有限公司的章程规定其他召开临时股东会的情形。此外，我国《公司法》还规定，当法律或公司章程要求对转让、受让重大资产或对外提供担保等事项必须经股东会决议时，董事会股东会议应当及时召开。

三、股东会的职权

股东会作为公司最高的权力机构，其所行使的职权一般针对的都是公司中的重大事项，股东会的职权分为两类，即法定职权与章程规定职权。公司可以通过章程的形式，给予股东会法定职权以外的其他职权。

各国公司法对于法定职权的规定都比较相似，在我国公司法的规定中，对有限责任公司股东会的职权有如下的规定：

（1）选举和更换董事、监事，对有关董事、监事的报酬事项作出决定。

（2）对董事的报告进行审议和批准。

（3）审议批准监事会的报告。

（4）对公司中涉及利润分配以及弥补亏损的相关方案进行审议和批准。

（5）决议公司注册资本的增加或者减少。

（6）决议公司债券的发行。

（7）决议公司的合并、分立，还有公司的解散、清算，以及变更公司形式。

（8）对公司章程进行修改。

（9）在公司章程中规定的其他职权。

在我国《公司法》中，股份有限公司股东会的职权规定与有限责任公司的职权规定是一致的。《公司法》允许公司章程为股东会规定一些额外的职权，但这些职权不得与《公司法》中规定的法定职权相冲突,也不能违反其他相关法律、法规的规定,或剥夺股东的权利。如果违反这些条件,那么相应的职权规定将被视为无效。

此外,关于股东会在变更公司形式方面的职权,理论上股份有限公司可以变更为有限责任公司。然而,这种情况在实际运营中并不常见,因此公司法对此的具体规定价值有限。相比之下,在英国、美国、法国和德国等国的公司法中,股份有限公司(股票上市公司)变更为有限责任公司(封闭式公司)在法律上是被认可的,实际操作中也有相关案例发生。

四、股东会的召集

(一)召集人

在全球范围内,各国公司法通常规定股东会议由董事会召集,这里的股东会议既包括定期会议,也包括临时会议。在某些国家,还有规定在特定情况之下,召集股东会也可以由其他实体进行。在我国,公司法对此有具体的规定:有限责任公司的首次股东会议由出资最多的股东召集和主持,并依照公司法行使相关职权;而后续的定期会议和临时会议则由董事会负责召集。

对于股份有限公司的发起人,他们必须在股款缴足后30天内主持召开由发起人和认股人组成的公司成立大会;而公司成立后,股东会会议则由董事会负责召集。

新《公司法》第114条对于会议召集人和主持人职责方面作出了具体规定:如果董事长没有能力或者主观上不履行职务,会议由副董事长主持;如果副董事长没有能力或者主观上不履行职务,过半数的董事将共同推举一名董事来主持会议。如果董事会没有能力或者主观上不履行召集股东会会议的职责,召集并主持会议的职责由监事会负责,并且应当及时;如果监事会也不召集和主持会议,那么持有公司10%以上股份的股东,连续90天单独或合计持有这一比例股份的股东,可以自行召集和主持会议。新《公司法》还特别规定,单独或合计持有公司10%以上股份的股东请求召开临时股东会会议的,董事会、监事会应当在收到请求之日起10日内作出是否召开临时股东会会议的决定并书面答复股东。

(二)召集时间

新《公司法》对于有限责任公司的股东会定期会议作出了相应的规定,规定其应按照公司章程规定的时间召集,而临时会议则在法定人员提议后召集,但并未规定具体时间。对于股份有限公司,定期会议同样应按照章程规定的时间召集,但临时会议则需在法律规定的情形发生后的2个月内召集。

(三)召集通知

由于股东会不是公司的常设机构,股东也不是公司的工作人员,他们对公司需要审议的事项可能不太熟悉。为了提高股东会的开会效率和股东的出席率,确保股东对会议的审议事项有所了解并做好相应准备,以及防止董事会或控股股东在股东会上利用突击手段控制会议决议,各国的公司法都规定了股东会召集的通知程序。

我国《公司法》规定,有限责任公司召开股东会会议的前置程序为,至少在会议召开前15日通知全体股东,除非公司章程或全体股东有其他约定。而对于股份有限公司来说,时间上则有所不同,其召开股东会时至少要在会议召开前20日,就应该通知各股东会议审议的事项;临时会议通知股东的时间则有所不同,需要在会议召开前15日通知。持有公司1%以上股份的股东,不管是单独持有还是合计持有,都拥有提出临时提案的权利,但应当在股东会召开前10日,并且需要书面提交给董事会;而董事会则负有通知其他股东的责任,其需要在收到提案后2日内完成此事项,并且还需要将该临时提案提交给股东会,由股东会对其进行审议。临时提案应属于股东会职权范围,同时其需要包含有明确的议题,还要有具体的决议事项。股东会则没有权利对通知中未列明的事项作出决议。

五、股东会的决议

股东会会议的程序包含有很多个重要环节,如通知、登记、提案审议、投票、计票、表决结果宣布、会议决议形成、会议记录及其签署、公告等。在所有这些环节之中,最为关键和重要的就是表决程序这一环节。为了确保股东会能够公平且高效地形成决议,提升中小股东在公司治理中的参与度,并防止大股东利用其控股地位侵犯中小股东的权利,各国公司法对表决程序的规范性都非常重视。有效的表决决议需要满足一定的条件,这些条件就是法定的股东出席比例及通过法定的投票方式获得所需的法定支持率。

(一)关于股东的法定出席比例

股东法定出席比例是指当召开股东会并且此次股东会合法有效之时,将出席此次会议的股东们所代表的对于公司而言有表决权的股份数量相加，其总量必须要达到法定标准。由于公司一般是多数人合作投资组成的商业组织，股东会依法行使公司的重要权力，如果参加会议的股东数量较少，可能会不利于公司的决策，甚至可能出现少数股东操纵会议或损害其他股东利益的情形，从而动摇公司的基础。因此，规定股东法定出席比例对于维护合作和监督的平衡是必要的。一般来说，各国都规定了法定人数是参加股东会的股东必须达到的数量，基于此条件之下股东会才能召开并且合法，通过的决议也才会变得有效。例如，《美国标准商事公司法》中就规定了排除公司章程有特别规定的情况以外，构成股东会议法定人数的情况只能是有表决权的股份之多数拥有者其亲自出席，或者其通过代理人出席会议这两种情况；但是无论在任何情况下，都应当保证法定人数大于或等于在会议上有表决权股份的1/3。

在我国的公司法中，对于股东会的法定出席比例并没有具体规定。这主要是考虑到中小股东可能普遍采取“弃会”（不参加会议）和“搭便车”（依靠其他股东的参与来保障自己的利益）的行为，这可能影响股东会的效率，增加公司在时间和金钱上的成本，因需二次召集股东会。我国这种安排虽然不符合传统公司法的做法，但实际上更符合特别是在股份有限公司等大型公司的运营实际，因此并无不当。

（二）投票方式

1. 本人投票制与委托投票制

本人投票制指股东亲自出席股东会并进行投票活动，而委托投票制指的则是股东委托代理人出席股东会并进行投票活动。随着股权的一步步分散化，许多中小股东参与公司经营和控制的愿望越来越低，这种情况导致了股东会的“空壳化”。委托投票制有利于激发中小股东行使投票表决权的积极性，在防止股东会成为“空壳”方面颇有成效。股东可以将投票权委托给其他人，包括股东、董事会、股票监管人或中介机构，以此行使对公司的控制权。在公司控制权因收购、重组等活动发生变化时，委托投票制可以发挥重要的制约作用。

2. 现场投票制与电子通信投票制

随着科技进步，电话、传真、互联网等现代通信工具日益发达。为了降低投票成本和提高中小股东的参与积极性，许多国家的立法开始承认利用这些现代通信工具进行投票的有效性。在我国，上市公司的董事会会议较常使用这些现代通信方式进行投票,但在股东会层面,由于身份认证成本较高和技术控制难度大,这种方式较少被采用。电子通信投票制通常只在独立董事或其他股东发起的征集投票权活动中使用。

3. 直接投票制与累积投票制

直接投票制体现的原则是公司法在公司决策过程和结果上遵循的传统多数决原则,这反映的理念则是大股东控制公司的权利与义务对等的理念。在股东会上,重要事务的讨论和具体方案的表决一般情况下都会遵循这一原则,除非涉及大股东及其子公司的关联交易,或者是要求大股东回避投票,或者是法律或公司章程已对大股东的投票权有所限制等情况。因此,股东会的决议结果一般情况下往往都会与大股东的意见一致。然而,股东会并非一个常设机构,闭会期间公司则是完全由董事会控制。若不对大股东选举董事的权力加以限制,公司的所有董事可能都将由大股东一方选出。这种限制可以是直接限制大股东的投票权,例如 1989 年美国宾夕法尼亚州的公司法修正案规定,任何股东不论持股多少,其表决权最多只能占 20% 。

累积投票制是另一种限制大股东控制权的方式。新《公司法》第 117 条对此制度给出了定义性解释:在股东会选举董事或监事时,每一股份所拥有的表决权,等同于应选董事或监事的人数,同时这些表决权也可以被股东集中起来使用。累积投票制的起源要追溯到 19 世纪的美国,而其被广泛所采用则是在 20 世纪的其他发达国家。这一制度通常只适用于董事的选举,有利于确保中小股东能够在董事会中有代表。

这两种投票制的基础都是"同股同权"以及"一股一权"。但他们之间存在根本差异,具体表现在表决票数的计算以及具体的投向这两方面。直接投票制意味着在股东会表决权被行使的情况下,针对某一决议,股东的投票方式只能限制为一种,即一次性、直接地将其持有股份对应的表决票数用于这项决议。而累积投票制则有所不同,它允许股东累加其选举的每位董事或者监事上的表决票数,即最终股东在选举董事、监事时的总票数的计算方式,是股东的持股数乘以需选举的董事、监事人数。股东拥有两个选择,他不但可以选择集中其所有的票数然后统一投给一个候选人,也可以选择将这些票数以分散的形式投给多位候选人。这种方式对中小股东投票的力度和影响有着显著的提高作用。

(三)决议通过的法定比例

股东会的决议通常基于多数决原则,即有效决议需要得到出席会议并代表表决权多数的股东的支持。然而,对于不同类型的决议,各国的公司法规定了不同的多数标准。

1. 普通决议

股东会的普通决议要求会议被合法召集,并且得到出席会议并代表过半数以上表决权的股东的通过。除了特别决议事项外,大多数股东会决议都适用这种简单多数原则。2023 年最新的《公司法》修改删除了此前允许公司章程更改股东会议事方式和表决程序的规定,改为了"除本法有规定的外,由公司章程规定",但新《公司法》第 66 条第 2 款明确规定:"股东会作出决议,应当经代表过半数表决权的股东通过。"这便意味着公司章程已无法就这一表决方式和程序加以修改,对于普通决议强制性要求经代表过半数表决权的股东通过。

2. 特别决议

股东会特别决议是指必须经出席会议的代表绝对多数表决权的股东通过方为有效的决议类型,该绝对多数在我国的规定为 2/3 以上。我国新《公司法》第 66 条第 3 款规定有限责任公司的股东会通过特别决议的,应当经代表 2/3 以上表决权的股东通过。依照该条规定,适用特别决议的事项有:

(1)对公司章程进行修改;

(2)决议注册资本的增加及减少;

(3)决议公司分立、公司合并、公司解散或者变更公司形式。

第四节 董 事 会

一、董事会的内涵、特征与职权

(一)概念与特征

董事会是指由股东会选举的董事组成的执行股东会决议并经营管理公司的公司必设机构。

结合新《公司法》相关规定以及上述董事会的内涵,作为公司组织机构之一的董事会具有以下特征：

(1)董事会由董事组成,董事是董事会的成员。董事由股东会选举、更换,有关董事报酬的相关事项也由股东会决定。

(2)董事会是股东会决议的执行机构,负责执行股东会所作决议。同时,董事会也是公司的经营管理机构,享有公司经营者的权利。

(3)董事会是公司的必设机构。新《公司法》将董事会规定为公司的必设机构而非任意机构的合理性包括两个方面。其一,董事会在公司经营效率化和企业管理专业性追求方面具有优势,由董事会管理公司体现了公司专业化和高效管理的目标和要求;其二,将公司主要的经营者权力赋予董事会更尊重和符合公司法人地位、人格独立及其法人人格权及其财产权的内在要求,更能为公司人格的真正独立提供权力配置的有效保障。对于规模较小或者股东人数较少的公司,为了降低公司的经营管理成本,更加契合公司经营的实际情况和需求,新《公司法》第75条、第128条允许此类小型公司可以不设董事会,设一名董事,行使董事会的职权,并且该董事可以兼任公司经理。

(4)董事会的议事方式和表决程序,除新《公司法》有规定的外,由公司章程规定。董事会会议应当有过半数的董事出席方可举行,只有达到这一法定比例,董事会的程序才是合法的。董事会作出决议,应当经全体董事的过半数通过。

(二)职权

公司法对公司组织机构职权的规范方式存在列举主义和概括主义两种模式。列举主义将机构的职权逐项罗列,如新《公司法》第67条所列董事会的10项职权;概括主义则只对公司组织机构的职权做原则性或抽象性规定。从1993年《公司法》实施以来,我国《公司法》对董事会职权一直采列举主义。

根据新《公司法》第67条和第120条规定,董事会的职权包括以下内容：

(1)召集股东会会议,并向股东会报告工作;

(2)执行股东会的决议;

(3)决定公司的经营计划和投资方案;

(4)制订公司的利润分配方案和弥补亏损方案;

(5)制订公司增加或者减少注册资本以及发行公司债券的方案;

(6)制订公司合并、分立、解散或者变更公司形式的方案;

(7)决定公司内部管理机构的设置;

(8)决定聘任或者解聘公司经理及其报酬事项,并根据经理的提名决定聘任或者解聘公司副经理、财务负责人及其报酬事项;

(9)制定公司的基本管理制度;

(10)公司章程规定或者股东会授予的其他职权。

对上述董事会职权的具体内容作类型化分析可见,公司董事会职权包括三类,分别为法定职权、章定职权和授予职权。法定职权是指董事会依公司法规定享有的职权;章定职权是指董事会依据公司章程规定享有的职权;授予职权是指法定职权和章定职权之外的,董事会因股东会的授予而享有的其他职权。分析董事会享有的9项法定职权可见,董事会实际上具有股东会决议执行机构与公司经营管理机构的双重属性。董事会的一部分职权是为了实现股东会所执掌的所有者权力而设置的职权,另一部分则进入了公司经营管理领域,与经理机构分享着不同层次的公司经营管理权力。

二、董事

(一)董事的类型

基于不同面向,公司董事可作多种类型的划分:

1. 执行董事与非执行董事

这是以董事在公司中是否担任董事以外的其他职务为标准进行的分类。

执行董事又称内部董事,是指兼任公司高级管理人员的董事,负责执行公司事务,在不设董事会的公司实际上相当于董事长。非执行董事又称外部董事,是指不担任董事以外其他职务的董事。在采取单层治理结构的公司中,执行董事负责公司的经营管理事务,非执行董事履行监督职责。根据新《公司法》第173条的规定,国有独资公司的董事会成员中,应当过半数为外部董事。

2. 独立董事与非独立董事

这是以董事是否在公司担任除董事外的其他职务并且是否能够作出客观独立判断为标准进行的分类。

独立董事是指不在公司担任除董事外的其他职务,并与其所受聘的公司及其主要股东、实际控制人不存在直接或者间接利害关系,或者其他可能影响其进行独立客观判断关系的董事。非独立董事是独立董事之外的董事。按照权利、义务、责任匹配的原则，独立董事与非独立董事承担的法律责任有所区别。

3. 职工董事与非职工董事

这是以董事是否通过民主选举产生为标准进行的分类。

职工董事是董事会中的职工代表，由公司职工通过职工代表大会、职工大会或者其他形式民主选举产生。非职工董事是指非经民主选举产生的董事。相较于原《公司法》，新《公司法》扩大了设置职工董事的公司范围。根据新《公司法》第68条第1款、第120条第2款的规定，除依法设监事会并有公司职工代表的外，职工人数300人以上的公司的董事会成员中应当有公司职工代表。立法机关公布的立法说明指出，新《公司法》扩大设置职工董事的公司范围的原因在于，“现行公司法在职工董事的设置方面，只对国有独资和国有全资的有限责任公司提出了要求。为更好保障职工参与公司民主管理、民主监督，修订草案扩大设置职工董事的公司范围，并不再按公司所有制类型对职工董事的设置提出要求。考虑到修订草案已规定规模较小的公司不设董事会，并综合考虑中型企业划分标准等因素，规定：职工人数三百人以上的公司，董事会成员中应当有职工代表；其他公司董事会成员中可以有职工代表”。

4. 形式董事与实质董事

这是以董事执行职务是否获得公司的正式委任为标准进行的分类。

形式董事履行职责之前已经获得了公司的正式委任，基于选任获得的身份构成了其履行董事职权、承担董事义务与责任之基本前提。根据新《公司法》第178条之规定，违反《公司法》规定的董事任职条件而选举、委派董事之行为，属于无效委任行为。此种将董事范畴建构在正式董事身份基础之上的立法范式，可称之为董事的形式主义模式。实质董事是指虽未获得公司正式委任，但实际履行董事职责，承担董事义务与责任的董事，包括影子董事和事实董事。实质董事规范又称董事的实质主义模式，常见于英国及英联邦国家公司法。新《公司法》新增实质董事制度，第180条第3款规定，“公司的控股股东、实际控制人不担任公司董事但实际执行公司事务的，适用前两款规定”。

（二）董事的任职资格

董事的任职资格即担任该职务的任职条件，包括积极条件和消极条件，公司法对董事任职资格的限制大都聚焦于消极条件。比较法上，董事任职的消极条件包括无行为能力人或限制行为能力人、禁治产人或破产人、有财产性犯罪前科、有不良行为记录或个人资信状态差等情形。新《公司法》也规定了董事任职的消极条件。根据新《公司法》第178条第1款的规定,存在以下5种情形之一的人,不得担任公司董事:

(1)无民事行为能力或者限制民事行为能力;

(2)因贪污、贿赂、侵占财产、挪用财产或者破坏社会主义市场经济秩序,被判处刑罚,或者因犯罪被剥夺政治权利,执行期满未逾5年,被宣告缓刑的,自缓刑考验期满之日起未逾2年;

(3)担任破产清算的公司、企业的董事或者厂长、经理,对该公司、企业的破产负有个人责任的,自该公司、企业破产清算完结之日起未逾3年;

(4)担任因违法被吊销营业执照、责令关闭的公司、企业的法定代表人,并负有个人责任的,自该公司、企业被吊销营业执照、责令关闭之日起未逾3年;

(5)个人因所负数额较大债务到期未清偿被人民法院列为失信被执行人。

此外,根据新《公司法》第76条的规定,为了避免兼任管理者与监督者的利益冲突,董事、高级管理人员不得兼任监事。其他法律、法规对特定行业董事、监事、高级管理人员的消极任职资格作出了特别规定,例如《证券法》《商业银行法》《保险法》等商事特别法对证券公司、商业银行、保险公司等董事的任职资格分别作出了特别规定。违反法律规定的任职条件选举、委派董事,该选举、委派或者聘任无效,公司应当解除不符合任职条件的董事,进行重新选任。

(三)董事的辞任与解任

董事与公司之间属于委托合同关系。根据《民法典》第933条有关委托合同解除规则的规定,作为委托人的公司和作为受托人的董事都享有法定任意解除权,可以随时解除委托合同。

新《公司法》第70条第3款是关于董事辞任的具体规定,其明确董事任意解除权的生效时间为公司收到董事的书面意思表示之时。换言之,董事应当通过书面形式向公司作出解除委托合同的意思表示,该意思表示在到达公司之时生效。董事辞任的意思表示生效后,董事与公司之间的委托合同关系即应随即解除,相关主体无须继续履行董事职责。但是,基于维护公司正常经营秩序的考量,新《公司法》第70条规定,如果董事会成员人数因董事离任而低于3人,那么该董事应当继续履行董事职务,直至改选出的董事就任之时。

新《公司法》第71条确立了股东会无因解任董事的规则。选任和解除董事职务是股东会不可剥夺的权力,无论英美法系还是大陆法系都确认了这一规则。早在2005年《公司法》修改之时,我国就已有学者提议在《公司法》中规定股东会对董事的无因解除权并增加中小股东对不适任董事的解除请求权,以此调动中小股东参与公司管理的积极性,增强对董事行为的监督。新《公司法》第71条新增股东会无因解任董事的规则,将《公司法司法解释(五)》第3条规定的股东会无因解除董事职务制度在《公司法》层面予以确认。根据新《公司法》第71条第1款的规定,在董事任期届满之前,股东会可以随时解任董事,更换公司的经营管理者,不需要任何理由;并且,董事任职关系自股东会作出解任决议时起即生效,无须待送达董事之时。为了最大限度地减少股东会无因解除董事职务可能造成的损害,新《公司法》第71条第2款规定,股东会在董事任期届满前无正当理由解任董事的,董事享有要求公司赔偿其损失的权利。

三、董事会会议

(一)董事会会议的种类

公司董事会作为公司治理结构的核心组成部分,通过会议决议的方式行使其职权,以确保公司的决策过程合法、透明、高效,并最大限度发挥公司董事会的职能。董事会会议包括普通会议和临时会议。

新《公司法》第123条第1款规定,股份有限公司董事会每年至少应召开两次会议。这一规定明确了董事会的会议频率,明确了董事会在一年内至少进行两次正式的会议。这使得董事会能够定期审议和决策公司的重大事项,维持公司的正常经营秩序。

除了普通会议,公司董事会还可以召开临时会议,处理紧急事项。新《公司法》第123条第2款规定了有权提议召开董事会临时会议的主体,包括了代表1/10以上表决权的股东、1/3以上董事以及监事会。这一规定旨在确保紧急情况下,有相关主体可以提出召开董事会临时会议的请求,保护他们的合法权益。当有权提议召开临时董事会的主体提出请求后,董事长有义务在接到提议后10日内召集和主持董事会会议。这一规定保证了紧急事项可以及时得到处理,而不会因拖延影响公司的正常运营。董事会召开临时会议的,公司可以另定召集董事会的通知方式和通知时限。

新《公司法》未对有限责任公司董事会的类型、召开频率、召集条件作特别规定,由公司自行决定。

(二)董事会会议的召集和主持

作为公司的组织机构,董事会通过召开会议并形成决议的方式行使职权。新《公司法》规定了董事会会议的召集人和主持人:董事会会议一般应由董事长召集和主持;董事长不能履行或不履行召集和主持董事会会议的职务时,由副董事长召集和主持;副董事长不能履行职务或者不履行职务的,由过半数的董事共同推举一名董事召集和主持。其中,所谓"不能履行职务"是指由于发生客观原因,使得董事长不具备履行职务的条件。"不履行职务"则是指董事长客观上可以履行职务,但是由于其主观上的原因而拒绝履行。"半数以上的董事"是指董事会全体成员的半数以上,这样规定的主要目的是防止董事长或者副董事长滥用召集和主持权,使得董事会不能如期召开。

通知程序是董事会会议召集程序的重要组成部分。根据新《公司法》规定,股份有限公司应于每次普通董事会会议召开 10 日前作出通知,通知对象为全体董事和监事;对于股份有限公司董事会临时会议,公司可以另行规定召集董事会的通知方式和通知时限。有限责任公司在董事会会议通知程序上享有更多的自治空间,新《公司法》未对有限责任公司董事会的通知程序作强制性规定,公司可以自行决定,但应当保证公司各董事、监事都收到会议召开的通知,并且有充分时间提前准备。

(三)董事会决议

形成董事会决议是董事会行使职权的方式,董事会决议是董事会职权行使的体现。作出董事会决议的程序是否符合法律、行政法规或者公司章程的规定决定了董事会决议是否有效。新《公司法》规定了董事会会议的法定出席人数、董事本人出席的要求、表决方式等内容。

(1)董事会会议的法定出席人数。董事会会议应当有过半数以上的董事出席方可举行,只有达到这一法定比例,董事会的程序才是合法的。规定出席董事会的法定人数,体现了董事会会议所应当具有的代表性。董事会作出决议,必须经董事会全体成员的过半数通过。

(2)董事本人出席的要求。董事会会议,应当由董事本人出席;董事因故不能出席,可以书面委托其他董事代为出席董事会。董事会作为公司治理结构的中枢,董事会会议的召开确保了公司事务能够得到审议和决策,有助于维护公司治理中的权力制衡。然而,在现实生活中,董事会成员可能因种种原因无法亲自出席会议。这时,书面委托他人代为出席董事会成为一种合理的安排。

(3)董事会决议的表决方式。董事会决议的表决,应当一人一票。董事会中,每一名董事的权责都是相同的,不因其在公司中的持股数额、时间长短、是公司股东还是职工等任何因素而有任何的差别。因此,董事的表决权采取一人一票的分配规则,即便是公司的董事长也是如此。在全部事项均以过半数通过的情况下,董事长也只有一票表决权,没有超越董事会其他成员的特殊权利。

另外,董事会应当对所议事项的决定做成会议记录,出席会议的董事应当在会议记录上签名。董事会召开会议,是执行股东会决议,进行实际经营管理的体现,因此也应该对所议事项的决定作成书面记录,以便股东和监事查阅。出席会议的董事在会议记录上签名,一是体现会议记录的真实性和有效性,二是一旦给公司造成损失,可以作为证据,以追究相关人员的责任,决议中持异议的董事可以免责。

四、董事会审计委员会

(一)审计委员会的设立意义

新《公司法》确立了审计委员会制度,这是2023年《公司法》修订的重要创新。新《公司法》第69条规定,有限责任公司可以按照公司章程的规定在董事会中设置由董事组成的审计委员会,行使本法规定的监事会的职权,不设监事会或者监事。公司董事会成员中的职工代表可以成为审计委员会成员。第121条规定,股份有限公司可以按照公司章程的规定在董事会中设置由董事组成的审计委员会,行使本法规定的监事会的职权,不设监事会或者监事. 审计委员会成员为3名以上,过半数成员不得在公司担任除董事以外的其他职务,且不得与公司存在任何可能影响其独立客观判断的关系。公司董事会成员中的职工代表可以成为审计委员会成员。审计委员会作出决议,应当经审计委员会成员的过半数通过。审计委员会决议的表决,应当一人一票。审计委员会的议事方式和表决程序,除本法有规定的外,由公司章程规定。公司可以按照公司章程的规定在董事会中设置其他委员会。从以上规定可知,审计委员会为董事会之下设立的专门委员会,主要行使财务审计的职权,同时也扩展到行使监事会职权的范畴。

新《公司法》在有限责任公司与股份有限公司领域虽然都规定了审计委员会，但在具体组成方面有些许区别，在股份有限公司范畴明确要求审计委员会成员数量为 3 名以上，且过半数成员不得在公司有其他兼职，而在有限责任公司并无此种特别要求。但由于审计委员会至少应当符合委员会的基本构成要件，故而有限责任公司的审计委员会也应当至少存在 3 名成员，但在兼职方面并无特别限制。同时在两类公司均规定了董事中的职工代表可以成为审计委员会成员，这也可以理解为公司法对于审计委员会成员选任的特别建议和提示。

审计委员会的设立是董事会监督职能体系的重要制度建构。在原《公司法》的制度框架下，监事会是公司的监督机构且为必设机构。但是，近年来，各种公司治理模式之间开始出现相互借鉴的趋势。在我国市场经济体制逐步建立、完善的过程中，公司(尤其是上市公司)治理频频出现混乱情况，监事会未能有效发挥监督作用正是其原因之一。相较而言，由董事会承担监督职能更具合理性。

首先，从信息不对称的角度出发，根据我国公司法的规定，董事会是公司的业务执行机关，对公司的业务应当有充分的了解。在决策的事前、事中以及事后都有充分的可能性去主动了解公司的业务，并且业务范围并不限于公司的财务状况。而监事会并不负责公司的业务，对公司业务经营状况自然没有董事会了解得更充分与深入。从范围上看，监事会的职权也主要限于公司的财务状况以及董事、高级管理人员的不当行为。其次，从权力分配的角度来看，董事会负责聘任和解聘公司经理，在公司日常经营过程中，总经理起着非常重要的作用。董事会的人事任命权实际上发挥着对总经理的监督作用。再次，从董事会运行方式的角度分析，董事会对公司的业务事项作出决定时，需要通过会议的形式，董事、高级管理人员之间进行充分的商谈与讨论，这种会议机制，制约了个人的专断与独裁，从形式上来看也是一种事中监督。最后，从董事会功能结构的角度来看，我国在上市公司中推行的独立董事制度使得董事会的功能在实际上完全能够替代监事会制度，因为由独立董事组成的审计委员会主要负责对公司财务的监督，这与监事会的职能有所重叠，也可以称之为准监事会。所以，在改革上可以考虑在董事选任、董事的约束与激励制度方面进行变革，从而充分发挥董事会的监督职能，这也就意味着公司法不必再单独设置监事会制度来履行监督职能。

(二)审计委员会的职权

就域外公司法上的审计委员会而言,其职权范围不一。依据《德国股份公司法》第107条的规定,德国股份公司可以设监事会审计委员会,负责监督公司的财务会计程序、内部监督制度的有效性、内部风险管理制度和内部复核制度的有效性,尤其监督年终审计师的独立性和由该审计师额外完成的工作。相较于此,2019年修订后的《德国公司治理准则》规定,审计委员会的职责是"审查由董事会负责的会计工作,监督会计流程并关注内部控制制度、风险管理体系和内部审计制度以及决算审计与合规机制的有效性"。由此可见,尽管公司治理准则与公司法存在部分差异,但《德国股份公司法》上的审计委员会负有比财务会计监督更为宽泛的监督职权。

在过去20多年里,日本公司法对公司机构设置进行了多次调整。2005年,日本公司法废除了有限责任公司,实现了股份有限公司的一元化,并对股份有限公司作公开公司和非公开公司、大公司和一般公司的区分,在公司机构设置上引入了各种选择模式。就行使监督职权的机构,可以基于公司类型选择性设置监事会或监察委员会等机构。《日本公司法》第399条规定,监查委员会的主要职权包括:(1)职务监督,对董事职务执行情况进行监查并制作监查报告;随时要求董事及经理人及其使用人报告其有关职务履行的相关事项,或者调查监察等委员会设置公司的业务及财产状况。(2)财务监督,决定会计监察人的选任和解任的议案内容。(3)人事监督,在股东会上对非委员董事的选任、解任、辞任、报酬陈述监察意见;监察等委员,认为董事有不正当行为或有可能实施该类行为时,或者认为董事有违反法令或章程,或者有存在明显不合理的事实时,须及时向董事会报告该情况。(4)诉讼代表权,在设置提名委员会的公司和董事以及执行董事之间发生诉讼时代表公司的权利。与之相适应,《日本公司法》第405条第1款还赋予了监察委员会以调查权,包括调查公司的业务以及财产状况。依照《日本公司法》第407条第1款的规定,监查委员会还具有特定情形下请求执行董事或董事停止正在实施的行为的权利,包括在公司目的范围以外、违反法律法规和公司章程、有可能存在上述行为,以及该行为可能导致公司发生显著损害的情形。如果横向观察日本公司法上的监事职权与监察委员会职权,监事的监察亦包括会计监察和业务监察,具体包括请求报告以及调查的权利、监事对董事行为停止请求、公司与董事之间代表诉讼时代表公司的权利等。但是,依据《日本公司法》第389条的规定,章程可以将监事的监察范围限定于会计监察,即选出(opt out)监事的业务监察权。由此可见,日本公司法在引入公司组织机构选择制的同时,对监察委员会职权和监事会职权进行了相应配置。

追本溯源,董事会专门委员会系美国公司治理的产物。在美国,董事会内部设置专门委员会是为了提高董事会效率,保障董事会决策的客观性,但公司设置何种委员会完全是公司自律行为,依公司章程而定。依《美国标准商事公司法》第8.25节之规定,除本法、公司章程或内部细则另有规定,董事会可以设立一个或多个委员会,并指定一名或多名董事会成员服务于任何委员会;在董事会或者公司章程或者内部细则规定的范围内,每个专门委员会都有权行使董事会权力。与此同时,监督义务被视为董事勤勉义务的重要组成部分,监督职权可在董事会内部进行自主分配。美国各州的法律并不要求设立审计委员会,但鉴于审计委员会在问责程序中具有重要作用,不乏在上市公司中强制设立审计委员会的主张。由于大型上市公司的财务丑闻,美国于2002年7月颁布了《萨班斯—奥克斯利法》(Sarbanes-Oxley Act),以强化公众公司的财务监督。《萨班斯—奥克斯利法》第301条规定了审计委员会的设立、独立性要求和主要职责。依照该法,审计委员会的职责主要集中于财务会计领域的监督,包括:负责聘请注册的会计师事务所,决定其报酬,监督其工作;受聘的会计师事务所直接向审计委员会报告;接受、保留和处理有关会计、内部会计控制、审计方面的投诉;聘请独立的法律顾问或其他咨询顾问。由于该法系属于联邦证券法范畴,其并无法直接通入公司法层面适用于所有公司类型。在这一点上,我国公司法则直接在组织法层面对审计委员会进行职权设定,二者具有不同的语境。

由此可见,对于审计委员会的职权,域外公司法亦有不同设定,职权范围或大或小,并无统一模式。依新《公司法》规定,审计委员会行使监事会的职权,从文义上看在职权方面应当是直接的平移和替换,但事实上,对于监事会享有的例如处理股东代表诉讼前置程序的权力以及提议召开临时股东会会议的权力倒似乎不必由审计委员会一并行使,审计委员会职权主要还是应当聚焦于此前由监事会掌握的对于公司财务监督方面的权力。在新《公司法》的审议阶段,《公司法修订草案(一审稿)》曾将审计委员会的监督职权聚焦于财务会计监督,系当时起草者的主动选择而非规范漏洞,也是对审计委员会监督效用进行理性定位后的职权配置。但新《公司法》并未贯彻此种规定,而是转而直接规定行使监事会职权,这便会涉及个别职权的相互衔接问题。值得注意的是,除了财务会计监督职权之外,包括人事监督、会议召集与提议等职权虽然处于次要地位,但在公司治理中并非毫不重要。公司法层面对这些职权的省略,将对其他关联制度产生关联影响,原本通过监督机制实现的公司利益冲突治理,将不得不转而寻求其他机制解决。

(三)审计委员会的监督深度与监督范围

除了监督内容的差异,监事会作为专门监督机构的监督和审计委员会作为董事会专门委员会的监督在监督深度和范围上是否存在差异,亦值得关注。各国公司法上监督制度的形塑,并非在于一朝一夕,而是公司治理实践和公司法立法之间多年互动的产物。譬如,日本公司法上的内部监督制度历经 1973 年、1981 年、1993 年、2001 年、2002 年、2005 年等多次改革。其中,1973 年的监事制度修改将监事的职权从会计监督扩大到对董事一般职务的监督,后续多次修改则着力于监事的独立性、对董事会的报告义务、强化独立监事的要件等事项。在日本公司法上,监查委员会对职务执行行为的监督不仅要审查其合法性,也要审查其合理性,但监事会是否负担合理性监督则存在争议。日本学者通常认为,监事的监督仅审查合法性,而不审查合理性,这是监察委员会与监事会的监督权之间的重大差异。也有日本学者认为,监事的监督不限于合法性的内容,肯定会涉及合理性乃至正当性的内容。尽管存在前述争议,但相较于监事会监督权,董事会监督权具有更加深入和全面的可能性。

依我国新《公司法》,监事会的监督系合法性监督,在新《公司法》第 78 条所规定监事会的诸项监督职权中,其第 2 项所规定的对公司经营活动的监督,即对董事、高级管理人员执行职务时违反法律、行政法规、公司章程或者股东会决议的行为进行的监督,此时执行职务行为的不适当性体现在违反法律或者公司的组织规则,监事会的监督为合法性监督无疑;该条第 3 项规定了监事会纠正或者停止董事、高级管理人员侵害公司利益行为的监督权,此时由于侵害公司利益行为系对保护公司法律之违反,亦未超出合法性监督的范畴。

如果公司舍监事会而设董事会审计委员会,此时审计委员会的监督深度除合法性监督外,还应当扩张至合理性监督。新《公司法》虽然对此未予以明确,但可基于以下理由而厘定：

其一，基于审计委员会是董事会的内设机构，其成员具有董事身份，其参与公司决策，涉及决策的商事裁量，必然涉及合理性判断。譬如，就新《公司法》所沿用的资本维持模式之下，董事会所进行的违法分配行为有明确的法律规则，监事会对此可以开展合法性监督。据此，新《公司法》第211条规定，公司违反规定向股东分配利润的，负有责任的董事、监事、高级管理人员应当承担赔偿责任。但是，在公司清偿能力模式之下，公司清偿能力的判断本质上系商事裁量事项，董事需要承担相应的裁量责任，但不应扩张至不负担商事裁量职能的监事会或监事。董事会中的独立董事，一方面基于董事会成员身份参与董事会决策和业务执行，另一方面又承担着对董事会进行自我监督的职责。这与监事会的监督不同，监事会并不参与公司的经营决策和业务执行，系专门负担监督职责的公司机构。由此，审计委员会的监督显然具有更加缜密和深入的可能性。

其二，事实上，监督本身与管理难以区分，董事会对高级管理人员的绩效监督也可以被描述为管理公司的行为，参与管理也使得董事更为知情，管理和监督不可避免地交织在一起。采取董事会和监事会的双层设置时，由于执行机构和监督机构的主体区分，这种差别尚且明显。对于合并了监督职权之后的集权式董事会，监督与管理通常一体呈现，难以区分。比如，在进行关联交易的决策过程中，同时也负担着对关联交易公允性的监督。基于董事监督义务和风险管理体制的构筑义务等，无论代表董事抑或一般董事，均肩负着监督其他董事的行为是否遵守法律、公司章程并且合规的义务，使得参与管理和监督的边界更趋于模糊。

其三，权力配置涉及责任承担问题。监事会不负担商事决策职能，不负担合理性监督之义务，亦无须承担由此而生之责任。审计委员会的董事则不然，其违反合理性监督义务时，在故意或重大过失时不免存在承担责任之空间。譬如，在证监会2022年制定的《上市公司独立董事规则》中，独立董事的职权包括重大关联交易的认可权，对董事和高级管理人员薪酬、重大关联借款和资金往来发表独立意见的权利等。由于关联交易本身关涉合法性和公允性等面向，这些监督职权本身并不限于合法性层面，已经扩充至合理性范畴。故而，审计委员会的监督基于合理性层面，亦是权责一致的要求。

由此，虽然本条没有明确审计委员会的监督深度，但从其职能定位、职权属性和责任承担等角度,合理性监督应是题中之义。

五、独立董事

(一)独立董事制度的起源

独立董事制度源于美国。20 世纪后,美国公司规模和层级不断增加,股权日趋分散,管理权日趋集中。而董事会作为顾问、战略管理的角色逐渐退化,由总裁或首席执行官(Chief Executive Officer,CEO)组建专门的智囊机构或研究部门形成 M 型公司结构。董事会的职能和角色,逐渐包含监督、设计与系统维护。此时独立董事作为公司监督者的角色格外突出,负责解决内部董事与管理层利益冲突交易审查。随着纽约证券交易所引进独立董事制度,董事会事实上演变成了"监事会",实际上扮演着"监督者"的角色。可以说美国建立独立董事制度就是为了解决公司的"内部人"控制问题。长期的实证研究表明,独立董事制度在美国公司治理中确实起到了积极的作用,对于改善公司业绩发挥了积极作用。

我国的独立董事制度于 2001 年由证监会发布的《关于在上市公司建立独立董事制度的指导意见》(已失效)正式确立。我国引入独立董事制度是为了矫正上市公司素质不够、治理不彰、一股独大现象严重的问题,希望能够通过独立董事制衡大股东掠夺公司及小股东利益的行为;同时,也有迎合国际公司法潮流,吸引国外投资者的考量。目前独立董事是上市公司的必设机构,上市公司独立董事的具体管理办法由国务院证券监督管理机构制定的《上市公司独立董事管理办法》规范。

(二)独立董事的特征

独立董事在公司内部主要扮演监督者的角色,对公司的财务监督以及对内部董事和高层管理人员职务行为监督。独立董事功能的发挥取决于如何保障其独立性。独立性是独立董事最突出的特征,保障其有效行使监督权的基石。

根据《上市公司独立董事管理办法》的规定,上市公司独立董事的独立性体现为以下几个方面:

(1)法律地位独立。独立董事在上市公司只担任董事,不担任经理、副经理、财务负责人等其他职务。

(2)选任程序独立。独立董事的产生办法仅包括上市公司股东会选举决定,不包括其他途径。上市公司董事会、监事会、单独或者合计持有上市公司已发行股份1%以上的股东可以提出独立董事候选人,提名人应当充分了解被提名人职业、学历、有无重大失信等不良记录等情况,并对其符合独立性和担任独立董事的其他条件发表意见,被提名人应当就其符合独立性和担任独立董事的其他条件作出公开声明。上市公司在董事会中设置提名委员会的,提名委员会应当对被提名人任职资格进行审查,并形成明确的审查意见。上市公司股东会选举两名以上独立董事的,应当实行累积投票制。

(3)意思独立。独立董事应当独立履行职责,不受上市公司及其主要股东、实际控制人等单位或者个人的影响。具体体现为,独立董事与其所受聘的上市公司及其主要股东、实际控制人不存在直接或者间接利害关系,或者其他可能影响其进行独立客观判断的关系。

(4)职权独立。独立董事享有独立于董事会、监事会的职权,负责依法对上市公司与其控股股东、实际控制人、董事、高级管理人员之间的潜在重大利益冲突事项进行监督,促使董事会决策符合上市公司整体利益,保护中小股东合法权益。

独立董事应当每年对独立性情况进行自查,并将自查情况提交董事会。董事会应当每年对在任独立董事独立性情况进行评估并出具专项意见,与年度报告同时披露。

(三)独立董事的职权

1. 独立董事的特殊职权

《上市公司独立董事管理办法》列举了独立董事享有的6项特殊职权,具体如下:(1)独立聘请中介机构,对上市公司具体事项进行审计、咨询或者核查;(2)向董事会提议召开临时股东大会;(3)提议召开董事会会议;(4)依法公开向股东征集股东权利;(5)对可能损害上市公司或者中小股东权益的事项发表独立意见;(6)法律、行政法规、证监会规定和公司章程规定的其他职权。独立董事行使上述第1项至第3项所列职权,应当经全体独立董事过半数同意。独立董事行使上述职权,上市公司应当及时披露。上述职权不能正常行使的,上市公司应当披露具体情况和理由。

2. 独立董事和监事会职权的关系

我国的公众股份有限公司包括上市公司和非上市公众公司,前者系指股票在证券交易所上市交易的股份有限责任公司,后者系指公开发行股票但不在证券交易所上市的股份有限责任公司,以及非公开募集(向特定对象发行股票)使股东人数超过200人的股份有限责任公司。对于上市公司的组织机构,新《公司法》规定其应设独立董事,而其他股份有限公司未要求必设的附加机构。由此,上市公司的法定治理机构包括股东会、董事会、监事会,其中,董事会内设有独立董事和专门委员会。由此可见,我国上市公司的治理机构既有单层制下的专门委员会,也有双层模式下的监事会,更有独立董事制度加持。

上市公司监事会与独立董事之间的职权划分问题长期以来面临争议,选择进行单层制改革的上市公司或将在机构设置层面对此问题在根源上予以彻底化解。对于维持监事会和独立董事同时存在的上市公司,以及其他同时设置独立董事和监事会的股份公司,该问题仍然有待解决。就独立董事和监事会的职权而言,虽然二者在监督功能上具有同质性,但现行法上二者的法定职权并不具有完全可替代性,尤其是,独立董事作为董事可以参加董事会会议,享有表决权,需要对其商业决策承担责任,这种监督系决策中的监督;监事仅能列席董事会会议,虽然可以质询和建议但并无表决权,系事后监督,二者参与决策的流程并无法互相替代。

第五节　监　事　会

一、监事会的概念和特点

监事会是公司治理结构中的法定机构,其职责在于持续监督公司的经营管理行为和财务状况。作为代表全体股东利益的监督机构,监事会具备以下显著特点:

1. 监事会成员依照法定程序产生。一般来说,股东会选举产生监事会成员,但在某些国家的公司法中,还包含其他法定产生途径,例如由股东代表和公司职工代表组成,其中公司职工代表则由公司职工民主选举产生。

2. 监事会是负责全面监督公司事务的机构。其监督职能主要包括对董事、经理的经营行为以及财务状况的专业监督,尤其是财务监督,因为公司的财务状况直接关系到公司经营信息和股东的权益。

3. 监事会必须保持独立行使职权。这是监事会实施有效监督的基础,各国公司法高度重视监事会独立行使职权的保障,确保其不受其他机构或个人的干扰。

4. 监事个人与监事会平行行使监督职权。与董事会的集体决策不同,监事会的责任是发现可能违法、违规或不符合股东利益的行为。监事具备对公司业务和财务资料进行监督检查的权力,通常情况下不需要形成集体决议。

二、监事会的设置

尽管各国在公司治理方面都设立了行使监督职能的公司机构,但在监事会方面,不同国家的公司法规定存在较大的差异和变化。这些差异反映了各国在监督机构设置和职能分配上的不同取向,塑造了多样化的公司治理模式。

(一)美国模式(单一型)

美国模式采用了单一型公司治理结构,其独特之处在于仅设立董事会而不设置监事会。然而,并非缺少监督机构,而是在内部监督机制上采用了其他方式。美国内部监督机制的特征主要体现在建立独立董事制度、设立由独立董事构成的董事委员会(如审计委员会、提名委员会和薪酬委员会)以及改进董事会及其委员会的领导机构。这种设置确保了董事会的职能得以充分发挥,同时也保证了公司内部的监督机制完整性和效率性。

(二)德国模式(垂直型)

德国的监督模式属于垂直型公司治理。德国股份公司的内部监督主要由监事会负责,其权力与地位高于经营管理机构。监事会由股东会和工会机构选举产生,再由监事会公开招聘管理委员会(理事会)。监事会代表股东监督理事会,而理事会则负责企业的日常经营管理活动。德国的监事会虽不具备公司事务的决策权,但其强大的监督职权及对雇员参与监督职能的重视使得其在公司治理结构中扮演着重要的角色。

(三)日本模式(并列型)

日本的公司治理模式属于并列型。日本设立了监察人作为监督机构之一,构成了公司组织结构的三个重要组成部分:股东会、董事会和监察人。除此之外,日本在2001年引入了美国式的独立董事制度,同时也为企业提供了灵活的法律方案,允许公司自主选择采用监事会或设立董事会下的审计委员会、提名委员会及薪酬委员会等方式进行内部监督。

(四)法国模式(选择型)

法国是典型的选择型治理模式的代表。法国公司法为企业提供了选择权,可以采用一元制或二元制。一元制即只设立董事会,而二元制则同时设立董事会和监事会。此外,法国还设立了审计员对公司财务会计进行审计监督。这种灵活性充分尊重了公司的自主选择权,为不同类型和规模的企业提供了多种公司治理模式的选择空间。

这些国家在公司治理结构上的差异不仅反映了各自国家的法律制度和文化传统,更为企业提供了不同的治理模式选择。这种多样性有助于公司在适应不同市场环境和发展阶段中寻找到最合适的治理模式,促进了公司治理实践的发展与进步。

我国长期以来一直将监事会作为公司的主要监督机构,监事会被视为公司不可或缺的监督职能部门,这与日本2001年修法前的治理模式相似。然而,近年来,各种公司治理模式相互借鉴的趋势逐渐兴起。在我国,尤其是上市公司范畴,公司治理方面频繁出现混乱现象,监事会未能有效发挥监督职能成为其中一个原因。因此,我国公司监督制度正在经历理论和实践层面的深刻反思。对于非上市公司而言,需要在原有制度的基础上进行完善;而对于上市公司,则可以通过借鉴其他国家的治理模式来改革现有的监督体制,引入独立董事。这样,监事会和独立董事共同承担公司的监督职能,可能是改善监督机制的一种方式。

2023年最新一轮公司法修改后,在公司监督权的配置方面有了更新一步的突破,即允许公司通过在董事会内部设立审计委员会的方式取代监事会,从而不再把监事会作为必设机构。这样的模式事实上推动了我国监督模式向法国的选择型模式发展。

三、监事会的组成

监事会的构成在我国公司法中有明确规定,通常由股东代表和公司职工代表组成。法律规定了公司章程应当确定适当比例的公司职工代表,并要求职工代表比例不得低于1/3,而具体比例则由公司章程规定。值得一提的是,监事会中的公司职工代表是通过公司内部的民主选举产生的。

在监事会成员数量方面,我国公司法规定了不同类型公司的不同要求。对于经营规模较大的有限责任公司,监事会成员数不得少于3人。而对于股东人数较少或规模较小的有限责任公司,可以选择设立1名监事或者经全体股东一致同意不设监事。对于股份有限公司,原《公司法》规定监事会成员不得少于3人,新《公司法》在此方面修改为与有限责任公司保持一致,即规模较小的股份有限公司也可只设1名监事。

在监事的任职资格方面,我国公司法与董事的资格规定相似。这意味着监事需要具备与董事相同的资格要求。此外,法律明确规定,公司的董事、高级管理人员以及财务负责人不得兼任监事。这一规定是为了保障监事的独立性,避免监督者与被监督人之间存在利益冲突。其他国家的公司法也类似地规定了这些要求,有些国家甚至将公司的特殊出资人或受益人排除在监事的任职资格之外。这种规定旨在确保监事拥有独立的监督职能,不受其他公司利益相关者的影响。

四、监事会的职权

按照新《公司法》第78条、第79条、第131条的规定,监事会或者监事行使下列职权:

(1)检查公司财务;

(2)对董事、高级管理人员执行公司职务的行为进行监督,对违反法律、行政法规、公司章程或者股东会决议的董事、高级管理人员提出解任的建议;

(3)当董事和高级管理人员的行为损害公司的利益时,要求董事和高级管理人员予以纠正;

(4)提议召开临时股东会会议,在董事会不履行《公司法》规定的召集和主持股东会会议职责时召集和主持股东会会议;

(5)向股东会会议提出提案;

(6)依照《公司法》第189条的规定,对董事、高级管理人员提起诉讼;

(7)监事有权列席董事会会议,并对董事会决议事项提出质询或者建议;

(8)监事会发现公司经营情况异常,可以进行调查;必要时,可以聘请会计师事务所等协助其工作,费用由公司承担;

(9)公司章程规定的其他职权。

此外,上市公司的监事会还可要求公司董事、经理及其他高级管理人员、内部及外部审计人员出席监事会会议,回答所关注的问题。

自1993年《公司法》颁布以来,监事会在履行监督职能方面遭遇了诸多挑战,呈现出整体失效、名存实亡的局面。学界普遍认为这种状况主要由以下几个方面造成:首先,在我国"一股独大"的股权结构下,监事和监事会缺乏必要的独立性。大股东不仅主导股东会和董事会,还对监事会拥有控制权,导致监事会在组织上缺乏独立性,只能依赖大股东控制下的董事会或经理的安排。其次,监事会所具备的权力和职责在原《公司法》中存在缺陷,赋予的权力缺乏实质内容,仅限于理论上的规定,而非实际有效的掌控权。再次,即便拥有的权利,也缺乏系统性的保障。例如,监事会与经营管理层之间存在信息不对称,监事会获取的信息来源受限于经营管理层,并且常常是经过筛选后的信息,有时甚至根本无法获得相关经营信息,这导致监事无法有效履行监督职责。最后,监事没有被合理安排利用公司资源履行职责。根据学界的分析,以上情况导致了监事会功能疲软。有观点认为,从根本上来说,监事会无法发挥作用,因此主张废除监事会,由独立董事或审计委员会取而代之。

五、审计委员会与监事会之间的选择

面对公司监督制度的系统性困境,新《公司法》对公司监督机制进行了重大改革,重新配置了公司内部的监督力量。制度创新主要体现在两大方面:其一,基于单层制改革引入了董事会审计委员会,并区分有限责任公司和股份有限公司分别设定了监事会的选择性设置要求;其二,对可能继续存在的监事会,进一步强化其法律地位与职权。这种改革路径,既给予了公司更大的自治权,给公司预留了单层制的选择空间,又给仍然保留监事会制度的公司提供了优化的制度供给。这种结构性的变革契合了世界各国公司治理结构向单层董事会的融合趋势,也凸显了我国公司法所面临的制度背景差异和既有的路径依赖。

公司选择单层制公司治理模式的条件体现为董事会中设立履行监督职能的审计委员会作为专门内设机构,允许公司根据章程的规定自主选择是否设立监事会。具体的选择模式为"选出"制结构,即在公司章程无特殊规定的情况下,公司应设立监事会,在此基础上,允许公司在董事会设置审计委员会来替代监事会,从而将监事会“选出”。在选出监事会设置的条件上,新《公司法》对有限公司和股份公司分别作了规定。在有限责任公司中,选出监事会的条件是设置董事会审计委员会;在股份有限公司中,选出监事会的条件除了设置董事会审计委员会之外,还需要满足审计委员会的成员人数为 3 名以上、过半数成员不得在公司担任除董事以外的其他职务且不得与公司存在任何可能影响其独立客观判断的关系等多个条件(新《公司法》第 121 条)。

第六节　高级管理人员

新《公司法》第 265 条第 1 项规定,高级管理人员是指公司的经理、副经理、财务负责人,上市公司董事会秘书和公司章程规定的其他人员。由此可见,公司的高级管理人员主要包括经理、上市公司董事会秘书以及财务负责人等其他的公司主要业务负责人。

一、经理

(一)经理的概念和地位

经理是由董事会聘任的,负责组织公司日常经营管理活动的业务执行机构。与股东会、董事会、监事会不同,经理机关不采用会议形式,其行为无须通过多数原则形成决策,而是以担任经理的高级管理者的最终意愿为准。在某些公司,还设有副经理一职,通常由经理提名,是协助执行其工作的辅助人员。

随着证券市场的发展,现代社会中的公司股权逐渐分散化,这导致股东对公司的管理日益缺乏关注。同时,随着经济分工的深化和竞争的加剧,管理已成为一门专业技能。股东们也无法全面管理公司经营,因此虽然各国公司法一般规定经理机关可以根据公司章程自行设立,但实际上,经理不仅成为公司中不可或缺的机构,而且其权力不断呈现扩大的趋势。

在新《公司法》的修订过程中,在有限责任公司经理设置的强制性方面,立法者存在态度的徘徊,在第二次与第三次审读稿中均写明“有限责任公司设经理”,相当于把有限责任公司的经理作为强制设置的机构,但在正式通过的稿件中又恢复了原《公司法》中的表述,增加了“可以”二字,把有限责任公司的经理作为可设可不设的机构。虽然立法最终还是作出了此种选择,但在理论上我们仍然认为,有限责任公司的经理应当为必设机构,任何公司都不可能存在没有经理的情况,只是称谓可能有所不同,但每个公司都必然存在一个承担业务执行工作的主体或机构。

新《公司法》下经理的基本性质和地位仍未发生根本变化,经理仍为公司的业务执行机构,公司经理由董事会聘任,对董事会负责,具体落实股东会和董事会的决议,主持公司的生产经营管理活动,维持公司运转。

(二)经理的设立

公司经理的产生方式有别于公司董事和监事,他们并非通过选举产生,而是由董事会聘任产生。许多国家的公司法规定,聘任经理是董事会的职权,董事会通过投票决定公司经理的人选。在美国,一些公司的董事会设立了提名委员会,负责寻找并向董事会推荐适合公司重要职务的人,比如经理等职务的合适人选。经过董事会的表决通过后,经理人选将与公司签订聘任合同,完成聘任过程,成为公司的经理。

由于经理是由董事会聘任,其权力虽然由公司法规定一般内容和范围,但其职务的取得取决于董事会。董事会有权决定扩大或缩小经理的权力范围。因此,如果经理违法经营或其管理能力、素质不足以应对公司管理需求,董事会有权依法在召开的董事会会议中决定解聘该经理。我国的公司法同样规定了经理由董事会聘任或解聘的相关规定。

(三)经理的资格条件

经理作为公司日常经营的实际管理者和高级管理人员,其资格条件是公司运营中的重要问题。经理的资格要求包含积极和消极两个方面。积极条件是指经理所应具备的各种能力和素质,主要涵盖品德素质、知识水平、管理能力、心理素质等。而消极条件则指不符合资格条件的情况,例如有犯罪记录者不得担任公司经理等。

对于经理所需具备的积极条件,需要综合考察其学历、品行、业绩、声誉等多方面因素进行评估。这些要素的评估难以制定统一标准,因此完全属于各公司的内部事务,应由董事会自主决定,而不应受法律的强制干预。因此,各国的公司法主要针对经理资格的消极条件进行规范,我国的法律亦是如此。新《公司法》第 178 条对于经理资格的消极条件限制与董事、监事的任职条件限制相一致。当然,此类限制实际上也可扩展至公司所有的高级管理人员。

(四)经理的职权

尽管经理是由董事会聘任并向其负责,但不同公司的经理的实际权限存在差异。为了确保公司有效率地持续运营,在多家公司运营实践的基础上概括出经理机关的一般职权范围,并在公司法中予以规定是十分必要的。这有助于公平配置公司的权力资源,建立制衡监督机制,明确各岗位职责,促进运营效率提升,并在公司与外部的交易关系中降低不确定性,降低与公司交易相关的代理权辨识成本和风险。在商业社会中,凡是担任公司经理的个体在公司的正常业务范围内代表公司是一种普遍惯例,公司法对经理权限的规定应符合这种惯例。各国公司法对经理职权的规定主要集中于管理公司的日常经营活动,并在董事会授权范围内代表公司处理各类业务。具体而言,主要涵盖执行董事会经营计划、任命和解雇公司高级管理及专业人员、主持公司日常业务、签订外部合同等方面。

原《公司法》曾对经理的职权进行过列举式的规定,主要有:

(1)主持公司的生产经营管理工作,组织实施董事会决议;

(2)组织实施公司年度经营计划和投资方案;

(3)拟订公司内部管理机构设置方案;

(4)拟订公司的基本管理制度;

(5)制定公司的具体规章;

(6)提请聘任或者解聘公司副经理、财务负责人;

(7)决定聘任或者解聘除应由董事会聘任或者解聘以外的负责管理人员;

(8)董事会授予的其他职权。

2023 年《公司法》修订后,对于经理的职权更改为了概括性规定,即"经理对董事会负责,根据公司章程的规定或者董事会的授权行使职权。经理列席董事会会议"。

(五)CEO 的特别问题

在经理的范畴经常被提及的另一个概念是 CEO,设立 CEO 在国际上的大公司中十分普遍,我国许多公司也仿效此种设置。CEO 虽在公司实践中确已广泛存在,但各国公司法中很少对CEO作出规定,我国法律也没有关于CEO的明文规定。但从实践的职权分配以及具体的公司治理应用来看,CEO与我国公司法上经理的概念高度重合,甚至可以理解为是经理的另一种称谓,不过二者在具体的职权方面也略有一些差别。CEO通常是作为公司的主要协调人、政策制定者和推动者,其职权总体上全面涵盖了经理的职权,与此同时,本应由董事会享有的一些决策权,如制定公司的年度经营计划与财务预算方案等也已让渡到CEO手中。故总体而言,CEO类似于我国公司中的经理,但其还享有我国公司中董事会与董事长的部分职权。CEO由公司董事会聘任或解聘,CEO的权利和义务由公司章程或董事会的授权具体订立。

二、董事会秘书

(一)董事会秘书的历史发展

董事会秘书在英美公司法上被称作公司秘书,最早追溯到1841年的英国法报告的案例中。董事会秘书制度的发展在英国基本可以分为三个阶段:第一阶段,董事会秘书仅作为公司的普通雇员,处理一些文书事务,与普通的"秘书"无本质区别,在公司法上甚至没有规定董事会秘书制度是公司的法定机关。1948年,公司法仍然明确规定当缺乏明确的授权时,董事会秘书的职权仅限于公司的内部管理事项。第二阶段,董事会秘书所承担的责任越来越多,在公司中的地位日益上升,开始发挥重要作用,1971年,董事会秘书作为公司法定机关的地位得到确认,其职权扩大到可作为公司代理人对外签订合同。1985年和1989年英国公司法都对董事会秘书的任职资格、职权与责任等方面进行了更为详细的规定,特殊属性的赋予使董事会秘书开始在公司治理结构中成为关键因素。第三阶段,在20世纪末期,董事会秘书的地位和职能被重新认识,出台了一些关于公司董事会秘书的设立可由公司自主决定的规定。2002年,英国政府出版白皮书提出取消立法中对小型私人公司董事会秘书的强制性规定。争议意见来源于由此可能引发的董事会秘书职能的缺位,即一个有效的董事会秘书是保证"不老实"的董事不偏离正常轨道的主要制约因素,不设立董事会秘书会在一定程度上减弱了对董事滥用职权行为的制约力。

(二)董事会秘书的法律地位

新《公司法》第138条规定,上市公司设董事会秘书,负责公司股东会和董事会会议的筹备、文件保管以及公司股东资料的管理,办理信息披露事务等事宜。此条也是对于董事会秘书的设置以及职权等内容的总体性规定,在我国公司法的框架下,董事会秘书更多是作为董事会会议的筹备者以及相关资料的管理者,兼而承担信息披露事务等事宜。

在英美法系国家,董事会秘书制度设置的最初目的是完善公司内部的管理,使公司的运转更加规范、协调。它随着公司制度的发展而衍生,并从公司法角度进行规制。在我国设立董事会秘书制度的主要目的是满足公司上市后的规范运作和监管要求,也更多地表现为证监会和证券交易所从证券法的角度进行规制。纵观我国与英美法系国家的董事会秘书制度设立与制度变迁,其核心区别体现在立法目的、法规的制度主体及对公司治理的影响三个方面。在各国董事会秘书制度的发展中,共同之处是当面对取消董事会秘书强制性规定的建议时,都会伴有争议或否决,这一定程度上说明了董事会秘书在公司发展中日益重要的地位和作用。

英美法系国家董事会秘书的法律地位经过了一个不断上升的过程,在英国,董事会秘书的职责涉及处理董事会相关文件及联络等事宜、签署根据董事会决定授权发行的公司股份证书和行政管理性合同、及时信息披露文件和信息等方面。英国董事会秘书在公司管理方面的职权具体包括:(1)参加包括董事会会议在内的公司的所有会议,并负责会议记录;(2)保管公司的各项会议记录、决定、合同、股东名册等文件,并证明其与其副本的真实性;(3)认定所有发出的通知依公司章程细则而言均属正当,或均为法律所要求;(4)作为公司印章的保管人,并认定公司印章在所有文件上代表公司的使用均系经过正当授权;(5)根据公司主管机关的要求及时准确地提供和披露有关文件和信息;(6)与总裁或一名副总裁一起,签署根据董事会决定授权发行的公司股份证书;(7)据董事会的随时指定,主持处理其他属于董事会秘书处职责的事务等。

在我国,根据证监会、沪深证券交易所制定的有关规定,上市公司均应设立董事会秘书,董事会秘书属于公司组织机构的一部分,作为上市公司高级管理人员,负责处理董事会执行职权所产生的事务,但这些规定因缺乏规范性,很多公司的董事会秘书难有实质意义的高级管理人员地位。大型国有企业改制后的上市公司,董事会秘书的地位和收入大多与部门中层管理人员相当,很难发展为尽职的高级管理人员,更无法实现披露、协调及监管联络的治理职能。

与英国公司法规定有限责任公司和股份有限公司均需设立董事会秘书不同,新《公司法》目前只规定上市公司须设立董事会秘书,而对未上市的股份有限公司和有限责任公司却没有同样的规定。实践中,董事会秘书在处理董事会执行职权所涉及的事务中起着不可或缺的作用,为了健全公司组织机构,更好地发挥董事会职能,应当尽早将相关证券规章中涉及公司治理结构及董事会秘书的章目纳入公司法规定,凡依照新《公司法》所成立的公司均应设立董事会秘书,并明确其作为公司高级管理人员的法律地位。

三、其他高级管理人员

除了前述几类人员,公司还通常在章程中或实际管理程序中设立其他类型的高级管理人员,主要包括以下类别:

财务负责人(Chief Financial Officer,CFO),负责公司的财务管理和财务战略规划,有监督会计、财务报告、预算和资金管理等职责。财务负责人通常对董事会和 CEO 负有报告和咨询的职责。

法务负责人(General Counsel 或 Chief Legal Officer),负责公司的法律事务和法律合规性,包括合同管理、知识产权、合规性事项、诉讼和法律风险管理。法务负责人通常向董事会或 CEO 报告。

人力资源负责人(Chief Human Resources Officer),负责公司的人力资源管理,包括招聘、培训、员工关系、薪酬和福利管理,以确保公司拥有高效的人力资源团队。

运营负责人(Chief Operating Officer,COO),通常负责日常业务运营,包括生产、供应链、物流和项目管理。运营负责人协助 CEO 执行战略计划并确保公司的各项运营活动高效运行。

技术负责人(Chief Technology Officer,CTO),负责公司的技术策略和创新,监督研发、技术团队以及信息技术基础设施的发展和维护。

这些高级管理人员同样在公司内部扮演关键角色,协助经理和董事会执行公司的战略目标,确保公司的各个方面高效协同运作,并确保合规性和财务稳健。公司章程中通常可以明确这些高级管理人员的职责和权责,并规定了与他们相关的制度要求。

第七节　公司决议的效力体系

股东会的决议是根据“资本多数决”的原则作出的,是少数股份服从多数股份的制度,董事会则采取一人一票的表决方式,公司法既要维护股东会以及董事的基本表决原则,也要制止有表决权的股东或董事滥用表决权,因此,法律必须制定相应的制度来保证决议内容和程序的合法、公正。一般而言,在决议的程序和内容均无任何瑕疵的情况下,应当推定决议有效,即公司股东会、董事会决议的通常效力状态应当为有效,但如果决议内容或程序上有瑕疵,其效力就会受到影响。我国《公司法》经过2023年的最新修订,吸收了此前在公司法司法解释中的个别规定,确立了决议无效、决议可撤销、决议不成立以及决议有效的决议效力体系。从比较法规定来看,各国公司法大多规定,如果决议存在瑕疵应通过诉讼程序来解决决议的效力,根据决议瑕疵的原因,可分为决议无效之诉、决议撤销之诉、决议未成立之诉,另有一些国家规定了变更不当决议之诉。我国公司法目前仅规定了决议可撤销的诉讼行使程序,未规定决议无效以及决议不成立的诉讼程序,但依据相关公司法理以及法律行为的基础理论,决议无效与未成立也应当通过诉讼程序加以行使。

一、决议的无效

(一)决议无效的事由

民事法律行为因违法而无效的判断是理论和实务上的重大疑难问题,堪称世界级难题。决议行为作为民事法律行为的一种,其困难亦然如此。虽然在《民法典》制定之前,理论界和实务界就决议行为是否为民事法律行为存在争议,但该争议随着《民法典》第134条的明确规定而逐渐消弭。根据《民法典》第134条的规定,决议行为是法律行为之一。除了适用《公司法》上的决议效力规则之外,决议还存在适用民事法律行为的效力规则之可能,十分复杂。新《公司法》第25条规定,公司股东会、董事会的决议内容违反法律、行政法规的无效。该条款规定对决议无效事由概括得比较笼统,具体可以划分为以下类型。

1. 违反法律和行政法规的决议无效

《民法典》第153条第1款规定,违反法律、行政法规的强制性规定的民事法律行为无效。但是,该强制性规定不导致该民事法律行为无效的除外。与之相比,该条款既未将违反的对象限于法律、行政法规的强制性规定,也未规定《民法典》第153条但书部分的具体内容。对此,应当结合《民法典》第153条的规定,补足该条款内容。易言之,公司股东会、董事会的决议内容违反法律、行政法规的强制性规定,并不必然导致决议无效,新《公司法》第25条的规定需要应予以限缩解释。

对于违反法律、行政法规强制性的行为效力判断,2019年最高人民法院在《九民纪要》第30条中指出,"合同法司法解释(二)第14条将《合同法》第52条第5项规定的'强制性规定'明确限于'效力性强制性规定'"。此后,《关于当前形势下审理民商事合同纠纷案件若干问题的指导意见》进一步提出了"管理性强制性规定"的概念,指出违反管理性强制性规定的,人民法院应当根据具体情形认定合同效力。随着这一概念的提出,审判实践中又出现了另一种倾向,有的人民法院认为凡是行政管理性质的强制性规定都属于"管理性强制性规定",不影响合同效力。这种望文生义的认定方法,应予纠正。

最高人民法院在2023年发布的《民法典合同编通则解释》中放弃了长期使用的效力性强制性规定、管理性强制性规定的概念。最高人民法院2023年12月5日发布的《最高人民法院民二庭、研究室负责人就民法典合同编通则解释答记者问》指出,"在解释起草的过程中,考虑到效力性强制性规定的表述已被普遍接受,不少同志建议继续将效力性强制性规定作为判断合同是否因违反强制性规定而无效的标准。经过反复研究并征求各方面的意见,解释没有继续采用这一表述。一是因为,虽然有的强制性规定究竟是效力性强制性规定还是管理性强制性规定十分清楚,但是有的强制性规定的性质却很难区分。问题出在区分的标准不清晰,没有形成共识,特别是没有形成简便易行、务实管用的可操作标准,导致审判实践中有时裁判尺度不统一"。在对效力性强制性规定和管理性强制性规定不予区分的基础上,该司法解释第16条进一步细化了"该强制性规定不导致该民事法律行为无效的除外"的情形。该条规定详见下文的关联规范部分,此处不赘。

2. 违反公序良俗的决议无效

如果公司决议并未违反法律、行政法规的强制性规定，而是违反了其他层级的法规或规章，其效力如何？最高人民法院在《九民纪要》第 31 条中规定，违反规章一般情况下不影响合同效力，但该规章的内容涉及金融安全、市场秩序、国家宏观政策等公序良俗的，应当认定合同无效。由此可见，尽管规章的规范层级较低，但其背后有可能代表公序良俗，违反其规定同样有可能导致行为无效。此时，否定行为效力的基础在于，《民法典》第 153 条第 2 款规定，违背公序良俗的民事法律行为无效。

最高人民法院在《民法典合同编通则解释》第 17 条中规定，合同虽然不违反法律、行政法规的强制性规定，但是有下列情形之一，人民法院应当依据民法典第 153 条第 2 款的规定认定合同无效：(1)合同影响政治安全、经济安全、军事安全等国家安全的；(2)合同影响社会稳定、公平竞争秩序或者损害社会公共利益等违背社会公共秩序的；(3)合同背离社会公德、家庭伦理或者有损人格尊严等违背善良风俗的。如果公司决议存在前述情形，也将导致其无效。

3. 公司决议无效的典型类型

相较于合同，公司决议所关涉的利益主体更多，所涉的利益更为复杂。在公司法司法实践中，公司决议无效的情形繁多，比如损害股东利益、损害公司利益、损害国家利益、损害他人利益、超越决策权限、违反公序良俗等，裁判尺度差异较大。

最高人民法院在《公司法司法解释(四)原则通过稿》中曾试图规定决议无效的类型：“股东会或者股东大会、董事会决议内容有下列情形之一的，应当确认无效：(一)违反公司法第 20 条规定，损害公司、股东或者公司债权人的利益；(二)违反公司法第 37 条、第 46 条、第 99 等规定，超越股东会或者股东大会、董事会职权；(三)违反公司法第 166 条规定向股东分配利润；(四)违反法律、行政法规的强制性规定的其他情形。”但因争议过大，本条最终未出现在正式发布的司法解释之中。本轮《公司法》修订中，该问题亦因争议过大而搁浅。

对此，在司法实践中，应当结合公司决议所违反的具体法律条款及其背后法益进行判断，更为细致的类型化规则有待于未来的立法或司法解释予以完善。

（二）决议无效之诉

1. 提起无效之诉的条件

原《公司法》曾规定，提起无效之诉，除了决议内容违反法律、行政法规的规定外，还要求必须侵犯了股东的合法权益，否则不给予救济。但从实践结果来看，此种规定在现实中很难真正地对股东进行救济，因为存在权益受侵犯这一要件的要求，那么股东就必须向法院证明其权益受侵犯的事实，而作为中小股东来说其要举证证明这一事实的存在并不容易，而且不论这一诉讼的结果如何，其自身的成本付出可能是巨大的，但实际的受益者则是其他的诸多股东，因而股东在行事时都会存在"搭便车"的心理，这样最终导致了救济的落空。新《公司法》取消了决议必须侵害股东合法权益这一要求，不论股东会和董事会决议是否导致股东利益受到侵害，只要决议内容违反法律和行政法规的规定，股东就有权提起无效之诉。

2. 提起无效之诉的主体

《公司法司法解释（四）》第 1 条曾规定股东有权提起决议无效之诉，但在 2023 年《公司法》修改之后，删除了提起决议无效之诉的主体要求，按照法律行为无效的基础法理，在决议无效的类型下，任何人均应当有权提起无效之诉。监事会是公司的监督机构，对于股东会和董事会决议的无效之诉，监事会应当作为主要的提起主体，这不仅与监事会的监督职责相适应，同时也是维护公司和股东利益的需要。当然，除了公司股东以及内部的监督机构外，与决议存在利益相关的第三人应当同样可以提起无效之诉。

（三）决议无效的法律后果

决议无效，意味着决议自始不发生法律效力，从法律行为效力理论角度分析，决议无效之诉的判决效力理应具有对世性，即其效力及于第三人，且具有绝对的溯及力。然而，新《公司法》第 28 条第 2 款却规定，"股东会、董事会决议被人民法院宣告无效、撤销或者确认不成立的，公司根据该决议与善意相对人形成的民事法律关系不受影响"，这样的规定相当于区分了相对人的善意和恶意，如果与决议有关的相对人为善意，则民事法律关系不受影响，这也是体现了公司法对善意相对人的保护，维护交易安全。

股东会决议内容全部无效的，整个决议当然无效，但是，倘若股东会决议中的部分内容无效,是否导致整个股东会决议无效?我们认为,倘若决议各项内容不具有可分性,则部分决议事项无效导致整个决议当然无效;倘若决议各项内容具有可分性,则部分决议事项无效并不必然导致决议中的其他事项无效,换言之,除去无效决议事项,股东会决议亦可成立的,则其他决议事项仍然有效。另外,公司根据股东会、董事会决议已办理变更登记的,人民法院宣告决议无效后,公司应当向公司登记机关申请撤销变更登记。

二、决议的可撤销

新《公司法》第26条规定了股东会、董事会决议的撤销。公司股东会、董事会会议召集程序、表决方式违反法律、行政法规或者公司章程,或者决议内容违反公司章程的,股东可以自决议作出之日起60日内,请求人民法院撤销。但是,股东会、董事会的会议召集程序或者表决方式仅有轻微瑕疵,对决议未产生实质影响的除外。未被通知参加股东会的股东自知道或者应当知道股东会决议作出之日起60日内,可以请求人民法院撤销;自决议作出之日起1年内没有行使撤销权的,撤销权消灭。

(一)决议撤销的事由

关于股东会、董事会决议撤销的事由或原因,域外规定颇不一致。我国台湾地区“公司法”将召集程序或决议方法违反法律或公司章程作为可撤销的原因。日本、意大利则规定,不仅召集程序或决议方法违反法律或章程为可撤销,决议内容违反章程亦可撤销。按照我国《公司法》的规定,决议可撤销的事由主要包括:

一是召集程序违反法律、行政法规或公司章程,如由没有召集权的人的召集;未向部分股东召集,或通知时间、通知方法不合法,或通知内容不齐全。

二是表决方式违反法律、行政法规或公司章程,如决议通过的股份数不满足法定要求时,或表决权计算违法时,或将特别决议事项以普通决议来表决时。至于表决中存在以商业利益交换或者有其他不正当拉票行为的,情形比较复杂,只能个案判断,不好做一刀切的要求。

三是决议内容违反公司章程,如控制股东滥用表决权,侵害了公司章程赋予公司和小股东的利益,即为可撤销的原因。例如,公司通过2/3多数决方式通过了以侵害小股东利益为主旨的章程修正条款或股东会决议。另外,如果决议内容不具有可分性，部分决议事项被撤销当然导致整个决议被撤销；若决议各项内容具有可分性，则部分决议事项被撤销并不必然导致决议中的其他事项被撤销，换言之，股东提起股东会决议撤销之诉时，可以选择只申请撤销部分决议事项，而保留其他决议事项的效力。

本次《公司法》修订也在相关条款规定了“但书”，即如果股东会、董事会会议的召集程序或者表决方式仅有轻微瑕疵，对决议未产生实质影响，则不属于可撤销的范畴。此举也意在保证决议的效力稳定，不会因为一些微小的瑕疵而影响效力。然而，司法实践中有可能对于何谓“轻微瑕疵”存在理解上的不一致。

（二）决议撤销之诉

1. 提起撤销之诉的主体

依公司法规定，我国有权提起决议撤销之诉的主体是股东。但如果股东会召集程序或表决方法有瑕疵，参加股东会的股东一致通过了股东会决议，那么参加股东会并在表决中投赞成票的股东是否仍享有股东会决议的撤销诉权？新《公司法》对此并未明确规定。我们认为，应当允许其提起撤销之诉，这可以保护那些虽然在表决中同意议案但并不知道召集程序或表决方法有瑕疵的股东的利益，并且也能起到督促公司股东会在召集和表决中严格按照规定进行。另外，就公司法理论而言，公司的监事会同样有权提起股东会决议的撤销之诉。那么，决议撤销之诉的被告是造成该决议通过的股东，还是公司？通说认为被告应当是公司。这是由于资本多数决原则将股东的意思拟制为公司的意思，既然决议体现了公司的意思，自然应将公司列为决议撤销之诉的被告。

2. 提起撤销之诉的时间

由于引起决议撤销之诉的事由并非很严重，所以在法律规定的期间内，没有提起决议撤销之诉的，不得再提起决议撤销之诉，以维护决议的稳定性。各国或地区通常都对决议撤销之诉的期间加以规定，如日本规定为 3 个月。新《公司法》规定为 60 日，区分两类情况划定了不同的起算标准，对于参加会议的股东而言，提起撤销之诉的 60 日期限自决议作出之日起计算；对于未被通知参加股东会的股东，自知道或者应当知道股东会决议作出之日起算 60 日的期间。从公司法理论的角度看，这个 60 日应为除斥期间，不存在中止、中断和延长的情形，如果在此期间无人提起股东会决议撤销之诉，则决议成为具有确定法律效力的决议。新《公司法》又规定了撤销权行使的最长期间为1年,这一规定相当于为撤销权规定了1年的最长除斥期间。

3. 提起撤销之诉的担保

为防止股东滥用决议撤销之诉,图谋不当利益,原《公司法》曾就决议撤销之诉规定了原告股东的提供担保的义务,即如果公司提出请求,人民法院可以要求股东提供相应担保。这一规定,加大了那些没有正当理由而滥用诉权的成本,若原告出于恶意或重大过失而败诉,应对公司负损害赔偿的责任。新《公司法》删除了这一条款,但是从撤销之诉的司法价值以及避免权利滥用的角度来看,确立撤销之诉的担保制度也应当具有一定的意义。

(三)决议撤销的法律后果

按照一般法律行为制度,被撤销的法律行为自行为开始起无效,因此,决议撤销判决的效力应当溯及于决议之时无效,当被撤销的股东会决议仅涉及公司内部关系时尤为如此。但对基于撤销前的股东会决议而产生交易关系的善意第三人,从维护法律的稳定和交易的安全角度出发,有必要否定撤销之诉判决的溯及力,以保护善意第三人。基于被撤销的股东会决议而实施的变更登记事项,在法院决议撤销之诉生效后,公司应当向公司登记机关申请撤销变更登记。

三、决议的不成立

决议不成立由《公司法司法解释(四)》最先加以规定,2023年《公司法》修改后,在立法层面正式将决议不成立制度予以正式确立,由新《公司法》第27条规定。决议不成立,可以类推于法律行为成立的理论,即在公司股东会、董事会决议缺少了必要的形式要件的情况下,应认定股东会、董事会未作出决议。这与决议的无效和可撤销存在本质区别,决议的无效和可撤销的前提均是已经作出决议,只不过因为决议内容或相关程序违反法律法规或存在瑕疵,但决议的不成立相当于认定公司股东会或董事会自始并未作出过决议。

(一)决议不成立的事由

根据新《公司法》第27条之规定,以下四类情形应当认定为公司股东会或董事会的决议不成立:

1. 未召开股东会或董事会会议作出决议。这一规定仍是强调股东会和董事会会议的形式作用,要求股东会和董事会必须以开会的形式作出决议。如果会议没有召开,那么股东会或董事会不能进行任何决议表决,单纯的书面决议不能作为决议成立之要件。

2. 股东会或董事会会议未对决议事项进行表决。如果在会议上没有对决议事项进行表决,那么这些事项也不会成为正式的决议。未经表决说明被讨论的事项没有经过充分的意见表达,最终是由特定的主体依个人意志促成决议的通过,不符合决议的形式和实质要求。

3. 出席会议的人数或者所持表决权数未达到《公司法》或者公司章程规定的人数或者所持表决权数。根据公司法或公司章程的规定,在特定的决议事项下需要一定数量的股东或董事出席会议,或者需要他们持有一定数量的表决权才能进行决议。如果这些要求没有达到,决议也不能成立。

4. 同意决议事项的人数或者所持表决权数未达到《公司法》或者公司章程规定的人数或者所持表决权数。根据《公司法》或公司章程的规定,对于相应的决议事项需要一定数量的股东或董事同意决议,或者需要他们持有的表决权达到一定的比例才能使决议生效。如果上述要求没有达到,将无法形成有效的决议,已经形成的决议应当被确认为不成立。

(二)决议不成立之诉

目前公司法并未规定决议不成立之诉的具体程序,但参照民事法律行为的不成立的认定程序,似乎应当由公司的股东、监督机构或与决议事项存在利害关系的主体提起该诉讼。在诉讼性质上,该诉讼应当属于确认之诉的类型,即请求法官确认股东会或董事会决议在法律上未成立,从而无法对任何主体产生约束力。提起诉讼的时间也应当限定在决议作出后的合理时间内,以避免决议长期处于不确定的效力状态下。

(三)决议不成立的法律后果

决议不成立的法律后果相当于决议自始没有作出,因而不能对任何主体产生约束力,对涉及的决议事项,股东会或董事会应当重新作出表决。但依照新《公司法》第 28 条第 2 款的规定,决议不成立与决议无效、撤销的法律后果在保护善意相对人方面保持一致,即公司根据该决议与善意相对人形成的民事法律关系不受影响。

第八节 董事、监事、高级管理人员的信义义务

董事是由公司股东选举产生的,是公司的决策者和公司业务的主管者,他可以根据公司的决定享有或不享有对外代表公司的权力。公司监事是行使监督管理职能的主体。公司高级管理人员是为了公司的利益而管理公司日常事务并有权为公司签署法律文件的人。所以说,董事、监事、高级管理人员拥有公司的决策权、监督权和执行权,他们在很大程度上实际控制公司的运营。但是与股东不同,他们仅仅是公司的"代理者",而非公司的所有者。他们与公司和股东的利益有很大程度的一致性,因此被赋予充分的职权;同时,他们又有自己独立的利益,甚至与股东和公司存在着冲突。正是由于公司董事、监事和高级管理人员是公司经营权的主要承担者,其行为直接涉及公司和股东利益是否能得到有效保障,故各国立法通常会规定公司董事、监事和高级管理人员的义务与责任,以体现激励与约束共存的原则。

一、一般规定

新《公司法》第180条规定:"董事、监事、高级管理人员对公司负有忠实义务,应当采取措施避免自身利益与公司利益冲突,不得利用职权谋取不正当利益。董事、监事、高级管理人员对公司负有勤勉义务,执行职务应当为公司的最大利益尽到管理者通常应有的合理注意。公司的控股股东、实际控制人不担任公司董事但实际执行公司事务的,适用前两款规定。"与国外立法相同,我国新《公司法》规定了公司董事、监事和高级管理人员应负有忠实义务和勤勉义务,值得注意的是,本条特别强调了公司控股股东、实际控制人虽不担任公司董事但实际执行公司事务的,也应当受到上述义务的约束。所谓的忠实义务,指董事、监事和高级管理人员经营公司业务时,应毫无保留地为实现公司最大利益努力工作,当自身利益与公司整体利益发生冲突时,应当以公司利益为先。勤勉义务,又称为善良管理人的注意义务(以下简称善管义务)或注意义务,是指董事、监事、高级管理人员应诚信地履行对公司的职责,尽到普通人在类似情况和地位下谨慎的合理注意义务,为实现公司最大利益努力工作。

二、忠实义务

对于公司董事、高级管理人员的忠实义务,新《公司法》除第180条的一般规定外,第181—185条具体列举规定了忠实义务的具体情形。概括新《公司法》的规定,公司董事、监事及高级管理人员应对公司负有下列忠实义务。

(一)禁止获得非法、不正当利益

公司经营权行使主体要对公司负善良管理人的义务,即在处理公司事务时须与处理本人事务负同等程度的谨慎,并确信所采取的措施是在当时具体情况下对公司最有利的选择。上述人员在行使职权时是受公司股东的委托代表股东行使职权的,处理事务应从公司和股东利益出发,自己不能从中获利。

新《公司法》第181条列举规定了董事、监事、高级管理人员违反忠实义务的行为其中第3项规定董事、监事、高级管理人员不得利用职权收受贿赂或者其他非法收入;第4项规定董事、高级管理人员不得接受他人与公司交易的佣金归为己有。公司经营权行使主体在执行职务过程中必须以公司利益为重,除有权依照与公司之间的协议和安排获得薪金和补贴等利益外,不得为个人谋取任何经济利益。根据我国《刑法》的规定,违反上述规定的公司经营权行使主体,可构成受贿罪或职务侵占罪,要承担刑事责任。

(二)禁止越权侵占、使用公司财产

作为公司经营权的具体行使者,公司董事、监事、高级管理人员必须合法使用公司财产,保证公司各项行为符合其宗旨所定的范围。根据新《公司法》第181条第1项、第2项的规定,公司董事、高级管理人员不得有侵占公司财产、挪用公司资金、将公司资金以其个人名义或者以其他个人名义开立账户存储的行为。如果公司经营权行使主体违反了此项义务,应责令其退还公司资金,由公司给予处分,将其所得收入归公司所有,构成犯罪的,应依法追究刑事责任。

(三)竞业禁止义务

竞业禁止义务,是指公司董事和高级管理人员不得擅自经营与其所任职公司具有竞争性质的业务。在大陆法系国家,竞业禁止义务是作为独立的义务形式加以规定的。根据我国新《公司法》第184条的规定,董事、监事、高级管理人

员未向董事会或者股东会报告,并经董事会或者股东会决议,不得自营或者为他人经营与其任职公司同类的业务。

(四)禁止篡夺公司机会

篡夺公司机会,是指公司董事、监事、高级管理人员把属于公司的商业机会转归自己而从中取利。由于董事作为公司对外进行商事交易的主要人员,往往可以大量地接触公司交易机会,这些机会原本应由公司掌握,相应的利益也应当由公司获取,而一旦董事将该机会据为己有,便是篡夺了本应属于公司的商业机会,间接损害了公司利益。新《公司法》第 183 条规定,公司董事、监事、高级管理人员不得"利用职务便利为自己或者他人谋取属于公司的商业机会"。但是,该条款进一步规定了两类除外情形:"(一)向董事会或者股东会报告,并按照公司章程规定经董事会或者股东会决议通过;(二)根据法律、行政法规或者公司章程的规定,公司不能利用该商业机会。"可见,我国《公司法》对于此种行为采取了有条件的许可制度。

(五)禁止披露公司秘密

新《公司法》181 条第 5 项规定,董事、监事、高级管理人员不得擅自披露公司秘密。这里的"公司秘密"通常是指公司采取了适当手段加以保密的各项技术秘密、商业秘密、管理诀窍、财务秘密、各种内部文件、决定及意向等。

(六)关联交易的限制

除上述规定外,公司法还对董事、监事、高级管理人员的关联交易事项进行了特别的规定。关联交易是公司法之下的重要概念,也是近年来在公司治理方面规制的重点。关联交易即指交易双方之间存在公司法意义下的关联关系,新《公司法》第 265 条对关联关系的解释是指"公司控股股东、实际控制人、董事、监事、高级管理人员与其直接或者间接控制的企业之间的关系,以及可能导致公司利益转移的其他关系。但是,国家控股的企业之间不仅因为同受国家控股而具有关联关系"。我国公司法对于关联交易的态度从曾经的严格禁止逐渐过渡到有条件的允许,总体的价值导向是将交易的决定权转移给公司自身,从原本的在结果意义上限制关联交易转换为在交易前端的披露和事前同意。

根据新《公司法》第 182 条的规定,董事、监事、高级管理人员,直接或者间接与本公司订立合同或者进行交易,应当就与订立合同或者进行交易有关的事项向董事会或者股东会报告,并按照公司章程的规定经董事会或者股东会决议通过。董事、监事、高级管理人员的近亲属,董事、监事、高级管理人员或者其近亲属直接或者间接控制的企业,以及与董事、监事、高级管理人员有其他关联关系的关联人,与公司订立合同或者进行交易,适用前款规定。可见,只要董事、监事、高级管理人员进行关联交易时事先就交易有关事项予以披露并取得了股东会或董事会的同意,就完全可以允许关联交易的存在。董事会、股东会对于交易是否应当进行的考量也应当从交易对价的合理性等方面作出决定。

三、勤勉义务

勤勉义务,又称为善管义务或注意义务,是指董事、监事、高级管理人员必须忠实地履行他们在公司内部的职责,以及像处理自己的事务一样谨慎合理地对待公司的利益。这一义务要求管理人员在决策时必须以公司利益为优先考虑,并以适当的方式全力履行其职责。勤勉义务是对董事资质的要求,属于管理能力的范畴,在大陆法系中被称为善管义务,在英美法系被称为注意义务,包括勤勉、注意和技能义务。

美国各州公司法普遍采纳了相似的标准来规定董事的勤勉义务。根据《美国标准公司法》第8.30条规定,董事在履行职责时应当:(1)以善意行事;(2)像普通明智人士一样在类似情况下审慎行事;(3)以其合理判断符合公司最大利益的方式履行职责。英国越来越多的学者提倡对董事的注意义务采取客观标准。大陆法系国家和地区对于董事对公司的善管义务的规定有所不同。《德国股份公司法》第93条规定,董事在管理公司事务时应当具备“通常正直而严谨的业务领导者的注意”。

就勤勉义务的适用标准,有主观标准与客观标准之说。所谓主观标准,是指勤勉义务应因人而异,拥有不同经验或能力的董事、监事和高级管理人员应适用不同的标准。而客观标准则以一“标准人”或“理性人”为尺度,对所有的董事、监事和高级管理人员统一适用。我们认为,衡量勤勉义务不宜采取单一的主观性标准,也不宜采取单一的客观性标准,而应当采取客观为主的综合性标准。这是因为作为公司的董事、监事和高级管理人员应具备一些基本的条件，如业务经营能力、任职经验等，此等条件应以客观标准加以衡量。但单纯采用客观标准却有放纵高水平董事、监事和高级管理人员之嫌，应兼采主观标准。同样，如仅采用主观标准，则意味着董事、监事和高级管理人员能力越低，对其采用的标准越低，而对能力高者适用高标准，出现所谓的"鞭打快牛"的现象，不利于激励人才，也不利于约束庸才。

对于董事违反善管义务所承担的责任而言，基于董事与公司之间形成的关系实质是受信关系，故其责任形态一般为侵权责任，但它们均以公司遭受董事行为之损害和董事有过错为责任构成要件。董事是否有过错，应参考公司的商事性质、公司组织章程、管理的通常程序、董事的人数、经历、知识和经验等因素决定，一旦判定董事有过错，董事就应就其过错行为对公司、股东或第三人承担赔偿责任，其赔偿范围限于上述人员因此所遭受的损害。

与董事的勤勉义务有密切联系并作为勤勉义务重要补充的另一项规则，是美国法院在长期司法实践中逐步发展起来的商业判断规则，这一规则的实质是不能仅因错误的商业决定要求董事承担责任。这一规则确立了经营者的商业决定不受司法干涉的原则。当然，如果董事因违反忠实义务，如欺诈、自我交易、重大过失，则不能受到此规则的保护。

我国《公司法》原本并没有对勤勉义务的具体规定，2023 年《公司法》修订后，对于勤勉义务的内涵进行了宏观的规定，即要求董事、监事、高级管理人员执行职务应当为公司的最大利益尽到管理者通常应有的合理注意。但遗憾的是，对于勤勉义务的具体表现形式，公司法仍然未作规定，这可能为司法实践的责任追究带来困难。另值得注意的是，新《公司法》第 51 条、第 52 条新增了有限责任公司关于股东催缴失权的制度，其中规定董事会应当对股东的出资情况进行核查，发现股东未按期足额缴纳公司章程规定的出资的，应当由公司向该股东发出书面催缴书，催缴出资。这一对于股东催缴出资的义务应被纳入勤勉义务的范畴，可以解释为董事勤勉义务之下的具体要求之一。

第九节 董事、监事、高级管理人员的责任

一、董事、监事、高级管理人员的责任形式

(一)董事、监事、高级管理人员对公司的责任

只有在惩罚的威慑下,违法行为才可能收敛;只有在责任的警醒下,义务才可能得到履行;没有救济,权利便毫无意义。因此,为了保护股东和公司的合法权益,有效的途径就是依法要求涉及违法或不当行为的董事、监事、高级管理人员对受害的公司承担民事赔偿责任。作为公司高层人员,董事、监事、高级管理人员天然容易滥用权力,为增加其违法行为的成本,防止不当行为的发生,各国公司法都规定了当董事、监事、高级管理人员违法或违反公司章程时,应对公司或股东承担民事责任。根据我国《公司法》的规定,董事、监事、高级管理人员承担责任的形式主要有以下几种。

1. 确认行为无效

当董事、监事、高级管理人员违反法律或公司章程作出决议或者进行的行为,侵害了公司或股东的权利,公司或者股东有权请求法院确认该行为无效。在公司法中,确认行为无效的机制是为了防止董事、监事和高级管理人员的违法行为对公司和股东权益产生不利影响。如果他们的行为侵犯了公司章程或法律法规的规定,公司或股东有权要求法院确认该行为无效。这种措施确保了公司内部规则的合法性和执行。

2. 停止侵害

在董事、监事、高级管理人员进行或拟进行违法行为情况下,法院根据权利人的申请有权责令其停止行为。法院责令停止董事、监事和高级管理人员的违法行为是公司法中的一种紧急措施。如果这些高层管理人员的行为正在或将会对公司或股东权益造成损害,法院有权根据权利人的申请要求他们立即停止这种行为。这种措施有助于遏制违法行为,防止其进一步损害公司和股东的权益。

3. 赔偿损失

如果董事、监事、高级管理人员的违法或不当行为给公司或股东造成了损

害,则其应该对公司或股东进行赔偿。新《公司法》第188条规定,董事、监事、高级管理人员执行职务违反法律、行政法规或者公司章程的规定,给公司造成损失的,应当承担赔偿责任。这种责任的目的是弥补受害方的损失,确保公司和股东得到合理的赔偿。

4. 返还财产

如果公司财产被董事、监事、高级管理人员挪为本人或第三人使用,则其负有返还公司财产的责任。这种措施有助于维护公司财产的完整性,确保公司的资源不被滥用或侵占。

5. 利益归入

公司董事、监事、高级管理人员因违反信义义务,为自身谋取了不正当利益的,该部分利益应当归于公司所有,作为对于公司潜在利益损失的填补。新《公司法》第186条规定,董事、监事、高级管理人员违反本法第181条至第184条规定所得的收入应当归公司所有。这种措施有助于防止董事、监事和高级管理人员以不正当手段获得个人利益,进而保障公司的长期利益和股东权益。

当然,要求董事、监事、高级管理人员承担责任并不能任意而为,为了避免上述主体在执行职务时蹑手蹑脚、人人自危,公司法必须确立严格的责任追究要件,具体包括以下四个方面。

1. 主体要素

责任主体是指违法决议涉及的董事、监事、高级管理人员。如果涉及的董事或监事在违法决议的表决中提出了反对意见或保留意见,并将其记录在会议记录中,那么他们不需要对董事会或监事会的决定承担责任。根据新《公司法》规定,对公司承担赔偿责任时,可以排除在表决时已提出异议并记录于会议记录中的董事。

2. 客观方面要素

客观方面涉及董事、监事、高级管理人员已经实施或即将实施违反法律或公司章程规定职责的行为。公司或股东有权提起诉讼,不仅针对已发生的行为,还包括尚未实施但有证据证明即将实施并将对公司或股东利益造成重大损害的行为。

3. 主观方面要素

主观方面指的是董事、监事、高级管理人员实施行为时必须存在重大过失。

随着经济复杂性和竞争的加剧，公司经营中的不确定因素增加，没有人能够确保在经营决策中不犯错。因此，为避免过度苛责董事、监事和高级管理人员以致扼杀其积极性和创造力，各国公司法多规定只有在具有重大过失时才承担责任。

4. 免责事由

免责事由包括：

(1)商业判断规则。董事在作出决策时基于合理资料采取合理行为，属于正当的商业判断，即使该决策对公司造成损失，董事也不承担责任。

(2)股东会的追认。部分国家公司法规定董事的部分不当行为经股东会决议追认可免除责任，但对恶意行为不适用。

(3)董事会豁免权。这是美国法中免除董事责任的重要方式，即董事会可通过特定程序决议追认某些董事行为，以免除责任。

(二)董事、高级管理人员对第三人的责任

传统公司法理论依据信托关系说、代理关系说和委任关系理论解释董事与公司之间的法律关系，董事、高级管理人员被认为是公司的受托人、代理人和受任人，董事与公司之外的第三人并不存在直接的法律关系。《民法典》在侵权责任编所规定的“雇主责任”也是规定当用人单位工作人员因执行工作任务造成他人损害的，由用人单位承担侵权责任，实施侵权行为的职员无须向第三人承担直接的责任。然而随着公司治理理论与实践的发展，公司权力结构在很大程度上发生了转变，逐步出现了由“股东会中心主义”向“董事会中心主义”的转变，这一转变导致股东会权力的削弱和董事的地位、权力的强化，随之产生了董事滥用权力，损害股东、债权人等公司外利害关系人利益的现象。

为了防止董事、高级管理人员滥用职权，各国通过判例或立法确立了董事、高级管理人员对第三人的责任制度。一般认为，董事、高级管理人员对第三人的责任是指，董事、高级管理人员履行职务有重大过错致第三人受损害时，对他人负有的损害赔偿责任。对于董事、高级管理人员对第三人的责任的法律性质，英美法系国家主要以过失侵权追究董事、高级管理人员对第三人的责任。而在大陆法系国家，法律并没有明确规定董事和高级管理人员对第三人的责任的性质，学说上有的认为是一种特别法定责任。根据该说，董事对第三人的责任与民法上的侵权行为不同，是由特别法即公司法规定的责任。

总体来讲,确立董事对第三人的责任制度具有以下三方面意义:

(1)有效遏制公司侵权。公司侵权的行为屡见不鲜,从“三聚氰胺事件”到“地沟油事件”“瘦肉精事件”,以危害食品安全为代表的各类公司侵权事件不断地挑动人们的敏感神经,这类案件对外表现为公司整体侵权,但落实到具体层面,公司侵权的底层逻辑实质上是公司管理层所进行的具有投机性质的决策行为。在以董事、高级管理人员为主体的公司管理层的主导下,公司为了谋取巨额利益而不断下沉底线,管理层作为危害行为的实际决策者却因为公司法上天然的责任屏障而免于直接担责,反而更加促进其无所顾忌地作出不当决策行为。确立董事、高级管理人员对第三人的责任可以从源头上遏制决策者的不当投机行为,以责任风险反向制约董事和高级管理人员决策的合理性,从而遏制公司侵权行为的产生。

(2)有利于受害者的保护。面对公司侵权,受害者在寻求赔偿的救济程序中一直是处于弱势地位的,尤其是在有限责任的框架之下,在受害者众多的情况下,很难保证公司资产可以充分地填补每一位受害者的损失。而从近年的公司实践来看,公司的经营状况总体堪忧,大量公司实际掌握的资产甚至不如自然人财产丰厚,确立董事、高级管理人员对第三人的责任相当于扩大了赔偿的责任财产范围,促使身居弱势地位的受害者有更大机会得到补偿,保护受害者的利益。

(3)消解资本制度的变化对公司侵权的影响。自 2005 年起,我国公司法在资本制度方面不断地在放宽各类限制,包括取消最低注册资本额、确立全面认缴制等,此种制度变革的结果便是公司成立的条件不断降低,公司实际所能掌握的资产数额较少,公司与雄厚的资产实力之间已无必然的联系。在传统的严格资本制度之下,公司通常具有较强的资本实力,在公司侵权行为发生后,公司自身的资本和资产往往足以覆盖损害赔偿,然而资本制度变化后,公司资产规模大幅减少,自然也就导致公司侵权后可能无法全面赔偿,可以说资本制度的变革在很大程度上影响了公司侵权后的救济实现。确立董事、高级管理人员对第三人的责任制度,扩大了损害赔偿的主体和财产范围,也相当于消解了资本制度变化对公司侵权救济的不利影响。

我国《公司法》经过 2023 年的最新修订后,正式确立了董事和高级管理人员对第三人的责任,新《公司法》第 191 条规定,董事、高级管理人员执行职务,给他人造成损害的,公司应当承担赔偿责任;董事、高级管理人员存在故意或者重大过失的,也应当承担赔偿责任。该条款相当于分两个层面对董事、高级管理人员对第三人的责任进行了规定,前半段是对《民法典》中的雇主责任在公司法层面加以明确,规定当董事、高级管理人员执行职务给他人造成损害时,原则上应当由公司承担赔偿责任;后半段又以“但书”的形式规定了例外情况,即如果董事、高级管理人员主观上存在故意或者重大过失,也应当承担赔偿责任。该条款后半段所确立的此种赔偿责任便是打破公司的人格界限,由董事和高级管理人员向第三人直接承担的责任。在新《公司法》修改的研讨过程中,对于这一条款一直具有较大的争议,有观点认为,确立董事对第三人的责任可能会消减董事的决策动力,避免为了自身直接对外承担巨额责任而选择趋于保守的决策方式。这样的观点也确有一定道理,为了消解董事的担忧,公司法可能更需要完善相关的配套性制度,如对于董事免责条款的规定以及责任保险的规定等。

二、董事、监事、高级管理人员的责任追究

众所周知,违法行为只有在惩罚的威慑下,才能有所收敛;义务只有在责任的警醒下,才有可能得到履行。因此,保护股东、公司和第三人的合法权益的有效途径便是对有违法或不当行为的董事、监事、高级管理人员依法追究其责任。这种法律责任不仅包括行政责任和刑事责任,还应包括民事责任。就民事责任而言,我国新《公司法》第188条规定,董事、监事、高级管理人员执行职务时违反法律、行政法规或者公司章程的规定,给公司造成损失的,应当承担赔偿责任。

(一)直接诉讼

直接诉讼是指公司或者股东在自身权利受到董事、监事、高级管理人员违反法律或者公司章程的行为的侵害时,以自己的名义对侵害者提起的诉讼。

当公司董事、监事、高级管理人员执行公司职务时违反法律、行政法规或者公司章程的规定,给公司造成损害时,公司董事会应代表公司向责任人追究其赔偿责任。但是,当公司董事会受到侵害人的控制时或影响时,不能或不愿提起此诉讼时,根据新《公司法》第189条的规定,有限责任公司的股东、股份有限公司连续180日以上单独或者合计持有公司1%以上股份的股东,可以书面请

求监事会向人民法院提起诉讼;监事有前条规定的情形的,前述股东可以书面请求董事会向人民法院提起诉讼。此时,董事会或监事会对侵害人提起的诉讼,是以公司名义为公司利益所进行的诉讼,仍属于直接诉讼的范畴。

我国新《公司法》第190条规定:“董事、高级管理人员违反法律、行政法规或者公司章程的规定,损害股东利益的,股东可以向人民法院提起诉讼。”因此,当董事、高级管理人员的行为违反法律、行政法规或者公司章程的规定时,给股东本人利益造成损害时,股东可以自己名义进行直接的诉讼。

(二)代表诉讼

股东代表诉讼,是指公司合法权益受到董事、高级管理人员或者他人的损害时,股东为了保护公司的利益以自己的名义而向法院提起的诉讼。股东代表诉讼是实践中追究董事、监事和高级管理人员责任的又一常见途径,具体的制度介绍可参阅本书第八章第二节中“股东代表诉讼”的部分内容,此处不赘。

三、董事责任保险

董事责任保险可以为公司董事提供重要的法律保障,消减因法律所确立的董事责任而给其决策带来的后顾之忧。新《公司法》193条明确规定,“公司可以在董事任职期间为董事因执行公司职务承担的赔偿责任投保责任保险。公司为董事投保责任保险或者续保后,董事会应当向股东会报告责任保险的投保金额、承保范围及保险费率等内容”。这一法规的出现旨在鼓励人们在担任公司董事时大胆决策,并保护他们免受潜在的法律风险的影响,同时也有助于维护公司的长期利益。

(一)董事责任保险的概念与价值

董事责任保险,又称D&O保险(Directors and Officers Insurance),是规避董事因各类意外事件或行为而需承担巨额责任风险的一种保险类别,旨在为公司董事和公司自身提供法律保护。它覆盖了董事因执行公司职务而面临的潜在法律责任,包括股东诉讼、内部纠纷、违反法规等情况。董事责任保险的主要目的是降低董事在履行职责时所面临的个人法律风险,以鼓励有能力的人承担董事职务。

董事责任保险的价值与作用可归纳为以下几点。

1. 保护董事利益

董事责任保险为董事提供了法律保护,降低了执掌公司的风险。这有助于吸引和保留有资质的人才,因为他们可以更有信心地履行其职责,而不必担心因错误决策或行为而面临个人财物的损失。

2. 保护公司利益

董事责任保险也保护了公司自身的利益。当董事面临法律诉讼时,公司通常需要支持其法律费用和赔偿金。董事责任保险可以帮助公司承担这些费用,避免因为法律争议而耗费大量资源,从而维护了公司的财务稳定和声誉。

3. 促进公司合规管理

董事责任保险的存在鼓励董事和高级管理人员更加关注公司管理的合规性,因为保险公司通常要求公司具有一定的合规标准和风险管理措施。这有助于降低公司的潜在法律风险,改善公司治理成效。

(二)董事责任保险的适用条件

根据公司法相关规定,公司在董事任职期间为董事因执行公司职务承担的赔偿责任投保责任保险需要遵守以下关键条件。

1. 董事在执行公司职务中承担赔偿责任

董事责任保险的适用范围主要涉及董事在履行其公司职务时可能面临的法律责任。这包括了疏忽、违规行为、错误决策等方面的责任。在这些情况下,责任保险将为董事提供法律保护,协助他们应对可能出现的法律诉讼或索赔。然而,应明确的一点是,故意犯罪行为或恶意行为通常不在责任保险的覆盖范围内,因为保险通常不会为明知故犯的行为提供保障。因此,对于董事因故意实施侵权行为而对公司或第三人承担赔偿责任的情况,可能需要排除在董事责任保险的理赔范围之外。

2. 公司投保责任保险

公司必须主动采取行动,投保董事责任保险,或者对已有的保单进行续保。这意味着公司需要积极选择适当的保险政策,以确保董事和高级管理人员在执行其职责时具备必要的法律保障。在没有董事责任保险的情况下,董事和高级管理人员个人可能会承担法律责任所产生的费用和损失,这可能对他们的财务状况和决策履行造成重大风险。董事责任保险的目的是在合规性和透明性的基础上,提供对公司高级管理人员团队的支持和保护,鼓励有能力的人担任董事职务,同时确保公司的法律风险受到管理和控制。因此,公司必须遵守公司法规定的条件,以便正确获得和管理董事责任保险,从而实现其预期的风险管理和法律保护目标。

(三)董事责任保险的管理与报告要求

根据新《公司法》规定,一旦公司为董事投保或续保责任保险,董事会有一系列的管理和报告责任,这些责任在维护公司治理的透明性和合规性方面发挥着关键作用。

首先,确定合适的保险金额是关键任务,需考虑公司的规模、业务性质和财务状况。其次,明确定义保险承保的范围,确保董事和高级管理人员了解其责任保障范围。最后,董事会负责考虑和报告保险费率,以合理确定保险成本,并向相关方透明地报告关键信息,包括投保金额、承保范围和费率等。这种透明度确保了公司管理决策的合规性,为利益相关方提供了清晰的信息来评估公司的风险管理措施。

公司法规定的这些管理和报告责任有助于确保公司在选择、管理和披露董事责任保险方面遵守法规,同时为公司董事和高级管理人员提供了适当的法律保障,维护了公司治理的合规性和透明度。这有助于公司吸引和保留有能力的董事和高级管理人员,并确保公司在法律风险管理方面取得成功。

第十节　控股股东、实际控制人的义务与责任

一、控股股东、实际控制人的义务与责任概述

依新《公司法》第265条的规定,控股股东,是指其出资额占有限责任公司资本总额超过50%或者其持有的股份占股份有限公司股本总额超过50%的股东;出资额或者持有股份的比例虽然低于50%,但依其出资额或者持有的股份所享有的表决权已足以对股东会的决议产生重大影响的股东。实际控制人,是指通过投资关系、协议或者其他安排,能够实际支配公司行为的人。控股股东是通过股权关系控制公司的人,实际控制人是非通过股权关系控制公司的人,二者都拥有对公司的控制权。因此,公司法上对控股股东的相关规定,通常也

适用于实际控制人。下文以控股股东为主要对象展开论述。

对公司的控制本身并不具有可苛责性,具有可苛责性的是对公司的过度控制和对控制权的滥用。在理性人和自利的人性预设下,控股股东在行使控制权时,存在只注重自身利益、忽视公司和少数股东利益的天然倾向,因而控股股东滥用控制权,损害公司及中小股东合法权益的现象时常发生。在我国,控股股东滥用控制权、肆意损害公司和少数股东利益的情况更为严重,尤其是关联交易、资产重组、违规担保、抽逃资金、阻止少数股东召集股东会临时会议等事件最具有代表性。因此,各国和地区的公司法逐渐形成了控股股东应承担特殊义务的理论和实践,即控股股东应对公司和其他股东承担信义义务。不可否认的是,公司控股股东应否对公司和其他股东负信义义务,理论界存在一定争议,但我国多数意见认为,控股股东应负有信义义务。

控股股东信义义务的理论基础,存在信托说、合伙说、代理说、封闭市场说等学说:(1)信托说认为,任何一个人在对他人的财产进行管理或者行使控制权时都负有相应的信义义务。由此,控股股东拥有对公司的控制权,而公司不仅是控股股东的财产,也是少数股东的财产,故控股股东在行使对公司的控制权时相当于在对他人(少数股东)的财产进行管理,是后者的受托人,因而需要对后者承担信义义务。(2)合伙说认为,封闭公司中股东之间的关系可被类比为是一种合伙关系,因而将合伙人之间的严格义务(rigorous duty)扩张适用于股东之间。(3)代理说的核心思想是,董事无法独立于选任他的控股股东,因此二者之间构成实质代理关系,控股股东是委托人,董事是代理人。在代理关系中,委托人需要承担替代责任(principles of vicarious liability),董事行为的法律效果根据代理说归属于控股股东,因此可以将董事信义义务扩大适用于控股股东。(4)封闭市场说认为,封闭公司的股份缺乏有效率的二级市场,将导致公司股份缺乏定价机制、激化股东在分配政策方面的矛盾、限制股票市场作为监督机制的功能、剥夺信息匮乏的股东获取价格信息的途径等不利后果,将使中小股东难以顺畅地"用脚投票"退出公司,从而放任了控股股东肆无忌惮地实施各类机会主义行为,剥削中小股东的利益,因而有必要对其施以信义义务。总体而言,之所以使控股股东负担信义义务,是因为其享有对公司的控制权。

二、我国公司治理的主要矛盾：控股股东与中小股东之间的矛盾[①]

公司治理的命题和任务源于公司内外关系中固有的利益冲突和矛盾。公司既是谋求投资收益的盈利性经营实体，也是承载相关各方期待和利益的组织载体，内部的投资者、经营管理者、劳动者，外部的交易对方、债权人与债务人以及公司本身等各方主体的利益在此汇聚交织。人对利益获取的本性渴望与资源有限性之间的矛盾以及人们趋利的追求和严密的防护必然导致彼此的利益冲突和权力碰撞，由此形成公司法律关系中的三大固有矛盾：(1)投资者与管理者之间的冲突与矛盾，即所有者或股东与经营者之间的冲突与矛盾；(2)所有者或股东相互之间的冲突与矛盾；(3)代表股东、经营者和劳动者利益的公司本身与其债权人、债务人等外部当事人之间的冲突与矛盾。

公司治理的主要任务和目标就是协调和平衡这些固有冲突和矛盾，维护公司正常稳定经营和社会交易安全与秩序，最大限度地保障和实现各方的合法权益。在此意义上，公司治理规范就是防范与协调、化解公司冲突和矛盾的规范，公司治理的评价就是衡量公司冲突和矛盾得以防范和化解的质量和效果。

在股权集中模式占主导的地位下，控股股东与中小股东之间的冲突与矛盾，是我国公司治理面临的主要问题。我国的上市公司因股权高度集中，所有权与经营权无法彻底分离，上市公司的经营者实际上仍受命于或受制于公司的控股股东，并不存在西方国家20世纪30年代在公众公司中出现的所有权结构过于分散，以致不能有效制约经营者意义上的所有权与经营权相分离现象。相反，控股股东掌握公司人事业务上的大权，随时有权撤换董事等管理人员，也有权对公司的重大事项作出决定。公司法更应重点关注和倾力研究的是股东之间，特别是大股东与中小股东、控股股东与其他股东之间的矛盾和冲突，应该为规制控股股东权力行使、防范和遏制其权力滥用(尤其是表决权的滥用)以及切实保障中小股东合法权益探索切实可行的法律途径和操作方案。没有控股股东的公司治理是虚幻和不真实的，任何忽视控股股东的公司治理制度设计都可能误入歧途并劳而无功，至少在近前和未来的相当长的时期里，公司治理中的控股股东及其法律规制应是公司治理最具理论意义和现实价值的研究课题。

---

① 参见赵旭东：《公司治理中的控股股东及其法律规制》，载《法学研究》2020年第4期。

三、新《公司法》对控股股东、实际控制人的规制

鉴于控股股东、实际控制人在公司治理中的特殊地位，本次公司法修改，在以下七个方面强化了对控股股东、实际控制人的法律规制。

1. 控股股东、实际控制人行使董事职权时，须承担董事的忠实义务和勤勉义务

根据权责相统一原则，享有一定的职权，须承担相应的义务。由此，新《公司法》第 180 条第 3 款规定，公司的控股股东、实际控制人不担任公司董事但实际执行公司事务的，适用董事忠实义务、勤勉义务的规定。该条也被称为事实董事规则，是本次《公司法》修改的新增条款，意即控股股东、实际控制人虽不担任公司董事，但实际执行公司事务时，是事实董事，应当承担董事信义义务。

理解该款规定的核心，在于理解何谓“实际执行公司职务”。控股股东、实际控制人只有在履行或实施了公司董事的职责或者行为，才能被认定为实际执行公司职务。需要注意的是，新《公司法》规定了董事会的职权，但未规定董事的职权。新《公司法》第 67 条规定，董事会行使下列职权，“（一）召集股东会会议，并向股东会报告工作；（二）执行股东会的决议；（三）决定公司的经营计划和投资方案；（四）制订公司的利润分配方案和弥补亏损方案；（五）制订公司增加或者减少注册资本以及发行公司债券的方案；（六）制订公司合并、分立、解散或者变更公司形式的方案；（七）决定公司内部管理机构的设置；（八）决定聘任或者解聘公司经理及其报酬事项，并根据经理的提名决定聘任或者解聘公司副经理、财务负责人及其报酬事项；（九）制定公司的基本管理制度；（十）公司章程规定或者股东会授予的其他职权”。因此，实际参与或行使了上述董事会法定职权的控股股东与实际控制人，即应作为事实董事一并纳入忠实义务与勤勉义务适用的主体范畴。控股股东或实际控制人构成事实董事的通常情形，包括存在董事选任瑕疵、以董事身份参与董事会会议与决议、以董事身份签字、作为执行董事行使董事会职权等。

2. 控股股东、实际控制人控制董事、高级管理人员损害公司或者其他股东利益的，与后者承担连带责任

控制人与被控制人之间构成一个整体，对被侵权人构成共同侵权，依《民法典》第 1168 条“二人以上共同实施侵权行为，造成他人损害的，应当承担连带责

任”的规定，控制人要对被控制人的行为所导致的损害赔偿责任，承担连带责任。由此，新《公司法》第192条规定，公司的控股股东、实际控制人指示董事、高级管理人员从事损害公司或者股东利益的行为的，与该董事、高级管理人员承担连带责任。该条款也被称为影子董事规则，是本次公司法修改新增条款。理解本条规定的核心，在于理解“指示”的含义。“指示”一词的解读可参照民法之中“意思表示”的解释，可以大体分为明示和暗示两种类别。对于明示的指示，例如有书面的决议或批示，则自然可以被涵盖进该条款的规制范围，或虽没有正式的批示，但有直接的聊天记录或其他非正式的指示性内容，也应解释为作出了指示。

3. 控股股东、实际控制人不得利用关联关系损害公司利益

控股股东、实际控制人享有对公司的控制权，因而可以控制公司与自身或者关联方进行交易，使公司高价购买商品、服务或者低价卖出商品、服务，进而使控股股东、实际控制人自身或其关联方获取远超正常公平市场交易的超额利益。这是一种直接损害公司利益，进而间接损害其他股东、公司债权人合法权益的机会主义行为，不应为法所允。由此，新《公司法》第22条规定，公司的控股股东、实际控制人、董事、监事、高级管理人员不得利用关联关系损害公司利益。违反前款规定，给公司造成损失的，应当承担赔偿责任。

需要注意的是，关联交易并非一个负面的概念，而是一个中性概念。公平的关联交易可以为公司带来稳定、长期的交易关系，节约交易成本，对公司的经营和发展有益；不公平的关联交易，将损害公司利益，进而间接损害股东、公司债权人和其他利益相关者的利益，对公司的经营和发展不利。由此，在关联交易制度的构建上，公司法的目标是，支持和鼓励那些公平、合理的关联交易，遏制和惩戒那些不公平、不合理的关联交易，而非不加区分地一概禁止所有关联交易。

4. 控股股东压迫其他股东的，该股东有权请求公司以合理的价格收购其股权

股东压迫是一种复合性的、综合式的股东利益侵害行为。当控股股东利用控制权压迫其他股东的程度，达到了足以摧毁二者之间信任基础的程度时，应允许受压迫的股东以合理的价格退出公司。这也是美国、英国等国家公司法的典型衡平救济措施。由此，新《公司法》第89条第3款规定，公司的控股股东滥

用股东权利,严重损害公司或者其他股东利益的,其他股东有权请求公司按照合理的价格收购其股权。

该条款系2023年《公司法》修改新增条款。其中,“严重损害公司或者其他股东利益”,强调有限责任公司控股股东滥用权利的后果,使得中小股东与控股股东之间的合作基础丧失,此时如仍强求中小股东留在公司,而仅给予与其股份公平价值相对应的损害赔偿救济途径,可能无法弥补或者抵消在未来控股股东可能会对其实施的可能更为隐蔽的侵害行为。同时,压迫行为本身的复杂性、隐蔽性,以及诉讼本身带来的不确定性和成本,使得单纯的损害赔偿不足以震慑压迫者和救济受压迫者,只有通过请求公司回购其股权退出公司,才能防止损害进一步扩大。另外,关于股权收购的合理价格问题。合理价格既可以是股权交易市场的合理价格,也可以是双方协商确定的价格。在当事人无法协商确定回购价格时,我国法院对异议股东请求公司回购股权时合理价格的确定,主要基于评估报告和审计报告两大标准。其中,评估报告系针对股权经济价值的评估,审计报告则是对公司财务报告的审计,体现公司的账面价值、会计价值。

5. 控股股东不得滥用股东权利损害公司或者其他股东利益

新《公司法》第21条规定,公司股东应当遵守法律、行政法规和公司章程,依法行使股东权利,不得滥用股东权利损害公司或者其他股东的利益。公司股东滥用股东权利给公司或者其他股东造成损失的,应当承担赔偿责任。法律、行政法规的规定,构成社会的底线规则。股东行使股东权利,必须要遵守法律、行政法规,否则将会损害社会公共利益和公共秩序。公司章程是公司自治的宪章,是对股东与公司,股东与其他股东,股东与董事、高级管理人员之间权利义务关系进行调整的具体法律文件,对公司、股东、董事、高级管理人员等均具有法律约束力,因此,股东行使股东权利必须要遵守公司章程。

实践中,股东滥用股东权利损害公司或者其他股东利益的情形有:(1)股东滥用表决权,这是股东滥用权利的主要情形。譬如,股东特别是控股股东利用其多数表决权,控制股东会通过了以不公平价格定向增资的决议,损害其他股东的合法权益,构成权利滥用。再譬如,控股股东通过股东会无故解除了由中小股东长期担任的董事或者高级管理人员的职务,违反了股权协议或者使其失去了从公司获取工资薪金的权利或者合理期待,构成权利滥用。(2)股东滥用股东查阅权。《公司法》要求,股东查阅会计账簿、会计凭证应具备正当目的。

股东若为个人目的,以刺探公司商业秘密为目的行使查阅权,将构成权利滥用。(3)股东滥用提案权。譬如,股东恶意提案,扰乱公司治理,也将构成权利滥用。股东滥权情形不胜枚举,本书限于篇幅,于此不赘。

6. 控股股东不得滥用股东权利损害公司债权人利益

公司人格独立和股东有限责任是公司法的基本原则。新《公司法》第 23 条规定,公司股东滥用公司法人独立地位和股东有限责任,逃避债务,严重损害公司债权人利益的,应当对公司债务承担连带责任。股东利用其控制的两个以上公司实施前款规定行为的,各公司应当对任一公司的债务承担连带责任。只有一个股东的公司,股东不能证明公司财产独立于股东自己的财产的,应当对公司债务承担连带责任。该条规定了法人人格否认制度,是指当公司法人独立地位和股东有限责任被滥用时,否定公司的法人人格,使股东或公司对相关债务承担连带责任的制度,旨在矫正有限责任制度在特定法律事实发生时对债权人保护的失衡现象。法人人格否认制度,可以分为纵向法人人格否认、横向法人人格否认和逆向法人人格否认三类。更具体的介绍,请见本书第五章。

7. 控股股东转让股份的特别限制

我国相关法律法规对控股股东转让其持有的股份存在特别的限制性规定。譬如,新《公司法》第 160 条第 1 款规定,“公司公开发行股份前已发行的股份,自公司股票在证券交易所上市交易之日起一年内不得转让。法律、行政法规或者国务院证券监督管理机构对上市公司的股东、实际控制人转让其所持有的本公司股份另有规定的,从其规定”。同时,证监会颁布的《首次公开发行股票注册管理办法》第 45 条第 2 款规定,“发行人控股股东和实际控制人及其亲属应当披露所持股份自发行人股票上市之日起三十六个月不得转让的锁定安排”。由此,公司公开发行股份的,控股股东所持有的股份在股票上市之日起 36 个月内不得转让。

由上可见,新《公司法》从以上七个方面,对控股股东、实际控制人进行了较为严密、系统的法律规制,是本次公司法修改的一大亮点。

本章法考和考研练习题

一、单项选择题

1. 刘某系甲有限责任公司的董事兼总经理,该公司主要经营计算机销售业务。任职期间,刘某代理乙公司从国外进口的一批计算机并将其销售给丙公司,甲公司得知后提出异议。本案应如何认定和处理(　　)。

A. 刘某的行为与甲公司无关,甲公司无权提出异议

B. 刘某违反竞业禁止义务,其代理乙公司与丙公司签订的销售合同无效,所进口的计算机应由甲公司优先购买

C. 刘某违反竞业禁止义务。但这并不影响销售合同的效力,这笔买卖所得的收益应当归甲公司所有

D. 刘某违反竞业禁止义务。但这并不影响销售合同的效力,也不影响他由这一买卖所得的收益,仅存在被解任的可能性

2. 某有限责任公司于2019年6月15日召开股东会,选举公司的监事。下列人员中可以担任公司监事的是(　　)。

A. 在某国家机关任处长的王某

B. 曾因挪用公款罪被判处有期徒刑,2018年4月10日刑满释放的李某

C. 该公司工会主席张某

D. 曾担任某公司的法定代表人,该公司于2017年9月被宣告破产,对公司破产负有个人责任的赵某

3. 甲、乙、丙三人共同出资10万元设立“蓝星科技开发有限责任公司”,其中甲、乙各出资3万元,丙出资4万元。公司成立后召开了第一次股东会。有关这次股东会的情况,符合我国《公司法》规定的是(　　)。

A. 会议由甲召集和主持

B. 会议决定公司不设董事会,由甲担任董事,任期3年

C. 会议决定公司设监事一名,由丙担任,任期6年

D. 会议决定投资8万元与他人共同设立一有限责任公司

二、多项选择题

某股份有限公司董事会讨论经理的人选和职权问题,正确的意见是(　　)。

A. 经理一定是公司的法定代表人

B. 经理负责公司日常事务

C. 经公司董事会决定,经理可由董事会成员兼任

D. 经理只受董事会的领导,不受其他机构的监督

E. 经理可以成为公司监事会成员

三、名词解释

1. 公司组织机构

2. 公司治理

3. 派生诉讼

4. 高级管理人员

5. 忠实义务

6. 勤勉义务

7. 董事责任保险

四、简答题

1. 简述公司组织机构的构成。

2. 比较不同的公司组织机构模式的区别。

3. 简述公司组织机构与公司治理的关系。

4. 简述有限责任公司股东会职权。

5. 简述有限责任公司董事会职权。

6. 简述公司董事的基本义务。

7. 简述我国新《公司法》关于派生诉讼的规定。

五、案例分析题

1. 至诚科技开发股份有限公司的董事会,共有 9 名成员。一次,董事长召开董事会会议,讨论将公司闲置资金 1 亿元投资于期货的问题。该次董事会会议共有 6 名董事出席,3 名董事因故未能出席,其中董事张某虽未出席,但书面委托其助理王某(非董事)代理出席并表决。会上董事长介绍了期货投资的巨大盈利性,并表示赞成此项投资。而董事李某对此项投资表示疑虑,认为此项投资不属于本公司章程规定的公司的经营范围。董事赵某坚决反对。经记名式书面表决,结果为:4 位董事赞成,1 名董事和董事张某的代理人王某反对,董

事李某弃权。董事长认为本议案已为多数通过,决议有效。该公司因投资期货亏损1000万元。公司股东以公司董事会决议违法并造成损失为由,向人民法院提起诉讼,请求损害赔偿。

试析本案存在哪些违法事实,你认为法院应当如何判决本案并说明理由。

2. 2022年11月,上海申科公司的大股东深圳君理公司向上海申科公司提出了将董事杨某与康某更换为谢某与张某的提案,后经上海申科公司董事会决议通过,定于2022年12月19日将该提案提交上海申科公司临时股东会讨论并经公告。但在该日举行的上海申科公司的临时股东会会议上,上海申科公司董事会将深圳君理公司提出的更换董事的提案"一拆为四",即将原更换2名董事的一个议案改为分别免职2人、选举2人的四个议案,结果使股东会仅通过了免去杨某与康某的董事职务的议案,而未通过选举谢某与张某为董事的议案。而且在股东会作出否决收购科环电子公司60%股权议案的98019号决议后,上海申科公司董事会还是决议对科环电子公司进行投资6000万元(公司章程规定:公司股东会授权董事会对6000万元以下的投资有决定权)。并于2022年12月底通过投资科环电子公司6000万元(30%股权)后,次年3月又投资科环电子公司4270万元(21%股权),由此上海申科公司实际上购买了科环电子公司51%股权取得了科环电子公司的控股地位。

深圳君理公司认为,上述任免事项是深圳君理公司作为股东提出的一项完整不可分割的议案,而上海申科公司将深圳君理公司提出的更换董事的提案擅自"一拆为四",直接侵犯了深圳君理公司作为股东的提案权而且上海申科公司在对股东提案擅自拆分后交诸股东会表决前并未通告股东知晓,造成了大股东董事人数实际减少了2名的结果。

问:上海申科公司董事会将股东提案"一拆为四"的行为是否合法?为什么?

CHAPTER 10

第 十 章

国家出资公司

本章导读

本章主要介绍了国家出资公司的概念、类型和组织机构等基本知识，重点是国家出资公司组织机构的一般规则和国有独资公司的组织机构，难点在于理解国家出资公司的界定、掌握国家出资公司合规治理的主要内容和基本架构，以及国有独资公司中审计委员会的设置。

第一节　国家出资公司概述

国家出资公司对我国市场经济有重大影响，在我国公司型企业中占有重要地位。新《公司法》设专章规定了国家出资公司组织机构的特别规则，提升了国家出资公司在公司法中的地位，对国家出资公司组织机构特殊性的关注更甚，强化了对国家出资公司的管理，为其公司治理提供了更充分完善的制度安排，更好地回应了经济发展的现实需求。

一、概念

“国家出资公司”系新《公司法》选取的统筹国有公司的全新概念，与《企业国有资产法》中规定的“国家出资企业”相比，国家出资公司概念的外延适当缩小，排除了非公司制企业和国有资本参股公司。根据新《公司法》第 168 条的规定，国家出资公司，是指国家出资的国有独资公司、国有资本控股公司，包括国家出资的有限责任公司、股份有限公司。从新《公司法》第 169 条“国家出资公司，由国务院或者地方人民政府分别代表国家依法履行出资人职责，享有出资人权益。国务院或者地方人民政府可以授权国有资产监督管理机构或者其他部门、机构代表本级人民政府对国家出资公司履行出资人职责”可以看出,新《公司法》中“国家出资公司”仅包括一级公司,不包括国家出资公司单独或与履行出资人职责的机构共同出资设立的子公司。综上所述,我们认为,新《公司法》中的国家出资公司,可以定义为:国家出资的、由国务院或者地方人民政府,或者国务院或地方人民政府授权的国有资产监督管理机构或者其他部门、机构履行出资人职责的国有独资公司和国有资本控股公司。

二、类型

新《公司法》以“国家出资公司”这一概念替换了原“国有独资公司”,将国有资本控股公司纳入其中,由以往强调国家所有权与法人财产权的分离,转变为强调出资人所有权与控制权的分离,意义重大。

(一)国有独资公司

国有独资公司,指的是国家单独出资、由国务院或者地方人民政府授权本级人民政府国有资产监督管理机关、其他部门或机构履行出资人职责的一人公司,包括一人有限公司和一人股份公司两类。其设立方式包括国有资产监督管理机构或者其他部门、机构单独出资设立国有独资公司,以及投资主体单一的国有企业遵循公司法规定改建设立国有独资公司两种。国有独资公司形式在关系国家安全、国民经济和社会利益的特殊领域有重要意义,有助于实现保障民生、服务社会、提供公共产品和服务的目标。

作为一种特殊的公司形态,国有独资公司既是特殊的一人公司,也是特殊的有限责任公司或股份有限公司。首先,国有独资公司满足一人公司对股东数量的要求,其股东只有国家,政府授权的国有资产监督管理机构或者其他部门、机构只可以代为履行出资人职责,并非股东;其次,国有独资公司与其股东相互独立,国有独资公司以其所有财产对公司债务承担责任,股东仅在其出资范围内承担有限责任,不过,国有独资公司特殊的资本性质产生了特别的治理需求,因此,国有独资公司的组织机构优先适用新《公司法》中的特别规定,在没有特别规定时,才适用关于有限责任公司和股份有限公司组织机构的一般规则。

(二)国有资本控股公司

国有资本控股公司,顾名思义,应当是国有资本处于控股地位的有限责任公司或股份有限公司。对此处"控股"的理解,参考新《公司法》第265条对控股股东的规定,在国有资本控股公司中,国有资本出资额或持有股份占比应超过50%,或者虽低于50%,但其表决权足以对股东会决议产生重大影响。与国有控股公司相比,"控股"在国有资本控股公司中反映的是公司内部的资本构成和控制权归属,而其在国有控股公司中则反映了母公司对子公司的控制关系。

在新《公司法》引入表决权优先股与劣后股制度后,国有资本的控制地位可能会遭受一定冲击,即可能会出现国有资本出资额或持有股份占比超过50%但其股份为表决权劣后股的情形。对此,我们认为,认定国有资本控股公司中的国有资本控制权,不能仅依赖所有权标准,表决权因素更为重要。

第二节 国家出资公司组织机构的一般规则

一、出资人职责的履行

党的十八届三中全会颁布的《关于全面深化改革若干重大问题的决定》指出,"改革国有资本授权经营体制,组建若干国有资本运营公司,支持有条件的国有企业改组为国有资本投资公司",尝试从"国资委+国有企业"双层运营模式转向"国资委+国有资本投资公司+国有企业"的三层运营模式。新《公司法》顺应了这一改革趋势,规定国务院或地方人民政府是出资人主体,享有出资人权益;被授权履行出资人职责的国有资产监督管理机构或者其他部门、机构是出资人代表,可以代表出资人行使出资人权益,这体现了当前双层运营模式和三层运营模式并存的国有资产管理体制,且与《企业国有资产法》第11条的规定相协调。

二、党的领导

国家出资公司的股东身份特别。国家出资公司承担着更多的社会责任,其公司治理也具有较强的政治色彩。坚持党的领导,是国家出资公司的本质特征和独特优势,也是国家出资公司必须一以贯之的重大政治原则和必须坚守的政治方向。

党组织的地位和作用在国家出资公司中得到了更大的提升。新《公司法》在保留第18条在各类型公司中根据党章规定设立党的组织,开展党的活动,公司应当为党组织的活动提供必要条件的基础上,新增第170条:"国家出资公司中中国共产党的组织,按照中国共产党章程的规定发挥领导作用,研究讨论公司重大经营管理事项,支持公司的组织机构依法行使职权。"《中国共产党章程》第33条第2款即规定了"国有企业党委(党组)发挥领导作用,把方向、管大局、保落实,依照规定讨论和决定企业重大事项……保证监督党和国家的方针、政策在本企业的贯彻执行;支持股东会、董事会、监事会和经理(厂长)依法行使职权;全心全意依靠职工群众,支持职工代表大会开展工作;参与企业重大问题的决策……"

加强党对国有企业的领导一直都是深化国有企业改革的重点,更全面详细的内容已在若干国企改革的相关文件中予以规范。具体包括充分发挥国有企业党组织政治核心作用;党组织切实落实好、承担好从严管党治党责任;加强国有企业领导班子建设和人才队伍建设;深入开展党风廉政建设,完善反腐倡廉制度体系等。《中国共产党国有企业基层组织工作条例(试行)》则从组织设置、主要职责、党的领导和公司治理、党员队伍建设、党的政治建设、党内民主和监督等各方面对国有企业党组织工作作出完整规范,为加强国有企业党的建设提供了基本遵循。依照该条例,把加强党的领导和完善公司治理统一起来,应当将党建工作要求写入公司章程,写明党组织的职责权限、机构设置、运行机制、基础保障等重要事项,明确党组织研究讨论是董事会、经理层决策重大问题的前置程序,落实党组织在公司治理结构中的法定地位。坚持和完善"双向进入、交叉任职"领导体制。就需要党组织前置研究讨论的企业重大经营管理事项而言,主要有贯彻党中央决策部署和落实国家发展战略的重大举措;企业发展战略、中长期发展规划,重要改革方案;企业资产重组、产权转让、资本运作和大额投资中的原则性、方向性问题;企业组织架构设置和调整,重要规章制度的制定和修改;涉及企业安全生产、维护稳定、职工权益、社会责任等方面的重大事项等。党组织应当结合国有企业实际制定研究讨论的事项清单,厘清党组织和其他治理主体的权责。党组织应当选配并管理、监督国有企业领导人员,实施人才强企战略,还应保证职工有序、有效参与公司治理,维护职工合法权益。

坚持党的领导,将党组织内嵌于国家出资公司治理结构,具有重要意义:既有助于通过政治激励和仕途约束配合薪酬激励和职业声誉约束对具有官员和职业经理人双重身份的国家出资公司管理层实施更有力的监督;[①]又可以为董事会的经营决策提供政策考量,降低国有资产流失风险;还能督促国家出资公司更好地承担社会责任。

三、合规治理

国家出资公司的合规治理,依照新《公司法》第 177 条的规定,包括依法建立健全内部监督管理和风险控制制度,加强内部合规管理三个方面内容。

内部监督机制、内部控制体系和风险管理体系是国企合规治理的三大重点领域。

对于内部监督机制,传统的监督模式是股东会、董事会、监事会三权制衡;新《公司法》提供了采用单层制设置审计委员会的方案,并完善了职工监督。

内部控制体系,则是企业为实现经营管理目标,确保企业财产安全、完整,保证企业财务会计信息的安全可靠,在分工负责的前提下,组织企业内部经营活动而建立的各职能部门之间对经营活动进行组织、制约、考核和协调的方法、程序和措施,用以明确各职能部门的职责权限,形成一个严密的相互协调、相互制约的控制系统的总称。加强中央企业内部控制体系建设与监督,主要涉及建立健全内部控制体系,进一步提升管控效能;强化内部控制体系执行,提高重大风险防控能力;加强信息化管控,强化内部控制体系刚性约束;加大企业监督评价力度,促进内部控制体系持续优化;加强出资人监督,全面提升内部控制体系有效性五大方面。

全面风险管理,指企业围绕总体经营目标,通过在企业管理的各个环节和经营过程中执行风险管理的基本流程,培育良好的风险管理文化,建立健全全面风险管理体系,包括风险管理策略、风险理财措施、风险管理的组织职能体系、风险管理信息系统和内部控制系统,从而为实现风险管理的总体目标提供合理保证的过程和方法。风险管理的基本流程为:收集风险管理初始信息、进行风险评估、制定风险管理策略、提出和实施风险管理解决方案以及风险管理

---

① 参见余汉、宋增基、宋慈笈:《国有企业党委参与公司治理综合评价及有效性检验》,载《中国软科学》2021 年第 10 期。

的监督与改进。风险管理有三道组织防线:各有关职能部门和业务单位是其一,风险管理职能部门和董事会下设的风险管理委员会是其二,内部审计部门和董事会下设的审计委员会是其三。

2018 年发布的《中央企业合规管理指引(试行)》引入了合规管理体系,开启了中央企业对合规制度的尝试。2022 年 8 月,《中央企业合规管理办法》出台,其内容涵盖了合规管理的组织建设、制度建设、运行机制、合规文化、信息化建设、监督问责等方面。合规管理,是指企业以有效防控合规风险为目的,以提升依法合规经营管理水平为导向,以企业经营管理行为和员工履职行为为对象,开展的包括建立合规制度、完善运行机制、培育合规文化、强化监督问责等有组织、有计划的管理活动。合规管理涉及主体众多,其基本架构是:党委党组发挥把方向、管大局、促落实的领导作用;董事会起到定战略、作决策、防风险的作用;经理层的作用则在于谋经营、抓落实、强管理;业务及职能部门承担合规管理主体责任;合规管理部门牵头负责企业合规管理工作,企业主要负责人积极推进合规管理各项工作,首席合规官对企业主要负责人负责,领导合规管理部门组织开展相关工作,指导所属单位加强合规管理,而合规委员会主要负责统筹协调工作;纪检、监察等部门则对合规情况进行监督。

第三节　国有独资公司的组织机构

将现代公司治理结构引入国家出资公司,需要兼顾一般公司的治理结构与治理逻辑和国家出资公司治理的特殊需求。国有独资公司只有国家一个股东,该股东不能直接行使其所有权;唯一股东有其自身的独立性,而国有独资公司的决策不能完全依附于另一主体;投资主体的单一性也使一般公司中股东会、董事会、监事会制衡的公司治理机制在国有独资公司中难以构建。因此,基于国有独资公司的特性,新《公司法》建立起分解股东会职权、强化董事会职权、审计委员会替代监事会等特殊治理机制和法律规则,由履行出资人职责的机构行使国家出资公司的重大事项决策权,董事会行使经营管理权并通过其内设的审计委员会承接监事会的监督权,经理辅助董事会行使业务执行权。

一、履行出资人职责的机构

国有独资公司中履行出资人职责的机构是国务院或者地方人民政府授权的代表本级人民政府履行出资人职责的国有资产监督管理机构或者其他部门、机构。国有独资公司有唯一股东,故不设股东会,由履行出资人职责的机构发挥一般公司中股东会的作用。除了对公司章程的制定和修改,公司的合并、分立、解散、申请破产,增加或者减少注册资本,分配利润等事项的决定权予以保留,国有独资公司中履行出资人职责的机构可以授权公司董事会行使股东会的部分职权。新《公司法》还删除了 2008 年《公司法》第 66 条有关重要的国有独资公司合并、分立、解散、申请破产应当由国有资产监督管理机构审核后报本级人民政府批准的行政审批程序的规定,但在实践中,重要的国有独资公司仍须依照《企业国有资产法》第 34 条规定履行相关程序。

二、董事会

国有独资公司董事会的职权不仅包括普通有限责任公司或股份有限公司董事会的所有职权,还包括经履行出资人职责的机构授予的股东会的部分职权。其成员组成的特点是,既包括由履行出资人职责的机构委派的董事,也包括由职工代表大会选举产生的职工代表董事。董事会成员中应当过半数为外部董事。董事会设董事长一人,可以根据需要设副董事长,二者皆由履行出资人职责的机构从董事会成员中指定。

国有独资公司的董事、高级管理人员,未经履行出资人职责的机构同意,不得在其他有限责任公司、股份有限公司或者其他经济组织兼职。该专任规定比竞业禁止规定更为严格,其目的在于实现专人专职、固定岗位、明确职责、忠于职守,防止这些经营管理人员因兼职过多而对国有独资公司疏于管理,避免国有资产遭受损害。

三、审计委员会

新《公司法》删除了关于国有独资公司中监事会的特别规定,并发挥"管道"作用,为国有独资公司提供监督制度选择权,引入了可替代监事会的审计委员会,与国企改革实践相一致。2017 年国务院办公厅《关于进一步完善国有企业法人治理结构的指导意见》就指出,国有独资公司要全面建立外部董事占多数的董事会,国有控股企业实行外部董事派出制度,完成外派监事会改革;董事会应当设立由外部董事组成的审计委员会。2018 年 3 月,中共中央印发的《深化党和国家机构改革方案》提出不再设立国有重点大型企业监事会,以实现整合审计监督力量,减少职责交叉分散,避免重复检查和监督盲区,增强监督效能等目的。而 2018 年 7 月发布的国务院《关于推进国有资本投资、运营公司改革试点的实施意见》规定,国有资本投资、运营公司设董事会,不设监事会,董事会成员原则上不少于 9 人,外部董事应占多数;董事会下设审计委员会。随着国企改革的不断深入,国有独资公司中的监事会制度式微,逐渐转向引入外部董事并成立审计委员会发挥监督职能,新《公司法》对此在法律层面予以规范。

审计委员会由董事构成,其成员的选任遵循新《公司法》第 173 条规定,可以包括履行出资人职责的机构委派的董事、外部董事、职工董事。审计委员会全面承接监事会的职权,包括检查公司财务,对董事、高级管理人员执行职务的行为进行监督,对违反法律、行政法规、公司章程或者股东会决议的董事、高级管理人员提出解任的建议等,以完成公司由双层制治理结构向单层制治理结构的转变。

四、经理

新《公司法》第 174 条是关于国有独资公司经理设置的规定,其经理的任免由董事会决定,经履行出资人职责的机构同意,董事会成员可以兼任经理。国有独资公司经理职权的行使可参照一般有限责任公司或股份有限公司的相关规定。

| 本章法考和考研练习题 |

一、单项选择题

我国《公司法》规定的国家出资公司的类型有(　　)。

A. 国有独资公司、国有资本控股公司和国有资本参股公司

B. 国有独资公司和国有资本控股公司

C. 国有独资公司和国有资本参股公司

D. 国有独资公司、国有全资公司和国有资本控股公司

二、多项选择题

以下表述正确的是(　　)。

A. 国家出资公司只能是一级公司

B. 国家出资公司的出资人包括国务院或者地方人民政府授权的国有资产监督管理机构或者其他部门、机构

C. 国有资本控股公司中,国有出资额或持有股份占比必须达50%以上

D. 国有独资公司治理的改革方向是审计委员会制度取代监事会制度

三、名词解释

1. 国家出资公司

2. 国有独资公司

3. 国有资本控股公司

四、简答题

1. 简述国有独资公司的特点。

2. 简述国家出资公司的类型。

3. 简述国家出资公司的组织机构。

4. 简述对国家出资公司合规治理的理解。

5. 谈谈对国有独资公司中审计委员会制度的认识。

CHAPTER 11

第十一章

公司债

本章导读

公司债是指公司按照法定条件与程序向公众投资者或特定投资者发行的在约定期限内还本付息的有价证券。公司债是公司融资的常见手段之一,公司通过发行债券获取资金,而投资者通过购买公司债,成为公司债券持有人,获取本金和利息的固定收益,两者之间形成债权债务关系。本章介绍了公司债的概念、特征和分类、公司债的公开发行、公司债的转让与转换、公司债券持有人整体利益保护制度。本章的学习重点和难点是公司债的概念和特征、公司债的公开发行、公司债券持有人整体利益保护制度。

第一节　公司债的概述

一、公司债的概念及特征

公司债是发行公司按照法定条件与程序向公众投资者或特定投资者发行的在约定期限内还本付息的有价证券。新《公司法》第 194 条第 1 款规定,公司债券是指公司发行的约定按期还本付息的有价证券。

公司债和企业债是依据债券发行主管部门不同而所作的划分,原先企业债由国家发展和改革改委员会主管。2000 年以后,企业债募集资金用途不限于基础设施建设或技术改造项目,企业债与公司债在功能逐渐趋于一致,二者从发行人到募集资金用途均相同,却由两个政府部门主管,适用两套发行程序。2023 年 3 月,国务院开始进行国家机构改革,中国证券监督管理委员会调整为国务院直属机构,企业债发行审核职能从国家发展和改革改委员会划转到中国证券监督管理委员会。2023 年 4 月 18 日,中国证券监督管理委员会与国家发展和改革改委员会(原国家发展计划委员会、原国家计划委员会)联合发布《中国证监会、国家发展改革委关于企业债券发行审核职责划转过渡期工作安排的公告》第 3 条第 1 项指出,企业债券要由证监会负责发行注册。这意味着,企业债即将并入公司债。2023 年 9 月 8 日,中国证券监督管理委员会发布公告称,为贯彻落实党中央、国务院关于机构改革的决策部署,稳妥有序做好企业债券职责划转相关工作,对《公司债券发行与交易管理办法》进行修订,其中"将企业债券纳入本办法规制范围,促进企业债券和公司债券的协同发展"是主要修订内容之一。

公司债主要有下列法律特征:

1. 公司债是公司向公众投资者或者特定投资者发行的为了募集资金的一种有价证券。公司债是发行公司以证券化的形式向特定投资者或公众投资者借债。证券化的优势是具有市场流通性,尤其是向公众投资者发行的公司债,在证券一级市场发行后,可以在证券二级市场自由交易。

2. 公司债是一种集团债权债务法律关系。公司债发行后在发行人与债券持有人之间形成了债权债务关系,但是区别于普通公司债务,这种债权债务关系是一种集团债权债务关系,集团性在于公司债券持有人人数众多,当发行人对公司债清偿发生违约时,一方面为了提升债券持有人整体的谈判能力和参与诉讼的便利,另一方面,为了避免债券持有人内部发生利益冲突,部分债券持有人会各自为战发生求偿竞赛,或者一些债券持有人成为搭便车者,新《公司法》规定债券持有人会议能保护债券持有人整体利益。

3. 公司债有组织法的行权机制。为了保护债券持有人的整体利益和降低债券持有人的行权成本,公司法规定了债券持有人会议制度,让同类的债券持有人通过集体表决达成行权的合意,再由债券受托管理人向发行人主张权利。

4. 公司债一般为长期债务。公司生产经营需要多样化的资金,包括永久性资金、长期资金、中短期资金等。发行人发行公司债是为了募集长期资金用于公司的经营与投资,调整公司债务的周期性结构。因此,公司债都是 5—10 年的长期债务。

5. 公司债的标的以金钱为限,是一种金钱之债。

二、公司债与股票的比较

公司债和股票是公司，尤其是上市公司，对外融资的两种重要媒质，都属于有价证券，但二者存在重要区别。

1. 二者的基础法律关系不同。公司债的基础法律关系是发行人与债券持有人之间的债权债务关系。公司发行公司债融资，是一种债权融资行为，公司融来的资金是公司负债。债券持有人在购买公司债之后，成为发行人的债权人，对发行人享有债权。股票的基础法律关系是发行人与投资者之间的股权法律关系。公司发行股票融资属于股权融资行为，这些募集的资金会部分或全部成为公司的注册资本。投资者在购买股票后，即成为发行人的股东，享有股东权利。

2. 二者的发行主体不同。公司债的发行主体既可以是股份公司，也可以是有限公司。尽管新《公司法》没有明确规定有限公司可以发行公司债，也没有限制有限公司发行公司债的权利，但是，新《公司法》第六章明确将股票的发行主体限定于股份公司。

3. 二者的投资风险不同。一般而言，公司债的投资风险低于股票的投资风险。公司债的法律基础是债权债务关系，这意味着债券持有人对公司享有债权，公司债到期后，债券持有人有权要求公司返还投资债券的本金，按照《公司债券发行与交易管理办法》支付约定的固定利息，一般来说不受公司经营业绩影响，是固定收益。而股票的基础法律关系是股权法律关系，股东的股利分配请求权的行使受到严格限制，只有在公司作出了分配相关的有效决议后才能行使，但是股东一般来说不得强迫公司作出相关决议。此外，股票收益是无固定期限收益，一般不得事先约定回报期限，也必须遵循“无盈不分”的分配原则。但是，股票的收益是非固定收益，上不封顶。

4. 两类投资者所享有的权利不同。公司债券持有人是公司债权人，仅享有公司债收益相关的权利。而股票的投资者是公司股东，不仅享有与收益相关的自益权，还享有与公司经营管理相关的共益权，最重要的权利之一就是选举董事的表决权。

三、公司债的分类

以不同的分类标准，公司债可以分为很多不同的类型，常见的公司债分类如下：

（一）记名公司债和无记名公司债

以是否记名为分类标准，公司债分为记名公司债和无记名公司债。这也是多数国家采用的公司债分类方式之一，这种分类的法律意义在于对两类债券的持有人规定不同的行使权利的方式，包括债券转让和转换权利的行使。记名公司债是指在债券票面上载明持有人姓名或者名称的公司债券。无记名公司债则是指在债券票面上不载明持有人姓名或者名称的公司债。在债券转换方面，在一般情况下，各国的法律同时允许公司债券持有人随时将其记名债券转换为无记名债，或者将其无记名债转换为记名债。在债券转让方面，记名债由债券持有人以背书方式或者法律、行政法规规定的其他方式转让，转让后由公司将受让人的姓名或者名称及住所记载于公司债券持有人名册。无记名公司债的转让，由债券持有人将该债券交付给受让人后即发生转让的效力。但是，新《公司法》废除了无记名债，其目的在于维护债券市场的交易安全。新《公司法》第197条规定，公司债应当为记名债券。

（二）可转换公司债和不可转换公司债

以是否可以转换为发行公司的股票为分类标准，公司债分为可转换公司债和不可转换公司债。可转换公司债是指赋予债券持有人附条件地将公司债券转换为发行公司股份的请求权的公司债。对于债券持有人来说，相较于股票投资，可转换公司债的风险更低。当股价下跌时，债券持有人可以享有可转债的本金和利息，当股价上涨时，债券持有人可以将可转换公司债转换为股票，获得股票增值收益。可转换公司债实际上是给予债券持有人一种请求权，当清偿期限届满时，持有人既可以选择收回本金和利息，也可以选择将债权抵作股款取得公司股份。对公司而言，当股价下跌时，可转换公司债可以吸引投资；当股价上涨时，可转换公司债可以增加公司资本，债券持有人往往会选择将其债券转换为股票，公司在增加资本的同时被免除了还本付息的义务。新《公司法》第202条对可转换公司债的发行主体和要件作出明确规定。可转换公司债的发行主体是股份公司。可转换公司债的发行要件包括:(1)股份有限公司经股东会决议,或者经公司章程、股东会授权由董事会决议;(2)要规定具体的转换办法;(3)应当在债券上标明可转换公司债券字样;(4)在公司债券持有人名册上载明可转换公司债券的数额;(5)上市公司发行可转换为股票的公司债券,应当经国务院证券监督管理机构注册。

(三)公开发行债和非公开发行债

以是否公开为分类标准,公司债分为公开发行债和非公开发行债。依照新《公司法》第 194 条第 2、3 款规定,公司债券可以公开发行,也可以非公开发行。公司债券的发行和交易应当符合《证券法》等法律、行政法规的规定。依据《证券法》第 9 条第 2 款的规定,公开发行的债券是指向不特定对象或向累计超过 200 人的特定对象发行的债券。

(四)登记债和实物债

以是否发行实物形态的债券为分类标准,公司债分为登记债和实物债。登记债是不发行实物形态的公司债,仅通过在登记机关记录公司债的相关信息而发行的公司债。实物债是以实物形态债券方式而发行的公司债,以实物债券的形式记录公司债的相关信息。新《公司法》第 196 条规定,公司以纸面形式发行公司债券的,应当在债券上载明公司名称、债券票面金额、利率、偿还期限等事项,并由法定代表人签名,公司盖章。

随着公司债无纸化的普及,登记债因具有发行效率高、发行成本低、交易手续便捷等优势,大多数公司更多地以登记债方式发行公司债。

(五)有担保的公司债和无担保的公司债

以公司对其发行的公司债是否提供担保为分类标准,公司债分为有担保的公司债和无担保的公司债。

有担保的公司债的概念有广义和狭义之分。广义的有担保的公司债包含了狭义的有担保的公司债的概念,是指由发行公司之外的其他人对发行人偿付公司债本金和利息提供保证,或者发行公司用自身的部分或者全部财产对公司债本金和利息的偿付提供担保而发行的公司债。狭义的有担保的公司债,是指发行公司用自身的部分或者全部财产对公司债本金和利息的偿付提供担保而发行的公司债。

无担保的公司债,顾名思义是指无担保性权利的公司债。此类公司债的持有人与其他无担保的公司债权人在受偿顺序上处于同一地位。在一些国家和地区,无担保的公司债在发行条件上比有担保的公司债要严苛,以此保护无担保的公司债持有人的利益。

第二节　公司债的公开发行

根据新《公司法》第 194 条第 2 款的规定,公司债的发行可以分为公司债的公开发行和公司债的非公开发行。公司债的公开发行是指适格的公司为募集资金,依法定程序以一定条件向不特定对象出售公司债的行为。以面向投资者的不同范围为标准,公司债的公开发行可以分为“大公募”和“小公募”。公司债的投资者分为公众投资者和专业投资者。“大公募”是指面向所有投资者的公司债的公开发行。“小公募”是指仅面向专业投资者的公司债的公开发行。

2019 年修订后的《证券法》正式确立公司债发行采用注册制。《证券法》第 9 条第 1 款规定:“公开发行证券,必须符合法律、行政法规规定的条件,并依法报经国务院证券监督管理机构或者国务院授权的部门注册。未经依法注册,任何单位和个人不得公开发行证券。证券发行注册制的具体范围、实施步骤,由国务院规定。”本节介绍公司债的公开发行。

一、公司债的公开发行主体

公司债的公开发行主体既可以是股份公司,又可以是有限公司。新《公司法》没有限制有限公司公开发行公司债,只是第 194 条第 3 款明确规定:“公司债券的发行和交易应当符合《中华人民共和国证券法》等法律、行政法规的规定。”《证券法》也未必限制有限公司公开发行公司债。在理论上,有限公司也可以公开发行公司债。但是,新《公司法》第 202 条规定仅有股份公司可以发行可转换公司债。因此,有限公司不能公开发行可转换公司债。

二、公司债公开发行的条件

公司债的公开发行条件直接影响投资者利益的保护和证券市场的有序运

行。为了防止公司债的泛滥,控制证券市场的风险,维护证券市场的交易安全,保障证券市场的健康发展,法律应当为公司债的公开发行设置一定的条件。

(一)公司债公开发行的一般条件

根据《证券法》第15条第1款规定,“公开发行公司债券,应当符合下列条件:(一)具备健全且运行良好的组织机构;(二)最近三年平均可分配利润足以支付公司债券一年的利息;(三)国务院规定的其他条件”。中国证券监督管理委员会出台的《公司债券发行与交易管理办法》第14条第1款增加了一项条件:具有合理的资产负债结构和正常的现金流量。但是,这一规定只是“小公募”的一般条件,只能面向专业投资者。

《公司债券发行与交易管理办法》第16条明确规定了“大公募”的发行条件:“资信状况符合以下标准的公开发行公司债券,专业投资者和普通投资者可以参与认购:(一)发行人最近三年无债务违约或者延迟支付本息的事实;(二)发行人最近三年平均可分配利润不少于债券一年利息的1.5倍;(三)发行人最近一期末净资产规模不少于250亿元;(四)发行人最近36个月内累计公开发行债券不少于3期,发行规模不少于100亿元;(五)中国证监会根据投资者保护的需要规定的其他条件。未达到前款规定标准的公开发行公司债券,仅限于专业投资者参与认购。”

(二)公司债再次发行条件

公司为了筹集生产经营资金,往往需要不止一次地公开发行公司债,为了保护社会公众或特定投资者的利益,《证券法》规定了公司再次公开发行公司债的消极条件,即存在下列情形之一的,不得再次公开发行公司债:

1. 对已公开发行的公司债或者其他债务有违约或者延迟支付本息的事实,仍处于继续状态的。公司出现上述情形,说明该公司的信用及经营状况较差,丧失商业信誉,如允许此类公司发行公司债,将严重损害债券持有人的利益,因此予以禁止。

2. 违反《证券法》规定,改变公开发行公司债所募集资金的用途。《证券法》第15条第2款规定:“公开发行公司债券筹集的资金,必须按照公司债券募集办法所列资金用途使用;改变资金用途,必须经债券持有人会议作出决议。公开发行公司债券筹集的资金,不得用于弥补亏损和非生产性支出。”资金的用途关系到公司的经营风险，公司违反《证券法》规定改变发债所募资金的用途，变相增大债券持有人的风险，损害其利益。

三、公司债公开发行的程序

2019年修订后的《证券法》把公司债的发行审核模式由原来的核准制改为注册制。在公司公开发行公司债应当遵循公开、公平、公正的原则的基础上，大致将发行程序概括为以下步骤。

（一）形成公司决议

新《公司法》第59条第2款对发行公司债的决议权作出了修改，发行公司债决议可以由股东会作出，也可以由股东会授权的董事会作出决议。因此，在未授权董事会发行公司债决议权的公司，必须由股东会作出发行公司债的决议，在董事会获得该授权的公司，董事会可以作出发行公司债的决议。

根据《公司债券发行与交易管理办法》第10条，公开发行公司债的决议应当包含以下内容："（一）发行债券的金额；（二）发行方式；（三）债券期限；（四）募集资金的用途；（五）其他按照法律法规及公司章程规定需要明确的事项。发行公司债券，如果对增信机制、偿债保障措施作出安排的，也应当在决议事项中载明。"

（二）注册程序

在注册制下，各证券交易所的公司债公开发行注册程序都大致相同。现以上海证券交易所为例，说明公司债公开发行的注册程序。

根据《上海证券交易所公司债券发行上市审核规则适用指引第4号——审核程序》的规定，公开发行公司债注册程序包括：发行人提交申请、证券交易所受理、公司债券发行上市审核机构审核、审核会审议、证券交易所出具审核意见、向中国证券监督管理委员会报送审核意见、中国证券监督管理委员会注册等程序。

1. 发行人提交申请。发行人申请公开发行公司债，应当委托主承销商通过债券项目申报系统向证券交易所申报。申报文件包括但不限于：（1）本次公司债的募集说明书；（2）发行人关于本次公司债发行并上市的申请报告；（3）关于本次公开发行公司债的发行事项的公司决议；（4）主承销商核查意见；（5）发行人律师出具的法律意见书;(6)发行人最近三年的财务报告和审计报告及最近一期财务报告或财务报表;(7)《债券受托管理协议》和《债券持有人会议规则》;(8)证券交易所要求的其他文件。

2. 证券交易所受理。证券交易所收到注册申请文件后,对申请文件是否齐备和是否符合规定形式要求进行核对,在5个工作日内作出是否受理的决定。申请文件齐备且符合要求的,证券交易所予以受理。申请文件不齐备或者不符合要求的,证券交易所一次性告知需补正的文件及事项。发行人、主承销商应当及时予以补正,补正时间最长不得超过30个工作日。

3. 公司债券发行上市审核机构审核。证券交易所受理后,公司债发行上市审核机构安排2名审核人员同时进行审核。受理申请文件后10个工作日内,审核人员根据审核情况,或要求发行人、主承销商出具审核问询反馈意见的,应当提出需要问询的全部问题及其答复要求,或认为不需要提出审核问询反馈意见的,审核人员出具审核报告并提交专家会议审议。

假如发行人、主承销商收到审核问询反馈要求,需在收到要求之日起15个工作日内提交回复,延期回复时间最长不超过15个工作日,审核人员认为需继续问询,应在收到回复后10个工作日内进行;认为不需要提出审核问询反馈意见的,审核人员须在收到回复后5个工作日内出具审核报告并提交专家会议审议。

4. 审核专家会议审议。专家会议应当在收到审议申请后5个工作日内召开。每次专家会议由不少于5名审核专家组成。专家会议对审核报告和发行申请文件进行审议。专家会议通过合议形式形成通过或不通过的审议意见。证券交易所在专家会议形成审议意见后1个工作日内通知发行人和主承销商专家会议的审议意见。

5. 证券交易所出具审核意见。证券交易所结合专家会议审议意见,出具发行人符合发行上市条件和信息披露要求的审核意见或者终止发行上市审核的意见并告知理由。证券交易所自受理申请文件之日起2个月内出具审核意见。

6. 向中国证券监督管理委员会报送审核意见。证券交易所审核通过,向中国证券监督管理委员会报送审核意见、相关审核材料和发行人的发行申请文件。自专家形成审议意见且意见上的相关要求(如有)已完成之日起10个工作日内,证券交易所要向中国证券监督管理委员会报送审核意见等材料。

7. 中国证券监督管理委员会注册。中国证券监督管理委员会自受理申请文件之日起 3 个月内作出同意或不予注册的决定。如中国证券监督管理委员会作出同意注册的决定,证券交易所自取得中国证券监督管理委员会注册文件起 1 个工作日内向发行人发送中国证券监督管理委员会的注册文件。

(三)置备公司债券持有人名册

新《公司法》在公司债发行过程中取消置备债券存根簿的规定,改为置备债券持有人名册,适应了债券实践基本均使用债券持有人名册的实践变化需求。《公司法》第 198 条规定,公司发行公司债应当置备公司债券持有人名册。发行公司债的,应当在公司债券持有人名册上载明下列事项:(1)债券持有人的姓名或者名称及住所;(2)债券持有人取得债券的日期及债券的编号;(3)债券总额,债券的票面金额、利率、还本付息的期限和方式;(4)债券的发行日期。

(四)公告公司债券募集办法

完成公司债发行的注册程序后,应当公告公司债券募集办法。在商事实践中,公司债募集办法也称公司债募集说明书。新《公司法》第 195 条规定,公开发行公司债,应当经国务院证券监督管理机构注册,并公告公司债券募集办法。公司债券募集办法应当载明下列主要事项:(1)公司名称;(2)债券募集资金的用途;(3)债券总额和债券的票面金额;(4)债券利率的确定方式;(5)还本付息的期限和方式;(6)债券担保情况;(7)债券的发行价格、发行的起止日期;(8)公司净资产额;(9)已发行的尚未到期的公司债总额;(10)公司债的承销机构。

第三节 公司债的转让与转换

一、公司债的转让

(一)公司债的转让的概念

公司债的转让是指公司债券持有人将公司债的权利与义务全部转让第三人的法律行为。新《公司法》第 200 条规定:“公司债券可以转让,转让价格由转让人与受让人约定。公司债券的转让应当符合法律、行政法规的规定。”公司债券作为一种有价证券，具有流通性与收益性的固有特征。公司债的转让对于现有的公司债券持有人而言是一种退出通道；对于潜在的投资者则是一种成为公司债权人的方式。我国《公司法》并未禁止发行公司回购债券，因此，发行公司可以通过回购公司债券以提前偿还债券。同时，发行公司可通过公司债的转让制度参与公司债的流通市场，维持公司债券市场价格，间接稳定股票的市场价格。综上所述，公司债的转让对于投资者而言增加了证券市场上的投资方式，对于发行公司而言拓展了参与债券市场的渠道。

公司债的转让根据不同的分类标准可通过以下的不同方式进行。一是根据是否取得对价，公司债可进行有偿转让和无偿转让，前者如公司债的买卖或者交易，后者如赠与、继承等原因而发生的债券转让；二是根据转让价格形成机制的不同，公司债可进行协议转让和竞价转让；三是根据转让的交易场所不同，公司债可进行场内交易和场外交易，前者是在依法设立的证券交易所进行，后者在证券交易所之外的其他依法设立的证券交易场所进行。通常而言，场外交易多为协议转让，采用非竞争性的价格形成机制，而场内交易通常采纳竞争性的价格形成机制。

（二）公司债的转让的方式

新《公司法》删除了无记名公司债，公司债均为记名公司债。因此，我国公司债的转让方式为记名公司债的转让方式。新《公司法》第 201 条规定了记名公司债的转让方式，具体是指记名公司债的转让由债券持有人以背书方式或者法律、行政法规规定的其他方式转让；转让后由公司将受让人的姓名或者名称及住所记载于公司债券持有人名册。

记名公司债券的转让比较复杂，大致要经过达成转让协议、完成背书或其他法定转让行为、记载受让人信息于公司债券持有人名册、交付债券等程序后才发生债券转让的法律效力。

二、公司债的转换

（一）公司债的转换的概念和转换的法律后果

公司债的转换的适用对象为可转换公司债。根据新《公司法》第 203 条的规定，发行可转换为股票的公司债的，公司应当按照其转换办法向债券持有人换发股票,但债券持有人对转换股票或者不转换股票有选择权。可转换公司债的转换,是以可转换公司债持有人自由意志为基础,在发行时确定的转换请求期间内,通过对可转换公司债行使转换请求权而得到实现的过程。

可转换公司债持有人在债券期限届满时,可以要求发行公司换发股票,也可以要求公司对该债券还本付息。可转换公司债同普通债一样,都具有债权、债务凭证的性质,公司有义务依该凭证向债券持有人支付本息。同时,可转换公司债又赋予债券持有人享有是否转换为股票的选择权。

可转换公司债的转换对于不同的主体有不同的法律后果:对于债券持有人而言,在可转换公司债转换为股票前,债券持有人不具有股东地位,不享有股东权利,如在可转换公司债转换期限届满时尚未进行转换,则持有人只能依据债券属性行使债权人的权利;若发生公司债券的转换,其法律后果是该债券转换为公司股票,且这种转换不能再回转,持有人将享有股东地位,行使股东权利。对于可转换公司债的发行公司而言,在可转换公司债转换前,发行公司是可转换公司债券持有人的债务人。可转换公司债转换的法律后果是债券持有人与发行公司之间的债权债务法律关系消灭,发行公司对可转换公司债券持有人还本付息的义务免除,公司负债减少,由于债权债务关系转换为公司股权关系,发行公司的已发行股份、注册资本、实收资本均相应增加。

(二)转换权的行使及保护

根据新《公司法》第203条的规定,“发行可转换为股票的公司债券的,公司应当按照其转换办法向债券持有人换发股票,但债券持有人对转换股票或者不转换股票有选择权。法律、行政法规另有规定的除外”。发行公司有义务按照约定换发股票,发行公司在可转换公司债发行条件中关于债券持有人享有转换权的约定是一种单务法律行为,债券持有人的转换权是一种请求权。因此,在可转换公司债持有人请求行使转换权时,发行公司即负有按照公司债券募集办法中约定的转换方法,将可转换公司债换发为公司股票的义务,如若拒绝,即构成违约,债权人可以根据《民法典》有关债务不履行的规定向发行公司请求赔偿。

第四节　公司债券持有人整体利益保护制度

一方面,由于公司债券合同属于标准化、定型化契约,公司债券所涉及的债权债务关系具有“整体性”或“集体性”,同期发行的公司债券的持有人是利益立场相同的群体,但由于分散,每一个公司债券持有人都难以与发行公司抗衡,且分散性特征导致单个债权人监督发行公司履约的成本较高。当发生债券违约时,协调众多债券持有人形成一致意见往往十分困难,集体行动机制的设计十分重要。公司债券的集体性决定了应当建立公司债券持有人的整体利益保护制度。

另一方面,由于公司的所有者和管理者在管理公司的过程中必然以自我利益为先,公司与债券持有人之间存在巨大的代理成本。确保作为代理人的公司不对作为委托人的债券持有人实施机会主义行为,是公司法上债券持有人利益保护的重要目标。因此,立足于公司法的定位,以债券持有人利益的维护为中心,确立公司债券持有人的整体利益保护制度。

公司债券持有人整体利益的保护制度主要有两种立法例:公司债券持有人会议模式和公司债券受托管理人模式。

一、公司债券持有人会议模式

多数大陆法系国家采用公司债券持有人会议模式保护债券持有人的整体利益。公司债券持有人会议是为了公司债券持有人的共同利益而设立,通过会议的形式来行使公司债券持有人权利的一种法律机制。公司债券持有人会议,是由同类同期的公司债券持有人组成,就有关公司债券持有人的共同利害关系事项作出决议的临时性合议机制,存在于公司组织机构之外,其决议的效力及于全体同类同次的公司债券持有人会议的成员。

二、公司债券受托管理人模式

一些英美法系国家并未建立债券持有人会议制度,而是基于信托的原理,指定一个受托管理人代表公司债券持有人行使所涉及的债权和担保物权。依照信托制度的一般原理,债券受托管理人是由发行公司为了债券持有人的利益,在债券发行合同中指定的。受托管理人是普通法上公司债券的所有权人,对发行公司享有各项请求权。而债券持有人是此项权益的受益人,亦即这些请求权在衡平法上公司债券的所有权人。

三、我国公司债券持有人会议制度

我国公司债券持有人会议制度兼采债券持有人会议模式与债券受托管理人模式,在理论上又被称为“混合模式”,这种模式对两类模式的特点均有所吸收,但不是两种模式的简单相加。在混合模式之下,公司债券持有人会议系在发行人外部设立的法定合议机制。作为法定合议机制,凡发行公司债券者,必须设置公司债券持有人会议,就持有人共同利害关系事项作出决议。但是,公司债券持有人会议不是公司组织机构亦不具备独立的民事法律主体资格。

混合模式的意义在于实现全过程的债券持有人利益之保护。通常而言,公司债券持有人会议能够对事关债券持有人利益保护之重大事宜作出决策。但是,由于其仅是临时性机制,往往仅在债务人发生违约情形后才以决议的方式对涉及债权人利益的重大事项作出合意决定,无法监督债券发行人的日常经营。然而,公司债券从发行到偿付或者违约是一个完整的过程,当公司债券发行人违约未偿还时,公司债券持有人多半已回天乏术。日常的经营监督恰恰是及时发现公司债券发行人可能发生违约无法偿付公司债券的重要措施,避免债券持有人陷入困境。因此,在公司债券持有人会议的基础上,引入债券受托管理人制度弥补前者的不足。

(一)公司债券持有人会议决议约束力的法律基础

公司债券持有人会议制度的一个重要特征是其作出的决议对于没有参加会议或者持异议的债券持有人也将产生约束力。公司债券持有人会议决议约束力的法律基础既来自全体债券持有人之间的约定,又来自新《公司法》第 204 条第 2 款的法律规定。一方面,决议对债券持有人的约束基础来自债券持有人合意的权利让渡,具体表现为公司债券募集办法(债券募集说明书)和公司债券持有人会议议事规则约定的会议决议事项条款。债券持有人合意赋予债券持有人会议对于决议事项的决议权,决议一经作出和生效对同类同期全体债券持有人均产生约束力。另一方面,新《公司法》第 204 条第 2 款对于债券持有人会议决议效力赋予法定约束力,但约定效力优先于法定效力。第 204 条第 2 款明确规定除公司债券募集办法另有约定的,债券持有人会议决议对同期全体债券持有人发生效力。这意味着,公司债券募集办法可以对债券持有人会议决议效力另作约定。

(二)公司债券持有人会议的决议事项范围

公司债券持有人会议决议事项范围包括法定决议事项和约定决议事项。新《公司法》对债券持有人会议的法定决议事项作出了明确规定,即“与债券持有人有利害关系的事项”,可理解为所有债券持有人的共同利害关系事项。新《公司法》第 204 条第 1 款规定,“债券持有人会议可以对与债券持有人有利害关系的事项作出决议”。结合中国证券监督管理委员会颁布的《公司债券发行与交易管理办法》第 63 条第 1 款规定,债券持有人利害关系事项主要应当包括:(1)拟变更债券募集说明书的约定;(2)拟修改债券持有人会议规则;(3)拟变更债券受托管理人或受托管理协议的主要内容;(4)发行人不能按期支付本息;(5)发行人减资、合并等可能导致偿债能力发生重大不利变化,需要决定或者授权采取相应措施;(6)发行人分立、被托管、解散、申请破产或者依法进入破产程序;(7)保证人、担保物或者其他偿债保障措施发生重大变化;(8)发行人单独或合计持有本期债券总额百分之十以上的债券持有人书面提议召开;(9)发行人管理层不能正常履行职责,导致发行人债务清偿能力面临严重不确定性;(10)发行人提出债务重组方案的;(11)发生其他对债券持有人权益有重大影响的事项。

公司债券持有人会议约定决议事项是指债券持有人在债券募集办法和债券持有人会议议事规则约定的决议事项范围。但是,债券持有人会议的法定决议事项具有强制性,债券持有人无法通过约定排除公司债券持有人会议对法定决议事项的决议权。假如,公司债券持有人会议决议约束力完全来自约定,那么,债券募集办法和债券持有人会议议事规则作为债券持有人合意形成的契约完全可以自行约定债券持有人会议决议事项范围,排除相关规定确定的决议事项。但是,新《公司法》明确规定债券持有人会议的决议对同期全体债券持有人的效力,并规定了法定的决议事项。这不仅赋予了债券持有人会议决议的法定约束力,还确立了法定的决议事项范围。这意味着,债券募集办法和债券持有人会议议事规则不能排除法定决议事项,但可以约定法定决议事项之外的决议事项,扩大债券持有人会议的决议事项范围。

四、公司债券受托管理人

公开发行公司债券的发行人必须聘请债券受托管理人,而非公开发行公司债券的发行人可以不聘请债券受托管理人,但发行人必须在公司债券募集办法中约定债券受托管理事项。具言之,新《公司法》第205条规定,公开发行公司债券的,发行人应当为债券持有人聘请债券受托管理人。根据《公司债券发行与交易管理办法》第57条第1款规定,非公开发行公司债券的,发行人应当在募集说明书中约定债券受托管理事项。

(一)公司债券受托管理人的法律基础

关于债券受托管理人与债券持有人之间是何种法律关系,存在两种学说:"委托代理说"和"信托说"。委托代理说认为,公司债券受托管理人与债券持有人系委托关系,受托管理人系因受债券持有人的委托而进行管理。信托说认为,债券持有人与受托管理人之间的契约形成了信托关系,该信托的目的是维护债券持有人之利益。债券持有人在公司债券信托构造中有着委托人和受益人的双重地位。债券持有人通过信托将其享有的财产权利转移给受托管理人,而发行人虽然也是债券受托管理协议中的主体,但其身份应为债券持有人的代理人,在债券真正权利人确定之前代其签订信托合同。一旦投资者认购该债券,即表明其无条件认可发行人签订信托契约的代理行为,将信托契约的意思表示归属于己身。就此,债券持有人成为此项权益的受益人,享有衡平法上的所有权。

(二)公司债券受托管理人职权

公司债券受托管理人的职能是为了债券持有人利益行使管理债券投资事务。为了实现这一职能,公司债券受托管理人必须享有一定职权。根据新《公司法》第205条的规定,公司债券受托管理人职权范围包括:为债券持有人办理受领清偿、债权保全、与债券相关的诉讼以及参与债务人破产程序等事项。更进一步,《公司债券发行与交易管理办法》第59条,列举规定了公开发行公司债券的受托管理人的职权范围:(1)持续关注发行人和保证人的资信状况、担保物状况、增信措施及偿债保障措施的实施情况,出现可能影响债券持有人重大权益的事项时,召集债券持有人会议;(2)在债券存续期内监督发行人募集资金的使用情况;(3)对发行人的偿债能力和增信措施的有效性进行全面调查和持续关注,并至少每年向市场公告一次受托管理事务报告;(4)在债券存续期内持续督导发行人履行信息披露义务;(5)预计发行人不能偿还债务时,要求发行人追加担保,并可以依法申请法定机关采取财产保全措施;(6)在债券存续期内勤勉处理债券持有人与发行人之间的谈判或者诉讼事务;(7)发行人为债券设定担保的,债券受托管理人应在债券发行前或债券募集说明书约定的时间内取得担保的权利证明或其他有关文件,并在增信措施有效期内妥善保管;(8)发行人不能按期兑付债券本息或出现募集说明书约定的其他违约事件的,可以接受全部或部分债券持有人的委托,以自己名义代表债券持有人提起、参加民事诉讼或者破产等法律程序,或者代表债券持有人申请处置抵质押物。

(三)公司债券受托管理人义务与责任

信义义务可以防止公司债券受托管理人滥用职权。无论是基于委托或信托的法律关系,公司债券受托管理人都对债券持有人负有信义义务,包括勤勉义务和忠实义务。根据新《公司法》第206条第1款的规定,公司债券受托管理人的勤勉义务是指债券受托管理人应当勤勉尽责,公正履行受托管理职责,不得损害债券持有人利益。根据新《公司法》第206条第2、3款的规定,公司债券受托管理人的忠实义务是指公司债券受托管理人不得与债券持有人存在可能损害债券持有人利益的利益冲突。

公司债券受托管理人违反信义义务需要承担相应的责任。新《公司法》第206条第2、3款规定两种情形:债券委托管理人身份取消和赔偿责任。具言之,新《公司法》第206条第2款规定,公司债券受托管理人违反信义义务,债券持有人会议可以决议变更公司债券受托管理人。新《公司法》第206条第3款规定,公司债券受托管理人违反法律、行政法规或者债券持有人会议决议,损害债券持有人利益的,应当承担赔偿责任。这一规定是债券持有人追究公司债券受托管理人承担违反信义义务的赔偿责任的请求权基础。

本章法考和考研练习题

一、单项选择题

1. 在规定的转换期内,公司发行的可转换公司债是否转换为公司股票(　　)。

A. 由公司股东会决定

B. 由公司董事会决定

C. 由可转换公司债持有人决定

D. 由公司董事会提出建议方案,并经股东会批准

2. 甲、乙、丙、丁四人均购买了某股份公司发行的可转换公司债。他们对由谁来决定债券的转换发表了以下不同意见,正确的意见是(　　)。

A. 由发行该债券的公司决定

B. 由发行该债券的证券经营机构决定

C. 由债券持有人决定

D. 由证监会决定

二、名词解释

1. 公司债

2. 可转换公司债

3. 公司债的发行

三、简答题

1. 简述公司债与一般借贷之债的区别。

2. 简述公司债与公司股票的区别。

3. 简述公司债的发行条件和程序。

4. 简述公司债的转让的方式?

CHAPTER 12

第十二章

公司财务会计制度

本章导读

财务会计制度是对公司经营活动进行管理和评价的重要手段。本章主要讲述了财务会计制度的概念与作用,财务会计报告的主要内容及其编制、验证与审计的要求,公积金的提取及使用、公司税后利润的分配等问题。本章学习的重点和难点是公司财务会计报告的内容和公司税后利润的分配。

第一节　公司财务会计制度概述

公司财务会计制度是以定期编报会计报表的形式,对公司的整个财务活动和经营状况进行记账、算账、报账,为公司和外部有关主体定期提供公司财务信息而形成的制度。它是保护公司股东、债权人和社会利益,保障公司持续运营,维护正常经济秩序的必要手段,许多国家的公司法都规定公司,特别是股份有限公司,必须建立财务会计制度,它也因此广泛存在于法律、行业通行规则和公司章程之中,成为公司法律制度的重要组成部分。

一、公司财务会计制度的内涵

公司财务会计制度是公司财务制度和会计制度的总称。财务制度,是指公司关于货币管理、资金管理、成本费用计算、营业收入分配、公司纳税及公司清算等方面的制度。会计制度,是指公司关于记账、核算等方面的制度。公司财务会计制度的基本内容和基本要求如下。

第一,公司财务会计制度的基本内容。公司的财务、会计人员在公司的经营过程中,应当依法及时记录、汇总公司生产经营活动中的财务、业务数据,定期编制和披露资产负债表、损益表、现金流量表等,以反映公司一定期间内的经营成果和财务状况。

第二,公司财务会计制度的基本要求。为了保障公司股东的知情权,维护中小股东利益,也使公司其他利益主体了解公司基本经营情况,公司的凭证、账簿、报表等原始会计资料应当真实、完整地反映公司经营变化的情况;公司的财务报告应当系统、全面地反映公司经营状况。这对公司债权人、潜在交易对象、监管机关等外部主体知晓公司情况起到重要作用。

第三,公司财务会计制度应当依法建立。新《公司法》第 207 条规定:"公司应当依照法律、行政法规和国务院财政部门的规定建立本公司的财务、会计制度。"由于公司的财务、会计制度涉及公司的各方利益主体,其实际蕴含着公司股东与管理者、公司内部与外部主体的利益冲突。因此,公司的财务、会计行为应当严格遵循法律规定、一般会计准则及公司章程的要求,公司应当依法建立起完善的财务、会计制度,以确保公司财务、会计资料与报告具有独立性。

二、公司财务会计制度的作用

公司的生产经营状况不仅关系到公司本身命运,对公司债权人、潜在交易对象、公司职工及监管机关等其他利益相关者也具有重大影响。因此,公司法设专章规定公司财务、会计制度,使其发挥以下作用:

(一)保障公司高效运营

第一,完善的财务会计制度能够帮助作为公司经营管理者的董事会、高级管理人员等更加及时、准确、直观地了解公司生产经营状况,以便提高生产经营效率,有效开展内部管理,实现公司良好运行。第二,公司股东可以从公司财务会计信息中掌握经营者如何管理和使用资源,是否促使公司提高劳动生产率、增加经济效益、实现资产保值增值,以此作为考评经营者业绩的依据。第三,公司经营者要作出正确的生产和经营决策,进行有效的组织管理,必须从真实可靠、全面完整的财务信息中了解企业资金管理的现状和结果,以便合理有效地使用资金,正确地筹措资金,最大限度地提高资金收益率。

(二)保护公司股东利益

现代公司,尤其是股份有限公司,其显著特点是财产所有权和经营管理权的分离,股东将财产以股款形式投入公司后,即丧失对其出资财产的直接控制权,而仅享有选择公司管理者的投票权、股息红利的分配权和公司剩余财产索取权等权利,股东能够获得的经济收益取决于管理者的经营行为。而股东向公司投资的主要目的是获取利润,公司经营效果的好坏直接关系到股东利益。因此,依法建立公司财务会计制度能够帮助股东在对公司充分知情的基础上行使其股东权,防止具体业务执行者对股东权益的损害,对保障股东合法权益是十分重要的。

(三)保护公司债权人利益

作为公司交易对象,债权人利益与公司资产数量之增减、结构之变动等事项密切相关。由于股东对公司债务只承担有限责任,为了避免这种有限责任带来的意外损失,降低交易风险,保证交易安全,债权人必须对公司的资产状况、偿债能力等有较为全面、直观的了解。因此,有必要通过规范的财务会计制度将公司财产状况予以公示,以示信于债权人。在具体规定上,为避免公司滥用其有限责任而损害债权人的合法权益,法律对公司弥补亏损、提取公积金及使用公积金等都作了具体的规定。

(四)保护社会公众利益

大型企业的经营好坏对社会生活稳定和国民经济发展具有重要影响,因其多采用股份有限公司的组织形式,完善的公司财务会计制度能够提供的真实、及时的会计信息,促进公司提高经济效益,进而维护社会公共利益,也为国家宏观经济调控的决策提供直接依据。特别是公司财务会计制度中健全提取公积金的强制性规定,有助于促进社会经济结构的合理调整,达到经济资源的合理配置的效果。

第二节　公司财务会计报告内容、编制与审计

公司财务会计报告是以账簿记录为依据,利用统一的货币计量单位,按照统一规定的格式、内容要求、编制方法和编制依据,定期编制的反映企业财务状况和经营成果的总结性文书,由会计报表、会计报表附注和财务情况说明书组

成,分为年度、半年度、季度和月度财务会计报告。其中,年度、半年度财务会计报告应当包括会计报表、会计报表附注和财务情况说明书,会计报表应当包括资产负债表、利润表、现金流量表及相关附表;季度、月度财务会计报告通常仅指会计报表,会计报表至少应当包括资产负债表和利润表。

一、公司财务会计报告内容

(一)会计报表

1. 资产负债表

资产负债表是反映公司在某一特定时期财务状况的报表,应当按照资产、负债和所有者权益或股东权益分类分项列示。

资产,是指过去的交易、事项形成,由企业拥有或者控制,预期会给企业带来经济利益的资源。按照流动性在资产负债表上分类分项列示资产,包括流动资产、长期投资、固定资产、无形资产及其他资产。银行、保险公司和非银行金融机构的各项资产有特殊性的,按照其性质分类分项列示。

负债,是指过去的交易、事项形成,预期会导致经济利益流出企业的现时义务。按照流动性在资产负债表上分类分项列示负债,包括流动负债、长期负债等。其中,流动负债是指将在一个营业周期内偿还的债务,应按短期借款、应付票据、应付账款、预收货款、应付工资、应交税费、应付利润、其他应付款、预提费用等在资产负债表中分项列示。长期负债是指偿还期在一个营业周期以上的债务,应按长期借款、应付债券、长期应付款在资产负债表中分项列示。

所有者权益,也称股东权益,是指所有者在公司资产中享有的经济利益,其金额为资产减去负债后的余额。按照实收资本(或者股本)、资本公积、盈余公积、未分配利润等项目在资产负债表上分项列示所有者权益。

2. 利润表

利润表是反映企业在一定会计期间内经营成果的报表,是损益表的附属明细表,应当按照各项收入、费用以及构成利润的各个项目分类分项列示。

收入,是指企业在销售商品、提供劳务及让渡资产使用权等日常活动中所形成的经济利益的流入,但不包括为第三方或者客户代收的款项。按照重要性在利润表上分项列示收入。

费用,是指企业为了销售商品、提供劳务等日常活动所发生的经济利益的流出。按照性质在利润表上分项列示费用。

利润,是指企业在一定会计期间的经营成果。按照营业利润、利润总额和净利润等利润的构成在利润表上分类分项列示利润。

3. 现金流量表

现金流量表是反映企业在一定会计期间内现金和现金等价物流入和流出的报表,应当按照投资活动、筹资活动和经营活动分类分项列示。

投资活动,是指企业长期资产的购建和不包括在现金等价物范围内的投资及其处置活动。按照现金流入和流出的性质在现金流量表上分项列示投资活动。

筹资活动,是指导致企业资本及债务规模和构成发生变化的活动。按照现金流入和流出的性质在现金流量表上分项列示筹资活动。

经营活动,是指企业投资活动和筹资活动以外的所有交易和事项。按照现金流入和流出的性质在现金流量表上分项列示经营活动。银行、保险公司和非银行金融机构的经营活动按照其经营活动特点分项列示。

4. 相关附表

相关附表是反映企业财务状况、经营成果和现金流量的补充报表,主要包括利润分配表以及国家统一的会计制度规定的其他附表。

利润分配表是反映企业在一定会计期间内对实现净利润以及以前年度未分配利润的分配或者亏损弥补的报表。按照利润分配各个项目在利润分配表上分类分项列示。

(二)会计报表附注

会计报表附注对会计报表的编制基础、编制依据、编制原则和方法及主要项目等所作的解释,目的是便于会计报表使用者理解会计报表的内容。会计报表附注至少应当包括:

(1)符合基本会计假设的说明;

(2)重要会计政策和会计估计;

(3)重要会计政策和会计估计的变更情况、变更原因;

(4)重要会计政策和会计估计对财务状况和经营成果的影响;

(5)或有事项和资产负债表日后事项的说明;

(6)关联方关系及其交易的说明;

（7）重要资产转让及其出售情况；

（8）企业合并、分立；

（9）重大投资、融资活动；

（10）会计报表中重要项目的明细资料；

（11）其他为了便于理解和分析会计报表需要说明的事项。

（三）财务情况说明书

财务情况说明书是通过分析公司情况、提出有效建议，对公司财务状况作全面详细说明和补充的文书。财务情况说明书至少应当对下列情况作出说明：

（1）企业生产经营的基本情况；

（2）利润实现和分配情况；

（3）资金增减和周转情况；

（4）其他能够对企业财务状况、经营成果和现金流量产生重大影响的事项。

二、公司财务会计报告的编制

（一）编制要求

公司应当根据真实的交易、事项以及完整、准确的账簿记录等资料编制财务会计报告，做到内容完整、数字真实、计算准确，不得漏报或者任意取舍，以便充分发挥财务会计报告作用，满足各方面要求。具体而言，编制财务会计报告既有形式上的要求，又有内容和时间上的要求。

形式上的要求，是指财务会计报告的外观形式、表格设计、数据填列、项目分类等要符合会计制度的规定，资产负债表、利润表和现金流量表要遵循统一的格式。

内容上的要求，是指报表的编制要保持客观性、一致性和充分性等，符合相应的财务会计制度和准则。

时间上的要求，是指公司应当按照新《公司法》第 208 条第 1 款规定，及时编制、报送财务会计报告。公司应当在每一会计年度终了时编制财务会计报告，并依法经会计师事务所审计；公司的半年度、季度和月度财务会计报告也应按时编制。

此外,新《公司法》第 217 条规定,公司除法定的会计账簿外,不得另立会计账簿。公司不得以任何个人名义开立账户存储公司资金。

(二)编制前的准备工作

1. 清查核实

公司应当在全面清查资产投资、核实债权债务的基础上编制年度财务会计报告。

(1)应收款项、应付款项、应交税金等结算款项是否存在,与债务、债权单位的相应债务、债权金额是否一致,是否存在拖欠情况及其原因;

(2)房屋建筑物、机器设备、运输工具等各项固定资产的实存数量与账面数量是否一致,使用情况及其完好程度;

(3)在建工程的实际发生额与账面记录是否一致;

(4)原材料、在产品、自制半成品、库存商品等各项存货的实际储备数量与账面数量是否一致,是否有报废损失和积压物资等;

(5)各项投资是否存在、是否达到预期目的,投资收益是否按照国家统一的会计制度规定进行确认和计量;

(6)需要清查、核实的其他内容。

企业清查、核实后,应当根据国家统一的会计制度规定进行相应会计处理,并将结果及其处理办法向董事会或相应机构报告。企业应当结合具体情况,在年度中间对各项财产物资和结算款项进行重点抽查、轮流清查或者定期清查。

2. 其他工作

企业在编制财务会计报告前,除全面清查资产投资、核实债权债务外,还应完成下列工作:

(1)检查是否按照国家统一的会计制度进行会计核算;

(2)对于没有国家统一的会计制度规定核算方法的交易、事项等,检查其是否按照会计核算的一般原则进行确认和计量;

(3)检查相关账务处理是否合理;

(4)核对会计账簿和会计凭证记录的内容和金额等是否一致;

(5)核对会计账簿和会计凭证的记账方向是否一致;

(6)在结账日结出有关会计账簿的发生额和余额,并厘清各会计账簿之间余额的勾稽关系;

(7)检查是否存在因会计差错、会计政策变更等原因需要调整前期或者本期相关项目。

在前述工作中发现问题的,应当及时按照国家统一的会计制度规定进行处理。经清查核实后资产、负债有变动的,应当重新按照国家统一的会计制度规定进行确认和计量。

三、公司财务会计报告的审计

公司财务会计报告造假的情况历来屡禁不止,公司大肆美化财务信息,欺骗公司股东、社会公众和监管部门的情形频繁出现。为了保障公司财务会计报告的真实性和准确性,新《公司法》第 208 条第 1 款规定,公司的财务会计报告应依法经会计师事务所审计。会计师事务所可针对被审计公司的具体情况,出具不同类型意见的审计报告,以显示公司财务会计报告的可信赖程度。

会计师事务所是依法独立、公正地对公司财务会计报告的真实性作出评价,并出具相关结论的机构。新《公司法》第 215 条第 1 款规定,公司聘用、解聘承办公司审计业务的会计师事务所,按照公司章程的规定,由股东会、董事会或者监事会决定。此条在原《公司法》的基础上作出修改,新增监事会可以由公司章程规定聘用、解聘承办公司审计业务的会计师事务所的主体。需注意的是:

第一,会计师事务所的聘用、解聘主体为股东会、董事会、监事会。公司应当在章程中对会计师事务所的聘用、解聘决定权由哪个机构行使作出明确规定。会计师事务所的聘用规则,实质上涉及注册会计师审计的委托权问题,而审计委托权不仅在法律上确认权力归属,还对审计的独立性、为谁的利益而审计等问题产生重要影响。既然公司法将公司聘用、解聘承办公司审计业务的会计师事务所的决定权交由公司章程规定,并将范围限定在股东会、董事会或者监事会,那么公司经理或其他高级管理人员就无权自行决定聘用、解聘承办公司审计业务的会计师事务所。资本所有权和经营管理权的分离是注册会计师审计产生的直接原因,这一直接原因使得注册会计师的本质任务是降低代理成本,减少股东和管理层之间的信息不对称,维护股东尤其是中小股东利益。因此,会计师事务所本质上应以实现股东利益最大化为己任。但由于我国股权结构集中的公司治理现状,由股东会或处于控股股东或实际控制人控制下的董事会选聘会计师事务所可能无法实现独立审计的目标,以保护所有股东利益。所以,新《公司法》增加了监事会作为可聘用、解聘承办公司审计业务的会计师事务所主体的规定,以发挥监事会作为公司专门监督机关的作用,维护审计的独立性。

第二,新《公司法》第215条的规定只适用于承办公司审计业务的会计师事务所,并不适用于聘用或解聘仅为公司提供会计咨询业务的会计师事务所。也就是说,只有当该会计师事务所接受公司委托,对公司的财务会计报告进行独立审计并出具审计意见时,才受新《公司法》第215条规定的制约。

第三,新《公司法》第215条不适用于国有企业和上市公司聘用会计师事务所。《国有企业、上市公司选聘会计师事务所管理办法》专门作出规定,国有企业选聘会计师事务所,应当由董事会审计委员会(或者类似机构)提出建议后,由股东会或者董事会决定;对于未设股东会或者董事会的国有企业,由履行出资人职责的机构决定或者授权国有企业决定相关事项;上市公司聘用、解聘会计师事务所,应当由审计委员会审议同意后,提交董事会审议,并由股东会决定。基于上市公司的信息披露要求,上市公司应对其会计师事务所的详细信息及情况进行披露。上市公司每年应当按要求披露对会计师事务所履职情况评估报告和审计委员会对会计师事务所履行监督职责情况报告,涉及会计师事务所变更的,还应当披露变更会计师事务所的原因、前任会计师事务所情况及上年度审计意见、与前后任会计师事务所的沟通情况等。

新《公司法》第216条规定,公司应当向聘用的会计师事务所提供真实、完整的会计凭证、会计账簿、财务会计报告及其他会计资料,不得拒绝、隐匿、谎报。据此,公司向会计师事务所提供会计资料时须履行如下义务:

第一,保证所提供的会计资料真实、完整。公司须根据《会计法》第3条的规定设置会计账簿,并保证其真实、完整。《会计法》第4条规定,公司的负责人要对本单位的会计工作和会计资料真实性、完整性负责。公司的会计机构、会计人员要根据国家统一会计制度规定编制会计凭证、会计账簿、财务会计报告和其他会计资料,依法进行会计核算,实行会计监督。任何单位和个人不得伪造、变造会计凭证、会计账簿及其他会计资料,不得提供虚假的财务会计报告。任何单位或者个人不得以任何方式授意、指使、强令会计机构、会计人员伪造、变造会计凭证、会计账簿和其他会计资料,提供虚假财务会计报告。

第二,不得拒绝、隐匿、谎报会计资料。公司必须按照会计师事务所的要求提供相关的会计资料，不得故意拒绝、隐匿、谎报，否则应依法承担相应的法律责任。新《公司法》第 254 条规定，公司提供存在虚假记载或者隐瞒重要事实的财务会计报告的，县级以上人民政府财政部门应按照《会计法》等法律、行政法规的规定进行行政处罚。

第三节 公积金制度

公积金是指公司为了未来弥补公司的亏损、扩大公司生产经营或者转为增加公司注册资本，依照法律和公司章程的规定以及股东会决议而从公司税后利润中提取的累积资金，又称公司储备金。

一、公积金的意义

公积金作为一种储备基金具有不可替代的价值。一方面，公积金可以用来抵御经营风险。由于公司经营策略、市场、政策等不断变化，公司年度间的营收情况不同，可能出现难以预测的经营风险。公司将盈利年度的盈余用以弥补亏损年度的亏空，可以为维持公司的正常运转提供资金，进而成为抵御市场经营风险的有效手段，是公司持续稳定经营和发展的必要保障。另一方面，公积金可以用来扩大公司经营范围和经营规模。市场的发展方向变幻莫测，一定的公积金储备可以在公司遇到良好的市场机遇时及时投入扩大生产，抓住易逝的商业机会。当公司经营需要资金注入以扩大生产时，若寄希望于增资或发行债券筹集资金，法定程序的复杂、资金投入的不确定性等均可能导致公司错失商业机会。若以银行借贷等方式获取资金，可能需要进行抵押，成本和效率都难以保证。与之相对的，由公司直接使用现已储备的公积金进行扩大生产或者转增资本，极为方便快捷，免受由复杂程序、过高成本、筹集资金不确定等因素带来的困扰。为了实现以上目的，新《公司法》明确规定了公司应当从当年税后利润中提取利润的 10% 作为法定公积金的义务，以实现公积金充实公司资本、维护公司稳定经营的目的。

二、公积金的种类及用途

根据公积金的提取是否依据法律的强制性规定，公积金可分为强制公积金和任意公积金。根据公积金的来源不同，又可将强制公积金分为法定公积金和资本公积金。法定公积金又称法定盈余公积金，任意公积金又称任意盈余公积金。

（一）强制公积金

强制公积金，是指依据《公司法》的强制性规定而提取的公积金，可分为法定盈余公积金和资本公积金。公司不得以其章程或股东会决议取消法定公积金的提取或削减法定公积金的提取比例。

法定盈余公积金是指依《公司法》的规定，从公司当年税后利润中按比例提取的公积金。根据新《公司法》第 210 条第 1 款的规定，应当提取利润的 10% 列入公司法定公积金；公司法定公积金累计额为公司注册资本的 50% 以上的，可以不再提取。

资本公积金是公司非因经营活动产生，而是由于公司资本自身或其他原因获得的收益。依照法律规定应当将特定公司资本项目列入资本公积金，其来源主要有：一是公司以超过股票票面金额的发行价格发行股份所得的溢价款额；二是发行无面额股所得股款未计入注册资本的金额；三是国务院财政部门规定列入资本公积金的其他项目。《公司法》对前两者的规定较为明确，而国务院财政部门规定列入资本公积金的其他项目，根据会计规则，一般是指，处置公司资产所得的收入；资产重估价值与账面净值的差额；接受捐赠而增加的资产；可转换公司债券持有人行使转换权利将债权转化而来的资本；股份公司发行新股时冻结申购资金期间的利息；因对其他企业的股权长期投资而增加的资本；收到国家拨款增加的资本等应计入资本公积的项目。

因为公积金系为特定目的而提留，应当遵循专款专用原则，否则将有违设立公积金的初衷，还可能不利于公司资本维持，进而损害债权人利益。同时，公积金作为股东所有者权益的一部分，对其的使用应当符合公司利益，也即全体股东的利益，实践中允许公司章程对公积金的使用范围进行限制。根据新《公司法》第 214 条的规定，包括盈余公积金（法定盈余公积金和任意盈余公积金）和资本公积金在内的公积金有以下用途。

1. 弥补亏损。根据新《公司法》第 214 条第 1 款的规定，使用公积金弥补公司亏损,应当先使用任意公积金和法定(盈余)公积金;仍不能弥补的,可以按照规定使用资本公积金。用于弥补亏损是盈余公积金的制度本旨之一,盈余公积金最重要的功能即为弥补亏损。不管是法定盈余公积金还是任意盈余公积金,均为公司的税后利润中提取的留存收益,其提取的目的就是抵抗公司经营风险,维护公司信誉。若公司存在亏损,则盈余公积金应先弥补亏损,不能用于其他目的。

对于资本公积金而言,我国原《公司法》限制资本公积金弥补亏损,主要出于两点考虑:第一,资本公积金主要体现为公司的账面增值,其并非从公司利润中提取,与公司的经营行为无关,而亏损是公司经营活动产生的后果,用资本公积金弥补亏损可能将公司的经营亏损转嫁给部分投资者。第二,根据“无盈不分”的原则,资本公积金不允许进行分配,而使用资本公积弥补亏损为公司在之后分配利润创造了条件,实质上是变相使用资本公积金进行分配,容易成为公司财务操纵的工具。但是,此种限制可能并不符合公司经营中的现实需求。若历年及当年利润、任意公积金与法定(盈余)公积金都无法弥补亏损时,必然影响公司经营,其财务状态也并不乐观,若不允许用资本公积金弥补亏损,公司正常经营可能难以维系,市场价值必然下降,更无法吸引新的投资帮助公司渡过难关、转亏为盈。并且,伴随公司实践的发展,资本公积金不仅来源于资本溢价的会计账面变化,还包含接受捐赠、处置公司资产等真实资产进入的多元化形式,资本公积金的用途也应当更加宽泛。

基于以上原因,新《公司法》改变了资本公积金不得用于弥补亏损的限制,新《公司法》第 214 条第 2 款规定,任意公积金和法定(盈余)公积金不能弥补公司亏损的,可以按照规定使用资本公积金。这种规则转变回应了公司经营中的现实需求,一方面有助于短暂陷入财政困境的公司扭亏为盈,另一方面也丰富了资本用途,有助于公司根据具体情况调整资本结构,提高公司资金利用效率。需注意的是,《公司法》第 214 条第 2 款对公积金弥补亏损的使用顺序作出了限制,资本公积金不得首先用于弥补亏损,仅在任意公积金和法定(盈余)公积金不能弥补的情况下,才能按照规定使用资本公积金弥补亏损。

2. 扩大公司生产经营。公司在生产经营过程中,可能需要不断地投入资金,公司可以直接使用公积金投入经营,既免去繁杂的增资程序,又避免借贷、发行债券的风险,增强了公司经营的灵活性。

3. 增加公司注册资本。当公司累积了一定规模的公积金后，可以通过股东会的特别决议或者全体股东的决定将公积金的一部分扩充为公司的注册资本，无须股东再追加投资，效率更高、程序更简便。对有限公司，按股东实缴的出资比例增加其出资额，对股份公司，则按股东所持股份比例来增加其出资额。公积金转增资本的具体办法有两种：一是增加公司的股份数，即按股东原持股比例增发新股；二是基于无面额股的引入，可以不增加公司的股份数，在股东原有股份比例的基础上增加每股面值。但以法定公积金转增注册资本时，所留存的该项公积金不得少于转增前公司注册资本的25%。

（二）任意公积金

任意公积金是公司在法定公积金之外，依照公司章程或股东会决议从当年税后利润中提取的公积金。与法定（盈余）公积金一样，任意公积金也来源于公司的当年税后利润，只是法律未对此进行强制性规定，允许公司自治。

新《公司法》对于任意公积金的提取仅做了授权性规定，并未固定其提取比例，除规定用于弥补亏损外，也未限定其具体用途，因此公司章程或股东会决议可对其进行具体规定。若公司章程或股东会决议对任意公积金的提取方式进行了约定，则公司应当遵守，除非修改公司章程或者股东会变更其决议，否则公司不得随意改变任意公积金的提取。

第四节　公司的税后利润分配

公司作为营利法人，以营利为目的开展经营活动，一般通过控制生产、交易成本，提高交易效率，扩大生产范围和规模等来实现营利的最大化，获取更多的利润。而公司经营所得的利润，一方面涉及依法纳税的问题，另一方面为了保护利益相关者的利益，需要依法律规定、公司章程规定或股东会的特别决议向股东进行分配。新《公司法》对公司税后利润的分配作了规定，公司分配利润应当在法定范围内进行。

一、税后利润的分配原则

公司利润，是指公司在一定会计期间的经营成果，一般以每年度为损益期间进行计算。依照财务会计规则，公司利润总额包括营业利润和营业外利润。前者一般是指营业利润、投资利润以及其他利润之和。后者是指与公司日常经营无关的利润，主要包括因公司合并产生的利润、因债权人变动无法支付的应付款项、政府补助、捐赠所得等。公司税后利润则是指公司当年利润总额减去应交税费后的余额。

股东投资公司的目的在于获取高额的报偿，但为了维持公司的长期经营、保障其他相关主体的利益，公司并不能无限制地向股东分配财产。我国《公司法》上确立了“无盈不分”的一般分配原则，域外法也基本作此规定。为了贯彻资本维持原则，公司只有存在税后利润的情况下，才可以依法进行利润分配，规定这一分配原则的目的在于：其一，“无盈不分”原则是维持公司日常经营的前提，若公司在亏损情况下仍要向股东分配财产，可能影响公司的后续经营，甚至导致公司无法经营，难以存续；其二，“无盈不分”原则是对利益相关者利益的保障，公司亏损时的分配不利于债权人、职工等合法权益的实现，甚至可能构成抽逃出资，需要承担一定的法律责任。

依新《公司法》第 210 条第 4 款的规定，公司应当依照法定顺序进行利润分配，即只能在弥补亏损和提取公积金后，分配其当年税后利润的余额。原因有二：一是公司若将每年的全部利润都分配给股东，将无法扩大生产，不利于公司的存续和发展；二是现代公司作为涉及多方利益主体的焦点，不能仅以股东利益最大化为追求，需要兼顾利益相关者的合法权益，公司所得的利润需要进行合法、合理的分配。

另外，公司的可分配利润一般应按法定比例进行分配。有限责任公司按照股东实缴的出资比例分配利润，全体股东约定不按照出资比例分配利润的除外。股份有限公司按照股东所持有的股份比例分配利润，公司章程另有规定的除外。按出资比例或持股比例分配的规则并非法律的强制性规定，但是股东会确定分配原则时，不能违反新《公司法》有关弥补亏损或提取公积金的分配顺序的强制性规定，如果违反规定进行分配的，股东应将分配的利润退还给公司。

二、税后利润分配形式

实践中，公司的税后利润分配形式主要有现金分红、股票股利、财产分配和负债分配等方式。

1. 现金分红,是指公司以分派现金的形式向股东分配税后利润。现金分红使得股东可迅速获得直接收益,且分配方式简便,系最为常见的利润分配形式。但现金分红形式往往涉及公司与股东之间、控股股东与中小股东之间的利益冲突。过多的现金分红自然有利于公司股东特别是中小股东的利益,但会导致公司用于持续经营、扩大再生产的资金减少,可能不利于公司的长远发展。而过少的现金分红无益于激励股东,难以吸引投资者,影响公司股价。公司长期不分红亦是股东压制的一种典型行为,可能存在损害中小股东的利益情况。因此,为了缓和上述利益冲突,公司特别是上市公司,可在章程中明确利润分配尤其是现金分红事项的决策程序和机制,利润分配政策尤其是现金分红政策的具体内容、分配形式,调整分配政策的具体条件、决策程序和机制等,并应充分听取中小股东意见。

2. 股票股利,是指公司以本公司股票代替现金作为股利向股东分配利润的形式,又称"送股""派股",包括派送股票与分割股份两种具体方式。派送股票,指公司以发行新股的方式分配税后利润,实质是由税后盈余转增资本或盈余公积金转增资本形成,即以无偿增资发行股票的方式向股东分配利润。分割股份,指按照一定比例降低股票面值以增加股票数量,向股东分发,通常用于公司经营状况良好,具有较好的股价回升预期的情形中。股票股利的分配方式本质上是将公司账户上的部分留存收益转化为股本,并不减少公司资产。因此,这种分配方式的优势在于:一方面,将现金留存在公司,可缓解公司现金分配的困难;另一方面,增加公司注册资本的规模,为公司扩大生产经营保存了资金。目前,我国上市公司主要采取现金分红和股票股利两种分红方式。上市公司应当依据《上市公司章程指引》在公司章程中建立完善的利润分配政策,也鼓励上市公司在符合利润分配的条件下增加现金分红频次,稳定投资者分红预期。

3. 财产分配,是指公司以现金以外的其他财产向股东分配利润的形式。实务中,现金以外的分配方式多为股票股利分配,但也可以用实物财产向股东进行分配,例如向股东分配公司生产的产品,既扩大了产品销量又保留了公司的现金。

4. 负债分配,是指公司以发行公司债券或应付票据代替现金向股东分配利润的形式。股东获得公司债券或者应付票据后,可以定期获得一定的利息、在未来收获资金,也能实现投资目的。

三、公司税后利润的分配顺序

依据新《公司法》第 210 条、《企业财务通则》第 50 条的规定，公司税后利润的分配顺序为：

第一，弥补公司以前年度的亏损。所谓公司亏损，是指公司的盈利在一定会计期间内低于公司的成本、费用及其损失的总和。当公司出现亏损时，公司的经营者可能通过降低产品质量进而降低生产成本的方式来扭转亏损局面，这不利于公司的长远发展和市场的健康运行，也可能危及债权人利益以及社会公共利益。因此，公司获取的当年利润，应以弥补亏损为首要目的，公司的法定公积金不足以弥补以前年度亏损的，在依法提取法定公积金之前，应当先用当年利润弥补亏损。并且，新《公司法》中删除了“资本公积金不得用于弥补公司的亏损”的规定，进一步强化公积金弥补亏损的功能。

第二，提取法定公积金。法定公积金又称为法定盈余公积金，是依照公司法的强制性规定提取的公积金。新《公司法》第 210 条第 1 款规定，公司分配当年税后利润时，应当提取利润的 10% 列入公司法定公积金。公司法定公积金累计额为公司注册资本的 50% 以上的，可以不再提取。

第三，经股东会决议提取任意公积金。任意公积金是指不由法律强制规定，而由公司章程或股东会自行决定提取的公积金。新《公司法》第 210 条第 3 款明确规定，公司的当年税后利润，在提取法定公积金后，可以经股东会决议提取任意公积金。虽然法律未明文规定公司章程在提取任意公积金时的效力，但依据公司法原理，公司章程也可以约定任意公积金的提取条件或形式等内容。

第四，向股东分配利润。公司应当依据股东的出资比例或持股比例向股东分配利润。公司弥补亏损和提取公积金后所余税后利润，有限责任公司按照股东实缴的出资比例分配利润，全体股东约定不按照出资比例分配利润的除外；股份有限公司按照股东所持有的股份比例分配利润，公司章程另有规定的除外。

四、违法分配利润的法律责任

新《公司法》第 211 条规定了公司违法分配利润的法律责任，公司违反《公司法》规定向股东分配利润的，股东应当将违法分配的利润退还公司；给公司造成损失的,股东及负有责任的董事、监事、高级管理人员应当承担赔偿责任。

第一,公司的利润分配方案由股东会决定。依《公司法》的规定,董事会负责制订公司的利润分配方案,股东会负责审议批准公司的利润分配方案。公司的利润分配,是股东所有者权益最重要的内容之一,是长期投资者实现投资目的的重要方式,因此其最终决定机构是股东会,董事会承担利润分配时的辅助、执行工作。一方面,董事会基于其对公司日常经营情况的了解,能够更准确地判断出公司的当年利润总额和以往亏损情况,因此应当由董事会提出利润分配方案。另一方面,公司的资产处于董事会的掌握之中,利润分配方案的执行也需要依赖董事会进行,董事会应当在股东会分配利润的决议作出之日起6个月内进行分配。另外,出于尊重公司自治,司法一般不对具体的利润分配方案进行干预,依《公司法司法解释(四)》第14条的规定,股东提交载明具体分配方案的股东会或者股东大会的有效决议,请求公司分配利润,公司拒绝分配利润且其关于无法执行决议的抗辩理由不成立的,人民法院应当判决公司按照决议载明的具体分配方案向股东分配利润。

第二,根据新《公司法》第211条,我国的利润分配规则仍坚持资本维持模式,贯彻"无盈不分"原则和法定的利润分配规则。若公司当年经营处于亏损状态仍进行分配,或者在弥补全部亏损、提取法定公积金前向股东分配财产,则是对《公司法》关于利润分配的强制性规定的违反,该分配决议无效。

第三,由于"无盈不分"的利润分配规则系法律强制性规定,因此,当违法分配利润时,股东、董事、监事等可请求法院确认该分配决议无效,按照无效分配决议作出的分配行为也应恢复原状,股东应将该违法分配的利润退还公司。新《公司法》还规定了股东及负有责任的董事、监事、高级管理人员的赔偿责任,关于该责任的适用,请求损害赔偿的权利主体应为公司的董事会或监事会,因为维护资本充实是管理层的应然义务范围。若董事、监事因利益关联不能代表公司提起诉讼,则其他利益相关的股东可根据《公司法》的相关规定提起股东代表诉讼,主张对公司的相关赔偿。需注意的是,虽然公司违法分配也可能损及公司债权人的利益,但债权人并无请求损害赔偿的权利。

本章法考和考研练习题

一、单项选择题

1. 资产负债表是指反映公司在某一特定日期即月末、年末财务状况的会计报表。所反映的财务状况具体是指(　　)方面的内容。

A. 公司全部资产、负债和损益

B. 公司全部资产、负债和资金变动

C. 公司全部资产、负债和收益分配

D. 公司全部资产、负债和所有者权益

2. 依照公司法的规定,股份公司以超过股票票面金额的发行价格发行股票所得的溢价款,应当列为公司财产(　　)部分。

A. 利润

B. 资本公积金

C. 盈余公积金

D. 法定公积金

3. 新《公司法》规定,公司可以提取任意公积金,但要(　　)。

A. 经股东会作出决议

B. 经董事会作出决议

C. 经监事会作出决议

D. 经职工代表大会作出决议

4. 明华食品有限公司依新《公司法》规定,从当年税后利润中提取10%作为公积金。董事会认为,该公积金的性质应被认定为(　　)。

A. 法定公积金

B. 资本公积金

C. 住房公积金

D. 风险基金

二、名词解释

1. 会计报表

2. 财务情况说明书

3. 资产负债表

4. 法定公积金

5. 任意公积金

6. 资本公积金

三、简答题

1. 简述公司会计报表的主要构成。

2. 简述公司税后利润分配的顺序。

四、案例分析

康美药业披露的财务报告中存在虚增营业收入、货币资金等情况，正中珠江会计师事务所出具的审计报告存在虚假记载。经专业机构评估，扣除系统风险后投资者实际损失为24.59亿元。广州中院经审理认为，康美药业进行虚假陈述，造成了投资者投资损失，应承担赔偿责任。马某某、许某某等组织策划财务造假，正中珠江会计师事务所及相关审计人员违反执业准则，均应对投资者损失承担全部连带赔偿责任。康美药业部分董事、监事、高级管理人员虽未直接参与造假，但签字确认财务报告真实性，应根据过失大小分别在投资者损失的20%、10%及5%范围内承担连带赔偿责任。2021年11月12日，广州中院作出相应判决。宣判后当事人均未上诉，判决已发生法律效力。

结合康美药业财务舞弊问题，谈谈你对财务会计披露的认识与理解。

CHAPTER 13

第十三章

公司合并、分立和组织变更

本章导读

公司合并、分立以及组织变更事关公司资本运作或存续消亡,在现代经济社会中可能产生重大影响。本章在阐释公司合并、分立以及组织变更的基本概念的基础上,着重对公司合并、分立与公司并购、资产转让等概念予以辨析,并介绍公司合并、分立、组织变更的类型、程序、法律效果等相关知识。读者应理解和掌握公司合并、分立中公司人格的变化,简易合并这一公司法新增制度,以及公司分立后的债务承担等重点难点内容。

第一节 公司合并

一、公司合并概述

(一)公司合并的概念及类型

公司合并,指的是两个或者两个以上公司,签订合并协议,并根据公司法的规定,不经清算而直接合并成一个公司的法律行为。

吸收合并、新设合并是公司合并的两种类型。新《公司法》第218条规定:"公司合并可以采取吸收合并或者新设合并。一个公司吸收其他公司为吸收合并,被吸收的公司解散。两个以上公司合并设立一个新的公司为新设合并,合并各方解散。"

此外,实践中还存在着三角合并、反三角合并等其他公司合并类型。三角合并是目标公司被收购公司的子公司吸收,目标公司的股东获得母公司

（收购公司）股份的一种合并，此种行为意图对目标公司的债务风险进行隔离。反三角合并则是收购方的子公司被目标公司吸收，目标公司成为收购方的新子公司的一种合并，这使目标公司所享有的行政特许权、上市资格等特殊权利不因目标公司的消灭而损失。

（二）公司合并与公司并购

公司并购，意为公司兼并以及收购，其并不是一个法律概念，而是一个经济学的概念。它泛指所有能够涉及公司资产、股权，或者是公司控制权转移与交易的行为。在这一概念中，“并”就是指公司合并，以吸收合并为主，也有新设合并，强调收购公司或目标公司的公司人格的变化；而“购”则包括资产收购、股权收购，强调达成购买目标公司的方法。

虽然公司合并、资产收购和股权收购都属于公司并购的形式，但无论是资产收购还是股权收购，其本质都是买卖行为，只是进一步区分为资产买卖和股权买卖。一个公司购买另一个公司的部分或者全部的资产，或者一个公司对另一个公司的股权进行收买进而取得公司控制权或成为其参股股东的收购行为并不一定导致公司解散。而在公司合并中，合并一方或双方公司将解散，且存续公司或新设公司将承受被解散的公司的全部资产、债务等权利义务，其本质上是公司人格的合并。另外，资产收购和公司合并中的股东地位不同，前者中被收购公司的股东不直接享有收购公司支付的对价，而后者中作为对价的存续公司股份或现金直接分配给解散公司股东。股权收购和公司合并中的参与主体也不同，股权收购的参与主体分别是收购公司和享有目标公司股份的股东，而进行合并的公司是公司合并的参与者。

（三）公司合并的意义

公司合并能够实现公司规模的扩张，从而减少竞争对手，还可以将上下游公司进行兼并、在实现协同效应的同时通过并购进入新行业，最终实现经营多样化。

从被合并的公司的角度来说，合并可以将被合并的小公司的经营风险降低。无力经营的公司通过被实力更雄厚的公司合并的方式可以避免破产，以及免于为昂贵的清算程序买单；而被解散的公司的权利义务为存续或新设公司所承继，原有营业得以留存发展。

二、公司合并的程序

(一)订立合并协议

各合并参与公司需签订合并协议。合并协议应包含的主要条款可以参考《关于外商投资企业合并与分立规定》第20条规定:“公司合并协议应包括下列主要内容:(一)合并协议各方的名称、住所、法定代表人;(二)合并后公司的名称、住所、法定代表人;(三)合并后公司的投资总额和注册资本;(四)合并形式;(五)合并协议各方债权、债务的承继方案;(六)职工安置办法;(七)违约责任;(八)解决争议的方式;(九)签约日期、地点;(十)合并协议各方认为需要规定的其他事项。”其中,对被合并公司的评估及作价,以及对合并后各股东持股的安排是合并协议中最核心的部分,以上内容会对合并各方的关键利益产生影响。

(二)通过合并协议

因公司合并所导致的后果一方面是合并公司资产的重新配置,另一方面是被合并公司法人人格的消灭,公司合并与各方公司股东的权益有直接关系,属于公司日常经营活动之外的,涉及公司资产及公司存续与否的重大事项,通常情况下董事会无权决定公司合并事项,其权力归属于股东会,且其有效决议不仅需要参与合并的各公司经各自的股东会作出,还必须通过特别决议的多数决审议。我国新《公司法》第66条、第116条分别规定,有限责任公司股东会对公司合并作出决议,必须经代表2/3以上表决权的股东通过;股份有限公司股东会对公司合并作出决议,必须经出席会议的股东所持表决权的2/3以上通过。根据新《公司法》第172条规定,国有独资公司的合并应由履行出资人职责的机构决定。

此外,新《公司法》第89条和第162条规定了异议股东股份回购请求权,对股东会关于公司合并的决议持异议的股东,可以请求公司按照合理的价格收购其股权或股份。

(三)编制资产负债表和财产清单

编制资产负债表和财产清单是为了明确需要合并的公司的资产和负债状况,进而使各方股东能够基于有效财务信息进行交易结构设计以及交易对价磋商,同时也便于债权人了解公司偿债能力。

(四)通知债权人和公告

在公司合并中,被解散公司法人人格的消灭将对其债权人利益产生直接的影响;而对存续或新设公司的债权人来说,因存续或新设公司概括承继了被解散公司的资产负债、权利义务,公司的偿债能力可能会减弱,公司债权人的利益可能会就此受损。可见,公司债权人的利益保护是公司合并中值得重视的问题。

新《公司法》第220条就规定了,公司合并,应当自作出合并决议之日起10日内通知债权人,并于30日内在报纸上或者国家企业信用信息公示系统公告。债权人自接到通知之日起30日内,未接到通知的自公告之日起45日内,可以要求公司清偿债务或者提供相应的担保。

(五)办理公司登记

公司合并后,应当依法向公司登记机关办理相应登记。吸收合并的,吸收公司应办理变更登记,被吸收公司应办理注销登记;新设合并的,合并各方均办理注销登记,新设公司办理设立登记。

三、简易合并

在特殊情况下,股东会决议通过合并方案没有悬念,或者对公司股东利益而言,公司合并所产生的影响甚微,召开股东会的必要性就大大降低。上述情形即为简易合并制度的设立基础。简易合并简化了合并程序,使得合并不再需要经过股东会表决而只需要董事会决议,从而降低了合并的交易成本,同时也提高了合并效率。

公司的简易合并可能是吸收合并或者新设合并,但实践中多表现为对子公司、小规模公司的吸收合并。基于此,新《公司法》第219条以“被合并的公司”指代简易合并中的一方;对另一方,我们即以“合并公司”作对应指称。新《公司法》第219条第1款涉及母子公司之间的简易合并,第2款涉及小规模合并。

(一)母子公司之间的简易合并

常见的合并交易样态为合并公司是母公司而被合并的公司是子公司,因此,新《公司法》第219条中“被合并的公司”指代的是简易合并中的子公司。如果出现了母公司作为被合并的公司并入子公司的情况，即反向合并，则不应适用简易合并程序。

母子公司之间的简易合并，指的是母公司对其子公司持有90%以上股份，不需要经过子公司的股东会表决，二者就能合并的合并制度。母公司遵照一般的合并程序，由董事会制定合并方案，并经股东会决议通过；如果满足小规模合并的条件，也可以不经过母公司股东会的决议。对于子公司而言，母公司持股比例过高，导致其他少数股东无法通过行使表决权这一方式来对合并议案进行否决，召开股东会进行表决将流于形式，因此，子公司只需由董事会对合并事项作出决议即可，从而节省召开股东会的成本。值得注意的是，《公司法时间效力司法解释》第2条第3项规定了新《公司法》施行前公司与其持股90%以上的公司合并，对合并决议效力发生争议的，适用新《公司法》第219条规定。

由于母公司对子公司持有绝对多数比例股份，母公司作为控股股东可以单方面决定实施合并，这就构成控股股东的自我交易。在此情况下，利益冲突可能导致子公司少数股东不能获得公平的交易对价；而简易合并又省略了子公司的股东会决议，子公司少数股东无法行使其表决权。因此，新《公司法》规定，子公司的少数股东享有知情权，且有权请求公司按照合理的价格收购其股权或者股份。

（二）小规模合并

小规模合并，指的是当合并双方规模有很大差异时，由规模较大的公司对规模较小的公司进行收购、合并。其中，"合并公司"指的是规模较大的收购公司，"被合并公司"指的是规模较小的被收购公司。对合并公司及其股东而言，小规模合并的合并结果对其影响不大，因此没有必要经过合并公司股东会决议。但小规模合并仍然需要经过被合并公司股东会决议通过。从公司收购的角度来看，小规模合并适用于公司合并这一收购活动支付的价款不超过收购公司净资产10%的情形。

公司章程可以对小规模合并作出另外的规定，例如排除小规模合并适用简易合并程序，或者对认定构成小规模合并设置其他条件。

四、公司合并的法律效果

公司合并发生下列法律效果：

(一)公司的变更、消灭或设立

吸收合并将导致被吸收的公司消灭,而新设合并中参与合并的各方公司均消灭。被解散、消灭的公司无需清算,其办理公司注销登记后丧失法人资格。而吸收合并后存续的公司承继了合并各方的债权债务,其登记事项发生变更,应当办理变更登记。新设合并后设立新的公司,该新设公司应办理设立登记。

(二)权利和义务的概括承受

新《公司法》第 221 条规定:"公司合并时,合并各方的债权、债务,应当由合并后存续的公司或者新设的公司承继。"即使被解散、消灭的公司没有及时办理注销登记,存续或新设公司均要承担被解散、消灭公司的债权债务。这在最高人民法院《关于审理与企业改制相关的民事纠纷案件若干问题的规定》第 33 条有所规定:"企业吸收合并或新设合并后,被兼并企业应当办理而未办理工商注销登记,债权人起诉被兼并企业的,人民法院应当根据企业兼并后的具体情况,告知债权人追加责任主体,并判令责任主体承担民事责任。"

第二节 公司分立

一、公司分立概述

(一)公司分立的概念及类型

公司分立,即一个公司不经由清算程序,通过签订分立协议的方式被划分为两个或两个以上公司。依《外商投资企业合并与分立规定》第 4 条规定,分立是指一个公司依照公司法有关规定,通过公司最高权力机构决议分成两个以上的公司。根据《关于做好公司合并分立登记支持企业兼并重组的意见》,公司分立可以采取存续分立和解散分立两种形式:其一,存续分立,又称派生分立,是指一个公司分出一个或者一个以上新公司,原公司存续;其二,解散分立,又称新设分立,是指一个公司分为两个或者两个以上新公司,原公司解散。

(二)公司分立概念辨析

本节将公司分立、存续分立与资产转让和转投资作比较,以更深入地解析公司分立的概念。

1. 公司分立与资产转让

公司分立与资产转让存在一些共同点，如原公司都需要将其中的一部分资产组成剥离出去。但二者仍然存在以下三个方面的明显区别：

(1)公司分立与资产转让在法律性质上存在差异。公司分立的本质是公司从一个法人变成多个法人，公司人格发生了变化，在这一过程中，原公司法人可能继续存在，也可能解散。相比之下，资产转让的本质是买卖交易，这种资产买卖并不涉及公司人格的变化，而是公司资产等营业整体在不同主体之间的转移。

(2)公司分立与资产转让在内容上存在差异。在资产转让中，转让方公司将其一部分资产转移以获取对价，如果对价与该资产的账面价值相等，转让方公司的资产总额就会保持不变，公司资产负债表中的所有者权益也无变化，仅仅是资产内部不同科目的金额有所调整。但是，公司为分立而将一部分资产分离出去，以用于成立新公司的同时并没有获得相应对价，其结果是，原公司的资产总额和所有者权益都减少。

(3)公司分立与资产转让对股东地位的影响存在差异。资产转让主要涉及公司资产形态的变化，不会改变股东的持股比例、公司的股权结构。公司分立则直接改变股东股权状况：公司存续分立的，原公司股东可以选择保留其在原公司的股权，同时获得新分立公司的股权，或者选择仅在新公司中持有相应股权；公司解散分立的，原公司消灭，原公司股东对原公司的股权也不复存在，其将取得相应的新公司股权。

2. 公司存续分立与转投资

公司转投资是指公司投资其他企业，从而成为其他企业的股东。公司转投资与公司存续分立的区别主要有以下两点：

(1)交易实质不同。转投资是公司以现金或者公司资产作为对价，获得对所投资公司的股权，而被投资公司与投资公司股东无任何交易关系。存续分立是原公司分离部分资产成立新公司，原公司股东可以通过股东协议协商确定各自在新公司及原公司中的持股比例及出资安排。

(2)对公司影响不同。公司分立是公司的重要事项，需要由股东会审议并需经代表 2/3 以上表决权的股东通过才能进行。公司向其他企业投资，则无上述严格要求，公司章程可以规定由董事会或者股东会决议。

二、公司分立的程序

（一）公司作出分立决定和决议

公司分立属于影响公司利益的重大事项，需要经过股东会特别多数决通过。根据新《公司法》第66条、第116条，有限责任公司分立需经股东会2/3以上表决权的股东通过，股份有限公司分立需经出席会议的股东所持表决权的2/3以上通过。根据新《公司法》第172条，国有独资公司的分立应由履行出资人职责的机构决定。

（二）订立分立协议

参照《关于外商投资企业合并与分立的规定》第23条，公司分立协议应包括下列主要内容：分立协议各方拟定的名称、住所、法定代表人；分立后公司的投资总额和注册资本；分立形式；分立协议各方对拟分立公司财产的分割方案；分立协议各方对拟分立公司债权、债务的承继方案；职工安置办法；违约责任；解决争议的方式；签约日期、地点；分立协议各方认为需要规定的其他事项。

（三）编制资产负债表和财产清单

公司的分立会导致公司财产被相应分割。根据新《公司法》第222条第2款，公司分立，应当编制资产负债表及财产清单。编制相关报表的目的在于厘清分立前的公司资产、负债、所有者权益等情况，便于股东就公司资产分离及后续在新旧公司的持股进行协商和安排，并保护公司债权人的知情权。

（四）通知债权人与公告

新《公司法》第222条第2款规定，公司应当自作出分立决议之日起10日内通知债权人，并于30日内在报纸上或者国家企业信用信息公示系统公告。与公司合并规则的重要不同之处在于，公司分立时，新《公司法》并未赋予债权人要求公司清偿债务或者提供相应担保的权利。

（五）办理公司登记

与公司合并一样，公司分立也涉及公司的设立、消灭和登记事项的变更。无论是存续分立还是解散分立，所分立出来的新公司都应办理设立登记。存续分立的，原公司应办理变更登记。解散分立的，原公司应办理注销登记。

三、公司分立的法律效果

公司的分立会产生如下法律效果:

(一)债权、债务的承受

公司分立会导致公司人格的变化,如原公司不再存续且产生新公司,又或者原公司与新公司并行存续。原公司的债权债务关系因公司的分立而由对应的主体承受。根据新《公司法》第223条规定,原则上公司分立前的债务由分立后的公司承担连带责任。但是,公司在分立前与债权人就债务清偿达成的书面协议另有约定的除外。需要说明的是,正因为法律明确了公司分立之后的债务由分立后的公司承担连带责任,对于公司债权人而言,分立前后公司偿债能力及债权受保护状态基本没有变化,故区别于合并程序,分立程序中法律不再为债权人配置要求公司清偿债务或者提供相应担保的权利。

(二)股东和股权的变动

公司的分立不仅会对公司产生影响,更直接关系原公司股东与股东所持有的股权。新设分立中的股东一般将会获得新公司的股权,原公司的股权随原公司的解散而消灭。派生分立中的股东既有可能在持有原公司股权的同时,获得新公司的股权,也有可能减少在原公司的持股比例,甚至退出原公司。

第三节 公司组织变更

一、公司组织变更的概念

公司的变更是指公司的登记事项发生变更,如公司的名称、住所、注册资本、经营范围、法定代表人的姓名、有限责任公司股东或股份有限公司发起人的姓名或者名称、企业类型(组织形式)发生变更。公司的组织变更是公司变更的一种重要形式。

公司的组织变更,在公司法中被称为"变更公司形式",是指将公司从一种形式转变为另一种形式的行为,公司的组织变更并不改变公司的人格持续性。

不同的公司形式对应着不同的法律规制与权利义务分配。在商事实践的发展中,公司往往可能出现变更公司形式的需求。公司组织变更制度使公司仅通过变更公司形式登记的方式即可变更为其他形态的公司,无需中断公司的正常生产经营,也无需经过解散、清算程序。

二、公司组织变更的类型

根据大陆法系各国和地区公司法的规定,公司的组织变更一般包括以下四种类型:

1. 有限责任公司变更为股份有限公司

这是实践中最常见的一种公司组织变更形式。新《公司法》第12条规定,有限责任公司变更为股份有限公司,应当符合本法规定的股份有限公司的条件。

2. 股份有限公司变更为有限责任公司

新《公司法》延续了2018年《公司法》的规定,允许股份有限公司也变更为有限责任公司。新《公司法》第12条规定,股份有限公司变更为有限责任公司,应当符合本法规定的有限责任公司的条件。

世界范围内的比较立法例存在不同规定,如韩国公司法规定,股份有限公司经全体股东同意,可以变更为有限责任公司。

3. 无限公司变更为两合公司

比较法上还存在着无限公司变更为两合公司的情况,类似于我国《合伙企业法》中的普通合伙变更为有限合伙。在程序上,无限公司变更为两合公司需经全体股东的同意,变更方法有两种,一是将原本承担无限责任的部分股东变更为承担有限责任的股东,二是新引入承担有限责任的股东。

4. 两合公司变更为无限公司

比较立法上的两合公司变更为无限公司,类似于我国《合伙企业法》中的有限合伙变更为普通合伙。两合公司变更为无限公司时也需要经过全体股东同意,变更方式也有两种:一是将全部有限责任股东变更为无限责任股东,二是在有限责任股东全部退出公司后,经剩下的全体无限责任股东同意,两合公司可变更为无限公司。

三、公司组织变更的条件

1. 有限责任公司变更为股份有限公司的条件

有限责任公司变更为股份有限公司在实践中经常被称为“公司股改”。根据我国新《公司法》第 12 条和第 108 条规定,有限责任公司变更为股份有限公司除应当符合新《公司法》规定的股份有限公司的条件外,还应当满足折合的实收股本总额不得高于公司的净资产额的要求。

公司的实收股本总额是指“股改”后的股份有限公司所有股东实缴股本总额。净资产额是指有限责任公司进行“股改”审计基准日资产总额减去负债总额的余额。净资产额代表了股东权益净值。立法之所以规定有限责任公司在变更为股份有限公司时,实收股本总额不得高于公司净资产额,目的在于确保公司资本真实,防止通过虚增资本来损害其他股东以及第三人的利益。

有限责任公司变更为股份有限公司增加注册资本公开发行股份时,应当依法办理。首次公开发行及上市后公开增发两种情况均应向中国证监会及证券交易所递交募股申请,并报送有关文件,履行审核注册程序,公告招股说明书及相关材料,制作认股书等。社会公众可以缴纳股款认购公开发行的股份。

2. 股份有限公司变更为有限责任公司的条件

股份有限公司变更为有限责任公司的条件相对宽松,相关变更除应当符合新《公司法》规定的有限责任公司的条件外,新《公司法》没有其他限制。

四、公司组织变更的程序

不论是股份有限公司变更为有限责任公司,还是有限责任公司变更为股份有限公司,均应遵循下列程序:

1. 董事会拟订公司变更的方案

根据新《公司法》第 67 条规定,制订变更公司形式的方案是董事会的法定职权之一。

2. 股东会决议

立法者认为,变更公司形式对股东权益与责任影响重大,以至于应与公司合并、分立、解散、清算等重大事项一致,不仅需由股东会决议,而且需要经股东会特别决议的多数决通过才能实施。上述法定要求不仅有限公司变更为股份公司情况下需要满足,股份公司变更为有限公司情况下也同样适用。具体规定参见新《公司法》第 59 条、第 66 条、第 112 条、第 116 条的规定。

3. 办理变更登记

有限责任公司变更为股份有限公司或者股份有限公司变更为有限责任公司的,公司应当依法向原登记机关办理变更登记。

五、公司组织变更的法律效果

公司的组织变更本质上仅变更了公司的组织形式与公司名称,而非注销原公司而新设公司,变更前后公司法人人格持续存在且不发生任何变化,变更前公司的权利和义务当然由变更后的公司继续享有和承担。我国新《公司法》第 12 条第 2 款明确规定,有限责任公司变更为股份有限公司的,或者股份有限公司变更为有限责任公司的,公司变更前的债权、债务由变更后的公司承继。

| 本章法考和考研练习题 |

一、单项选择题

1. 根据新《公司法》,公司应当自作出分立决议之日起(　　)。

A. 7 日内通知债权人

B. 10 日内通知债权人

C. 15 日内通知债权人

D. 30 日内通知债权人

2. 燎原石油有限公司由股东甲、乙投资设立,远大石油有限公司由股东丙、丁投资设立。之后,燎原石油有限公司被远大石油有限公司合并,股东为甲、乙、丙、丁。合并前,燎原石油有限公司尚有 500 万元债务未偿还。合并完成后,该债务的偿还者应是(　　)。

A. 燎原石油有限公司的股东甲、乙

B. 由两公司协议规定

C. 合并后的远大石油有限公司

D. 合并后的远大石油有限公司股东甲、乙、丙、丁

3. 伟仁乳品有限公司与文生牛奶有限公司合并,为此,两公司组建了由双

方指定人员组成的筹备组。该合并的当事人是(　　)。

A. 参加合并的公司

B. 参加合并的公司的股东

C. 参加合并的公司的董事会

D. 为公司合并组建的筹备组

4. 有限责任公司依法变更为股份有限公司后,原有限责任公司的(　　)。

A. 债权由变更后的股份有限公司承继,债务由原公司承担

B. 债权、债务仍由原公司承担

C. 债权、债务均由变更后的股份有限公司承继

D. 债权、债务经公司登记机关依法确认后,由变更后的股份有限公司承继

二、名词解释

1. 公司合并
2. 公司分立
3. 派生分立
4. 新设分立
5. 吸收合并
6. 新设合并
7. 简易合并
8. 公司组织变更

三、简答题

1. 简述公司合并的不同方式及其不同点。
2. 简述公司分立的程序。
3. 简述公司组织变更的条件和程序。
4. 谈谈对简易合并的认识。
5. 公司分立前所产生的债务在公司分立后应如何承担?

CHAPTER 14

第十四章

公司终止

本章导读

公司停止经营、退出市场和消灭法人资格，需要遵循一定的法律程序和规则，即公司终止制度，以保护各方主体利益、维护市场经济秩序。本章将首先介绍公司终止的基本概念和特征，然后按照逻辑先后，分别介绍破产和解散这两类公司终止的原因，清算这一公司终止的重要程序，以及注销这一公司生命的终点，使读者能够较全面、深入地了解公司终止制度。本章的重点是公司解散的原因、破产和清算的具体程序、清算义务人制度、强制清算制度，以及简易注销、强制注销制度。

第一节　公司的终止

一、公司终止的概念和特征

市场中的公司，可能因参与竞争而被淘汰，也可能因其投资者的商业规划和自主选择而退出市场。作为法人，公司无法生理性死亡，其消灭必须以法律为依据。公司终止，既指向公司法人资格消灭的结果，也指向公司出现破产、解散等法定事由，经清算、注销等法定程序结束运营并消灭法人资格的法律过程。公司终止法律制度，是公司市场退出机制的重要法律制度。

公司终止有以下特征：

其一，公司终止的目的是终结公司的经营活动，消灭公司的营业资格并最终消灭公司的法人人格。

其二,公司终止应遵循法定程序,有序处理公司的内外权利义务关系,充分保障公司退出市场时公司股东、债权人、职工等各方主体的合法权益。

其三,公司终止一般需经过清算,以清理公司债权债务,分配公司剩余财产。

二、公司终止的原因

公司终止的原因主要是破产和解散。其中,解散又包括自愿解散、司法解散、行政解散等。根据新《公司法》第229条的规定,解散事由主要包括:一是公司章程规定的营业期限届满或者公司章程规定的其他解散事由出现;二是股东会决议解散;三是因公司合并或者分立需要解散;四是依法被吊销营业执照、责令关闭或者被撤销,即行政解散;五是人民法院依照新《公司法》第231条的规定予以解散,即根据股东请求而予以司法解散。

第二节 公司的破产

商品经济的发展使公司积极投入市场参与竞争,而市场竞争的加剧又会使许多公司在市场环境变化、经营管理不善等多种因素的作用下,出现负债累累、不能清偿到期债务等状况。此时,若公司只有一位债权人,可以通过普通诉讼程序来解决其债权债务纠纷;但多位债权人以及各种复杂权利义务关系的存在、各债权人竞相追求各自债权的实现可能会导致部分债权人一无所获或仅部分受偿的结果,甚至出现个别债权人与公司串通妨碍其他债权人获得清偿的不公平现象。因此,为了合理处理多数债权人之间以及债权人与破产的债务人之间的关系、保障债权人的同等地位,需要通过破产法律制度,依照法定顺序和比例,分配债务人财产,使债权人公平受偿和承担损失。

一、破产能力

具有破产能力的主体方有破产资格。破产能力决定了破产法的主体适用范围,也是法院宣告债务人破产的必要条件。多数国家认为具有民事主体资格,甚至只要具有民事权利能力就具有破产资格,这称为一般破产主义;部分国家规定只有商主体可以通过破产来解决无力偿债的问题,这称为商人破产主义。我国破产法采取有限的商人破产主义,其没有完全覆盖所有商主体,而以规范营利性法人为主要适用范围,包括有限责任公司、股份有限公司和其他企业法人等。

二、破产原因

破产原因,是指适用破产程序所依据的特定法律事实,也称破产界限、破产程序的启动标准。我国破产法对破产原因作抽象概念性规定,属于概括主义模式。根据《企业破产法》第 2 条和《企业破产法司法解释(一)》第 1 条的规定,我国立法中的破产原因有二:一是企业法人不能清偿到期债务,并且资产不足以清偿全部债务;二是企业法人不能清偿到期债务,并且明显缺乏清偿能力。

三、破产案件的管辖

破产案件由债务人住所地法院管辖。最高人民法院《关于审理企业破产案件若干问题的规定》第 2 条规定,基层人民法院一般管辖县、县级市或区的工商行政管理机关核准登记企业的破产案件;中级人民法院一般管辖地区、地级市(含本级)以上的工商行政管理机关核准登记企业的破产案件;纳入国家计划调整的企业破产案件,由中级人民法院管辖。个别案件的级别管辖,可以依照《民事诉讼法》的相关规则办理,实行指定管辖或提级管辖。

四、破产案件的申请与受理

破产申请是破产案件开始的形式要件。我国破产法上的破产申请主体包括债务人、债权人、清算组和符合条件的债务人股东。根据《企业破产法》第 7 条的规定,债务人不能清偿到期债务,并且其资产不足以清偿全部债务或者明显缺乏清偿能力的,可以向法院申请重整、和解或者破产清算;债务人不能清偿到期债务,债权人可以向法院申请对债务人进行重整或者破产清算;企业法人已解散但未清算或者未清算完毕,资产不足以清偿债务的,依法负有清算责任的人应当提出破产清算申请。另外,《企业破产法》第 70 条还规定,债权人申请对债务人进行破产清算的,在法院受理破产申请后、宣告债务人破产前,债务人或者出资额占债务人注册资本 1/10 以上的出资人可以向法院申请重整。

向法院提出破产申请，应当提交破产申请书和有关证据。债务人提出申请的，还应当向法院提交财产状况说明、债务清册、债权清册、有关财务会计报告、职工安置预案以及职工工资的支付和社会保险费用的缴纳情况。

法院受理破产申请前，申请人可以请求撤回申请。

法院收到破产申请，应当进行审查，既审查申请人的申请权、被申请企业的破产资格、申请材料齐备程度等形式要件，也审查是否出现破产原因这一实质要件。法院裁定受理破产申请的，应当同时指定管理人，自裁定受理破产申请之日起25日内通知已知债权人，并予以公告。法院裁定不受理破产申请的，应自裁定作出之日起5日内送达申请人并说明理由。法院受理破产申请后至破产宣告前，发现债务人不符合破产条件的，可以裁定驳回申请。申请人对法院不予受理和驳回申请的裁定不服的，可及时上诉。

自法院受理破产申请的裁定送达债务人之日起至破产程序终结之日，债务人的法定代表人及经法院决定的财务管理人员和其他经营管理人员承担下列义务：(1)妥善保管其占有和管理的财产、印章和账簿、文书等资料；(2)根据人民法院、管理人的要求进行工作，并如实回答询问；(3)列席债权人会议并如实回答债权人的询问；(4)未经人民法院许可，不得离开住所地；(5)不得新任其他企业的董事、监事、高级管理人员。

法院受理破产申请后，债务人对个别债权人的债务清偿无效。债务人的债务人或者财产持有人应当向管理人清偿债务或者交付财产。债务人的债务人或者财产持有人故意违反此规定向债务人清偿债务或者交付财产，使债权人受到损失的，不免除其清偿债务或者交付财产的义务。管理人可以决定解除或者继续履行债务人与他人在破产申请受理前成立而双方均未履行完毕的合同。有关债务人财产的保全措施应当解除，执行程序应当中止。已经开始而尚未终结的有关债务人的民事诉讼或者仲裁应当中止，在管理人接管债务人的财产后，该诉讼或者仲裁继续进行。法院受理破产申请后，有关债务人的民事诉讼，只能向受理破产申请的人民法院提起。

五、管理人

管理人由法院指定，专门负责管理被申请破产清算的债务人企业事务。管理人可以由有关部门、机构的人员组成的清算组或者依法设立的律师事务所、会计师事务所、破产清算事务所等社会中介机构担任；法院根据债务人的实际情况，可以在征询有关社会中介机构的意见后，指定该机构具备相关专业知识并取得执业资格的人员担任管理人。债权人会议认为管理人不能依法、公正执行职务或者有其他不能胜任职务情形的，可以申请法院予以更换。

管理人依法执行职务，向法院报告工作，并接受债权人会议和债权人委员会的监督，列席债权人会议并报告职务执行情况及回答询问。管理人所履行的职责包括接管债务人的财产、账簿等资料，调查债务人财产状况、制作财产状况报告，决定债务人的内部管理事务，管理和处分债务人的财产，提议召开债权人会议等。管理人应当勤勉尽责，忠实执行职务。管理人经人民法院许可，可以聘用必要的工作人员。管理人没有正当理由不得辞去职务，其辞职应当经人民法院许可。

六、债务人财产

破产申请受理时属于债务人的全部财产，以及破产申请受理后至破产程序终结前债务人取得的财产，为债务人财产。

为防止债务人在破产前的特定时期不正当处理财产，损害债权人利益，《企业破产法》第 31 条规定，在法院受理破产申请前 1 年内，涉及债务人财产的下列行为，管理人有权请求法院予以撤销：(1)无偿转让财产；(2)以明显不合理的价格进行交易；(3)对没有财产担保的债务提供财产担保；(4)对未到期的债务提前清偿；(5)放弃债权。法院受理破产申请前 6 个月内，债务人已经出现破产原因而仍对个别债权人进行清偿的，除非个别清偿使债务人财产受益，管理人有权请求法院予以撤销。涉及债务人财产的，为逃避债务而隐匿、转移财产以及虚构债务或者承认不真实债务的行为无效。法院受理破产申请后，债务人的出资人尚未完全履行出资义务的，管理人应当要求该出资人缴纳所认缴的出资，而不受出资期限的限制。对于他人占有的债务人的财产，由管理人追回。法院受理破产申请后，管理人可以依法通过债务清偿或者替代担保取回质物、留置物；债务人占有的不属于债务人的财产，该财产的权利人可通过管理人取回。法院受理破产申请时，出卖人已将买卖标的物向作为买受人的债务人发运，债务人尚未收到且未付清全部价款的，出卖人可以取回在途标的物，但管理人也可以支付全部价款从而请求出卖人交付标的物。债权人在破产申请受理前与债务人互负债务的,可依法向管理人主张抵销。

七、债权申报

债权申报期限自法院发布受理破产申请公告之日起计算,最短不得少于30日,最长不得超过3个月。未到期的债权在破产申请受理时视为到期;附利息的债权自破产申请受理时起停止计息。附条件、附期限的债权和诉讼、仲裁未决的债权,可以申报。债务人所欠职工的工资和医疗、伤残补助、抚恤费用,所欠的应当划入职工个人账户的基本养老保险、基本医疗保险费用,以及法律、行政法规规定应当支付给职工的补偿金,不必申报,由管理人调查后列出清单并予以公示。债权人应当在法院确定的债权申报期限内向管理人申报债权。未按期限及时申报债权的债权人可以在破产财产最后分配前补充申报,但此前已进行的分配不再对其补充分配;为审查和确认补充申报债权的费用,也由补充申报人承担。未依法申报债权的债权人,不得依照《企业破产法》规定的程序行使权利。管理人收到债权申报材料后,应当登记造册,对申报的债权进行审查,并编制债权表。债权表和债权申报材料由管理人保存,供利害关系人查阅。债权表应当提交第一次债权人会议核查;债务人、债权人对债权表记载的债权无异议的,由人民法院裁定确认;有异议的,可以向受理破产申请的法院提起诉讼。

八、债权人会议与债权人委员会

债权人会议是债权人集体为处理有关破产问题而组成的临时议事机构。依法申报债权的债权人为债权人会议的成员,有权参加债权人会议,享有表决权。债权尚未确定的债权人,除法院能够为其行使表决权而临时确定债权额的外,不得行使表决权。对债务人的特定财产享有担保权的债权人,未放弃优先受偿权利的,对债权人会议讨论通过和解协议和通过破产财产的分配方案不享有表决权。

债权人会议行使的职权包括:(1)核查债权;(2)申请人民法院更换管理人,审查管理人的费用和报酬;(3)监督管理人;(4)选任和更换债权人委员会成员;(5)决定继续或停止债务人的营业;(6)通过重整计划;(7)通过和解协议;(8)通过债务人财产的管理方案;(9)通过破产财产的变价方案;(10)通过破产财产的分配方案;(11)人民法院认为应当由其行使的其他职权。债权人会议应当对所议事项的决议作成会议记录。

债权人会议的决议,除另有规定外,由出席会议的有表决权的债权人过半数通过,并且其所代表的债权额占无财产担保债权总额的1/2以上。债权人认为债权人会议的决议违反法律规定,损害其利益的,可以自债权人会议作出决议之日起15日内,请求法院裁定撤销该决议,责令债权人会议依法重新作出决议。债权人会议的决议,对全体债权人均有约束力。债务人财产的管理方案和破产财产的变价方案经债权人会议表决未通过的,由人民法院裁定;破产财产的分配方案经债权人会议二次表决仍未通过的,由人民法院裁定。

债权人会议可以决定设立债权人委员会。债权人委员会由债权人会议选任的债权人代表和1名债务人的职工代表或者工会代表组成,其人数不得超过9人。债权人委员会成员应当经法院书面决定认可。债权人委员会的职权是:(1)监督债务人财产的管理和处分;(2)监督破产财产分配;(3)提议召开债权人会议;(4)债权人会议委托的其他职权。债权人委员会执行职务时,有权要求管理人、债务人的有关人员对其职权范围内的事务作出说明或者提供有关文件。管理人、债务人的有关人员违反《企业破产法》规定拒绝接受监督的,债权人委员会有权就监督事项请求人民法院作出决定。管理人实施设定财产担保、借款等行为,应当及时报告债权人委员会。

九、破产清算

广义的破产制度包括破产清算制度、重整制度和和解制度,狭义的破产制度指的是破产清算制度。由于新《公司法》以第242条为破产清算法律适用作出指引,故我们在此仅对破产清算作介绍。

人民法院依法宣告债务人破产的,应当作出裁定,自裁定作出之日起5日内送达债务人和管理人,10日内通知已知债权人并予以公告。在破产宣告前,如发生第三人为债务人提供足额担保或者为债务人清偿全部到期债务,或者债务人已经清偿全部到期债务的情形,法院应当裁定终结破产程序,并予以公告。对债务人的特定财产享有担保权的权利人,对该特定财产享有优先受偿的权利。行使优先受偿权的债权人未能完全受偿的部分,作为普通债权;放弃优先受偿权利的,其债权作为普通债权。

管理人应当及时拟订破产财产变价方案，提交债权人会议讨论，并按照债权人会议通过的或者法院裁定的破产财产变价方案，适时变价出售破产财产。变价出售破产财产应当通过拍卖进行，但是，债权人会议另有决议的除外。破产企业可以全部或部分变价出售，企业变价出售时，可以将其中的无形资产和其他财产单独变价出售。国家规定不能拍卖或者限制转让的财产，依国家规定的方式处理。

破产财产首先应当扣除破产费用和共益债务。破产费用包括法院受理破产申请后发生的破产案件的诉讼费用，管理、变价和分配债务人财产的费用以及管理人执行职务的费用、报酬和聘用工作人员的费用。共益债务是指人民法院受理破产申请后发生的合理费用，包括因管理人或者债务人请求对方当事人履行双方均未履行完毕的合同所发生的债务，债务人财产受无因管理所产生的债务，因债务人不当得利所产生的债务，为债务人继续营业而应支付的劳动报酬和社会保险费用以及由此产生的其他债务，管理人或者相关人员执行职务致人损害所产生的债务，债务人财产致人损害所产生的债务。破产费用和共益债务由债务人财产随时清偿。债务人财产不足以清偿所有破产费用和共益债务的，先清偿破产费用；不足以清偿所有破产费用或者共益债务的，按比例清偿；不足以清偿破产费用的，管理人应当提请人民法院终结破产程序。人民法院应当自收到请求之日起 15 日内裁定终结破产程序并予以公告。

破产财产在优先清偿破产费用和共益债务后，依照下列顺序清偿：(1)破产人所欠职工的工资和医疗、伤残补助、抚恤费用，所欠的应当划入职工个人账户的基本养老保险、基本医疗保险费用，以及法律、行政法规规定应当支付给职工的补偿金；(2)破产人欠缴的其他社会保险费用(主要是指工伤保险、失业保险和住房公积金等)和破产人所欠税款；(3)普通破产债权。破产财产不足以清偿同一顺序的清偿要求的，按照比例分配。破产企业的董事、监事和高管人员的工资按照该企业职工的平均工资计算。

破产财产的分配应当以货币分配方式进行，除非债权人会议另有决议。管理人应当及时拟订破产财产分配方案，提交债权人会议讨论；经债权人会议通过后，管理人将破产财产分配方案提请法院裁定认可；经人民法院裁定认可后，管理人执行破产财产分配方案。对于附生效条件或者解除条件的债权的分配额，债权人未受领的破产财产分配额，以及破产财产分配时诉讼或者仲裁未决的债权的分配额，管理人应当提存。

破产人无财产可供分配或者最后分配完成的，管理人应当及时向人民法院提交破产财产分配报告，并提请法院裁定终结破产程序。法院应当自收到管理人终结破产程序的请求之日起15日内作出是否终结破产程序的裁定，裁定终结的，应当予以公告。管理人应当自破产程序终结之日起10日内，持法院终结破产程序的裁定，向破产人的原登记机关办理注销登记。

第三节　公司的解散

一、公司解散的概念

公司解散是指基于法律规定的或章程规定的解散事由使已成立的公司停止经营活动，并导致其主体资格消灭的法律行为。一般来说，公司解散要经过法定的清算程序。

公司解散的法律特征有：

1. 公司解散要基于特定的解散事由。新《公司法》第229条规定了公司解散的原因，具体可分为自行解散、行政解散和司法解散三类。无论基于哪一种原因，只有法律或章程规定的解散事由，才可能导致公司解散。

2. 公司解散要依照法定的程序进行。为了维护债权人和股东的利益，公司解散一般要经过法定清算程序，组成清算组公平地清偿公司债务和分配公司财产。但是，当公司因合并或分立而解散时，不必进行清算。其原因在于公司合并或分立后仍有债权债务承继者，债权债务关系也不会消灭，尤其在公司合并的情形下，债务人还可能要对债权人清偿债务提供相应的担保，因而无须通过清算保障债权人合法权益。另外，适用简易注销程序时，公司财产和债权债务关系已经得到妥当处置，不会损害利害关系人合法权益，无必要进行清算。

3. 公司解散是法人终止的原因之一，可能会导致公司民事主体资格的消灭。公司出现解散事由后并未立即终止，此时公司丧失的是进行日常经营的权利能力。只有公司注销登记后其主体资格方才消灭，永久性地丧失法人资格和市场经营主体资格。

4. 公司解散的性质为一种法律行为。解散意味着公司对外停止一切经营活动,使公司主体资格归于消灭。这一活动当然地引起了相关法律关系的变更与消灭。

公司出现解散事由,应当在10日内将解散事由通过国家企业信用信息公示系统予以公示。解散公示既有助于监管机关及时了解企业变化,便利监管,又能够使利害关系人知悉公司解散的事实,避免遭受损失,从而保护交易安全。

二、公司解散的原因

根据新《公司法》第229条的规定,公司解散的原因有:(1)公司章程规定的营业期限届满或者公司章程规定的其他解散事由出现;(2)股东会决议解散;(3)因公司合并或者分立需要解散;(4)依法被吊销营业执照、责令关闭或者被撤销;(5)人民法院应股东的请求而解散公司。新《公司法》第231条规定,公司经营管理发生严重困难,继续存续会使股东利益受到重大损失,通过其他途径不能解决的,持有公司10%以上表决权的股东,可以请求人民法院解散公司。

在学理上,上述公司解散可以分为自愿解散和强制解散。自愿解散又称为任意解散,是公司依章程的规定或股东会的决议而解散。公司解散与否,取决于公司股东的意志,股东有权利选择是否解散公司。强制解散是指公司因政府的行政决定或法院的司法判决而发生的解散,公司股东不能自主选择。无论是何种解散,都必须依照法定的程序进行。

(一)自愿解散的原因

1. 公司章程规定的营业期限届满或者公司章程规定的其他解散事由出现

这是公司章程规定的解散事由,分为两大类:一是公司章程规定的营业期限届满。公司理论上可以永久存续,除个别国家法律强制规定了公司的营业期间外,公司营业期限一般可由公司章程规定。在公司章程规定了营业期限时,此期限届满公司即当解散。二是公司章程规定的其他解散事由出现。这体现了当事人的意思自治,在不违反法律的前提下,允许在章程中载明公司的解散事由。解散事由系公司章程规定中的任意记载事项,股东在制定公司章程时,可以预先约定公司的各种解散事由。如果在公司经营中,规定的解散事由出现,股东会可以通过作出公司决议的方式解散公司。

若公司出现上述两种情形,根据新《公司法》第230条的规定,尚未向股东分配财产的,可以通过修改公司章程或者经股东会决议而使公司存续。修改公司章程或者经股东会决议,有限责任公司须经持有 2/3 以上表决权的股东通过,股份有限公司须经出席股东会会议的股东所持表决权的 2/3 以上通过。

2. 股东会决议解散

有限责任公司经持 2/3 以上表决权的股东通过,股份有限公司经出席股东会的股东所持表决权的 2/3 通过,股东会可以作出解散公司的决议。国有独资公司因不设股东会,其解散的决定应由履行出资人职责的机构作出。股东会决议解散公司时,符合条件的也可以适用新《公司法》第 230 条的规定使公司存续。

3. 因公司合并或者分立解散

公司的合并、分立是公司运行过程中经常发生的现象,同时也会伴随着公司的解散。公司实行吸收合并的,被吸收的公司解散;公司实行新设合并的,各方公司均解散。公司实行派生分立的,原公司仍然存续,则不存在解散问题;公司实行新设分立的,原公司被分割成两个以上的新公司,原公司应解散。

(二)强制解散的原因

1. 行政解散

行政解散,是指公司因其行为违反了法律法规而损害了社会公共利益或公共秩序从而被行政主管机关依职权责令解散。行政解散包括公司依法被吊销营业执照、责令关闭或者被撤销公司登记三种情形。

根据新《公司法》和《市场主体登记管理条例》的相关规定,吊销企业营业执照的情形主要有:(1)提交虚假材料或者采取其他欺诈手段隐瞒重要事实取得公司登记,情节严重的;(2)实行注册资本实缴登记制的公司虚报注册资本取得公司登记,并且情节严重的;(3)未依照《市场主体登记管理条例》的规定办理变更登记,且情节严重的;(4)伪造、涂改、出租、出借、转让营业执照,情节严重的;(5)公司成立后无正当理由超过 6 个月未开业,或者开业后自行停业连续 6 个月以上,且未依法办理歇业的;(6)利用公司名义从事危害国家安全、社会公共利益的严重违法行为的。

营业执照只是公司营业资格的一种表征,吊销营业执照只是取消了公司的营业资格,其法人人格还继续存在,只有经过注销之后,公司的法律人格才消灭。新《公司法》明确了吊销营业执照、撤销设立登记是公司解散的一种原因。

在程序上,公司被吊销营业执照后,应当停止一切对外经营活动,并依法组织清算,待清算结束后,办理注销登记。

“责令关闭”具有行政处罚的性质。当公司经营严重违反了工商、税收、劳动、市场、环境保护等对公司行为进行规制的法律法规和规章时,有关违法事项的主管机关可以作出决定以终止该公司的主体资格,使其永久不能进入市场进行经营。

2. 司法解散

司法解散,是在公司出现僵局或其他严重问题时,经相关当事人申请,由司法机关依据适格主体的请求依法裁决公司予以解散的一种公司解散方式。① 通常而言,其有广义和狭义之分,广义的司法解散包括命令解散和判决解散,狭义的司法解散则特指后者。

命令解散指的是法院应公司利害关系人或检察官之请求,或依其职权直接以危害公共利益为由命令解散公司。该制度是为事后纠正公司设立的准则主义引起的滥设公司的弊端而创设的公司解散制度。我国新《公司法》没有规定此种解散事由。判决解散是指公司经营管理发生严重困难,继续存续会使股东利益受到重大损失,当通过其他途径不能解决时,法院根据股东的请求而强制解散公司。我国新《公司法》第 231 条规定了判决解散的情形。根据该条的规定,公司经营管理发生严重困难,继续存续会使股东利益受到重大损失,通过其他途径不能解决的,持有公司 10% 以上表决权的股东,可以请求人民法院解散公司。

由此,我国公司法上的司法解散就是判决解散,其适用的法律要件包括:

一是主体要件,需持有公司 10% 以上表决权的股东提出请求。司法解散是决定公司终止的重大事项,涉及全体股东的根本利益,并非任何股东都享有请求权,只有与公司的利益关系达到一定程度的股东才享有此种权利,我国《公司法》将这种利益关系限定为持有公司表决权的 10% 以上。司法解散由人民法院依判决作出,股东提起解散公司诉讼的,以公司为被告,以其他股东为第三人;其他股东也可以申请成为共同原告。

① 参见最高人民法院民事审判第二庭编著:《最高人民法院关于公司法司法解释(一)、(二)理解与适用》,人民法院出版社 2015 年版,第 137 页。

二是行为要件，即公司经营管理发生严重困难，并且通过其他途径无法解决。这里的经营管理发生严重困难，指的是公司组织机构的运行发生严重困难，运行机制完全失灵，即构成所谓的“公司僵局”，公司的股东会、董事会包括监事会等权力机构和管理机构无法对公司的任何事项作出任何决议，公司的一切事务处于瘫痪状态。

《公司法司法解释(二)》第1条对公司经营管理发生严重困难的具体情形作了如下规定：“(1)公司持续两年以上无法召开股东会或者股东大会，公司经营管理发生严重困难的；(2)股东表决时无法达到法定或者公司章程规定的比例，持续两年以上不能做出有效的股东会或者股东大会决议，公司经营管理发生严重困难的；(3)公司董事长期冲突，且无法通过股东会或者股东大会解决，公司经营管理发生严重困难的；(4)经营管理发生其他严重困难，公司继续存续会使股东利益受到重大损失的情形。股东以知情权、利润分配请求权等权益受到损害，或者公司亏损、财产不足以偿还全部债务，以及公司被吊销企业法人营业执照未进行清算等为由，提起解散公司诉讼的，人民法院不予受理。”

在公司经营管理发生严重困难的情况下，司法解散应是最终救济方式。如果公司可以通过调整股权结构等途径克服经营管理困难，则司法机关不能裁判其解散。解决这一问题有哪些其他途径需要根据具体情况判定。对此，《公司法司法解释(二)》第5条明确要求，“人民法院审理解散公司诉讼案件，应当注重调解。当事人协商同意由公司或者股东收购股份，或者以减资等方式使公司存续，且不违反法律、行政法规强制性规定的，人民法院应予支持。当事人不能协商一致使公司存续的，人民法院应当及时判决”。

三是结果要件，公司继续存续会使股东利益受到重大损失。新《公司法》第4条第2款规定，“公司股东对公司依法享有资产收益、参与重大决策和选择管理者等权利”。在公司形成僵局后，无论股东的权益是自益权还是共益权，无法实际经营管理公司的股东都难以享有充足的股东权益。即使公司仍在盈利，长此以往也必然给公司的存续和发展带来不利影响，最终会影响股东的收益权及公司剩余财产的分配权。

第四节 公司的清算

一、公司清算的概念

公司清算,是指公司解散事由发生或被宣告破产后,依照一定程序终结公司一切法律关系,处理债权债务并分配公司剩余财产,使公司法人资格最终归于消灭的程序。清算是应当由公司法规定的公司终止的重要步骤,其原因在于:

1. 公司法为公司提供了一套普遍适用的清算制度,有利于平衡股东利益,使公司有序退出。在公司清算的过程中,股东之间、股东与债权人之间往往存在激烈的利益冲突,很难要求股东通过决议达成公平的公司财产分配方案。一方面,公司解散事由发生或公司被宣告破产时,股东间可能由于利益冲突过大难以达成有效决议,公司法事先规定的程序能大大降低公司退出成本、提高退出效率;另一方面,即使股东就公司清算达成决议,在缺乏法律规定的情况下,也可能损害其他主体的利益,需要通过公司法的强制性规定约束股东行为。

2. 法定的公司清算程序是债权人利益的保障。公司清算中一项极为重要的程序即为梳理公司的债权债务,需要清偿公司债务后方可对股东分配财产。若无公司法的明确规定,股东、董事等可能为了自身利益回避或忽略某些债务,或者不公平地对债权人进行清偿,因此必须由公司法对各方利益进行平衡,以实现公平清偿。

3. 法定的公司清算程序可以保障公司职工等其他利害关系人的利益。公司的清算、终止会影响到每一个职工的权益,需要通过法定程序对其进行妥善的处理,向其进行薪酬的结算或给予一定补偿,保障其利益。

二、公司清算的法律意义

公司在开启清算程序后,便进入了一个特殊阶段,其权利能力和行为能力均出现重大变化。

1. 清算期间,公司法人资格存续。公司法人资格消灭的标识是注销登记。

公司清算期间,虽然公司已经无力经营,但在将公司财产合法分配、办理注销登记前,公司人格仍未消灭。新《公司法》第 236 条即明确规定,在清算期间,公司存续。

2. 清算期间,清算组负责公司事务。依新《公司法》第 232 条之规定,清算组一般由公司董事组成,董事的行为依据不再是其作为公司董事的职权,而是作为清算组成员的职权。清算组成员可以接管公司印章、财务账簿等文件,处理公司事务,也可以代表公司进行诉讼。

3. 清算期间,公司的权利能力、行为能力受限。公司不得开展与清算无关的经营活动,只能进行处理公司财产的清算活动,但清算组维持公司日常运作的支付除外。在法定程序内,为清算目的而采取的任何处分措施,都属于公司权利能力、行为能力范围。例如,涉及有形财产、无形财产变现,清算组可以公开拍卖或与第三人个别签订合同而转让公司的财产。又如,公司没有足够的现金来清偿债务,可以通过抵押公司财产来得到贷款。

4. 清算期间,公司财产在未按法定程序清偿前,不得分配给股东。公司财产必须先分别支付清算费用、职工工资、社会保险费用和法定补偿金,缴纳所欠税款,清偿公司债务,这之后如果还有剩余财产,才能对股东进行分配。

5. 公司清算的最终结果是公司法人资格消灭,公司终止。清算结束后,公司债权债务已经处理完成,财产已经分配完毕,所有事务均已了结。这时,清算组即可向公司登记机关申请公司注销登记,使公司终止。

三、公司清算的分类

依据清算对象、清算原因、清算程序复杂程度等的不同,公司清算可以分为如下几类:

(一)任意清算和法定清算

根据清算是依公司自行确定的程序还是依照法定程序进行,可以将清算分为任意清算和法定清算。

任意清算是指不需依法律规定的方式、程序,而仅依全体股东的一致同意或章程规定进行的清算。任意清算体现了当事人意思自治的原则,其处分财产的顺序、方式等均由股东一致同意确定,法律不加干预。它只能适用于无限责任公司、两合公司等结构简单且股东对公司债务负无限责任的公司。

法定清算是指公司依照法律规定的程序进行的清算。广义上的清算包括任意清算和法定清算,狭义上的清算一般仅指法定清算。由于有限责任公司和股份有限公司的社会影响面相对广泛,利害关系人较多,并且股东仅在出资范围内对公司债务承担责任,为了保护各利害关系人的利益,公平分配公司财产,域外各国公司法均规定了具有强制力的法定清算制度。我国新《公司法》只规定了法定清算制度。

(二)自愿清算和强制清算

依照清算是否受到法律或者行政机关的干预,法定清算又可以分为自愿清算和强制清算。自愿清算是指公司在解散事由发生后依法自行组织清算组按照法定程序所进行的清算;强制清算是指公司发生某些特殊解散事由后,或者被宣告破产后,或者在清算义务人、清算组不履行清算义务时,由相关机关或利害关系人申请法院组织清算组进行的清算。

我国新《公司法》第 232 条第 1、2 款规定:“公司因本法第二百二十九条第一款第一项、第二项、第四项、第五项规定而解散的,应当清算。董事为公司清算义务人,应当在解散事由出现之日起十五日内组成清算组进行清算。清算组由董事组成,但是公司章程另有规定或者股东会决议另选他人的除外。”该规定属于自愿清算。第 233 条“公司依照前条第一款的规定应当清算,逾期不成立清算组进行清算或者成立清算组后不清算的,利害关系人可以申请人民法院指定有关人员组成清算组进行清算……公司因本法第二百二十九条第一款第四项的规定而解散的,作出吊销营业执照、责令关闭或者撤销决定的部门或者公司登记机关,可以申请人民法院指定有关人员组成清算组进行清算”的规定则属于强制清算。

(三)破产清算和非破产清算

依据是否在破产情形下进行,清算可以分为破产清算和非破产清算。破产清算,是指公司被宣告破产后,依破产程序进行的清算。我国新《公司法》第 242 条规定:“公司被依法宣告破产的,依照有关企业破产的法律实施破产清算。”

非破产清算是指非因破产原因而在破产程序之外进行的清算。非破产清算可以转化为破产清算。新《公司法》第 237 条规定:“清算组在清理公司财产、编制资产负债表和财产清单后,发现公司财产不足清偿债务的,应当依法向人民法院申请破产清算。人民法院受理破产申请后,清算组应当将清算事务移交给人民法院指定的破产管理人。"

四、清算义务人

公司解散后并不是自动转入清算阶段的,二者之间需要清算义务人制度作为衔接的工具。

所谓清算义务人,是基于其与公司之间存在的特定法律关系而在公司解散时对公司负有依法组织清算的义务,并在公司因未及时清算给相关权利人造成损害时依法承担相应责任的民事主体。新《公司法》明确引入了清算义务人的概念,将法定的清算义务人由股东转变为董事,并增加了清算义务人未及时履行清算义务的赔偿责任。

(一)清算义务人的范畴

《公司法司法解释(二)》规定有限责任公司的清算义务人是其股东和实际控制人,股份有限公司的清算义务人是其董事、控股股东和实际控制人。《民法典》第70条的规定则更为宽泛:"法人解散的,除合并或者分立的情形外,清算义务人应当及时组成清算组进行清算。法人的董事、理事等执行机构或者决策机构的成员为清算义务人。法律、行政法规另有规定的,依照其规定。清算义务人未及时履行清算义务,造成损害的,应当承担民事责任;主管机关或者利害关系人可以申请人民法院指定有关人员组成清算组进行清算。"而新《公司法》对此作出了明确而重大的修改,仅将董事作为公司的清算义务人。根据新法优于旧法、特别法优于一般法的原则,在公司解散时,优先适用新《公司法》,以董事为清算义务人。

董事作为清算义务人这一立法选择,主要基于以下考量:首先,董事负有信义义务。董事的信义义务是将董事作为清算义务人的法理基础。董事对公司负有忠实义务和勤勉义务,其义务贯穿公司的生命历程,而清算义务就是董事在公司解散、清算阶段对公司信义义务的体现。其次,董事负责公司经营管理,清算事务属于公司管理事务。董事参与公司的经营管理,熟悉公司的运行状况和所处环境,能够较全面、深入地掌握公司信息,对公司启动清算程序作出妥当的判断,由其启动清算程序最是便捷、高效、可行。

而股东作为清算义务人存在较大的弊端。第一,股东受有限责任制度保护,出资是股东对公司的全部法定义务,其不应再负担清算义务。因各位股东对公司的控制和经营管理参与程度不同,将全体股东作为清算义务人会对中小股东过于苛刻。也有学者认为,控制股东、实际控制人对公司负有信义义务,且对公司有控制力,其在作为清算义务人方面理由与董事无异。[①] 但是,实践中对控制股东、实际控制人的识别并非那么容易。第二,股东作为清算义务人常常难以履行职责。基于所有权与经营权的分离,在董事会进行日常经营管理的公司中,股东不享有公司的管理权。由于股东不进行日常经营,对公司的经营状况难以准确掌握,所以股东客观上不具备启动清算的条件。第三,股东作为清算义务人缺乏主观能动性,难以实现清算义务人制度的价值。在公司外部,公司清算主要面临债权人与公司之间的利益冲突,公司内部又存在股东与职工之间的利益冲突,股东是清算过程中矛盾最为尖锐和集中的一方。对于经营出现问题的公司,股东常常不愿意启动清算程序,将其作为清算义务人,极易出现股东怠于清算的情形,因此需要更为独立的董事启动清算程序。另外,当集股东身份和董事身份于一身时,股东可以成为清算义务人,但本质上,仍然是其董事身份决定了其清算义务人地位。[②]

(二)清算义务人的义务

根据新《公司法》第 232 条的规定,清算义务人应当在解散事由出现之日起 15 日内组成清算组进行清算,即清算义务人的义务是及时组成清算组启动清算。清算程序启动后,清算义务人的职责完成。

在法律适用过程中,需要将此规定与清算组的义务进行区分。原规定中,一般认为《公司法司法解释(二)》第 18 条至第 20 条是对清算义务人和清算组的规定,但该司法解释并未明确区分清算义务人与清算组所负有的法律责任,这一问题在实践和理论研究中也存在一定的混淆。新《公司法》进一步明确,清算义务人仅在不启动清算时承担责任;清算人在瑕疵清算、恶意清算时承担相应的法律责任。我们认为,在董事作为清算义务人的背景下,《公司法司法解释(二)》第 18 条所规定的保管账册、重要文件的义务,仅是董事信义义务或清算

---

① 参见李建伟:《公司清算义务人基本问题研究》,载《北方法学》2010 年第 2 期。

② 参见梁上上:《有限公司股东清算义务人地位质疑》,载《中国法学》2019 年第 2 期。

组义务的表现，而并非其基于清算义务人身份所应负担的义务。

(三)清算义务人的责任

清算义务人未及时履行清算义务，给公司或者债权人造成损失的，应当承担赔偿责任，其本质上是侵权责任。

1.归责原则

我们认为，清算义务人的赔偿责任，应当属于过错责任，同时应适用过错推定原则。

根据《公司法司法解释(二)》第21条，依照该解释第18条承担民事责任后，清算义务人可以主张按照过错大小在内部分担责任，由此，清算义务人赔偿责任的承担，应当考量其有无过错以及过错大小。而新《公司法》第232条关于清算义务人责任承担的规定与《公司法司法解释(二)》第18条第1款在结构上很相似。因此，新《公司法》所规定的清算义务人因未及时履行清算义务致使公司或债权人利益受损而承担赔偿责任，也应适用过错原则，以清算义务人有故意或重大过失的主观过错为构成要件。

比起无过错责任，过错责任也更有利于实现清算义务人的内部平等和董事自身权利与责任的平衡。首先，从董事作为清算义务人的基础出发，各位董事对公司经营管理的参与程度有所不同，不宜一刀切地要求董事承担清算义务人的赔偿责任。其次，在新《公司法》强化董事义务的背景下，再要求董事承担无过错责任，过于严苛。

在举证上，作为公司外部人，债权人处于信息弱势地位，其很难证明清算义务人具有主观过错。此时，采过错推定原则，根据举证能力的强弱将举证责任倒置，由债权人初步证明清算义务人未及时组织清算来推定清算义务人有过错，清算义务人通过证明自己没有过错或者是受其他因素干预来免责，更符合公平与诚信原则。

2. 构成要件

清算义务人的侵权行为是不作为侵权，表现为未在法定期限内成立清算组开启清算程序。损害结果是给公司或者债权人造成损失：清算义务人给公司造成的损失主要是使公司的财产毁损灭失；给债权人造成的损失可能是基于公司财产损失而使债权人债权难以得到清偿，或是增加债权人实现债权的时间、金钱成本等。清算义务人未履行清算义务与造成公司或债权人损失之间应有较强的因果关系。清算义务人对自身未能履行清算义务需存在故意或重大过失。

为解决新旧《公司法》关于清算义务人责任的衔接适用问题,《公司法时间效力司法解释》第6条规定:"应当进行清算的法律事实发生在公司法施行前,因清算责任发生争议的,适用当时的法律、司法解释的规定。应当清算的法律事实发生在公司法施行前,但至公司法施行日未满十五日的,适用公司法第二百三十二条的规定,清算义务人履行清算义务的期限自公司法施行日重新起算。"

五、清算组

公司的清算组是指公司出现清算的原因后,在公司清算期间依法成立的对内执行清算事务,对外代表公司处理债权债务的法定机关。

(一)清算组的法律地位

在公司清算范围和期间内,清算组是清算中的公司的代表和执行机构,接管董事会的全部权力,对外代表清算中的公司为意思表示,对内履行各项清算义务,类似于公司经营过程中的董事会的地位。

(二)清算组的成立和组成

公司进入清算阶段后,需要及时选任公司的清算组,以行使清算职权。我国新《公司法》第232条、第233条规定,对于应当清算的公司,董事为公司清算义务人,应当在解散事由出现之日起15日内组成清算组进行清算。清算组由董事组成,但是公司章程另有规定或者股东会决议另选他人的除外。公司依法应当清算而逾期不成立清算组进行清算或者成立清算组后不清算的,法院依照利害关系人的申请指定有关人员组成清算组进行清算;公司因依法被吊销营业执照、责令关闭或者被撤销而解散的,法院依照作出吊销营业执照、责令关闭或者撤销决定的部门或公司登记机关的申请指定有关人员组成清算组进行清算。

(三)清算组的职权

进入清算程序后,清算组对内执行清算事务,对外代表公司处理债权债务。清算组的具体职权主要包括:

1. 清理公司财产,分别编制资产负债表和财产清单

清算组一经成立,立即接管公司及其财产,并进行全面的清理和核查,在查

实公司全部资产及负债的基础上分别编制资产负债表和财产清单。

2. 通知和公告债权人

清算工作涉及多方利益,尤其是债权人的利益,对债权人利益要进行有效保护。清算组接管公司财产后,应该尽快通知债权人进行债权登记,为下一步的清算工作奠定基础。法律统一规定了通知、公告的形式和期间,清算组应该严格按照有关规定进行通知和公告。

3. 处理与清算有关的公司未了结的事务

该类事务主要是指公司解散前已经订立,清算时尚在履行中的公司合同事项等。清算组在处理上述公司未了事项时,有权根据需要,对公司尚在履行的合同决定继续履行或者终止履行,但不得开展与清算无关的新的经营活动。

4. 清缴公司所欠税款以及清算过程中产生的税款

税款是国家强制征收的资金,是国家经济建设的主要来源,公司有依法纳税的义务。清算组应当对公司的纳税事宜进行清查,发现有欠缴国家税款或者清算过程中产生的税款,应当及时核对缴纳。

5. 清理债权、债务

这项职权包括两个方面的内容:收取债权和清偿债务。收取债权可以增加公司的清算财产,便于处理公司的对外债务;清偿债务有利于保护债权人等其他主体利益,实现清算价值。

6. 分配公司清偿债务后的剩余财产

剩余财产是公司的财产在支付清算费用、职工工资、社会保险费用和法定补偿金,缴纳所欠税款,清偿公司债务后的财产,属于股东权益,应按照股东出资比例或持股比例退还股东。

7. 代表公司参与民事诉讼活动

代表公司就涉及公司民事权利义务的问题向人民法院起诉或应诉,清算组在其职权范围内代表公司参与民事诉讼活动受法律保护。

(四)清算组的义务和责任

在公司法上,董事负有忠实勤勉义务。一般情况下,清算组由董事组成,清算组成员的义务应当与董事的忠实勤勉义务相承接。故为了约束清算组成员的行为,新《公司法》第 238 条第 1 款为清算组的成员设定了忠实义务和勤勉义务。

忠实义务要求清算组成员诚信对待清算工作，认真负责，恪守公正。清算组成员应毫无保留地为公司、债权人等的利益努力工作，不得利用职权谋取不正当利益；清算组成员应避免自身利益与公司、债权人等的利益相冲突，当自身利益与清算整体利益发生冲突时，以公司、债权人等利益为先。其具体义务的内容包括清算组成员不得利用职权收受贿赂或者其他非法收入，不得侵占公司财产等。

勤勉义务要求清算组成员应像处理本人事务一样谨慎、勤勉地处理清算事务，公平、合理、合法地进行清算工作。其内容包括《公司法司法解释（二）》第11条所规定的通知和公告义务，第15条所规定的清算组不得执行未经确认的清算方案的义务等。

清算组成员所承担的法律责任属于侵权责任。新《公司法》第238条第2款详细区分了清算组成员的两类赔偿责任：其一，清算组成员怠于履行清算职责，给公司造成损失的，应当承担赔偿责任；其二，清算组成员因故意或者重大过失给债权人造成损失的，应当承担赔偿责任。

六、清算程序

法律为公司清算设置了严格的清算程序。所谓公司清算程序，是指在公司解散清算过程中，按照有关法律、法规的规定应该经过的具体步骤。

清算组正式成立后，公司即开始进入实质性清算程序。具体包括：

（一）清理公司财产、编制资产负债表和财产清单

公司以营利为目的，以财产为经营活动的基础，公司清算本质是对财产和债权债务的清算，应当将现有的自有资产清点清楚：既包括厂房机器等有形资产，也包括商标专利等无形资产；既包括积极财产如对外债权，又包括消极财产如银行贷款、拖欠货款等债务关系。因此，清算期间首先应清理公司的现有财产，并列出财产清单，同时编制公司的资产负债表，明晰公司的资产情况，为下一步工作打好基础。

此外，新《公司法》第237条规定，清算组在清理公司财产、编制资产负债表和财产清单后，发现公司财产不足清偿债务的，应当依法向人民法院申请破产清算。人民法院受理破产申请后，清算组应当将清算事务移交给人民法院指定的破产管理人。

对此,《公司法司法解释(二)》第17条进一步规定:"人民法院指定的清算组在清理公司财产、编制资产负债表和财产清单时,发现公司财产不足清偿债务的,可以与债权人协商制作有关债务清偿方案。债务清偿方案经全体债权人确认且不损害其他利害关系人利益的,人民法院可依清算组的申请裁定予以认可。清算组依据该清偿方案清偿债务后,应当向人民法院申请裁定终结清算程序。债权人对债务清偿方案不予确认或者人民法院不予认可的,清算组应当依法向人民法院申请宣告破产。"

(二)通知、公告债权人并进行债权登记

清算组成立后应立即在法定期限内直接通知已知的债权人并公告通知未知的债权人,以便债权人在法定期限内向清算组申报债权。清算组应当自成立之日起10日内通知债权人,并于60日内在报纸上或者国家企业信用信息公示系统上公告。对于已知且住所明确的债权人,清算组应及时通知其公司清算的情况,对于未知或住所不明的债权人,清算组应在报纸上或者国家企业信用信息公示系统上发出公告,如在债权人能知晓的范围内,在报刊上公告公司清算的情况,以便债权人尽快参与公司财产的清算、分配。

债权人申报并提供相应证明后,清算组应进行登记,以此作为财产分配的依据。债权人应当自接到通知之日起30日内,未接到通知的自公告之日起45日内,向清算组申报其债权;债权人申报其债权,应当说明债权的有关事项,并提供证明材料,清算组应当对债权进行登记。在申报债权期间,清算组不得对债权人进行清偿。

(三)提出财产估价和清算方案

清算组在清理公司财产、编制资产负债表和财产清单后,应提出合理的财产估价方案,计算出公司财产在变卖、抵押等后可分配的财产数额,并提出清算方案,以供股东、债权人、有关机关审查。在解散程序中,清算方案要报股东会或者人民法院确认,在破产程序中则须经债权人会议决议通过并报法院审查裁定。

(四)分配财产

清算的核心是分配财产。财产的法定分配顺序依次为:

(1)支付清算费用;

(2)支付职工工资、社会保险费用和法定补偿金;

(3)缴纳所欠税款;

(4)清偿公司债务;

(5)前述款项清偿完毕后的公司剩余财产,有限责任公司按照股东的出资比例分配,股份有限公司按照股东持有的股份比例分配。

(五)清算终结

公司清算结束后,清算组应当制作清算报告,报股东会或者人民法院确认,并报送公司登记机关,申请注销公司登记,公告公司终止。

七、强制清算

清算一般是公司的自治事项,由清算义务人启动清算程序、组成清算组,并由清算组进行清算。当公司自行清算不能时,为防止公司财产流失、利害关系人合法权益受损,需要以公权力介入公司事务,启动司法清算程序,这就是强制清算。强制清算应被严格限制。

(一)强制清算的启动条件

根据最高人民法院《关于审理公司强制清算案件工作座谈会纪要》(以下简称《强制清算纪要》)第 13 条,申请强制清算的前置条件是公司发生解散事由。公司解散后应当清算,逾期不成立清算组进行清算或者成立清算组后不清算、故意拖延清算的,根据新《公司法》第 233 条以及《公司法司法解释(二)》第 7 条的规定,利害关系人可以申请人民法院指定有关人员组成清算组进行清算。

公司解散逾期不成立清算组进行清算,指的是公司出现解散事由后 15 日内,清算义务人未成立清算组进行清算。清算组成立后不实际开展清算工作或有长期怠于履行通知、公告等法定义务的故意拖延清算行为,也符合可以申请强制清算的情形。当然,客观原因导致的公司解散后无法清算或清算受阻,不属于这里说的清算组不清算或故意拖延清算。影响清算的客观原因消除后,清算组应当在合理期限内开展清算工作,积极履行清算职责。新《公司法》没有继续保留《公司法司法解释(二)》第 7 条所规定的“违法清算可能严重损害债权人或股东利益”这一可启动强制清算程序的情形,究其原因,一是该情形的具体认定在司法实践中尚未统一,二是违法清算情形下,清算程序已经启动,违法清算可能严重损害债权人或股东利益的,可以通过追究清算组成员的责任来保护利害关系人利益,无需再启动强制清算程序。

强制清算的申请人是利害关系人。结合《公司法司法解释(二)》第7条的规定,利害关系人指的是股东、董事以及债权人等其他利害关系人。

1. 股东

对于申请强制清算的股东,当前法律法规并没有表决权比例和履行出资义务的要求,其也并不必须为公司登记的股东,但是,根据《强制清算纪要》第7条和第13条的规定,强制清算申请人应提交申请人对被申请人享有股权的证据,在申请人没有进行公司登记的情况下,该申请人需要另行通过诉讼或仲裁确认其股东身份。

2. 董事

有限责任公司和股份有限公司的董事均为公司清算义务人,应当可以对公司申请强制清算。

3. 其他利害关系人

其他利害关系人包括债权人、实际控制人、公司职工等主体。公司是复杂利益关系的综合体,公司清算涉及股东、实际控制人等享有投资利益的主体,也涉及劳动债权人、侵权债权人等享有债权利益的主体。新《公司法》将强制清算申请人的范围由债权人扩大到利害关系人,加大了对债权人以外的其他利害关系人的保护。这些利害关系人若没有利益主体的形式外观,也需要在提出强制清算申请之前明确其利害关系人身份,以贯彻《强制清算纪要》所确立的申请资格另案确认原则。

公司因依法被吊销营业执照、责令关闭或者被撤销而解散的,作出吊销营业执照、责令关闭或者撤销决定的部门或者公司登记机关,也可以成为强制清算申请人,申请人民法院指定有关人员组成清算组进行清算。

(二)强制清算的意义

强制清算制度配合公司的自行清算,在尊重公司自治的基础上,完善了公司清算制度,有利于提高经济效率和实现社会资源最优配置。强制清算不仅有助于利害关系人合法权益的实现,还能畅通公司市场退出机制,清理市场环境,维护市场交易安全,重塑社会信用,促进经济良好发展。

(三)强制清算的程序

《强制清算纪要》详细规定了强制清算的程序,主要包括:确定管辖、确定审判组织、提交申请材料、听证、受理、清算程序的进行与终结等。

其中,在审判组织方面,公司强制清算案件在性质上类似于企业破产案件,因此应当由负责审理企业破产案件的审判庭审理。有条件的法院,可由专门的审判庭或者指定专门的合议庭审理。公司强制清算案件应当组成合议庭进行审理。

审判庭审查决定是否受理强制清算申请时,一般应当召开听证会。被申请人的股东、法定代表人、财务人员及员工代表等可以参加听证。在听证会中,法院应当组织有关利害关系人对申请人是否具备申请资格、被申请人是否已经发生解散事由、强制清算申请是否符合法律规定等内容进行听证。对事实清楚、法律关系明确、证据确实充分的案件,经书面通知被申请人,其对书面审查方式无异议的,也可决定不召开听证会而采用书面方式审查。书面审查需要及时通知申请人和被申请人并向被申请人送达有关申请材料,告知被申请人其提出异议的时间和方式。

强制清算程序的终结,有如下情况:

其一,清算完成的,公司注销。公司依法清算结束,清算组制作清算报告报法院确认,法院裁定终结强制清算程序。登记机关依清算组的申请注销公司登记后,公司终止。

其二,公司主要财产、账册、重要文件等灭失,或者人员下落不明的,法院视具体情况以无法清算或无法全面清算为由裁定终结强制清算程序。申请人可以请求清算义务人或公司的实际控制人承担相关责任。

其三,强制清算过程中,清算组在清理公司财产、编制资产负债表和财产清单时发现公司财产不足清偿债务的,除依《公司法司法解释(二)》第 17 条的规定,通过与债权人协商制作有关债务清偿方案并清偿债务的外,应当向法院申请宣告破产。有关权利人另行提起破产申请的,法院经审查裁定受理破产申请后,应当裁定终结强制清算程序,公司进入破产清算程序。

其四,申请人撤回申请,公司继续存续。而公司因公司章程规定的营业期限届满或者公司章程规定的其他解散事由出现,或者股东会决议自愿解散的,在法院受理强制清算申请后,清算组对股东进行剩余财产分配前,如公司修改章程或者股东会决议公司继续存续,申请人在被申请人清偿全部债务后未撤回申请,法院可以根据被申请人的请求裁定终结强制清算程序。强制清算程序终结后,公司可以继续存续。

第五节　公司的注销

公司注销是公司终止的最后一步,只有办理了公司注销登记,公司法人资格才得以消灭。完整的公司注销制度包括普通注销制度、简易注销制度和强制注销制度。

一、普通注销

普通注销的流程为,公司完成清算后,分别注销税务登记、企业登记、社会保险登记;涉及海关报关等相关业务的公司,还需要办理海关报关单位备案注销等事宜。在这一过程中,公司需要向多个有关机关提交注销登记申请书、股东会决议、清算报告、清税证明等繁杂的材料。普通注销制度希望以完整严密的程序和繁多的材料提交实现预防企业恶意逃废债务、扰乱市场竞争秩序和降低竞争的不稳定性等目的。

二、简易注销

当公司财产和债权债务关系已经得到妥善处理,无利害关系人合法权益受损之虞,确无清算必要时,可以允许省略形式上的清算程序,简化公司应提交的注销材料,由公司直接申请注销登记,以促进公司快速退出市场,此即简易注销制度。简易注销的特征是清算环节被省略,注销环节便利化。其以"便捷高效、公开透明、控制风险"为原则,有效减少了公司退出成本,提高了市场监管效率,符合市场经济发展的要求。

我国新《公司法》第 240 条规定的简易注销制度,适用于公司在存续期间未产生债务,或者已清偿全部债务,并经全体股东承诺的情形。《市场主体登记管理条例》第 33 条对此作出更详细的规定:申请简易注销登记的公司,应未发生债权债务或者已将债权债务清偿完结,未发生或者已结清清偿费用、职工工资、社会保险费用、法定补偿金、应缴纳税款(滞纳金、罚款)等债权债务。存在异常状态的公司不能适用简易注销制度,如被列入经营异常名录或市场监督管理严重违法失信名单的公司,存在股权(财产份额)被冻结、出质或动产抵押情形的公司,正在被立案调查或采取行政强制措施,正在诉讼或者仲裁程序中的公司,被吊销营业执照、责令关闭、撤销的公司,受到罚款等行政处罚尚未执行完毕的公司等。另外,非法人分支机构未办理注销登记,对其他市场主体存在投资,曾被终止简易注销程序等的公司也不适用简易注销制度。注销依法须经批准的公司,不适用简易注销程序,此类公司如涉及国家规定实施准入特别管理措施的外商投资公司。

简易注销是依公司意愿启动的程序。申请办理简易注销登记,应当提交申请书和全体股东承诺书。公司登记机关仅对申请文件作形式审查,后通过国家企业信用信息公示系统对该注销登记申请和承诺书予以公告,公告期限不少于20 日。公告期限届满后,相关部门、债权人及其他利害关系人未有异议的,公司可以在公示期届满之日起 20 日内向公司登记机关申请注销公司登记;相关部门、债权人及其他利害关系人有异议的,公司登记机关应在规定期限内作出是否予以简易注销登记的决定。

简易注销以全体股东的承诺取代清算报告、清税证明等一系列文件,登记机关对市场主体的态度从“背信推定”变为“诚信推定”。由此,简易注销也容易成为逃避债务、损害利害关系人合法权益的工具。在简易注销程序中,公司登记机关拥有实质审查职权但不具有实质审查义务,若发现公司存在隐瞒真实情况、弄虚作假的情形,登记机关可以撤销注销登记,在恢复公司主体资格的同时将该公司列入严重违法失信企业名单,并通过国家企业信用信息公示系统公示。股东承诺不实的,应当对注销登记前的债务承担连带责任。

三、强制注销

当公司应注销但缺乏主动申请注销动力,长期滞留市场,挤占有限的市场和监管资源时,为降低市场风险,维护交易秩序,应有公权力介入,由公司登记机关依职权注销公司,此即强制注销制度。强制注销制度的显著特征是,公司注销的决定权不在于公司本身,而是公司登记机关以公权力主动介入公司注销并占据支配地位。公权力不能肆意干预市场主体的自治,故强制注销应当作为公司注销的补充和兜底手段。

新《公司法》第241条首次规定强制注销制度,填补了上位法对该制度的空缺,有助于统一执法尺度,规范执法行为,防止权力滥用。根据新《公司法》第241条,强制注销的适用对象为被吊销营业执照、责令关闭或者被撤销,且满3年未向公司登记机关申请注销公司登记的公司;可依职权注销公司的行政机关仅是公司登记机关。强制注销的程序为:公司登记机关通过国家企业信用信息公示系统公告,公告期限不少于60日;公告期限届满后,无异议的,公司登记机关可以注销公司登记。若公告期间内有利害关系主体提出异议且异议成立,强制注销程序应当终止;公司登记机关认为异议不成立的,应当在规定期限内告知异议人并恢复强制注销程序。

强制注销能够快速清除僵尸公司,同时也关注对公司利益相关者合法权益的保护。公司被强制注销后,不能再进行营业,也失去了名称权等权利,但其债权债务关系、股权结构等并未作实体上的变更。[①] 基于此,新《公司法》规定,被强制注销的公司,原公司股东、清算义务人的责任不受影响。也即,公司被强制注销后,公司债权人可以追究原股东的出资责任等;同时,强制注销先以公权力完成公司注销,后再开展清算,故公司债权人也可以追究清算义务人未履行清算义务的责任。

本章法考和考研练习题

一、单项选择题

1. 清算中的公司(　　)。

A. 不是法人

B. 法人资格尚存

C. 已不具有法人资格

D. 法人资格转移

2. 自愿清算中的清算机关是指(　　)。

A. 清算组

---

① 参见张钦昱:《僵尸企业出清新解:强制注销的制度安排》,载《法学杂志》2019年第12期。

B. 法院

C. 公司股东会

D. 公司董事会

3. 依照我国新《公司法》关于清算制度的规定,(　　)。

A. 所有公司解散,均须经清算才能办理注销登记

B. 公司宣告破产时,无须清算

C. 只有当公司章程规定或股东会批准时,公司解散才适用清算程序

D. 公司因合并、分立而解散的,无须清算

二、多项选择题

1. 法定清算依进行程序的不同可以分为(　　)。

A. 正常清算

B. 自愿清算

C. 任意清算

D. 强制清算

E. 破产清算

2. 清算组的职权包括(　　)。

A. 清理公司财产,编制资产负债表和财产清单

B. 了结公司业务

C. 收取债权

D. 清偿公司债务

E. 分配剩余财产

3. 渝城有限责任公司因章程规定的营业期限届满而解散,成立了清算组。清算组在清算期间实施的下列行为哪些是错误的(　　)。

A. 为抵偿甲公司债务而承揽了甲公司的一项工程

B. 以清算组为原告起诉一债务人

C. 留足偿债资金后将公司财产按比例分配给各股东

D. 从公司财产中优先支付清算费用

三、名词解释

1. 公司终止

2. 公司解散
3. 司法解散
4. 公司清算
5. 强制清算
6. 简易注销
7. 强制注销

四、简答题

1. 简述公司终止的特征。
2. 简述公司解散的原因。
3. 简述公司僵局与司法解散。
4. 简述清算的法律意义。
5. 简述清算组的地位和职权。
6. 谈谈对清算义务人的认识。
7. 谈谈对简易注销制度的理解。
8. 谈谈对强制注销制度的理解。
9. 简述强制清算的启动条件。